Educational Linguistic Studies

教育语言学研究

（2022年）

主编　赖良涛　严明　江妍

上海交通大学出版社
SHANGHAI JIAO TONG UNIVERSITY PRESS

内容提要

    本书分为名家论坛、学科理论研究、教育话语研究、法律话语研究和语言教学研究五个部分，共收录原创论文 21 篇，涉及从功能语言学、社会符号学、依存语法、教育社会学等视角对儿童绘本、生命教育教材、小学语文教材、汉语学习词典、课堂话语、百科词条等学校和社会性教育话语的研究，从会话分析、协商系统、合法化语码理论、评价理论、情态系统等视角对冲突话语、庭审话语、判决书、合同等法律话语的研究，从语义演绎、篇章格律、认知加工、语言心理、课堂翻转、自动评阅、跨文化交际等视角对语言习得与教学的研究。本书适合高等院校从语言学角度研究教育教学的研究者、大中小学一线语言教师、法治教育和其他社会教育的研究者及工作者使用。

图书在版编目(CIP)数据

    教育语言学研究. 2022 年 / 赖良涛, 严明, 江妍主编. —上海：上海交通大学出版社, 2022.11
    ISBN 978 - 7 - 313 - 27475 - 5

    Ⅰ. ①教… Ⅱ. ①赖… ②严… ③江… Ⅲ. ①教育学—语言学—文集 Ⅳ. ①H0 - 05

    中国版本图书馆 CIP 数据核字(2022)第 174104 号

教育语言学研究(2022 年)
JIAOYU YUYANXUE YANJIU (2022 NIAN)

主　　编：赖良涛　严　明　江　妍				
出版发行：上海交通大学出版社		地　　址：上海市番禺路 951 号		
邮政编码：200030		电　　话：021 - 64071208		
印　　制：江苏凤凰数码印务有限公司		经　　销：全国新华书店		
开　　本：889 mm×1194 mm　1/16		印　　张：15.5		
字　　数：437 千字				
版　　次：2022 年 11 月第 1 版		印　　次：2022 年 11 月第 1 次印刷		
书　　号：ISBN 978 - 7 - 313 - 27475 - 5				
定　　价：78.00 元				

编 委 会

目　录

教育语言研究关涉教育者的"心"①

陆俭明②

北京大学

这期云端论坛的主题是"教育语言研究"。非常感谢王振华教授给了我向诸位学习、与大家交流的好机会。

我可不是像发布的《会议手册》上说的那样来"点评"各位的报告的,我只是谈一点听了报告后的收获,谈一点自己的想法。

大家知道,现代意义上的教育语言学是在 20 世纪 70 年代提出的,后成为一个独立的学科,并立刻引起各国的普遍重视。教育语言学实际包括理论研究与具体调查实践活动。这两方面都有很大的发展。目前从全球范围看,教育语言学已逐步呈现多元化的发展态势。今天的五个主旨报告内容也在一定程度上体现了多元态势。

原一川和万向兴二位合作的报告充满了他们对云南边疆民族贫困地区的关爱之情,可以看出他们二位心系边疆民族贫困地区。他们通过实地深入、具体的调查研究,致力于探究阻碍教师队伍建设和影响英语教学的因素,在此基础上,他们为边疆民族地区"教育扶贫"和"外语教育脱贫"提出了有针对性的策略和具体建议。

冯智文教授的报告展示了他对边疆民族地区的基础外语教育的高度关注。他从教育语言学的研究视角认真审视了目前边疆民族地区的基础外语教育状况,以问题为导向,采用多元组合研究样本进行深入调查,发现无论小学、中学的英语教学都存在诸多问题。他以积极的态度就如何提升边疆民族地区基础外语教育教学水平,如何开展"语言扶贫"提出了可行性的建议和对策,并提醒大家注意:拥有一种外语能力意味着拥有作为世界公民的一种生存能力。

李强教授在报告中向我们展示了云南边境地区复杂的多语生态;他着重探讨了在民族文化多样性背景下云南少数民族地区多语教育的社会功能意义。他的探讨是以实证研究为基础的,具体说,他对中缅边境地区少数民族语言生态与多语教育状况进行了深入而广泛的社会调查,并运用现代教育语言

① 本文由作者在上海交通大学外国语学院马丁适用语言学研究中心举办的"适用语言学云端论坛第五期:教育语言研究"(2020 年 9 月 26 日)的大会发言整理而成。

② 陆俭明,1935 年 11 月生,江苏吴县人。1960 年 7 月于北京大学中文系本科毕业并留校任教,为北京大学中文系教授、博士生导师,兼任国家语委咨询委员会委员。曾任世界汉语教学学会会长、国际中国语言学学会会长、中国语言学会副会长、新加坡教育部课程发展署顾问,以及香港中文大学等 18 所海内外大学的荣誉教授。从事现代汉语教学与研究,研究方向包括现代汉语句法、现代汉语虚词、对外汉语教学、中文信息处理、中学语文教学等方面。主要著作有《现代汉语句法论》《八十年代中国语法研究》《陆俭明自选集》《现代汉语语法研究教程》《新加坡华语语法》《话说汉语走向世界》及与他人合作的《虚词》《现代汉语虚词散论》《汉语教师应有的素质与基本功》等。发表语言学论文 400 余篇,主持多种国家社会科学重点科研项目。自 1992 年以来,先后获得省部级以上的奖项 10 个;2000 年荣获香港理工大学 2000 年度大陆杰出学人奖,2003 年 9 月荣获中国第一届高等学校教学名师奖,2011 年荣获北京大学 2011 年度国华杰出学者奖,2019 年 12 月荣获北京大学离退休教职工学术贡献特等奖。2021 年,他的《现代汉语语法研究教程(第五版)》荣获教育部全国优秀教材二等奖。他被学界誉为 20 世纪现代汉语语法八大家之一。1981 年以来,曾先后 50 余次应邀赴 20 个国家和地区任教或进行学术访问。

学理论和研究方法,捕捉到了中缅边境地区各民族多语教育的特点和规律。报告内容扎实,有新意。

王庆奖教授的报告题目《语与人的世界观》很别致,报告内容也新颖,处处充满假设。他提出了语言学界从未想过的两个命题:一个是"世界乃为语言所构建";另一个是"句子就是语言学宾语,而语言学宾语与人的世界观存在密切关系"。报告具有理论探索性。当然他也说明了,这是假设性的,目的是要我们对语言、对语句的"深层结构"有进一步的认识。

彭庆华教授的报告向听众汇报了哈尼族家庭语言状况和民族儿童语言教育所面临的严峻挑战——边疆民族地区青少年母语能力下降,而汉语水平和国家通用语能力也没有明显提升。这不能不让大家感到忧心。他依据上述语言事实,结合国内外学者提出的双语或多语教育理念,讨论了我国民族地区儿童语言教育问题以及活态语言保护问题,并提出了相应的对策。

常辉教授的报告《教育语言学:理论与实践》实际是给大家上了一堂很好的有关教育语言学的课,不仅让大家对教育语言学有了全面正确的了解,更让大家认识到教育语言学既有很强的理论性,同时具有很强的实践性。

6 个报告各自的侧重点、关注点不同,但是又有共同点——从内容来说,除了王庆奖和常辉二位教授的报告外,都是探究、讨论如何提高我国边疆民族地区的语言教育水平,以利于民族地区的发展,而这种探究与讨论都是建立在实地调查的基础上的,都是用事实说话,都不是空发议论。更大的共同点在于,所有报告人都有一颗赤诚的心,都十分关注民族地区的语言教育问题,目的是希望民族地区加快发展步伐。从报告内容中,我们看到了他们身上所具有的"高度的教育责任心"。

我听了这六个报告以后感到受益匪浅,收获颇多,不仅增长了新知,扩大了视野,更受到了心灵的陶冶。我向各位报告人表示由衷的感谢。

"教育语言学"这一学科从 20 世纪 70 年代建立以来,研究的重点基本上一直在语言教学的研究上,这当然无可非议。但是"教育语言学"还应该有另一项研究任务,那就是深入研究"教育语言"本身,即应探讨各个学科、各种课程教育中的语言问题,特别需要探究语言与教学的互动问题,需要探究语言对提升教学效果、提高教学质量的重要性。

我没有专门研究过"教育语言"。我从事现代汉语教学整整 50 年,今年 85 岁。今天在这个云端论坛上只能向大家汇报一下我对"教育语言"的一点心得体会与认识。

我想先跟大家说说我的老师朱德熙教授。朱德熙教授既是一位国内外知名的语言学家,又是一位教育家,他在授课过程中所运用的"教育语言"我们难以企及。

我是 1955 年考入北京大学中文系的。我们入学时不分文学、语言专业,全年级 103 个学生一起上大课,先接受两年中文系的基础教育。除了政治课之外,有文学方面的基础课程,有语言方面的基础课程,还有中国通史和逻辑这两门通识课。朱德熙先生给我们讲授现代汉语基础课的语法部分,上一个学期,21 周,每周 4 学时。一般认为讲授语法会让学生感到枯燥无味,可是尽管我们当年 103 个同学中的大部分同学都是想学文学的,但是听朱先生的课没有人缺席。朱先生的课大家都爱听,而且大家都觉得听朱先生的课是一种艺术享受。朱德熙先生讲授语法课能讲到这个程度着实不一般。二年级结束,开始分文学和语言,我被分配到汉语专业学习,从此我进入了语言学这一领域。

1960 年 7 月我本科毕业,服从分配,留校任教。系里将马真、侯学超和我等三个语言班的毕业留校生都分配到汉语教研室。当时,汉语教研室主任是王力先生。教研室下分设两个教学小组,我们三人被分到现代汉语教学小组,接受朱德熙先生指导。

按以往的教育惯例,应届本科毕业生是不能直接上讲台讲课的,先要做三年助教。可是,当时教育部决定,从我们这一届毕业生开始,应届本科毕业生就要上讲台讲课。我任教的第一年,教研室分配我给外系(外语系、哲学系)上语法修辞课和写作课。第二年,教研室就让我回系里给汉语专业本科生上现代汉语课,语音、词汇、语法都得教。说实在,我当时心理压力很大,我们才本科毕业啊!我就去向朱先生讨教。我说:"朱先生,现在让我给本专业学生讲授现代汉语课,觉得压力很大,有点紧张。当年我们入学后的现代汉语课,语法部分是您给我们上的。我们全年级同学都爱听您的课,而且大家都觉得听您的课是一种艺术享受。您能否跟我说说,讲授现代汉语语法有什么诀窍没有?"朱先生听了我的话微微一笑,说:"哪有什么诀窍!"他停了一下,说了一句话:"**不过,要多从学生的角度考虑!**"回来后我马上就跟马真说了。我们一起回忆当年朱先生的讲课——怎么开头,怎么跟上一次课衔接,从哪里切入,怎么展开,举什么例子,乃至板书,都一环扣一环;而且讲课没有一句废话,思路清晰,逻辑性强,深入浅出,不由得让我们学生跟着朱先生的讲课思路往下听。先前我们以为朱先生上课上得好是因为他的教学方法好,这时才明白,朱先生在备课时是经过精心考虑和设计的,其出发点是,怎么让学生听清楚、听明白,喜欢听这门课。显然,朱先生讲课之所以讲得好,教学方法好是一个方面,更重要的是朱先生总是处处都从学生的角度考虑。这充分体现了朱先生那种高度的教育责任心。朱先生"要多从学生的角度考虑"这句话,我们都牢牢地记着,一直指导着我们的教学工作。

朱德熙先生讲课效果之所以能那么好,跟他那出色的对"教育语言"的运用也分不开。我们可以将他的"教育语言"特色概括为:条分缕析,深入浅出,循循善诱,通俗易懂,能够把对学生来说较为陌生、较为难懂的问题讲得大家都能懂,都能领会。

在 50 年的教学生涯中,我们始终牢记着朱先生"要多从学生的角度考虑"这句话;而且也慢慢体会到,要教好课不容易,但也不是不能做到的,要注意做到以下两点。

首先要有高度的教育责任心。关于"高度的教育责任心",大家都知道,真要做到不容易。重要的是要做到"自觉""有意识"。朱德熙先生就做到了这一点。他能自觉地、有意识地"多从学生的角度考虑",因此无论备课、讲课、出练习、批改练习,都能做到认真负责,一丝不苟。我想不少老师存在的问题是"不自觉""没意识到"。看来各院系对新招聘入系的新老师,第一次见面就得提醒他们:"在教学领域,教学始终是第一位的。要教好课,必须时时想着要多从学生的角度考虑。"

其次要做好"转化"工作。具体来说还得分两个层面:第一个层面是内容,要善于将学术内容转化为教学内容。第二个层面是表达,要善于将学术语言转化为教学语言。

在大学讲课,无论基础课还是专业课,讲授的都是某方面的专业学术内容。学生对专业知识都是比较陌生的。所以讲授基础课必须注意怎么将学术内容转化为教学内容,尽可能做到所讲内容在学术行家看来符合学术要求和学术规范,而在外行看来能理解也能懂。要做到这一点不容易,除了要尽可能多举例、多解释外,很重要的一条就是"要善于将学术语言转化为教学语言"。具体说,尽可能少用太专、太难懂的学术术语,尽可能多用流水句,少用包含多层修饰语的长句。长句的好处是表述严密,但也容易让学生难以一下子识解。此外,在表述上,尽可能做到深入浅出,做到条理清晰、富有逻辑性。而且讲课切忌"板着面孔"。所谓"板着面孔讲课",就是一上来就先交代、讲解与讲授的内容密切相关的某些学术概念和术语,先给术语下定义。这种讲法会使学生容易记笔记,但不容易引发学生的学习兴趣和求知欲。最好要善于以问题为导航。譬如,朱德熙先生在现代汉语语法基础课里给我们介绍现代汉语中五种最基本的词组类型时,就不是"板着面孔讲"。他先介绍"偏正词组"。朱先生的讲法不是先给出"偏正词组"的定义,然后举些例子,而是先举下面一组例子:

白(的)/马	干净(的)/手绢儿
木头(的)/房子	棉布(的)/衣服
生产队的/马	他的/书
三匹/马	五本/书

然后告诉学生:

上面各例都由两部分组成。后一部分指称某种事物,前一部分修饰限制后一部分,或说明事

物的性质,或说明事物的质料,或说明事物的所属,或说明事物的数量,等等。即:

> 什么马?——白马。
> 什么样的房子?——木头的房子。
> 谁的马?——生产队的马。
> 多少马?——三匹马。

> 偏正词组的核心在后,就是在词组的后一部分,前一部分则是对后一部分起修饰限制的作用。一般称前一部分为修饰语,后一部分为中心语,整个词组称为"偏正词组"。

接着朱先生给我们介绍述宾词组(即动宾词组)。朱先生是这样介绍的:

> "白马"是上面讲过的偏正词组,"白"是定语,"马"是中心语。把这个偏正词组的前一部分"白"换成别的成分,就可能出现两种情况:

> 甲:白马→黑马
> 乙:白马→买马

> 甲组的"黑马"和"白马",虽然具体意思变了,但两部分的关系没有变,仍然是前一部分修饰、限制后一部分,"黑马"仍是偏正词组;乙组的"买马"跟"白马"可大不一样,不仅具体意思变了,前后两部分的关系也变了——前一部分"买"叙述某种动作行为,后一部分"马"指明受那种动作行为影响、支配的对象。前后两部分是支配关系。"买马"这样的词组,我们称之为"述宾词组"。

> 述宾词组也由两部分组成,前一部分表示某种动作行为,是整个词组的核心,叫述语;后一部分是动作行为影响支配的对象,叫宾语。

接着朱先生就举出各种不同情形的述宾词组的实例。我就不具体介绍了。通过这个例子,大家不难体会朱先生的讲课艺术。而且从中我们也能体会到,朱先生讲课很善于运用对比的讲法。

在讲授基础课时,有时还最好采用"剥笋壳"层层深入的讲授方法。这是马真教授在给我们中文系留学生本科班开设的"现代汉语虚词"课上常用的讲法。譬如,留学生受辞书的影响(如《新华字典》对"往往"就用"常常"来注释),以为"往往"跟"常常"的意义用法是一样,差异只在风格色彩上,就出现了这样的偏误句:

> (1) *她往往说谎。
> (2) *佐拉往往去香港玩儿。

显然需要给留学生辨析"往往"和"常常"。马老师在辨析时采用的就是"剥笋壳"的讲法。限于时间,这里就不细说了,谁如果有兴趣,可以参看马真的《现代汉语虚词二十讲》(商务印书馆,2019);另参看陆俭明《话说汉语走向世界》第七讲之"五 讲解时要善于运用比较的方法"。

"剥笋壳"这种讲授方法的好处是,容易让学生明白所讲授的内容,而且由于层层深入,讲解的过程也无形中教给学生分析、研究问题的思路,从而有利于培养学生发现问题、分析问题、解决问题的研究能力。

朱德熙先生的讲授方法也好,马真的讲法也好,其目的都是为了引发学生的兴趣与关切,为了便于学生理解和识记。

高度的教育责任心涉及"教育语言",还体现在以下两方面。其一,对学生要有爱心,特别是对学习有困难的学生,要注意保护他们的自尊心。学生,特别是低年级学生,有的在学习上比较困难,常常别的同学已经懂的、理解的内容,他老搞不懂,有时甚至会提出一些看来很低级、幼稚的问题。我们当老师的一定要有耐心帮助他搞懂,千万别脱口一句"你怎么还不懂啊!""我不是跟你说过了吗?",这会使学生的自尊心受到伤害,会打击他的学习积极性。我们应该耐心地使用尽可能通俗易懂的言辞慢慢给他解释,帮助他搞懂。老师应该对学生说:"别着急,我再慢慢给你讲一下,给你再解释一下。"帮助学习有困难的学生也是老师应尽的责任。其二,对学生的学习要善于引导。学生有疑难的问题来问老师,我们当然也可以直白地将"答案"告诉他,但也要善于引导学生自己去寻找"答案"。我在上大学一年级的时候,对"黾勉"的"黾"这个多音多义字的读音和意义弄得不是很清楚,就向给我们讲授"古代汉语"的魏建功先生请教。魏先生没有直接告诉我答案,而是跟我说:"陆俭明,你去查一下《说文》'黾'部,《广韵》耿韵、轸韵和猕韵,《中原音韵》先天韵。你查了以后就知道这个'黾'有哪些读音、哪些意义。"魏先生的教法无疑是一种引导的方法,是启发式的教法。这也体现了魏先生高超的"教育语言"。

表面上看来,"教育语言学"研究的主旨是语言教学,"教育语言研究"研究的是语言,实际上研究语言教学也好,研究"教育语言"也好,都关涉研究者、教育者的"心",那就是"高度的教育责任心"。

"教育语言研究"不限于我上面说的内容。譬如,在公共外语课上,如何恰到好处地、艺术地运用双语——目的语和母语,就很值得研究。这个问题我就没资格说了,希望外语学界哪位老师有兴趣可以探究探究。

谢谢大家。意见仅供参考。欢迎大家批评指正!

China's FL Education Policies: Past and Present

Hu Zhuanglin[①]
Peking University, China

Since the 21st century, the foreign language (FL) education circle in China has shown interest in discussing the country's FL education policy with various views. As I have been retired for 26 years, I have not got the chance to read relevant official documents, neither have I applied for research programs. Being invited and encouraged by my friends, I am now trying to express some of my views based on my own experiences. Any comments are welcome.

1 The role of the nation's FL education policies

By the end of 2019, I was invited by Qingdao University to attend a conference on FL education reform. When I started to present my paper, I first asked the organizer to confirm that it was alright for us to deal with the government's FL education policy so as to guide the teaching of foreign language in primary schools, middle schools, institutes, and universities (Hu, 2021). The reason for me to ask this question is due to the fact that some FL teachers I met before held the view that schools should have the right to make their own decisions concerning FL education in spite of the government's strategies or policies.

As a matter of fact, even before 1949, primary school students in Shanghai were asked to learn English beginning from their third year education. Only when Shanghai was ruled by Japanese invaders in early 1940s, they were ordered to learn the Japanese language. After the founding of the People's Republic of China, the reorganization of schools and departments in China's universities was carried out in 1952. For instance, Tsinghua University was reorganized as a university of technology. As a result, students majoring in Russian, English, and French under the Department of Foreign Literature were merged into the Department of Russian and Department of Western Languages of the new Peking University respectively. Clearly, this was guided by the

---

① Hu Zhuanglin is the senior professor, former director of Australian Studies Centre, former head of the English Department of School of Foreign Languages, Peking University. He is the guest professor of 41 universities, member or chief advisor of editorial boards of over 10 renowned academic journals. As a leading authority with brilliant achievements in linguistics and semiotics, Professor Hu holds leading positions in many academic institutions, including honorary chairman of China Language and Semiotics Association, honorary chairman of China Association of Functional Linguistics, honorary chairman of China Stylistics Association, and honorary chairman of China Association of Discourse Analysis. Professor Hu is also a leading figure in the academia of foreign language research and education in China: he is the member of Advisory Committee of Basic Education Curriculum, Ministry of Education of China; former member of the Academic Committee of Foreign Language Education Research Centre at the Ministry of Education; former vice-Chairman of China English Education Association. His great contributions to foreign language research and education can be witnessed by his winning of 2015 Life Achievement Award of Xu Guozhang Foreign Language Studies Prize, 2013 Brilliant English Education Contribution Award of China Foreign Language Supervisory Committee of Higher Institutions, and 2010 Australia China Alumni Lifetime Achievement Award. He has published more than 20 books and over 240 journal articles in linguistics, semiotics, foreign language research and education.

nation's FL education policy.

A step further, one can find that in the "Foreign Language and Literature Specialty" and "Foreign Language and Literature Department", the term "Language" goes before the term "Literature". This emphasizes that the teaching of "language" is more important than the teaching of "literature". Even in 1978, the year of the starting of "Reform and Open-up", China's Ministry of Education still used the expression "Foreign Language and Literature Specialty". These can all be understood as the role of government in China's FL education.

Allow me to say some words here for the moment. Not only the Chinese government, Western countries also have their own FL education strategies and policies. Taking the United States for example, in 1990s, I wrote three articles entitled "Language Planning" (Hu, 1993a), "Language Problems and Language Policies in the U.S." (Hu, 1993b) and "Bilingual Education in the U.S." (Hu, 1994). In 2018, I wrote a paper entitled "The U.S. Language Planning and Language Policies in the New Century" (Hu, 2018), in which I talked about the legalization of English as the national language, the bilingual education under the leadership of both the American Council on Education and the American Council on the Teaching of Foreign Languages. So far as the Chinese language is concerned, the American Council on Education reported that the role of Chinese as a foreign language had been highly valued and was then ranked as the 4th foreign language in the U.S. According to the report of the American Council on the Teaching of Foreign Languages, the Chinese language was taught in more than 4,000 high schools and primary schools. They mainly taught simplified Chinese characters and standard Putonghua. In addition, one could find more than 500 private Chinese schools with about 20,000 learners in the U.S. By the end of 2016, there were 110 Confucius Institutes in the U.S., much more than other countries.

2   Major: Literature, language, and translation

It has to be recognized that literature courses were mainly taught in FL schools and departments before 1949. Even for those students who did not plan to be involved with foreign literature after graduation, they did literature courses in order to improve their English, that is, taking "the path of literature". When I was in my teenage, although I aimed to be a reporter in the future, I was told that I should first learn English and then apply for a job as reporter. This was the reason why I chose to study in Tsinghua University.

However, I want to point out here, learning FL literature is not the only path. Before 1949, I studied in a Catholic school, Shanghai St. Francis Xavier's School, where the teacher of English did not teach us English or American novels and plays, but introduced Washington Irving's *The Sketch Book* as our textbook. This is the reason why I was so happy to write a preface for Huang Bikang's *A Short History of English Prose* (Huang, 2020).

Apart from the fact that the term "Language" goes before the term "Literature" in "Foreign Language and Literature Specialty", the short term "Department of Foreign Literature" was renamed as "Department of Foreign Languages". This can also be understood as the strengthening of language teaching.

By the end of 1953, I was told that some teachers of literature argued with the Ministry of Education that Peking University had the tradition of teaching literature courses, and the Ministry of Education agreed for some students enrolled in 1954 to take literature as their major. This was the beginning of the FL specialty to split into 2 majors: "language" and "literature".

Allow me to say something about "translation" mentioned in the title of this section. After I was enrolled by Tsinghua University's Department of Foreign Literature in 1950, Professor Wu Dayuan, Chairman of the Department, gave the newly enrolled students a talk, emphasizing that due to the demand of the country, the 1950 class would be trained as "translators", therefore the department would not offer us literature courses. Things really went on like this. In the autumn of 1952, I was ordered by the university to serve as a translator for the "Asia-Pacific Region Peace Conference". I was appointed to work for the Indian delegation, thus I had to stand beside the head of the delegation, Dr. Kitcherlow, all the time. After graduation, I also served as "translator" in the army and later in the Chinese Academy of Agricultural Sciences.

My above-mentioned experiences pushed me to think about the problem why "translation" was not seen as a "major" either in 1952 or during the "Reform and Open-up" in late 1970s. Later, I was told that some senior FL scholars in China held the view that translation was only a matter of practice, having nothing to do with theory or research.

This has been proved untrue. At the beginning of the 21st century, the Ministry of Education emphasized the role of "translation" as a specialty and encouraged students to study this specialty. This is the reason why we found the establishment of "Department/School of Translation" in many universities today. I have also noticed that one really can do a lot of research in translation academically and theoretically. This can be proved by the new special column of "translation" in many FL journals. There are also journals specialized on translation, for instance, *Translation in China, Translation in Shanghai, Shanghai Translation for Technology and Science, Language and Translation, Oriental Translation, Translation Circle, Foreign Language and Translation, Chatting in Translation Garden*, etc. All this fully shows that translation is not merely a course to be taught in the classroom, but also a discipline "translatology", from which we can see that this is really a strategic wise move approved by the Ministry of Education.

I also hold the view that we should make distinction between "foreign language" and "national language". As I mentioned before, some FL teachers in China held the view that Chinese universities should follow the path taken by American and British universities. Based on this argument, they intended to set up a "Department of English Literature" the same as those in the West. To my surprise, once I discussed this matter with a professor in Santa Barbara University, California, he disagreed with this opinion. According to his explanation, Santa Barbara University set up the Department of English Literature because English is their national language. In contrast, his university set up the Chinese Center because Chinese is a foreign language in the U.S. The aim of those young people to learn Chinese is to find jobs in those fields concerning politics, economics, foreign trade, science and technology, and even tourism. His explanation pushed me to recall my own experience in Sydney University, where there is a "Chinese Centre" too instead of a "Department of Chinese Literature". Based on this understanding, it is better for us to avoid the term "Department of English Literature" in a university in China, because English is not our national language; neither should we follow the pattern "Department of Chinese Literature" in Chinese universities, because English is a foreign language in China.

3　Major: Culture and country studies

In early 1993, the head of the Division of Foreign Languages, Ministry of Education came to Peking University and held a meeting with the chairmen of the Department of Oriental Languages, the Department of Western Languages, the Department of Russian, and the Department of English. She first talked about the concept of "culture" that is much wider than that of "literature", and then encouraged us to change the name "foreign language and literature specialty" into "foreign language and culture specialty", and the name of departments will change correspondingly. Regrettably, we could not follow the underlying meaning of this strategic change at that time. Thus, the heads of Department of Western Languages and Department of Russian refused to accept the change. Being aware of the would-be attack from those literature professors in my department, I expressed my opinion in the following way, "It's better not to change the name of the specialty and that of the corresponding department, but we will follow the final decision of the Ministry." Finally, only the head of Department of Oriental Languages supported this strategic move. Shortly after this, we were told that the "Department of Oriental Language and Literature" was renamed as the "Department of Oriental Language and Culture". Several years later, it was further renamed as the "Department of Oriental Studies".

Later, we also found that Beijing Foreign Language University and Shanghai Foreign Language University changed "Foreign Language" into "Foreign Studies" and "International Studies" respectively. Apart from these two, "Beijing Language University" was changed into "Beijing Language and Culture University". To our surprise, the term "Culture" was dropped later. On the whole, this important policy change was supported by high-ranking universities in China. It also showed that the government did not force all the universities to follow this strategy or policy change. This shows that "education independence" is also practiced in Chinese universities.

As for the term "country studies", I would never forget my own experience. Shortly after my retirement in 1996, I was asked by the university to help with some teachers in the English Department to set up the "PKU Center of Australian Studies" because I got my MA (Honors) from the Department of Linguistics at Sydney University in Australia during 1979～1981. I was also honored to be the head of the Center then, but I did not have to be responsible for routine work. My task was to write papers for various conferences. As for this university decision, as I mentioned before, I worked as a volunteer interpreter for the Indian delegation in 1952. After I joined the army, I wrote a report about the U.S. test of hydrogen bomb on the Pacific Ocean. I also wrote papers comparing the military strength between the U.S. and the Soviet Union. When I worked in the China Academy of Agricultural Sciences, I wrote papers about agriculture in the U.S. and India when China had food shortages in the early 1960s.

Because of my former experiences in doing this sort of research, I did not fail the expectation of the university leaders and my fellow teachers. For instance, when the 6th Congress of China Australian Studies Research was held in Peking University in October 23～20, 1998, I not only chaired the conference, but also presented 2 papers, namely, "The West Review: From the Discussion Paper to the Final Paper" and "East Asia Crisis and Australia". After the conference, I compiled all the papers presented by the participants into an anthology entitled "The Broad Future of China-Australia Cooperation" (Hu, 2000). Several years later, my own papers concerning Australian studies were compiled into another anthology *Crossing the Pacific: Collection of Hu Zhuanglin's Papers on Australian Studies* (Hu, 2016).

Apart from the "PKU Centre on Australian Studies", I came to know there are many units devoted to country studies in the FL school, such as centers for U.S. studies, Canadian studies, New Zealand studies, Pacific region studies, South Asia Studies, etc.

I would also stress the following point: students graduated from the English Department of Peking University have been doing well in their jobs concerning foreign affairs as well as foreign trade. Just to cite one example here, Liu Zhenmin, an undergraduate enrolled in my class in 1975, is now the Under-Secretary General of the United Nations.

4　The establishment of FL schools and departments and the choice of foreign languages

How are FL schools and departments set up? What foreign language is to be stressed and taught? How many foreign languages are to be taught? These are decided by various factors concerning politics, economy, foreign trade, social and cultural relation. Naturally, the government knows more than FL teachers at the root and is given the right to make decisions.

During the reorganization of schools and departments in 1952, the government was authorized the right to merge the FL departments of Tsinghua University, Yenching University, and Fu Jen Catholic University into Peking University as Tsinghua University was turned into an university of technology, and the other two were asked to stop teaching in China as they were run by foreign religious organizations.

I also noticed that there were more students majoring in Russian, therefore there was an independent "Department of Russian", whereas those students of English, French, and German were merged into the "Department of Western Languages". Obviously, the reason for more students choosing to learn Russian was also decided by political and economic factors as the new-born China had a close relation with the Soviet Union.

By the end of 1970s, China started to carry out the "Reform and Open-up" policy, universities and colleges in China started to enroll undergraduates through examination, and post-graduates as well as doctoral candidates in the following years. One would notice that English became the first foreign language taught in China.

Apart from the large number of English majors enrolled, the government also adopted the policy "Invite and Send out". Again, most of the foreign teachers were invited from English-speaking countries, and a large number of middle-aged and young teachers sent out by the government were teachers of English. These were also the reason why Russian was replaced by English as the first foreign language. Consequently, English was taught in the third year of the primary schools.

However, national policies have been changing in the course of time, especially after President Xi Jinping made the initiative of striving for "a community of shared culture for mankind" as well as the Belt and Road Initiative, namely, the Silk Road Economic Belt and the 21st Century Maritime Silk Road.

In addition to maintain and improve the relation between China and the Western powers, the new strategy has also made it clear that we should keep good relations with other countries, especially those along the "Belt and Road". Naturally, we should learn their languages, which were called "small languages" in many universities. This might account for the policy "New Liberal Arts, Big Foreign Languages". Here, I would like to add one more point. It would be difficult to ask some small countries to teach Chinese in their counties because of the size of population and economic strength. China is bound to shoulder the task of solving language problems to help realize and improve the contact between countries.

Taking the development of foreign language departments in Peking University for illustration, when the School of Foreign Languages was established in 1999, there were 4 departments, namely, "Department of English Language and Literature" "Department of Western Languages and Literature" "Department of Russian Language and Literature", and "Department of Oriental Studies". Following the country's adjustment of FL policy in the new century, several re-organizations have been made since then. The departments of English and Russian have remained unchanged, but the "Department of Western Languages and Literature" was split into "Department of French Language and Literature" "Department of German Language and Literature", and "Department of Spanish Language and Literature". The "Department of Oriental Studies" was further split into "Department of Arabic Language and Culture" "Department of Japanese Language and Culture" "Department of South Asian Studies" "Department of South-Asian Language and Culture" "Department of West-Asian Language and Culture" "Department of Korean Language and Culture", and "Department of Asian-African Language and Culture". Clearly, such changes and developments have been following changes in national FL education strategies and policies. But we can also notice that Peking University has made such changes independently, an illustration of "university independence".

When it comes to the end of this section, I would also say something about the notion of "second foreign language". This is an obligatory course for all FL majors. What I want to mention here is my observation after their graduation, that is, the command and practice of the second foreign language of those English majors is worse than the second foreign language (mainly English) of those non-English majors. The reason is quite simple, because the country's policy is to learn English as a foreign language when the kids move on to the third year of their primary education. As a result, they have already learned English for 10 years. Because of this, I suggest China's Ministry of Education should agree for English majors in Chinese universities to do longer school hours for their second foreign language.

5   Inter-disciplinarity

With regard to the policy of "New Liberal Arts, Big Foreign Languages", section 4 mainly deals with the latter. In contrast, we face quite a few problems in relation to the practice of "New Liberal Arts", because it demands students of liberal arts should also acquire some knowledge from other disciplines, so that they can cope with various kinds of jobs after graduation. This is really a problem worrying FL teachers and learners. As we know, the cause for the applicants to study in FL departments is because either they show interest in foreign languages, or they are incompetent to study other disciplines, especially those related to science and technology.

Looking at the university level, it is not a problem for comprehensive universities such as Peking University, because they are strong in arts and sciences. Yet, it is a great problem for FL universities. Although they can cooperate with other universities or institutes to set up joint projects, the results have not been so successful. For instance, there was once a joint program between Beijing Foreign Studies University and Tsinghua University, but the teachers often laid emphasis on their respective disciplines. I also learned that Nanjing University once started a double-degree program. By the end of the program, quite a few students asked the university to change the expression "double-degree" into "English" in their certificates, because this would be a proof of their English proficiency, and then easier for them to apply for a job after graduation. Thus, it is all right for the government to set up various policies, but it is better for the relevant university or department to make their own choice according to their respective situation. The same is true for the university and department to introduce some courses, but the students have the right to make their own choice to prepare for their future work.

It is the task for those scholars responsible for FL education to find out some cross-disciplinary courses to widen the knowledge of their students, but they should get hold of the school hours for obligatory courses and optional courses so as to guarantee the teaching of their first foreign language (Hu, 2007).

That is to say, apart from language intelligence, multiple intelligence will also help with the language students' command of foreign languages, but the more important is that it will also help with their learning and command of other specialties as well as knowledge. For instance, the logic intelligence will help not only with the learning of "grammar" but also with those specialties related to science and technology, especially artificial intelligence and computational linguistics; space intelligence will not only help the students with the awareness of context when using the language, but also help them with awareness of the environments of their new jobs.

In addition, relevant university and school leaders should learn to make investigations, summarizing their positive and negative experiences. For instance, as early as in late 1970s, Peking University made a decision to dispel the traditional section of college English and then send teachers in groups of two or three to teach in various departments. These teachers were asked to compile their own textbooks for their new departments. It was then thought as a good idea. Nevertheless, by the time of 1983, they were asked to leave those departments and re-enter the Department of English. We did not know the reason why.

Heads and staff of universities and schools are encouraged to learn from some experienced teachers and researchers. To my knowledge, Professor Feng Zhiwei is a well-known specialist in the field of computational linguistics today. As a matter of fact, he started as a major in the Department of Chinese, Peking University. How did he manage to acquire those knowledge about computer science? This is what we want to know and learn.

6　Internationalized Chinese

Although this paper deals with the nation's FL policy, we still have to pay attention to "internationalized Chinese" or "teaching Chinese as a foreign language". This is because our country has started accepting foreign students lately and should help them learn or improve the Chinse language, which is used in the classroom and campus in Chinese universities. For another thing, our country has started to set up "Confucius Institute" in cooperation with many countries. In spite of the fact that these institutes mainly deal with the Chinese language and culture, it demands the participation of the staff in FL departments in Chinese universities.

As mentioned in my paper entitled "There is no full-stop for reform", the traditional Chinese learning method is recitation, as described in the expression "If you read 300 Tang poems over and over again, you may chant then even if you don't learn how to write a poem". This would be difficult for foreign students to follow. Therefore, the teachers concerned should learn and master some teaching methods that are popular abroad, such as communicative approach, functional approach, cognitive approach, textual approach, etc. Next, when talking about the Chinese culture, we should be realistic and polite, as well as respect the culture and custom of other nations. This is the only way to help foreigners to get hold of President Xi Jinping's initiative "a community of shared future for mankind".

In connection with "internationalized Chinese", I would also say something about the notion of "purity" of the Chinese language. As we know, there are 5 English-speaking countries in the world, but the total number of speakers is less than China's 1.4 billion population. Nevertheless, English has been recognized as the "second language" in many countries. As a result, the total number of English speakers is larger than that of Chinese, and English is called the "international language" or the "global language". As discussed by many experts, one of the reasons for English to be popular is "impurity" as it accepts many words from other languages (Dorren, 2014). Because of space, I only cite very few examples below:

Origin→	English
German	noodle, seminar, rucksack, blitz, quartz, queer, etc.
French	air, place, hostel, very, castle, author, glamour, etc.
Italian	spaghetti, libretto, portico, bank, manage, etc.

Those people who argue for the purity of the Chinese language failed to notice that the development of the Chinese language is actually a reflection of the contact and communication between the Chinese nation and other nations and cultures. The merit of standardizing Chinese characters by the First Emperor of the Qin Dynasty (259 B.C. ～ 210 B.C.) has been known to all, but one can still find changes in the Chinese language in the course of time. According to the *Dictionary of Loanwords in the Chinese Language*, more than 1,000 words in the Chinese language were actually loanwords from the Chinese characters in the Japanese language, such as 干部(cadre), 社会主义(socialism), 市场(market), 经济(economy), 人权(human rights), 哲学(philosophy), 金库(treasury), 美学(aesthetics), 背景(background), 环境(environment), 医学(medicine), 艺术(arts), 入场券(entrance ticket), 下水道(drain), etc. They were all first translated as Chinese characters by the Japanese scholars in their language. Although the Manchu government also sent Chinese officials and scholars abroad at that time, most of them preferred to translate the sound instead of meaning, such as 沙发(sofa), 德律风(telephone), 巧克力

(chocolate), etc.

7　Concluding remarks

In this paper, I mainly discussed the nation's FL education strategy and policy from various perspectives. First, I argued with the point that China's FL education should be guided by the nation's FL strategy and policies, because the government is able to stand high and see far, to make investigation and get the problem solved. Second, no one would disagree with "education independence" of local government and university according to their respective background and conditions so long as there is consensus through communication between different levels of governments. Third, in order to strive for the initiative of "a community of shared future for mankind" as well as the Belt and Road Initiative, we should improve the teaching of foreign language in China so as to communicate with different countries, regions, and nations. The same is true for the teaching of Chinese as a foreign language. Finally, when there is disagreement about FL education policy, the official document will have the final say.

References

[1] Dorren, Gaston. 2014. *Lingo: A Language Spotter's Guide to Europe* [M]. London: Profile Books.

[2] Hu, Zhuanglin (Ed). 2000. *The Broad Future of China-Australian Cooperation* [M]. Beijing: Peking University Press.

[3] Hu, Zhuanglin. 1993a. Language planning (in Chinese) [J]. *Application of Language and Writing* (1): 11 - 20.

[4] Hu, Zhuanglin. 1993b. Language problems and language policies in the U. S. (in Chinese) [J]. *Journal of Peking University* (Special Issue for English Language and Literature): 13 - 22.

[5] Hu, Zhuanglin. 1994. Bilingual education in the U. S. (in Chinese) [J]. *Foreign Language and Translation* (1): 41 - 45.

[6] Hu, Zhuanglin. 2021. There is no full-stop for reform [J]. *Foreign Languages* in China, 18(1): 11 - 12.

[7] Hu, Zhuanglin. 2016. *Crossing the Pacific: Collection of Hu Zhuanglin's Papers on Australian Studies* [M]. Beijing: Peking Univresity Press.

[8] Hu, Zhuanglin. 2007. From multi-semiotics to multi-intelligence [J]. *Foreign Language and Translation* (4): 1 - 8.

[9] Hu, Zhuanglin. 2018. US Language Planning and Policies in the New Era [J]. *Zhejiang School of Foreign Languages* (2): 1 - 8.

[10] Huang, Bikang. 2020. *A Short History of English Process* [M]. Beijing: Foreign Language Teaching and Research Press.

悉尼学派的教育语言学模式[①]

高彦梅[②]

北京大学

摘 要：针对澳大利亚教育体系中的教育失败问题，从 20 世纪 80 年代开始，悉尼学派与一线教师密切合作，探索改进教学效果的新途径。这一合作的成果之一就是悉尼学派提出的教育语言学模式。基于系统功能语言学理论框架和语篇语义、评价、语类等新理论发展起来的悉尼学派的教育语言学模式包括三个部分：理论基础、语类家族分类、基于语类的教学法（面向写作、阅读和教学一体）。这一模式目前正在不同国家引发新的教学改革。我国外语和汉语教师也在积极尝试将基于语类的教学指导整合到语言教学实践中，期待对我国的语言教学产生积极的影响。

关键词：悉尼学派；教育语言学；语类；语言教学

1 引言

系统功能语言学对教育的观照贯穿整个理论体系的发展和应用实践。语言教育可以说是系统功能语言学诞生的催化剂。韩礼德（M.A.K. Halliday）对语言研究的动力就来自早期从事汉语教学过程中同事们的提问。在与以英语为母语的英语教师一起工作的时候，同事们经常问他："我们所教的这个称作语言的东西到底是什么？"他们尝试找出语言教育的根本问题，以改善工作效果（Halliday，1975；高彦梅等，2015：32）。因此，在系统功能语言学的发展历程中，始终贯穿着对语言教育的关注。从韩礼德早期关于"语言就是运用"的论断，到后来韩茹凯（Ruqaiya Hasan）和她的学生们对幼儿和学前教育话语的观察，再到后来马丁（Martin）和澳洲多所学校从事各科教育研究的学者们的细致工作，形成了独具特色的悉尼学派教育语言学模式。多年来的理论发展和实际应用过程体现了教育语言学的核心理念（Spolsky，1972），即将语言学相关理论作为指导原则，指导语言教育实践。斯波尔斯基（Spolsky）强调，教育语言学的核心有两个：① 语言教育实践作为出发点，即"语言的学与教为其核心关注点"（俞理明、严明，2013：2）；② 从相关语言学学科领域寻找指导该实践所需的指导原则（Hornberger，2001：4）。悉尼学派发展的基于语类的教育语言学模式也是这两个核心内容的典型诠释。悉尼学派所面对的语言教育实践就是澳大利亚（后来延伸到英国、南非、美国、中国、智利、日本等多个国家）各地小学、中学、大学、成人二语教育、职业教育等一线教学。他们所采用的指导原则是系统功能语言学的系统化理论框架。有关马丁的基于语类理论的写作教学框架国内已有介绍（朱永生，2010；马玉蕾，2010；张先刚，2012），但有关悉尼学派教育语言学模式的整体面貌的介绍还尚未见到。

---

① 本研究为北京市社会科学基金项目（编号 20YYB007）的阶段性成果。

② 高彦梅（1964—），女，北京大学外国语学院研究员、长聘副教授，博士生导师；研究方向：系统功能语言学、语篇语义学、评价与互动研究；通信地址：北京市海淀区颐和园路 5 号北京大学外国语学院；邮编：100871；电子邮箱：ymgao2013@126.com。

本文从历时视角,简短梳理悉尼学派教育语言学模式的发展历程,展示该模式的整体架构,并结合其对中国语言研究和外语教育的影响,探讨其适用性前景。

2 悉尼学派教育语言学模式的发展历程

对教育实践的研究伴随系统功能语言学理论体系的发展,也体现了几代学者在语言教育中的巨大投入和人文关怀。代表性成果包括韩礼德、韩茹凯、杰夫·威廉姆斯(Geoff Williams)和悉尼学派学者们对英国和澳大利亚教育实践的观察和研究。这些早期研究成为悉尼学派提出基于语类的教育语言学模式的基础。

2.1 韩礼德、韩茹凯、威廉姆斯等的早期语言教育研究

韩礼德对教育的关注开始于 20 世纪 50 年代的教学实践。他对语言学理论如何真正为语言教育服务的深刻思考来自两个方面的启发:① 在剑桥和爱丁堡大学任教时接触到的语言教师;② 社会学家伯恩斯坦(Bernstein)的研究。语言教师们的困惑是:① 语言教学课程中的语法是怎么回事? 为什么要教这些句型? ② 儿童进入学校之前的语言状况是怎样的? 为什么他们在学校会有不同的表现? 伯恩斯坦当时的研究主要聚焦教育失败与社会阶层的可能关联。他的问题是教育失败的原因来自哪里? 第一个问题促使韩礼德探索语法的本质。他深刻意识到"语言是创造意义的资源""语言的语法之所以出现是因为语言在协调和塑造人类行为中的功能",这样的功能在成人语言中体现为三个元功能:概念、人际和语篇。三个元功能"同时作用于所有人类语言,组织和塑造了人类经验和相互之间的交流"(Christie,2018)。对语法本质的探究激励他开始对英语语法进行系统描述,成就了著名的系列论文"英语中的及物体系及主位"(Halliday,1966,1967,1968)。

针对教师们的第二个困惑,韩礼德和韩茹凯从不同角度展开了调查。韩礼德在 20 世纪 60 年代末 70 年代初对一个叫奈杰尔的儿童从九个月到一岁半的语言发展进行了细致的观察,完善了他的功能思想,提出了儿童原始母语的七个微功能和成人语言的三个元功能。韩茹凯在 20 世纪 60~80 年代在英国和澳大利亚参与和主持了多项针对不同社会群体家庭儿童语言状况的调查,展示了家庭交流语义系统与学校教师语义系统之间的差异。在此基础上,她提出了语义差异理论、衔接和谐理论(cohesive harmony)和著名的语类结构潜势框架,并深入拓展了语域三变量的描写体系(Hasan,1990,2009,2014;Halliday & Hasan,1985)。她的语义体系描写被伯恩斯坦(Bernstein,2000:139)称作"最精致、最系统化的穷尽式网络";她的语义变化理论为我们理解语言在建构意识及权力定位上的作用提供了新的视角(Bernstein,2000:146)①。韩茹凯的教育语言学思想最直接进入悉尼学派理论体系的内容包括:① 作为"语类"的语篇;② 语篇具有"语类结构潜势",包括必要成分和选择性成分,是必要成分决定了语类。

针对伯恩斯坦提出的教育失败的原因,系统功能语言学家们有三个方面的努力:一是韩礼德对学校教学材料的针对性分析;二是韩茹凯、威廉姆斯等针对不同群体家庭儿童早期语义体系的调查;三是马丁和悉尼学派学者对澳洲教育体系中各类语篇的详尽分析。学校教育体系所使用的语码是伯恩斯坦所说的精细化语码的代表,是通向不同知识等级的语言阶梯。了解这些语码与日常口语的区别,可以帮助教师和学习者更清晰地看到各个语类不同阶段所期待的语言表现。韩礼德和同事们对学校教学材料的分析揭示了教育话语体系中一个未曾得到关注的问题,即语言的变化——语法隐喻的广泛使用。韩礼德的一个最重要的发现就是:口语和书面语属于两种完全不同的语法表达体系。口语体现日常常识性语法的动态模式,而书面语属于概要模式。正是这两种模式之间的切换成为学生们在学校学

---

① 作者感谢范文卿老师帮助收集伯恩斯坦论著中有关系统功能语言学家们的相关论述。

习的障碍。很多孩子无法将日常动态的常识性语法体系转换为书面语、客观化的模式,因此出现掉队现象。从口语模式向书面语模式的转移过程中,原有的语法和语篇结构发生了变化,常识性的表达模式被转换为概要性的表达模式,这其中最主要的特征就是语法隐喻的出现。如口语中我们会说, *whenever an engine fails,because they can move very fast …*,但在书面语中这样的表达会转换为 *in times of engine failure,rely on their great speed …*。韩礼德的研究表明(Halliday,1993;高彦梅等译,2015:338),"儿童通常要到青春期,即大约九岁的时候,才掌握语法隐喻"。他提出了人类符号能力发展的三步骤模式:

(原始母语──→)概括──→抽象──→隐喻

经过多年的研究和思考,韩礼德指出,"教育的失败实际上是语言的失败──(学习者和教师)未能理解和掌握学校学习所需要的语言"(Christie,2018)。这方面的思考使他提出了语域理论,通过系统化的方法来解释语言随语境不同而发生的变化。在韩礼德和韩茹凯(Halliday & Hasan,1985)的语域理论中,语域和语类是合在一起的,语类是语域选择的结果(Christie,2018)。这一认识拓宽了语类的所指范围,也帮助各级各类教师解放了思想,他们可以将日常交流场景中发生的话语看作不同的语类。这一认识也成为悉尼学派发展语类理论的认识基础。

马丁和悉尼学派学者在韩礼德、韩茹凯等前期研究基础上,通过对澳大利亚教育体系内所有科目中出现的语类进行详尽分析,最终提出了基于系统功能语言学的教育语言学模式。在韩礼德和韩茹凯(1985)的语域理论基础上,马丁重新确定了语类的所属层次,发展了一整套具有开拓性的语类理论体系,将韩礼德和韩茹凯理论体系中经常纠结在一起的语域和语类明确区分开来。马丁的语类理论(以及与此相关的语篇语义体系和评价理论)在澳大利亚和世界各地的教师群体中被广泛接受,目前已经成为最具影响力的教育语言学模式。

2.2　悉尼学派的教育实践

为了开展行动研究(action research),马丁和他的同事们在 20 世纪 70 年代末通过韩礼德组织的"教育中的语言研讨会"等系列活动开始与教育学者广泛接触。他们深入澳大利亚中小学教育体系中,探索改进教学效果的各类方法。他们的研究有三个方面的动力:① 1980—1985 年悉尼大学语言学系的"写作项目";② 1986 年新南威尔士州东部城区特殊学校计划(Metropolitan East Region of the New South Wales Disadvantaged School Program)的"语言与社会权势项目"(Language and Social Power Project);③ 1991 年新南威尔士州东部城区的"正确写作"(Write it Right,或译为"写作的权力")项目。"写作项目"采用语类分析(genre analysis)视角来探讨小学和初中学生在学校体系中所遇到的各类写作任务(Martin,2000)。1986 年他们与新南威尔士州东部城区特殊学校计划联手,承担了"语言与社会权势项目"。在一系列项目活动中,他们的研究对象从幼儿、小学扩展到中学和职业教育(企业、媒体和管理)。通过这些项目,他们开发了面向各类课程体系的语类分析模式,提出了清晰的教学/学习循环,指导教师们通过不同环节引导学生接触各类课程大纲规定的写作任务。后来,在他们的影响下,新南威尔士学习委员会(Board of Studies NSW 2007:66)设计了新的英语 K‐6 大纲(English K‐6 Syllabus),其中包括文学语篇家族(literary texts,包括叙事文、文学讲述文、观察文、文学描述文、个人回应文和评论文)和事实语篇家族(factual texts,包括事实描述文、信息报告文、程序文、程序讲述文、事实讲述文、解释文、说明文和讨论文)。

20 世纪 80 年代至 90 年代,他们团队成员还与昆士兰教育局(Queensland Department of Education)、新南威尔士成人移民教育服务局(NSW Adult Migrant Education Service)合作,开发了将英语作为第二语言的成人课程和教学方法。这些工作的效果非常显著,奠定了向移民教授英语的全国性课程的基础。同一时期,悉尼大学的学习中心也研发了面向新移民的英语项目,后来扩展到所有大学生。他们研发的学术英语材料,很多都是与相关院系教师合作的结果,体现了当时学术识读能力发展的最前沿成果(Martin,2000)。

90 年代后期开始,大卫·罗斯(David Rose)领导了另一个读写项目"通过阅读学习"(Reading to Learn)。通过这一项目,他们将语类知识纳入语言学习的各个环节。在这两个项目——"正确写作""通过阅读学习"以及多年教学实践基础上,罗斯和马丁(Rose & Matin,2012)、德莱维安卡和琼斯(Derewianka & Jones,2012)、罗瑟里和斯滕格林(Rothery & Stenglin,1995)、罗斯(Rose,2020)等提出并完善了教学学习循环模式(teaching and learning cycle),又称"读写一体教学法"。

3　悉尼学派教育语言学模式的整体架构

悉尼学派的教育语言学模式包括理论基础、语类家族图谱和语类教学模式三个部分。

3.1　理论基础:语境层的重新分工

20 世纪 60～70 年代,学者们纷纷尝试将语境具体化。卡特福德(Catford,1965)、韩礼德等(Halliday et al.,1964)、斯特雷文斯(Strevens,1964)、斯宾塞和格里高利(Spencer & Gregory,1964)等纷纷发表论文,提出多个方案。其中一致性最高的是三个变量:语场(field)、语式(mode)和语旨(tenor)。格里高利(Gregory,1967)认为,语旨还可以再分为个人语旨关系(personal addressee relationship)和功能语旨关系(functional addressee relationship)。个人语旨可以影响语言的正式程度;功能语旨与说者/作者在情境中的目的有关,它决定语篇的类型,如劝说目的、启发目的、训诫目的等等。这一因素决定语篇的图式结构(schematic structure of the text)(Benson & Greaves,1973;Martin,1992)。不过,功能语旨在韩礼德和韩茹凯的语域理论框架中是无法体现的。韩礼德和韩茹凯(Halliday & Hasan,1985)的语域理论包括三个变量,即语场、语旨和语式。语域变量和元功能一一对应:语场由概念元功能体现;语旨由人际元功能体现;语式由语篇元功能体现。在这样的体现对齐关系中,语义层没有哪一个成分可以与语类对应。

语域理论存在的另一个问题就是,如何描述语类之间的关系? 马丁等(Martin et al.,2021:373)认为,在韩茹凯(Hasan,2014)和麦西逊(Matthiessen,1993)的语场描述中,语类关系是在语场内部处理的。"这样处理的结果就是,语场和概念意义之间的相关性会受到质疑,因为他们在语场变量中讨论的语类关系显然也影响人际意义和语篇意义。"

在多年的教学研究实践中,教师们和教育研究者也发现,将语类看作语域选择的结果这样的认识在实际教学中很难操作,因为每一个教学环节或教学任务都会对应不同的语类要求。语类应该是一个更抽象、更高等级的活动类。1980～1981 年期间,在韩礼德组织的"教育中的语言研讨会"等系列活动中,罗瑟里和普拉姆第一次提出要将语域和语类分开。他们认为,"语篇的目的是多元的,这一目的是由不同元功能体现的。这样的话,我们为什么不把功能语旨移到更深一个符号层次呢?"(Martin 等,2021:372)。在这样的呼吁下,马丁开始仔细审视语类和语域在经验识解层次中的位置,并逐渐形成了自己的语类模式。他认为,语类的功能更接近格里高利(Gregory,1967)所说的功能语旨,由交际目的决定。1985 年,他将语类界定为"事情如何完成,语言被用来完成这些事情"(Martin,1985:250)。这样的语类不仅包括文学语类如诗歌、叙事,也包括说明文、讲座、手册、食谱、新闻广播等等。他用语类来涵盖文化中通过语言体现的每一种活动类型。

在马丁(Martin,1992,2000)的语类模式中,语类和语域属于不同的经验层面:语类与文化语境相关;语域与情景语境相关。语言系统的选择体现语境中的语域变量,这样的语域选择又创造了语篇类型或语类(Christie,2018)。语类理论与语域理论的最大区别在于其将社会目标作为语言使用的决定性变量。马丁（Martin，1992：505）将格里高利（Gregory，1967）的功能语旨（functional tenor）提升为语类，并将语类界定为"通过语域体现的分阶段的、有目标取向的社会过程"。① 分阶段，是因为不同社会活动都有其自身的发展阶段，必须出现的阶段构成其必要要件，非必要阶段为其选择要件；而必要阶段决定了语类的性质和类型。② 目的驱动，每一个语类结构都有要实现的社会目标，如果目标没有实现，交流参与者会感到挫折，会认为交流没有结束。③ 社会过程，语类是我们参与社会交流的产物，是通过人际互动产生的（Martin，2000：53）。通过这一视角，马丁将文化看作语类系统（a system of genres）。而这样处理的结果就是"语类选择构成了位于语域之上的一个系统"（杨信彰，2010：39）。调整之后的语言层次模型如图 1 所示。马丁将语类层和语域层看作内涵符号体系；将语言（语音-词汇语法-语篇语义）层看作外延符号体系。由内而外的各层次之间是体现关系：语域体现语类（杨信彰，2010：39）。

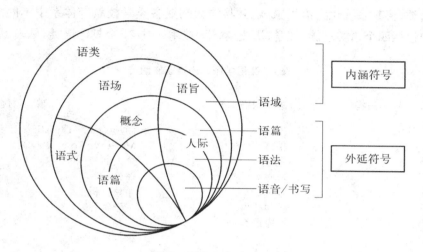

图 1　语类层次的确定

　　语类和语域的分工带来的另一个层次间调整是语义层的重新命名。在韩礼德的层次划分中，语言包括三个层面：语音/书写层、词汇语法层、语义层。三个层次间的关系是体现关系：语音/书写体现词汇语法；词汇语法体现语义。马丁认为，这样的解释不符合弗斯（Firth）对意义的认识。弗斯主张语言的各个层次都对语篇的意义做出贡献，即语言的每一个层次都具有意义，如语音层、词汇语法层。马丁等人（Martin et al.，2021：370）对韩礼德和麦西逊（Halliday & Matthiessen，1999）将词汇语法层的词组与各功能成分间关系看作体现关系这一点提出质疑，因为各功能成分本身也同时被看作语法范畴，如参与者、过程、环境。他认为这样的处理使得词汇语法和语义功能成分混淆在一起，更使得语义层单独作为一个意义层面变得缥缈。他的处理方式是将语义层调整为语篇层，语篇层包括自己的意义体系，如概念、联结、识别、磋商、语篇格律、评价等。这样语言的三个层面每一个层次都对语篇意义做出贡献。韩礼德后来还是同意了马丁将语义层称为语篇语义层的做法。调整后的语言的层次由内而外的顺序为：语音/书写-词汇语法-语篇-语域-语类。后一个的抽象等级高于前一个。

　　近年来，学者们对语类作为最外层社会符号的认同感正在逐渐提高。克里斯蒂（Christie，2016：8）在回顾语类研究的三个传统时指出，虽然来自不同传统的学者在很多方面的认识有分歧，但在一点上应该是一致的，即"一个语类本身就是一个制度（institution），因为它是被社会认可的建构和协商意义的手段，其功能是协调其他社会机构的运作，在构成社会生活的一系列相互交织的活动和事件中起作用"。

　　悉尼学派的语类理论在澳大利亚影响深远。很多教材和课程材料都开始参照该理论做出调整。

教师们迫切需要了解和掌握该理论。德莱维安卡 (Derewianka，1990)撰写了一部可读性很高的导读，将该理论介绍给小学教师。后来她又为小学教师写了一部语法辅导，目前在澳大利亚多所教师教育机构使用。克里斯蒂等开发了面向小学的基于语类的系列教材《作为意义资源的语言》(*Language as Resource for Meaning*，LARM)。后来，在多方的努力下，澳大利亚的几个州包括昆士兰、南澳、新南威尔士等都先后出台语言课程文件，推动语类教学(Christie，2004：32)发展。语类教学模式开始逐步形成，教学课程从早期的写作课程延伸到阅读课程。

3.2　语类家族图谱

进入 21 世纪后，马丁和罗斯(Matin & Rose，2008/2014)将多年实践中挖掘的语类系统汇聚起来，形成了专著《语类关系与文化映射》。在该书中，他们总结了悉尼学派成员过去几十年间在教学研究一线所提取出的语类，将其系统化为语类家族，并将澳大利亚各类学校教育体系中不同学科的语类体系呈现出来。其中包括四个语类家族(文学、历史、科学、技术)，共 21 个具体语类，见表 1。

表 1　悉尼学派的语类家族图谱

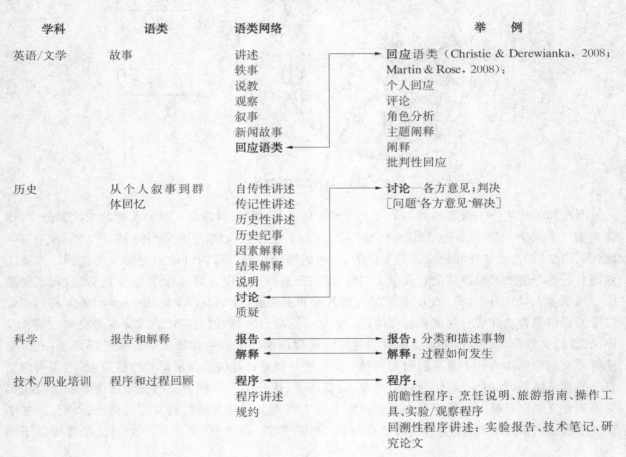

学科	语类	语类网络	举　例
英语/文学	故事	讲述 轶事 说教 观察 叙事 新闻故事 **回应语类**	**回应语类**（Christie & Derewianka，2008；Martin & Rose，2008）： 个人回应 评论 角色分析 主题阐释 阐释 批判性回应
历史	从个人叙事到群体回忆	自传性讲述 传记性讲述 历史性讲述 历史纪事 因素解释 结果解释 说明 **讨论** 质疑	**讨论**——各方意见；判决 ［问题^各方意见^解决］
科学	报告和解释	**报告** **解释**	**报告**：分类和描述事物 **解释**：过程如何发生
技术/职业培训	程序和过程回顾	**程序** 程序讲述 规约	**程序**： 前瞻性程序：烹饪说明、旅游指南、操作工具、实验/观察程序 回溯性程序讲述：实验报告、技术笔记、研究论文

在文学家族中，主要包括故事语类族和回应性语类族。学生们需要掌握的故事语类包括讲述文①(recount)、轶事文(anecdote)、说教文(exemplum)、观察文(observation)、叙事文(narrative)等。回应性语类族是学生阅读后要对所读内容进行回应的文类。回应性语类包括个人回应文(personal response)、评论文(review)、阐释文(interpretation)和批评文(critical response)。历史语类家族包括

---

① 语类名称翻译依照赖良涛《语类关系与文化映射》导读.北京：外语教学与研究出版社，2014.

讲述类、解释类和论辩类三个大的子集。讲述类包括传记性讲述（biological recount）和历史性讲述（historical recount）。解释类包括历史纪事文（historical account）和历史解释文（historical explanation）。论辩类包括说明文（exposition）、讨论文（discussion）和质疑文（challenge）。科学家族中，主要包括报告和解释两个大类。其中报告类主要关注对客观实体（动植物、物质等）的描述、分类和结构呈现。解释类主要关注过程如何发生，关注活动间的因果关联，包括顺序解释文（sequential explanation）、因素解释类（factorial explanation）、结果解释文（consequential explanation）、条件解释文（conditional explanation）。技术家族中，主要包括阐释程序文（procedures）、程序性讲述文（procedural recounts）和规约文（protocols）。至此，他们将澳大利亚乃至全球范围内各类教育体系中的常用语类的大致结构都做了较为细致的归纳，成为目前全球范围内最全面、最实用的语类描述框架。

罗斯（Rose，2020）对这个语类家族又做了细致的补充。他的分类中有 7 个语类家族，包括故事、编年、解释、报告、程序、论说和回应，具体语类共计 26 个。故事家族包括讲述文、叙事文、轶事文和说教文。编年家族包括自传性讲述文、传记性讲述文、历史性讲述文和历史纪事文。解释家族包括顺序解释文、条件解释文、因素解释类和结果解释文。报告家族包括描述报告、分类报告、构成报告。程序家族包括程序文、规约文、实验报告、观察报告、个案研究和策略计划（strategic plan）。论说家族包括说明文和讨论文。回应家族包括书评、解释和比较解释。这样的调整比马丁和罗斯（Matin & Rose，2008）的分类更加合理，因为很多语类具有跨学科性质，例如书评是各个学科都有的学术语篇类型。将解释、论说单独列为语类家族是必要的，因为这两个语类家族是所有学科都涉及的。事实上，解释、论说、叙事是跨越所有学科的元语类，可以穿插在几乎所有语类当中，构成语类交叉或语类杂糅现象，提高不同语类的阅读体验（Hood，2014）。

3.3　语类教学模式

从 20 世纪 80 年代至今，语类教学主要在两类课程中展开：写作和阅读。语类理论研究的迫切需求来自写作课程，多年的研究成果也在为写作教学提供指导。通过近 40 年的努力，基于语类的写作教学模式基本成熟，基于语类的阅读教学模式也将"了解语类"作为重要环节之一。迄今，悉尼学派已经逐步形成了基于语类的读写一体教学法（Rothery & Stenglin，1995；Derewianka & Jones，2012；Rose & Martin，2012；Spycher，2017；Rose，2020）。

3.3.1　面向写作的教学模式

"悉尼学派教学法"（Sydney school pedagogy）也称为"语类教学法"（genre pedagogy），是面向跨学科教学实践的一套教学模式。马丁（Matin，2000：116）这样描述这套教学模式的性质："作为教育语言学家，我们的目标是干预不同时间段的中小学写作发展过程。就意义生成而言，我们试图为学生提供有关语言的知识……他们可以在阅读、写作和编辑中使用这些知识。至于个体发生，我们与教师合作设计课程（学习者路径）和教学法（课堂活动）。最后，在系统发生方面，我们致力于重新分配读写资源和批判性语言意识……我们希望通过这样的努力，可以解放学生的意义潜力，为他们提供重新设计世界的方法。迄今为止，我们对这些干预框架中的前两个框架产生了一些影响；只有时间才能证明这项工作在多大程度上为所涉及的非主流学生赋予了社会权力。"

多年来，通过小学、中学、特殊教育、大学写作课程的教学实践，悉尼学派形成了一个自己的基于语类的写作教学模型。目前的模型是一个包含 3 个（小学和中学）至 5 个（各级写作）环节的循环模型，可以依据学生水平适当调节。3 个环节包括"解构范文（deconstruction）-联合创作（joint construction）-独立创作（independent construction）"（Martin，1999）。5 个环节包括：① 确定语境或建构语场（setting context or building field）；② 建构模型或解构语篇（modeling or deconstructing the text）；

③ 联合创作;④ 独立创作;⑤ 关联语篇(linking related texts)[①]。

在"确定语境或建构语场"环节,教师引导学生为将要完成的写作任务构建语场,启发他们回想与语篇话题有关的经验,给出相关的词汇。这一环节贯穿整个外围的指导过程。在"解构"环节,教师和学生阅读一篇范文。在这一环节,教师要引导学生一起分析范文的语篇结构(阶段和步骤)和所使用的语言资源(表达了什么意义,使用了什么样的措辞)。这一环节可以帮助学生"探索交流目的和目标读者如何决定和影响语篇中的语言特征"(Feez,1998:28)。在"联合创作"环节,教师指导学生合作写出一篇与范文相同的文章。这时学生们可以你一言我一语,教师或一个学生将大家的语言选项编成整句写在黑板上,直到完成一个完整的语篇。在"独立创作"环节,学生们独立写出一个与范文语类相同的文章。在这一环节,教师可以将写作任务分成几个阶段,如计划、写出草稿、修改。最后一个环节为"关联语篇",在将不同段落串联在一起的过程中,学生们可以分析和比较同一个语类中几个语篇之间的相同点和不同之处,这可以帮助学生对这一语类有更深刻的理解。在不同年龄或年级,可以依据学生情况调整各个环节的顺序。教学可以在任一环节开始,取决于学生们的需要。

写作教学/学习循环代表了罗斯和马丁(Rose & Martin,2012:55)所描述的前负载教学(front-loaded teaching):"先把学生需要的都提到前面,通过互动建构一个语篇,最后让学生独立完成一个语篇。"基于语类的教学模式与传统教学模式不同:传统教学组织方式基本都是自下而上的,从选词开始,然后造句,形成段落、阶段,最后形成文章整体。基于语类的教学模式采用自上而下的方法,即教师首先引导学生解构语篇的交流目的、社会功能、构成阶段,然后分析每一个段落的社会目的和具体的语言体现手段。在引导学生联合建构的过程中,所有学生均参与过程写作,每一个人都对语篇做出自己的贡献。在这一基础上,独立创作语篇便成为每一位学生都可能完成的任务。

3.3.2　面向阅读的教学模式

"写作项目"之后,作为悉尼学派的核心成员之一的罗斯主持了"通过阅读学习"(Reading to Learn,简称 R2L)项目。罗斯和马丁(Rose & Martin,2012)提出了基于语类的阅读教学模式,包括整体模型和局部模型两个部分。整体模型包括 4 个环节:① 阅读准备(preparing for reading);② 细读(detailed reading);③ 联合重写(joint rewriting);④ 联合建构(joint rewriting)。在"阅读准备"环节,教师通过介绍背景知识帮助学生对即将阅读的语篇有所了解并识别语类,简单介绍语篇如何展开,预测潜在阶段。第二个环节为"细读"。教师从语篇中挑选出关键段落,逐句解读,如依据已有的经验解释语域变量,按照语义序列确认语义片段和衔接关系,解释词汇语法,等等。如果是小学阶段,还要包括识别词语和读音。在这一环节,教师提醒学生将关键的词语标记出来或者写在黑板上,目的是让学生了解成熟的读者是怎样阅读的。通过这一环节,教师将以往隐藏起来的阅读过程呈现出来。第三个环节是"联合重写",教师引导学生运用细读过程中所标记出来的语言来写一个段落。如果是事实性语篇,细读过程中,要将关键信息突显出来,在造句过程中可以用到这些信息。如果是故事段落,要用文学语言模式,但要更换为新的角色、事件和场景。如果是议论文和回应文,要从细读过程中借用相同的评价模式,或者评价一个新的语篇。联合重写是一个非常有效的方法,学生可以学习如何从著名作家们的话语中挑选适当的语言资源,来建构自己的词库。最后一个环节是"联合建构",教师指导学生建构整个的目标语类。局部模型包括教学环节的 5 个主要具体步骤:准备阅读-聚焦要点-任务-评价-详述。其中"任务"为核心要素,其次是聚焦和评价。罗斯(Rose,2000)将这些阅读任务与语言层次联系起来(见图 2),将阅读过程的不同分工与每一个层次对应起来。

---

① Using the teaching and learning cycle with EAL/D learners. https://www.education.vic.gov.au/school/teachers/teachingresources/discipline/english/literacy/Pages/using-the-teaching-and-learning-cycle-with-eald-learners.aspx 检索时间:2021/9/29 10:58。

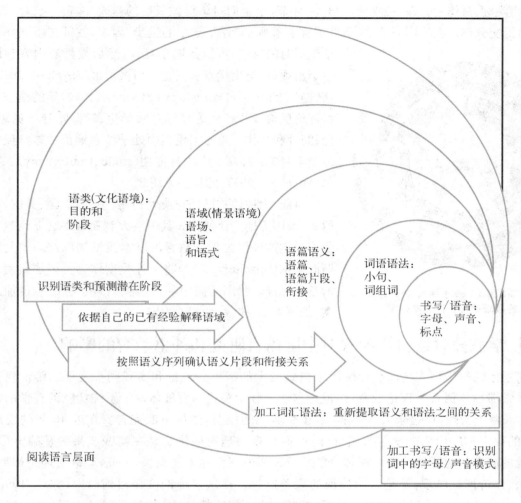

图 2　作为社会语境中的语篇的语言(Rose，2000)

3.3.3　悉尼学派的读写一体教学法

在持续的教学研究过程中，菲兹（Feez，1998：28）、德莱维安卡和琼斯（Derewianka & Jones，2012)等将阅读和写作模型合并为"教学-学习循环"（teaching and learning cycle）。罗斯和马丁（Rose & Martin，2012：127)将具体教学实践中的操作模型分为 3 个层次、9 个策略：

层次 1　准备阅读	联合建构	个人建构
层次 2　文本细读	联合重写	个人重写
层次 3　遣词造句	拼写	句子写作

最新的教学学习循环①包括读写等 6 个环节："建构语场知识""支持性阅读（supported reading）""了解语类""支持性写作""独立使用语类""评估学生的进步"。其中"建构语场知识"环节与早期内容相同。"支持性阅读"环节包括挑选与话题相关的关键性语篇；教学生如何阅读这样的语篇，如略读、细读等。在"了解语类"环节中，教师可以选择一个范文，引导学生找出语篇的交流目的，分析其结构，划分不同的阶段和步骤，选出与语类相关的语言特征。在"支持性写作"环节，教师指导学生一起写出一个语篇的某个阶段，启发学生说出或写出相关内容并将其串联成连贯的书面语篇，把"了解语类"阶段

---

① https://victesol.vic.edu.au/index.php/teaching-and-learning-cycle-project/the-teaching-and-learning-cycle/#tab-id-2。检索时间：2021 年 9 月 29 日 12 时 14 分。

学到的内容融入写作中。在"独立使用语类"环节,学生们对语篇做最后的修改、编辑并校对(拼写、标点),然后提交分享。在不同环节中,始终贯穿着教师的"评估学生的进步"因素,教师在不同环节给予学生适时的反馈,可以是同学互评,然后教师对内容和语言表达给出评价,指出优点和问题。斯派切尔(Spycher,2017)在德莱维安卡和琼斯(Derewianka & Jones,2012)等的模型基础上将评价反馈环节替换为仔细观察学生、教师指导下的思考、讨论、阅读和写作。将原来模型中处于核心地位的教师反馈替换为教学目标:提高学生的自主性(student autonomy)。斯派切尔(Spycher,2017)的模型见图3。

图3　斯派切尔(Spycher,2017:4)的最新读写一体教学模型

目前,上述模式已经在澳大利亚、中国、美国、英国、印度尼西亚、泰国等地广泛使用。其中澳大利亚维多利亚州教育厅已经将教学循环作为识读教育的基本模型加以推广。美国学者斯派切尔(Spycher,2017)将上述模型作为美国加州读写教学的参考标准。我国的高中和大学英语教学标准中也加入了语类(语篇类型、体裁)的相关内容。

4　悉尼学派教育语言学模式对中国语言研究和外语教育的影响

悉尼学派的教学模式与以往传统教学模式最大的区别是理论和实践同步发展。传统教学方法的改进通常滞后于语言学理论的发展,但悉尼学派教学模式的发展体现了系统功能语言学的辩证思维:理论来源于实践,反过来去指导实践,接受实践的检验,然后不断完善。在近40年的发展过程中,理论的提出和应用从来没有截然分开过,而很多的理论架构也是在实践成果的基础上形成的。马丁和他的同事们对系统功能语法理论的重要发展的三个标志性成果——语篇语义理论体系、语类关系体系、评价理论体系,都是这一特征的完美诠释。在这些理论被介绍到国内(方琰,1998;张德禄,2002a,b,c,2010;马玉蕾,2010;马丁,2012a,b;白芳、赖良涛,2021;等等)以后,这一特征也在实际应用中突显出来。这一点可以从国内近40年间对马丁语类、语篇语义、评价理论的介绍和应用实践来观察。

4.1　理论引介、发展和应用

悉尼学派的教育语言学理论和实践是在系统功能语言学老一辈学者如韩礼德、韩茹凯等的研究基础上发展而来,是对早期理论的拓展和延伸。马丁的语类研究与韩茹凯的语类结构潜势理论同时进入中国学者的视野(方琰,1995,1998)。1995至2006年间,两个理论模式被逐渐运用于各类话语分析,最初10年呈现平行发展的趋势。由于悉尼学派理论中包含有评价理论和语篇语义等体系,因此从2006年至今,其应用范围和势头逐渐呈现出明显上升趋势。依据CNKI数据[①]所核准的两个模式的使用情况来看,36年间,韩茹凯的模式的引介和应用为132篇,悉尼学派的引介和应用为667篇,如图4所示。

国内学者在引介理论的同时,不断探索和发展该理论。方琰(1995,1998)是第一位将韩茹凯和马丁的语类理论引入国内的学者。张德禄(2000)介绍了韩茹凯和马丁的语类结构潜势理论和实例,深入探讨了社会文化因素与语类的关系。白芳、赖良涛(2021)对比了韩礼德、韩茹凯和马丁的语类研究观点后指出,马丁语类理论中的粒子式、韵律式、周期式结构对应语域层的语场、语旨和语式,并影响概

---

① https://www.cnki.net/。检索时间:2021年6月1日10时30分至2021年10月3日17时46分。

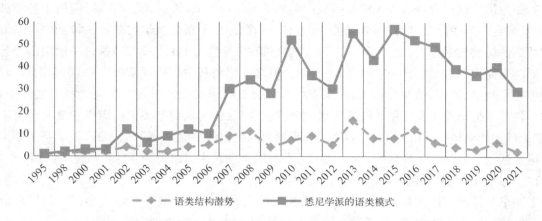

图4　韩茹凯的语类结构潜势与悉尼学派的语类模式在中国的应用

念、人际和语篇意义模式的选择,所以解决了韩礼德和韩茹凯语域理论中语类和元功能之间缺乏对应机制的问题。

　　在引介的同时,学者们还将语类分析框架应用于各类语篇分析,覆盖领域极为广泛,包括心理治疗和咨询话语(高一虹、龙迪,2001;张天怡,2013a,b)、教育话语(于晖、于婷婷,2017;于晖,2018,2019;于晖、苗宁,2020)、公共应急话语(李战子、刘博怡,2020)、军事话语(李站子,2018)、医患交流与死亡话语研究(王景云,2016;高一虹,2019;田剪秋,2021)、司法话语(张庆彬,2018;王瑛宇,2018;王振华、吴启竞,2021),等等。最近几年,出现了一批具有代表性的新语篇分析实践。李战子、刘博怡(2020)运用评价分类探讨国家安全与公共卫生安全应急话语的建构。张庆彬(2018)分析了道歉声明的概念和人际语义配置。王瑛宇(2018)运用评价体系中的介入框架分析了海事仲裁裁决书中的语类特征和资源调配。付慧敏(2020)运用马丁等提出的纲要式结构的语类分析模式,分析了现代汉语新闻评论语篇的结构特征。宋来金(2020)参考韩茹凯和马丁的语类理论,探讨了商务英语合同和信函中语法隐喻的文体功能。罗兴、袁传有(2019)运用马丁的语类理论分析了社区矫正初始话语的语类结构和交换结构,揭示了社工话语的交换结构特征以及存在的问题。胡明霞(2020)运用马丁和罗斯对历史语类的划分,分析了美国军方历史专题报道首页各类语篇对历史价值的建构,展示了不同话题所使用的语义波模式。陈辉(2021)运用悉尼学派的语类分析视角,调查了国情咨文演说的合法化策略,所使用的分析框架包括马丁(Martin,1992)的“语类图示结构”概念和评价理论的介入系统。田剪秋(2021)运用语篇语义框架分析了多国/地区生命末期医疗指示语类的核心成分、可选成分和延伸成分。

4.2　语类教学模式走进中国课堂

　　在国内引介韩茹凯的语类结构潜势和马丁的语类理论的第一篇文章中,方琰(1995:38)便指出“(GSP语类结构潜势)对语篇阅读理解有一定的帮助”。她将语类结构潜势理论嵌入“相互关联”阅读模式中,第一次提出在语篇教学中增加“结构”部分,包括GSP理论和主位进程信息分布等环节。其中的GSP阅读包括会话、信函、广告、报告、新闻、论文等等。这一点与悉尼学派在阅读过程中增加“了解语类”环节的主张不谋而合。从悉尼学派的语类思想引入中国至今,该理论在不同时期的发展成果已经以各类形式进入我国外语和对外汉语教学的各类教学实践。四个突出的特点是:① 教学课程门类广泛;② 教学模式和教材的研发;③ 学习者群体涵盖从初级到高级等各个水平等级;④ 语类意识成为语言能力的一项重要内容。

4.2.1　教学课程门类广泛

教学课程门类几乎覆盖所有外语教学课程。如果我们把方琰(1995)倡导将语类结构研究融入阅读教学看作悉尼学派研究进入我国教学研究的起点的话,36 年来,该模式已经广泛应用于各类教学课程,按照从多到少的顺序分别为写作、阅读、听力、口语、翻译。最新的教学实践包括黄梦婷(2020)运用马丁和罗斯的语类教学模式,设计了 11 周的说明文读写教学实验;陈倩(2021)探讨了运用语类教学法提高英语读写能力的教学模式;蒋燕(2020)将语类概念介绍到初中英语课堂教学中,组织语类圈活动,鼓励学生熟悉故事、评述、信息等语类;卢晓静(2018)尝试将语类视角引入大学英语听力教学中;苏根英(2020)将马丁的语类分类应用于商务英语视听说教学实践,发现商务英语的语类常常混合有不同的语类,如论辩性历史语类;徐层珍(2019)将语类理论引入英语演讲教学;郭丹(2021)做了基于语类的高中生英语叙述类口语教学实证研究;李琪(2020)参照语类理论探讨语类翻译的可行性;等等。

4.2.2 教学模式、教材的研发和教育政策的调整

基于悉尼学派教育语言学模式的教学模式和教材探讨也已逐步展开。张先刚(2012)提出语类理论指导下的摘要写作教学模式,包括摘要语篇的解构、合作创作、独立创作。单菲菲、石修堂(2021)运用马丁和罗斯的语类写作教学循环模式(Teaching and Learning Cycle,TLC),探讨了少数民族地区进行多语教育的可能途径。韩宝成、魏兴(2021)基于罗斯、马丁、德莱维安卡和琼斯对论文语类的分类描述,探索了大学英语论文语类教学的可能途径。梁海英、韩宝成(2021)参照悉尼学派的三环节教学模式探讨了基于语类的意义表达活动的实施过程,以期达到提高学生运用语言表达意义的能力。基于语类的整体外语教学模式也已经进入实质性开发阶段(韩宝成、梁海英,2019a,2019b,2021)。

大学阶段基于语类的写作教材已经开始出现。蔡慧萍(2012)主编的《语类——过程英语写作教程》是国内较早使用语类教学模式设计和编写的教材。初高中英语教材中有关语类的知识也在逐步加强。何雨晴(2020)运用语类理论分析了人教版初中英语教材《新目标英语》,发现新教材提供了 7 个家族的语类,包括故事文、历史文、报告文、议论文、回应文和混合语篇。

我国教育政策的调整中也开始注意到语类的影响。2020 年教育部《普通高中英语课程标准》(2017年版 2020 年修订:12 - 18)将"语篇类型"(基本等同语类)列为 6 大要素之一。其主要内容包括"口头和书面语篇以及不同的文体形式,如记叙文、图式、网页、广告、漫画等非连续性文本"(2020:12)。"普通高中英语课程语篇类型内容要求"中,包括对话、访谈、记叙文、说明文、应用文(个人故事、人物介绍、短篇小说、童话、剧本等)、新闻报道(简讯、专题报道)、新媒体语篇(如一般网络信息、电子邮件、手机短信等)和其他语篇类型(如目录或指南、菜单、食谱、规则、指令、天气预报等)(2020:17 - 18)。虽然没有使用"语类"这一术语,但其中列出的语篇类型已经体现了悉尼学派语类家族图谱中的大部分内容。《中国英语能力等级量表》(2018a,b)中有 17 处涉及"体裁"(genre)(英文版中有 11 处)。尽管其中体裁的确定依然沿袭了多年来的简单分类,如"记叙文、说明文、议论文",但也包括应用文体,如"广告、外交活动备忘录、商务类指示文件"等。

4.2.3 学习者层次

学习者群体广泛,几乎涵盖从初级学者到高级学者的所有层次水平。例如,蒋燕(2020)以语篇"Who's got talent?"为例,尝试在初中英语教学中采用语类圈活动模式;唐敏(2021)考察了语类教学法在高中生描写类口语产出中的作用,发现经过语类教学指导的学生在话题的流畅度、内容、结构等方面都显著高于未接受训练的学生;柴畅、杨成青(2020)将悉尼学派的语类支架读写法应用于高职院校商务英语专业课程写作任务中,观察如何在写作教学中培养学生的语类意识和知识,同时通过写作训练帮助学生发展语言知识和写作能力;孙韵雪等(2017)将语类教学法引入护理英语教学改革中;齐曦(2020)运用纲要式结构模型引导大学生英语学习者分析语篇的体裁结构和作者立场;詹小青等(2017)将语类教学法应用于博士 SCI 论文写作课。

悉尼学派的教育语言模式不仅应用于外语教学,也在对外汉语教学和国内语文课程研究中得到应用。张迎宝(2017)基于悉尼学派的语类写作教学模式建构了对外汉语写作教学模型,包括课前和课堂

两个部分。课前部分包括"汉语篇章语类的类型划分与篇章语类、语域特征的提取"。课堂部分包括"语类结构""模仿分析""共建文本""独创文本""反馈分析"5个环节。谢妮妮、宋成方（2020）探讨了在国内小学语文教学中应用基于语类的读写一体模式的必要性。来自 CNKI 的数据显示，从 1995 年进入中国学界至今[①]，悉尼学派理论引介与应用和教学应用情况呈平稳上升趋势，见图 5。

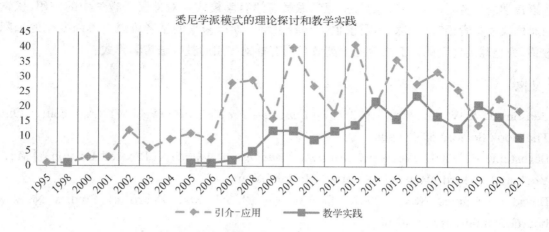

图 5　悉尼学派理论引介、应用及其对中国语言教学的影响趋势图

4.2.4　培养语类意识成为外语教育的新目标之一

在引介韩茹凯和马丁语类理论的第一篇文章中，方琰（1995：22）就指出"语类意识的建立对于语篇的问题分析、阅读课、写作课的教学均有着重要的实际指导意义"。杨信彰（2015：27）总结了体裁教学法在学术英语写作中的应用，指出："语类意识在阅读和写作教学中有着积极的作用……语类能力显然是英语专业学生英语能力的主要组成部分，应该成为衡量英语专业语言能力的一项重要指标。"

5　悉尼学派教育语言学模式的未来展望

悉尼学派的教育语言学模式在 30 多年的发展过程中取得了巨大的成功，在全球多个国家成为主要的教学模式之一。同时该模式也在理论和实践两个方面受到了挑战。理论方面的挑战来自系统功能语言学阵营内部。用语类概念囊括文化语境所包含的全部内容这一做法至今依然受到学界的质疑。实践方面的挑战来自一线教师群体。由于语类体系所依托的理论描述为系统功能语言学的语义描述，其中涉及的理论层次复杂、术语繁多，很多教师比较排斥。对于这些问题，世界各地的学者在推广实践中都有所回应，如方志辉等（2021）在教师培训中直接采用日常表达来替换及物性描述，收到了良好的效果。

悉尼学派的教育语言学模式主要依据澳大利亚的教育实践发展而来，是否适合其他语境的教学实践，还需要各地区教育实践的检验。以英语语类家族为例，由马丁和罗斯（Martin & Rose，2008）、乔伊斯和菲兹（Joyce & Feez，2008）、克里斯蒂和德莱维安卡（Christie & Derewianka，2008）等提出的英语语类家族图谱是否可以直接借用到英语作为外语的教育实践中，还需要进一步的论证和实践验证。以中国英语教育为例，各级各类教材的主要选材来源依然是经典文本。这些经典阅读任务与学生们需要掌握的各类写作任务之间有相当大的距离。以大学英语为例，即使是最新的针对不同学科的学术英语教材，也无法系统呈现文理科高年级本科学生在学习以英语开设的专业课程时所需要掌握的写作类型和语类特征。基于语类的整体外语教学实践已经开始（韩宝成、魏兴，2021；梁海英、韩宝成，2021），相

---

① 截止到 2021 年 10 月 3 日 17 时 46 分。

信这一新尝试可以帮助改进我国外语教学中语类教育缺失的问题。

面对不断变化的全球语境,英语作为国际通用语的地位也在随时变化,国际交流语境中的各国因素在不断增加。汉语在向国际化语境提供新表达的同时,可能也在影响着全球化交流模式的调整。因此,观察和准确把握这些变化中中国因素对这一语境的影响,探索新的语言实践带来的机遇和挑战,也是教育语言学的任务之一。同时,随着悉尼学派教育语言学模式在对外汉语教学中的应用,探索基于语类的对外汉语教育语言学模式的需求也会与日俱增。期待未来的学者可以对不断变化的国际语境保持敏感,为全球语境下的语言教育探索高效且具有推动作用的教育语言学模式。

参考文献

[1] Benson, J. & W. Greaves. 1973. *The Language People really Use* [M]. Agincourt, Ontario: The Book Society of Canada.

[2] Bernstein, B. 2000. *Pedagogy, Symbolic Control and Identity* (Revised Edition) [M]. New York and Oxford: Rowman & Littlefield Publishers.

[3] Board of Studies NSW. 2007. *English K6-12 Syllabus*. Board of Studies NSW. www. boardofstudies. nsw. edu. au.

[4] Catford, J. C. 1965. *A Linguistic Theory of Translation* [M]. London: Oxford University Press.

[5] Christie, F. 2000. The language of classroom interaction and learning [A]. In L. Unsworth (Ed), *Researching language in schools and communities: Functional linguistic perspectives*. London: Cassell, 184 - 203.

[6] Christie, F. 2004. Systemic functional linguistics and a theory of language in education [J]. *Iiha do Desterro*, Florianopolis 46, 13 - 40.

[7] Christie, F. 2016. Genres and institutions: Functional perspectives on educational linguistics [A]. In S. Wortham, Kim, Deoksoon & May, Stephen. (eds.) Encyclopedia of Language and Education: Discourse and Education [C]. Springer, 1 - 14.

[8] Christie, F. 2018. Halliday as an educational theorist [A]. 45th International Systemic Functional Linguistic Congress, *On (re) Imagining the Future: Expanding Resources and Making Connections*, held 19th - 21st July at Boston College, USA.

[9] Christie, F. & B. Derewianka. 2008. *School Discourse: Learning to Write Across the Years of Schooling* [M]. London: Continuum.

[10] Derewianka, B. 1990. *Exploring How Texts Work* [M]. Rozelle, N. S. W. : Primary English Teaching Association.

[11] Derewianka, B. & P. Jones. 2012. *Teaching Language in Context* [M]. Oxford: Oxford University Press.

[12] Fang, Zhihui, Gao, Yanmei, Yin, Chengzhu, Li Hanbing. 2021. Zhihui Fang on SFL-informed literacy education [J]. *Linguistics and the Human Sciences*, 15(1): 39 - 51.

[13] Feez, S. 1998. Text-Based Syllabus Design [M]. Sydney: MacQuarie University/AMES.

[14] Gregory, M. 1967. Aspects of varieties differentiation [J]. *Journal of Linguistics*. 3: 2, 177 - 198.

[15] Halliday, M. A. K. 1966. Notes on transitivity and theme in English, part 1 [J]. *Journal of Linguistics*, 3(1): 37 - 81.

[16] Halliday, M. A. K. 1967. Notes on transitivity and theme in English, part 2 [J]. *Journal of*

Linguistics, 3(2): 199 – 244.

[17] Halliday, M. A. K. 1968. Notes on transitivity and theme in English, part 3 [J]. *Journal of Linguistics*, 4(2): 179 – 215.

[18] Halliday, M. A. K. 1975. Learning How to Mean: Explorations in the development of language [J]. London: Edward Arnold (Explorations in Language Study). 译文"学习如何表意",载高彦梅等译,《婴幼儿的语言》,韩礼德文集第四卷,2015. 北京：北京大学出版社.

[19] Halliday, M. A. K. 1993. Towards a Language-based Theory of Learning [J]. Linguistics and Education 5(2), 93 – 119. 译文"学习如何表意",载高彦梅等译,《婴幼儿的语言》,韩礼德文集第四卷,318 – 341. 2015. 北京：北京大学出版社.

[20] Halliday, M. A. K., A. McIntosh & P. Strevens. 1964. *The Linguistic Sciences and Language Teaching* [M]. London: Longmans.

[21] Halliday, M. A. K. & C. M. I. M. Matthiessen. 1999. *Construing Experience: A Language-based Approach to Cognition* [M]. London and New York: Continuum.

[22] Halliday, M. A. K. & R. Hasan. 1985. *Language, Context, and Text: Aspects of Language in a Social-Semiotic Perspective* [M]. Deakin University, Victoria: Deakin University Press (Re-issued: London: Oxford University Press 1989).

[23] Hasan, R. 1990. Semantic variation and sociolinguistics [J]. *Australian Journal of Linguistics*, 9(2): 221 – 216.

[24] Hasan, R. 2009. *Semantic Variation: Meaning in Society and in Sociolinguistics* [M]. London: Equinox.

[25] Hasan, R. 2014. Towards a paradigmatic description of context: Systems, metafunctions, and semantics [J]. *Functional Linguistics* (2): 1 – 54.

[26] Hood, S. 2014. Story genres in academic discourse [A]. Beijing Normal University, lectures.

[27] Hornberger, N. 2001. Educational linguistics as a field: A view from Penn's program on the occasion of its 25th anniversary [J]. *Working Papers in Educational Linguistics*, 17 (1–2): 1 – 26.

[28] Joyce, H. S. & S. Feez. 2008. Researching the language links between school and work [J]. *Prospect*, 23(2): 23 – 46.

[29] Martin, J. R. 1985. Process and text: two aspects of human semiosis [A]. In J. D. Benson & W. S. Greaves (Eds.), *Systemic Perspectives on Discourse* [C]. Vol. 1 (Advances in Discourse Processes, Vol. XV) Norwood, NJ: Ablex, 248 – 274.

[30] Martin, J. R. 1992. *English Text: System and Structure* [M]. Amsterdam: John Benjamins.

[31] Martin, J. R. 2000. Grammar meets genre: Reflections on the "Sydney School" [J]. *Arts: The Journal of the Sydney University Arts Association* (22): 47 – 95.

[32] Martin, J. R. & D. Rose. 2008. *Genre Relations: Mapping Culture* [M]. London & Oakville: Equinox. 2014. Beijing: Foreign Language Teaching and Research Press.

[33] Martin, J. R. Yanmei, Gao, Hanbing, Li, Chengfang Song, and Minglong, Wei. 2021. Martin on discourse semantics, genre, educational linguistics [J]. *Language, Context and Text*, 3(2): 367 – 387.

[34] Matthiessen, C. M. I. M. 1993. Register in the round: Diversity in a unified theory of register analysis. In Mohsen Ghadessy (ed.), *Register Analysis: Theory and Practice*.

221 - 292. London: Pinter.

[35] Rose, D. 2000. Discourse semantics of teaching reading [A]. University of Canberra, 27th ISFC, Melbourne 2000.

[36] Rose, D. 2020. Literacy education and Systemic Functional Linguistics [A]. In Conrad, S., Hartig, A., & Santelmann, L. (eds.). *The Cambridge Introduction to Applied Linguistics* [C]. Cambridge: Cambridge University Press, 115 - 132.

[37] Rose, D. & J. R. Martin. 2012. *Learning to Write, Reading to Learn: Genre, Knowledge and Pedagogy in the Sydney School* [M]. London: Equinox.

[38] Rothery, J., & Stenglin, M. 1995. *Exploring Literacy in School English (Write it Right Resources for Literacy and Learning)* [M]. Sydney: Metropolitan East Disadvantaged Schools Program.

[39] Spencer, J. W. & Gregory, M. J. 1964. An approach to the study of style [A]. In Enkvist, N. E., Spencer, J. W. & M. J. Gregory. (eds). *Linguistics and Style* [C]. London: Oxford University Press.

[40] Spolsky, B. 1972. The Navajo reading study: An illustration of the scope and nature of educational linguistics [R]. Paper presented at the Third International Congress of Applied Linguistics, Copenhagen, Denmark, August 21 - 26, 1972.

[41] Spycher, P. 2017. *Scaffolding Writing Through the "Teaching and Learning Cycle"* [M]. San Francisco, CA: WestEd.

[42] Strevens, P. D. 1964. Varieties of English[J]. *English Studies*, 46: 1 - 10.

[43] 白芳,赖良涛.2021.功能语言学语类理论评述[J].江西师范大学学报(哲学社会科学版)(2): 140 - 144.

[44] 蔡惠萍.2012.语类——过程英语写作教程[M].杭州：浙江大学出版社.

[45] 柴畅,杨成青.2020.基于悉尼学派语类支架读写法的英语写作教学研究[J].和田师范专科学校学报(6): 51 - 56.

[46] 陈辉.2021.美国国情咨文演说的语类结构研究[J].石家庄学院学报(5): 149 - 155.

[47] 陈倩.2021.语类教学法与英语读写能力教学模式研究[J].广东技术师范大学学报(2):15 - 21.

[48] 方琰.1995.Hasan 的"语体结构潜势"理论及其对语篇分析的贡献[J].外语学刊(1): 33 - 39.

[49] 方琰.1998.浅谈语类[J].外国语(1)：17 - 22.

[50] 付慧敏.2020.现代汉语新闻评论语篇的结构研究[D].长春：吉林大学.

[51] 高一虹,龙迪.2001.电话心理咨询导语结构与功能[J].语言文字应用(3)：55 - 63.

[52] 高一虹.2019.死亡话语类型与社会变迁探索[J].外语研究,36(2)：1 - 6+112.

[53] 郭丹.2021.基于语类的高中生英语叙述类口语教学实证研究[D].南昌：江西师范大学.

[54] 韩宝成,梁海英.2019a.整体外语教学的实施路径[J].外语教学与研究(4).583 - 595.

[55] 韩宝成,梁海英.2019b.语类圈活动在外语课堂中的应用[J].外语界(4)：41 - 49.

[56] 韩宝成,梁海英.2021.整体外语教学中的意义协商活动[J].外语教学与研究,53(1)：102 - 112.

[57] 韩宝成,魏兴.2021.整体外语教学视域下的大学英语论说语类教学模式[J].外语教学,42(4)： 50 - 56.

[58] 何雨晴.2020.基于语类理论的初中英语教材研究——以《新目标》为例[D].青岛：青岛大学.

[59] 胡明霞.2020.美国军事专题报道首页多模态历史价值建构分析[J].外语研究(6)：23 - 29.

[60] 黄梦婷.2020.语类教学法在英语说明文读写教学中的应用研究[D].南昌：江西师范大学.

[61] 蒋燕.2020.初中英语语类圈活动应用研究——以语篇"Who's got talent?"为例[J].齐鲁师范学院学报,35(4):92-99.

[62] 梁海英,韩宝成.2021.整体外语教学中的意义表达活动与实施建议[J].现代外语,44(5):717-726.

[63] 赖良涛.2014.《语类关系与文化映射》导读[A].北京:外语教学与研究出版社:ix-xxiii.

[64] 李琪.2020.生态自然人文景观话语与语类翻译[J].北京科技大学学报(社会科学版),36(3):33-39.

[65] 李战子.2018.中国军事公共外交建设的话语分析视角[J].外语研究,35(4):1-7.

[66] 李战子,刘博怡.2020.国家安全与公共卫生安全应急话语构建[J].国防科技(3):11-18.

[67] 罗兴,袁传有,2019.社区矫正初始评估话语的语类结构和交换结构研究[J].广东外语外贸大学学报,30(2):39-47.

[68] 卢晓静.2018.语类视角下的大学英语听力教学研究[J].内蒙古财经大学学报,16(5):125-128.

[69] 马丁.2012a.教育语言研究(王振华主编)[C].上海:上海交通大学出版社.

[70] 马丁.2012b.语类研究·马丁文集(王振华主编)[C].上海:上海交通大学出版社.

[71] 马玉蕾.2010.马丁基于语类的写作教学框架[J].当代外语研究(10):50-54.

[72] 齐曦.2020.课堂情境下 EFL 本科生学术写作能力发展:功能体裁分析模式[J].外语教育研究,8(4):8-15.

[73] 宋来金.2020.系统功能视角下商务英语合同和信函中语法隐喻的文体功能研究[D].长春:东北师范大学.

[74] 苏根英.2020.多元读写理论指导下的商务英语视听说课程教学设计[J].商务英语教学与研究,36-42.

[75] 孙韵雪,岑慧红,胡志敏,2017.语类教学法在护理英语教学改革中的研究与应用[J].高等职业教育——天津职业大学学报,26(6):47-51.

[76] 单菲菲,石修堂.2021.语类教学法对我们民族地区多语教育的启发[J].吉林省教育学院学报,37(1):116-120.

[77] 唐敏.2021.语类教学法对高中生描写类口语产出的作用研究[D].南昌:江西师范大学.

[78] 田剪秋.2021.多国/地区生命末期医疗指示语类研究[J].外语研究(4):31-37.

[79] 谢妮妮,宋成方.2020.系统功能语言学视阈下小学语文教学的问题与策略:基于统编版教材的分析[J].现代基础教育研究,37,182-187.

[80] 徐层珍.2019.语类理论视阈下的英语演讲教学研讨[J].高等职业教育——天津职业大学学报,28(1):92-96.

[81] 杨信彰.2010.马丁对语域理论的发展和应用[J].当代外语研究(10):39-42.

[82] 杨信彰.2015.英语专业学生的语类意识与外语能力[J].外语与外语教学,282(3):25-28.

[83] 于晖.2018.基于语义密度的教育语篇累积性知识建构分析[J].中国外语(3):21-30.

[84] 于晖.2019.功能语言学视角下英语课堂学习话语知识建构分析[J].浙江外国语学院学报(1):13-22.

[85] 于晖,苗宁.2020.教育语篇因果逻辑语法隐喻的模式与类型探析[J].中国外语(6):26-34.

[86] 于晖,于婷婷.2017.不同学科教育语篇知识结构的对比研究[J].北京科技大学学报(社会科学版)(2):1-7.

[87] 俞理明,严明.2013.教育语言学思想:兴起、发展及在我国的前景[J].外语与外语教学(5):1-4.

[88] 王景云.2016.死亡话语研究综述[J].天津外国语大学学报(2):1-7.

［89］王瑛宇.2018.介入在海事仲裁裁决书中的功能研究：以《DONGJIN 轮无单放货争议案裁决书》为例［J］.延边大学学报(社会科学版),51(2)：61－69.

［90］王振华,吴启竞.2021.元话语和评价系统在人际意义研究上的互补［J］.当代修辞学(3)：51－60.

［91］詹小青,谭雪焦,谌谐婉,廖荣霞.2017.语类教学法在博士 SCI 论文写作课中的运用［J］.考试与评价(大学英语教研版),91(6)：74－77.

［92］张德禄.2000.社会文化因素与语篇连贯［J］.山东师大外国语学院学报(4)：1－9.

［93］张德禄.2002a.语类研究理论框架探索［J］.外语教学与研究 34(5)：339－344.

［94］张德禄.2002b.语类研究概览［J］.外国语(4)：13－22.

［95］张德禄.2002c.语类研究的范围及其对外语教学的启发［J］.外语电化教学(4)：59－64.

［96］张德禄.2010.马丁的语类研究［J］.当代外语研究(10)：29－34＋63.

［97］张庆彬.2018.诽谤话语、道歉声明与精神救济分析——系统功能语言学视角［J］.语言学研究(24)：32－41.

［98］张天怡.2013a.中国家庭暴力受害女性通过网络发帖构建的话语身份.语言学研究(2)：214－228.

［99］张天怡.2013b.家庭暴力受害女性在网络发帖中构建的身份：言语行为视角［D］.北京：北京大学.

［100］张先刚.2012.悉尼学派的语类教学法理论［J］.外语界(4)：24－32.

［101］张迎宝.2016.对外汉语写作课的语类教学模式及其实践［J］.现代语文(语言研究版)(12)：101－103.

［102］中华人民共和国教育部.2020.普通高中英语课程标准(2017 年版 2020 年修订)［M］.北京：人民教育出版社.

［103］中华人民共和国教育部,国家语言文字工作委员会.2018a.中国英语能力等级量表(中文)［M］. http://www.moe.gov.cn/srcsite/A19/s229/201804/t20180416_333315.html.

［104］中华人民共和国教育部,国家语言文字工作委员会.2018b.中国英语能力等级量表(英文)［M］. http://www.neea.edu.cn/res/Home/1908/0c96023675649ac8775ff3422f91a91d.pdf.

［105］朱永生.2010.语篇中的意识形态与语言学家的社会责任：论马丁的相关理论及其应用［J］.当代外语研究(10)：25－27.

The Sydney School Model of Educational Linguistics

Yanmei Gao

Peking University

Abstract: To tackle the problems of educational failure in Australia, from the 1980s, scholars of the Sydney School collaborated closely with teachers in primary and secondary schools and professional institutions to work out solutions. A result of this collaboration is the development of the Sydney School model of educational linguistics. Based on systemic functional linguistics and its new developments of discourse semantics, appraisal theory and genre theory, Martin and his colleagues developed a comprehensive model of educational linguistics, which consists of three major components, a theoretical framework, a typology of genre families, and a genre-based pedagogy (for teaching writing, reading and teaching-learning integration). This new model has been applied in writing and reading teaching practice in many countries. Teachers and educators in China are integrating genre-based instruction into language teaching pedagogy at different levels of education in the hope that this will bring about positive effect on language teaching and learning.

Keywords: the Sydney School; educational linguistics; genre; language teaching and learning

社会符号学视角下儿童绘本《中国五兄弟》中的种族偏见分析与批判

于海玲[①]　邓泽念[②]

湖南大学

摘　要：引进绘本是儿童了解其他国家和文化的窗口，绘本质量直接关系到儿童教育效果。本文依据社会符号学理论，对英文绘本《中国五兄弟》(*The Five Chinese Brothers*)的文字和图片呈现的人物形象及其与读者的关系进行了分析。对绘本的概念意义分析发现，绘本角色呈现出不诚实的不良品质，且主角中国五兄弟处于被动、任人处置的地位；同时，反复出现的民众观看行刑场面进一步固化了西方社会对中国人残酷、落后、爱杀戮的偏见。对绘本的人际意义进行分析发现，五兄弟呈现出圆滑、世故的人物形象；图片中，人物作为负面的"他者"出现，缺乏与读者的互动和交流。因此，《中国五兄弟》呈现了绘本作者和插图者对中国人的刻板印象，是典型的种族偏见。本文有助于探索绘本质量研究和教育的新思路。

关键词：社会符号学；儿童绘本；种族偏见；《中国五兄弟》

1　引言

绘本，也称图画书，是通过图画与文字两种媒介相互配合进行叙事的一种综合艺术（姜洪伟，2018）。在儿童生活与教育中，绘本发挥着重要的作用。首先，绘本能给儿童带来娱乐，是儿童学前教育的重要准备（Painter et al.，2013：1）。其次，儿童早期参与阅读活动，积累阅读经验，能够有效调动学习的积极性，激发他们参加阅读活动的兴趣，有助于培养儿童正确的阅读习惯，为其未来的学习成长奠定良好基础（申艺苑、袁曦临，2021）。此外，绘本还承载着情感教育、人生理解与生命成长等素养养成，能够激发孩子的思维能力、创造力、想象力以及沟通能力（胡泊，2020）。有关其他国家和文化的绘本是儿童了解世界的第一扇窗，为今后对其他国家和文化的感知和理解奠定了基调。

正是由于绘本的重要作用，绘本受到的关注与日俱增，在教育市场所占比重逐步扩大。据北京开卷公司发布的《中国少儿图书市场的 20 年》显示，2000 年到 2019 年，少儿图书市场码洋比重逐步攀升，市场规模不断扩大。其中，卡通/漫画/绘本码洋占比增长迅速，到 2016 年明显超过少儿科普百科，跃居第二位。儿童绘本以国际获奖作品、大师系列作品、经典作品等为主，需求量大。以全球最大的中文网上书店当当网为例，在该网站的"绘本/图画书"分类项下，检索 2020 年销售排行榜，前 100 名中中国绘本仅占 10 席，其他均为引进绘本，主要来自日本（28）、美国（24）、英国（10）、法国（8）等国家。众多引

---

① 于海玲（1984—），女，湖南大学外国语学院教授，博导；研究方向：多模态研究、翻译学研究、系统功能语言学、语料库语言学；通信地址：长沙市岳麓区湖南大学外国语学院；邮编：410006；电子邮箱：hailing.yu@hnu.edu.cn。

② 邓泽念（1999—），女，湖南大学外国语学院硕士研究生；研究方向：多模态绘本研究、英语笔译；电子邮箱：dengzenian@hnu.edu.cn。

进绘本中不乏世界级童话大师的经典之作,但其中也难免会有部分绘本,由于其创作的特殊背景或创作者的主观印象,折射了西方发达国家对其他文化的种族偏见和刻板印象。如果不加以重视和警惕,对国内的儿童教育可能产生不良影响。

本文以多模态社会符号学为框架,从文字和图片两个角度关注美国知名获奖绘本 *The Five Chinese Brothers*(《中国五兄弟》)中所体现的种族偏见和刻板印象,探索绘本质量研究和教育的新思路。

2　绘本《中国五兄弟》及相关争议

《中国五兄弟》首次出版于 1938 年,作者为美国童书作家克莱尔·于歇·毕肖普(Claire Huchet Bishop),插图者为库尔特·维泽(Kurt Wiese)。绘本由 1 119 个单词和 25 张图片(含封面)组成,讲述了发生在中国的五胞胎兄弟的故事。拥有不同超能力的五兄弟和母亲住在海边,因为一次意外,大哥被判死刑。兄弟们用各自的超能力应对刑罚,最终幸免于难,和母亲继续生活在一起。

《中国五兄弟》出版 80 多年来引发了广泛关注。1959 年,该绘本获得刘易斯·卡罗尔书架奖。2007 年,该绘本入选美国国家教育协会“教师推荐百佳童书”,一跃成为美国儿童文学的经典之作,其深远持久的影响力可见一斑。有关该绘本的叙事风格和故事内容,莱恩(Lanes,1976)认为其插画中的“普遍卡通风格”非常适合民间故事的讲述,且故事内容有助于读者对中国和中国文化产生积极的印象。莱希纳(Lechner,1991)则认为该故事以幽默为基调,呈现主人公五兄弟的忠诚:不仅忠诚于母亲,还忠诚于兄长。

另一方面,针对《中国五兄弟》的争议也从未停止。有学者认为,该绘本体现了美国社会对中国人和中国文化的刻板印象。如施瓦兹从人物外形、故事情节、对比阅读、社会反响等多个角度对其进行了批判,认为《中国五兄弟》是对美籍华人的种族歧视,损害了华裔儿童的自我形象,也会损害非华裔儿童的自由思想和行为潜力(Schwarz,1977)。蔡明水曾对美国出版的 73 本与中国文化和华裔相关的绘本进行了分析和研究,其中就包括《中国五兄弟》(Cai,1994)。该研究认为,《中国五兄弟》对人物的负面呈现可能会进一步加深中国人在美国/西方社会的负面形象。

本文将借助多模态社会符号学理论,对《中国五兄弟》进行分析,聚焦其中所呈现的故事内容和中国人物形象,解读该绘本如何利用文字和图片这两种模态,传递创作者对中国人的刻板印象及种族主义倾向,并对之进行批判。

3　社会符号学:故事讲述过程中的图片和语言

一般认为,社会符号学(social semiotics)的概念始于韩礼德。虽然他主要以语言为研究对象,但韩礼德一开始就认为语言只是众多“社会符号”中的一种,在语言之外,人们还使用其他多种符号资源来传递意义。20 世纪 80 年代,在韩礼德思想的影响下,一批熟知系统功能语言学理论的学者开始将目光转向对语言之外的其他符号,具有代表性的有范·卢文对语音语调所传递意义的研究(Van Leeuwen,1984)、对声音和音乐的研究(Van Leeuwen,1999)。同时,越来越多的学者开始将目光转向对视觉作品的研究(Hodge & Kress,1988)以及视觉艺术、雕塑和空间建构(O'Toole,1990,1994)。随着研究的深入,“多模态”(multimodality)一词正式出现(Van Leeuwen & Jewitt,2000),用来强调现代作品中语言与图像、声音等模态共存的现象。多模态研究关注作品中不同模态之间的相互联系,强调模态之间的平等,以及作品的意义由不同的模态共同创造(Iedema,2003)。

根据社会符号学理论(Van Leeuwen,2005),人类用以交流的符号资源具有三大基本功能:概念功能(用于描述语言使用者外部与内部世界的经验)、人际功能(用于建立和维护交际者之间的人际关系)和语篇功能(用于生成有意义的、可被理解的语篇)。本文由于重点分析人物形象及其与读者的关系,因此主要关注概念功能和人际功能。

概念功能主要由及物性(transitivity)来实现,关注"谁对什么人或物做了什么,什么时候,在哪里,以何种方式,因何而做"(Hasan,1988：63),主要包括过程(process)、参与者(participant)和环境成分(circumstance),如时间、地点、方式等。一般来说,英语中有六大过程：物质过程、心理过程、言语过程、关系过程、行为过程和存在过程(Halliday & Matthiessen,2014)。每一个过程涉及一个或多个参与者,如物质过程涉及行为者(actor),并可能会有行为的目标(goal)。

克雷斯和范·卢文(Kress & van Leeuwen,2006)认为,图片和文字一样,也具有概念功能(他们称之为"再现功能")。再现可以分为叙事再现(narrative representations)和概念再现(conceptual representations)。叙事再现涉及"行为"和"事件",关注行动、事件的展开及变化过程,而概念再现涉及具有更加普遍、稳定或永恒"本质"的参与者,这些参与者本身并不是在做某种行为,而是处于一种状态或者具有某种特点。正如语言中一般由动词来体现小句的及物性,表达概念意义,图片中实现再现意义的主要途径是通过矢量,即将人或物体彼此联系起来的斜线来实现。

人际元功能关注的是说话人如何用符号资源表达态度,影响他人。英语实现人际功能的重要方式包括语气系统和情态系统。语气系统可以构建说话人的社会地位和身份。而情态系统则关系到情态动词的使用和分布情况,可以了解到说话人对于某一主题有效性肯定程度的高低和对执行命令的人所施加压力的大小(李战子,2002)。

和语言一样,图片在人际交流中也扮演着极为重要的角色,即图片也具有人际功能(Kress 和 Van Leeuwen 将之称为交互功能)。图片的交互功能可以在不同的交流者之间建立人际关系,其中包括：① 图片中所呈现的人物之间；② 图片观看者和图片所呈现人物之间；③ 图片创造者和观看者之间。图片的交互功能有三个组成部分：接触(contact)、社会距离(social distance)和态度(attitude)。每一个部分又可以进行更详细的划分,通过图片的不同特征来实现,如表 1(Kress & Van Leeuwen,2006：148-149)所示。

表 1　图片的交互意义系统及其实现方式

意　义　系　统			实　现　方　式
接　触		要　　求	凝视观众
		提　　供	没有凝视
社会距离		亲　　密	近镜头
		社　　会	中镜头
		疏　　远	远镜头
态　度	参　与	参　　与	正　　面
		疏　　离	侧面/背面
	权　力	观众权力	俯　　视
		平　　等	平　　视
		人物权力	仰　　视

接触是再现参与者通过目光指向与图像观看者之间建立起来的一种想象性的接触关系。在日常交往中,社会关系的亲疏决定了我们彼此之间社交距离的远近。而在图片中,这种社交距离由取景框的大小体现,即对远镜头、中镜头、近镜头等的选择。图片的态度则通过视角的选择来体现,不同的视

角传递对图片中参与者、人物或其他事物不同的态度(Kress & Van Leeuwen，2006：129)。水平视角表示图像观看者与再现参与者之间是疏远还是参与关系，其正面角度让图像观看者感同身受，侧面会产生漠视感觉(吴安萍、钟守满，2014)。

　　一般认为，儿童绘本中图片和文字在讲述故事时可以相互重叠和互补。如图1所示，文字和图片都涉及行为者、过程、目标和地点，在概念意义上彼此对应，讲述同一个事件。而在人际意义上，文字部分(The first brother catches a fish from the river)是一个陈述句，体现了作者作为故事的讲述者，向读者叙述发生在第三方(the first brother，fish)身上的故事，建立的是作者与读者、读者与他者之间的一种较为正式/疏远的关系。而图片中，"大哥"和"鱼"都是以侧面、远镜头的方式呈现的，且图片中人物/动物与读者之间没有目光接触。因此，图片将人物呈现为与读者关系较为疏远的"他者"。

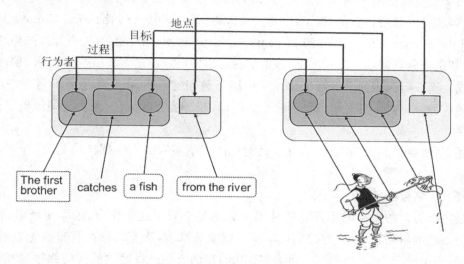

图1　讲述故事的图片和文字

　　与传统的结构主义符号研究不同，社会符号学并不认为符号的能指(signifier)和所指(signified)之间的关系是任意的(arbitrary)。相反，社会符号学认为，所有的符号背后都有其"动机"(motivation)。在交际活动中，符号使用者会根据具体的语境选择能够表达自己所要表达意义的符号，以合适的方式将符号呈现出来。因此，符合的使用和意义创造是一种社会行为，不同符号资源(视觉、听觉和语言)对意义的传递具有社会性。

4　《中国五兄弟》中的种族偏见分析与批判

　　接下来，本文将从图片和文字两个角度，对绘本《中国五兄弟》中的概念意义和人际意义所体现的种族偏见进行分析和批判，并探讨其背后所体现的意识形态及对儿童教育的启示。

4.1　概念意义：人物行为及其所体现的品质

　　本节将以绘本的文字和图片为线索，对人物行为及其所体现的品质进行具体分析。

4.1.1　文字：欺骗与不诚实

　　本小节聚焦故事情节，解读绘本文字部分所讲述故事内容体现出的人物品质。故事一开始，一个小男孩请求与大哥一同出海捕鱼，大哥不同意，但小男孩一再恳求。两人最后的对话如下：

"Under one condition," said he, "and that is that you shall obey me promptly."

"Yes, yes," the little boy promised.

"Remember," said the First Chinese Brother, "you must obey me promptly. When I make a sign for you to come back，you must come at once."

"Yes，yes，" the little boy promised.

可以看出，小男孩两次保证听从大哥的安排，于是大哥答应他一起出海的要求。大哥吸走海水，开始捡鱼，小男孩也兴奋地跑去捡鱼。但是，当大哥将海水含在口中很久，再也无法支撑，示意小男孩赶快回来的时候，小男孩却对他做鬼脸，接着迅速跑开了(But the little boy made faces at him and fled as fast as he could)。结果大哥再也坚持不住，海水从大哥的口中喷涌而出，还没上岸的小男孩被淹死了。小男孩通过言语过程作出的承诺与其出海后实际的行为过程相违背，实则是对大哥的欺骗，是一种不诚实的表现。

故事的另一个主要情节是执行死刑前，兄弟们回家互换。第一次行刑前，大哥对法官表示想要回家向母亲告别，法官同意后，大哥回家了，二哥代替大哥回到了刑场(So the First Chinese Brother went home ... and the Second Chinese Brother came back in his place)；随后，二哥又以同样的理由请求回家，三哥又代替二哥回到刑场。以此类推，该情节在绘本中反复出现，每一次出现，语句结构都相同，只有参与者不同。这一行为表面上看起来体现了中国兄弟们的机智，但仔细思考即可发现问题，这难道不是对法官的一种欺骗吗？五兄弟以告别母亲为借口，获得法官的信任，来去之间体现了他们不诚实、漠视法律的品质。

综上所述，从故事的起因到经过，共有 5 处情节体现了不同的人物同样的品质，即不诚实、经常欺骗他人。

4.1.2　图片：刻板印象、野蛮与杀戮

该绘本最先吸引人的是插图中人物的外形。无论是五兄弟还是民众，绘本中所有人物都是黄皮肤、长辫子，一条缝的斜眼睛，是典型的刻板印象。就服装来说，所有人物都身着黑色短褂、宽腿裤，头戴瓜皮帽，在西方也被称为"苦力服"。"苦力"(collie)在西方是一种暗含贬义的称呼，指的是那些没有技能、工资过低的中国劳工，而当时的白人劳工则被称为"工人"(worker)(Schwartz，1977)。

对图片中所有的动作过程进行统计之后(表 2)，发现绘本共有 19 个物质过程、6 个反应过程。绘本中的角色主要可分为主角五兄弟和其他人物(包括法官、民众、刽子手等)两大类。对行为过程进一步分析发现，五兄弟在绘本中共有物质过程 15 个，其中 13 个都是没有任何目标的非及物过程，及物过程仅 2 个。即使是 2 个及物过程，动作的目标也是鱼和水(图 2a)，而不是其他的人。反观其他人物，其及物过程的目标是五兄弟。图 2b 所展示的是行刑者将三弟抛入海中的场景。由此可知，作为主角的中国五兄弟实际上并未对他人产生实质上的影响，而是总是处于被动、任人处置的地位。

表 2　绘本插图所呈现的行为过程

参与者角色			过　程　类　型	
五兄弟	行为者	物质过程	及物过程	2
			非及物过程	13
其他人物	行为者	物质过程	及物过程	2
			非及物过程	2
	观看者	反应过程		6
总　　计				25

　　此外,"聚焦观看"这一动作的反应过程在插图中反复出现,呈现的都是众人聚精会神,观看五兄弟被行刑的场景(图 2c、d)。绘本中诸如此类观看行刑的场面反复出现,造成一种视觉重复,起到了强调和固化民众残忍和麻木形象的作用。

图 2　图片中的行为过程示例

4.2　人际意义:人物形象与读者心理认同

　　在对绘本概念意义进行分析后,接下来将对绘本的人际意义进行分析,本节同样将从文字和图片两个角度展示人物形象和读者心理认同度。

4.2.1　文字:五兄弟的圆滑世故

　　对五兄弟的所有对话进行分析之后可以看出,五兄弟与不同的人物进行交流时,所使用的语气类型和情态值(情态的高、中、低值)区别明显。例如,大哥与小男孩 2 次交谈,共 4 句话,其中 3 句使用祈使句或含情态的祈使性表达,如上文提到过的,"Remember," said the First Chinese Brother, "you must obey me promptly. When I make a sign for you to come back, you must come at once."("记住,"老大说,"你必须什么都听我的。我示意你回来的时候,你必须马上回来。") 很明显,"must"属于高值情态甚至极值情态,说明在对小男孩说话时,大哥认为自己对小男孩的要求成功性和有效性都非常高,呈现了一个高高在上、态度强硬的人物形象。

　　而在故事中反复出现 4 次的五兄弟请求回家告别母亲情节中,兄弟们不仅对法官使用尊称,更是使用疑问句来委婉表达自己的要求(原句为"Your Honor, will you allow me to go and bid my mother good-bye?")。与之相配的是五兄弟在端坐的法官面前点头哈腰的图片,呈现了一个十分卑微的形象,与之前在小男孩面前趾高气扬的形象形成鲜明对比。前后对比可以看出,作为主人公的五兄弟看人说话,十分圆滑、世故。

4.2.2　图片:中国人物作为负面的"他者"

　　根据 Kress 和 Van Leeuwen 所提出的图片的交互意义,对绘本的 23 张图片(除环境描绘图片)所呈现的故事人物与读者之间的人际关系进行分析,得到的结果如表 3 所示。

表 3　图片体现故事人物与读者关系的实现方式

			出 现 频 率
接　触		要　求	—
		提　供	23(100%)
社会距离		紧　密	—
		社　会	5(22%)
		疏　远	18(78%)
态度(水平角度)		参　与	1(4%)
		疏　离	22(96%)
态度(垂直角度)		观众权力	—
		平　等	25(100%)
		人物权力	—

　　如表 3 显示,绘本中全部采用提供类图像,故事人物与读者的目光接触次数为 0。这表明创作者将故事人物作为信息呈现给读者,但是人物与读者之间没有任何互动。从社会距离来看,该绘本大量采用远镜头(78%)或中镜头(22%),缺乏近镜头,使读者更倾向于成为绘本所展示的世界的观察者而非参与者,呈现的是一种较为疏远的社会距离。从态度层面上来看,绘本绝大多时候从侧面(96%)描绘人物,故事人物与读者缺乏正面的交流,不利于读者解读角色的情绪,产生共情并融入故事之中。唯一一次人物正面面对读者时,其头部却是转向一边,从而避免了与读者进行目光接触的可能(图 3a)。此外,绘本中还有一幅图片尤其值得注意,因为该图片从背面角度描绘角色。虽然背面角度仅出现一次,但是出现的地方十分关键:处于故事的开头。第一次向读者介绍角色的时候,角色却是背对读者的,呈现出拒绝与读者交流的态度(图 3b)。水平角度方面,所有的人物均以平摄方式出现,体现了人物与读者之间相互平等的关系。因此,整体而言,绘本中人物作为负面的"他者"出现,不利于读者与角色建立想象性的接触关系、产生共情。

图 3　图片中的人物呈现方式示例

　　此外,图片中人物的呈现风格也值得注意。佩因特等(Painter et al.,2013)认为,图像表征的写实、抽象等风格不仅仅是情态问题,而且是作者设定读者与图像人物情感关系的语篇策略。根据图像的细节和现实主义程度,人物的呈现风格可大致分为"最简风格""类化风格"和"自然风格"。最简风格通常抽象地描绘人物形象,是符号性、程式化的;类化风格相对较关注细节,画笔或铅笔的笔触基于人脸的肌肉组织;而自然风格则是照片式的,其表情更接近真实的人的表情。最简风格要求读者作为角色相对超然的观察者,而不是代入角色之中。这是一种适合社会评论的风格,通常通过幽默来传达所要表达的信息。类化风格含蓄地希望儿童读者将自己视为主角,从而对读者的行为产生影响,指导读者"这样做或那样做"。自然风格的读者通常作为个体参与角色的故事,更容易与故事中的人物共情。

眼睛的细节是文本中衡量图像写实性最有效的指标之一,在绘本《中国五兄弟》中,五兄弟的眼睛都是一条统一的斜线,眼球被忽略,封闭了读者与角色交流的可能,更不用说个性化的眼睑、眼窝和睫毛了。人物表情也十分单一,五兄弟除了吞海水时,其他任何情况下都是似笑非笑,民众则一直处于面无表情的麻木状态。因此可以说,《中国五兄弟》的插图者所采用的是最简风格,只勾勒出了粗略的人物形象,并没有对其进行详细刻画,这些都给读者带来了情绪上的距离感,不利于读者与人物共情。

4.3　绘本创作的动机及其对儿童教育的启发

上述分析显示,在绘本《中国五兄弟》中,不论文字还是图片,不论主角还是配角,从故事的起因到发展,绘本都向读者反复呈现出一种负面的中国人物形象。不禁引人思考,这种刻板印象从何而来?根据社会符号学,多模态文本不是单一孤立活动的结果,而是一个社会过程。因此,多模态文本的意义是作者和读者之间的协商,反映了他们各自的社会文化信仰和态度(Yu, 2019)。

绘本《中国五兄弟》首次出版于 1938 年,时值美国《排华法案》实施期间。1848 年开始的加州淘金热吸引了大量中国移民,这些移民后来成为美国西部经济发展的主要劳动力来源。到 1880 年,中国移民人口占到加州总人口的 10%。白人劳工将白人失业归因于华人劳工的增加,由此引发的强烈不满催生了 1882 年颁布的《排华法案》,这是美国第一部基于种族和阶级的禁止移民联邦法案,直到 1943 年,法案才被废除。受政治、经济等因素影响,文化作品中对中国移民的排斥和丑化在这一时期前后达到了高潮。罗默的"傅满洲"系列小说一度风靡西方世界,小说主人公傅满洲呈现出"为达目的不择手段"的形象(常江、石古岩,2018)。乔伊等(Choy et al., 1995)对 1870 年至 1885 年刊登在各大报纸和杂志上的 117 幅政治漫画进行研究后发现,《排华法案》之后,有关中国人的政治漫画从文化好奇转向描绘对中国人的刻板印象,揭示了 19 世纪的美国种族主义氛围。因此可以认为,《中国五兄弟》中呈现出的不诚实、漠视法律的中国人物形象,是当时社会和文化的产物。

正因如此,这样一个绘本并不应该作为教师或家长向学生展示的内容出现在 21 世纪的美国学校或家庭中。在亚马逊网站(amazon.com)和 Goodreads 上,很多读者评论中都反复出现"种族主义"(racist)或"刻板印象"(stereotype)之类的表达。高赞评论中有一条来自一位美国小学教师。该评论内容如下:

It is SUCH an old racist stereotype to portray all Chinese as looking the same. The pictures — true products of their time — don't help kill that misconception. Of course it's absurd to think that every kid will automatically become racist from reading this, but it's also naive to think that such unchecked images have no influence. When an eight-year-old kid in my classroom pulled his eyes into a slant and sang, "I'm a ching-chong-Chineseman!" while his Vietnamese classmate sitting two seats away from him turned red, I know he didn't come up with that stereotype on his own.(E., Jan. 09, 2008, Goodreads 在线评论)①

---

① https://www.goodreads.com/book/show/65217. The＿Five＿Chinese＿Brothers? from＿search＝true&from＿srp＝true&qid＝lmMo9RRCMQ&rank＝1.

　　这一评论点赞数位居前列,证明还有许多读者与评论者感同身受,认识到该绘本中所体现的种族偏见,以及其作为课堂推荐书目的不妥之处。

　　具有讽刺意味的是,该书出版 80 年后被引入中国。认知能力有限的儿童可能还无法分辨绘本中所体现的偏见,但成年人显然具备这种能力。本文作者曾做过一次实验,在不提供任何背景知识的情况下,让大学一年级学生(非英语专业)在课堂上阅读《中国五兄弟》,并对该绘本进行评价。超过半数的学生认为,该绘本让她/他“觉得不舒服”,对故事的内容“并不喜欢”;接近一半的学生推测,该绘本的作者“应该不是中国人”。一个让成人读者都感到不适的绘本,为什么要拿来给儿童读者来阅读呢?

　　因此我们认为,不是所有的绘本都适合作为中国儿童的推荐读物,纵使作品获得过国际大奖,也绝不能盲目引进。应考虑到部分绘本可能带有的时代局限性,应仔细鉴别绘本中所隐含的思想,保证引进绘本的质量。

5　结语

　　本文依据社会符号学理论,对英文绘本《中国五兄弟》的文字和图片呈现的人物形象及其与读者的关系进行了分析。对绘本的概念意义进行分析发现,绘本文字讲述的故事中,从小男孩到五兄弟,人物多次出现欺骗的情节,呈现出不诚实的不良品质;图片中,对五兄弟的动作统计分析后发现,作为主角的中国五兄弟处于被动、任人处置的地位,而民众观看行刑场面的反复出现,固化了西方社会对中国人的偏见。对绘本的人际意义进行分析后发现,五兄弟与不同的角色交流时,语气类型和情态值有明显区别,呈现出主人公圆滑、世故的人物形象;此外,远镜头、侧面描绘、无目光接触以及最简风格的人物呈现,使绘本中人物作为负面的“他者”出现,不利于绘本互动性和交流感的提升。总而言之,无论是文字还是图片,《中国五兄弟》都呈现了绘本创作者对中国人的刻板印象,存在种族偏见,这与绘本产生时的社会背景息息相关。如今站在新的历史时期,要对引进绘本的质量有新的审视和思考,只有这样,才能让引进绘本在儿童教育中发挥积极的作用,促进儿童健康成长。

参考文献

[1] Cai, M. 1994. Images of Chinese and Chinese Americans mirrored in picture books[J]. *Children's Literature in Education*, 25(3): 169 – 191.

[2] Choy, P. P., L. Dong & M. K. Hom. 1995. *Coming Man: 19th Century American Perceptions of the Chinese* [M]. Hong Kong: Joint Publishing Co., Ltd.

[3] Halliday, M. A. K. & C. M. I. M. Matthiessen. 2014. *Halliday's Introduction to Functional Grammar* [M]. London: Routledge.

[4] Hasan, R. 1988. The analysis of one poem: Theoretical issues in practice[A]. In D. Birch and M. O'Toole (Eds.) *Functions of Style* [C]. 45 – 73. London: Pinter.

[5] Hodge, B. & G. Kress. 1988. *Social Semiotics* [M]. Cambridge: Polity.

[6] Iedema, R. 2003. Multimodality, resemiotization: Extending the analysis of discourse as multi-semiotic practice[J]. *Visual Communication*, 2(1): 29 – 57.

[7] Kress, G. & T. Van Leeuwen. 2006. *Reading Images: The Grammar of Visual Design* [M]. London: Routledge.

[8] Lanes, S. G. 1976. A case for *The Five Chinese Brothers* [J]. *School Library Journal* (24): 185 – 195.

[9] Lechner, J. V. 1991. The image of the child in Chinese folktales[J]. *Children's Literature Association Quarterly*, 174 – 180.

[10] O'Toole, M. 1990. A systemic-functional semiotics of art [J]. *Semiotica*, 82(3-4), 185 – 210.

[11] O'Toole, M. 1994. *The Language of Displayed Art* [M]. Rutherford: Fairleigh Dickinson University Press.

[12] Painter, C., J. R. Martin & L. Unsworth. 2013. *Reading Visual Narratives: Image Analysis of Children's Picture Books* [M]. Sheffield: Equinox.

[13] Schwarz, A. V. 1977. *The Five Chinese Brothers*: Time to retire[J]. *Interracial Books for Children Bulletin* (8): 3 – 7.

[14] Van Leeuwen, T. 1984. Impartial speech-observations on the intonation of radio newsreaders [J]. *Australian Journal of Cultural Studies*, 2(1): 84 – 99.

[15] Van Leeuwen, T. 1999. *Speech, Music, Sound* [M]. London: Macmillan.

[16] Van Leeuwen, T. 2005. *Introducing Social Semiotics* [M]. London and New York: Routledge.

[17] Van Leeuwen, T. & C. Jewitt. 2000. *Handbook of Visual Analysis* [C]. London: Sage.

[18] Yu, H. 2019. One page, two stories: Intersemiotic dissonance in a comic adaptation of journey to the west[J]. *Social Semiotics*, 31(4): 1 – 21.

[19] 北京开卷.2020.中国少儿图书市场的 20 年[EB/OL].https://www.thepaper.cn/newsDetail_forward_7583306.

[20] 常江,石谷岩.2018.美国电视剧华人移民形象的二元板结化塑造[J].现代传播,40(06):100 – 104+144.

[21] 胡泊.2020.具身认知视域下儿童绘本教育的开发与拓展[J].美术观察(06):21 – 22.

[22] 姜洪伟.2018.绘本概念特征与类型辨析[J].中国出版(24):17 – 21.

[23] 李战子.2002.话语的人际意义研究[M].上海:上海外语教育出版社.

[24] 申艺苑,袁曦临.2021.基于多元智能发展的儿童绘本阅读启蒙研究[J].图书馆学研究(10):63 – 69.

[25] 吴安萍,钟守满.2014.视觉语法与隐喻机制的多模态话语研究[J].外语与外语教学(03):23 – 28.

An Analysis of Racism in Children's Picture Book *The Five Chinese Brothers* from the Perspective of Social Semiotics

Hailing Yu, Zenian Deng

Hunan University

Abstract: Imported picture books is a window for children to learn about other countries and cultures and the quality of picture books is directly related to the quality of children's education. Based on the theory of social semiotics, this study employs a multimodal analysis of an English picture book *The Five Chinese Brothers*. The analysis of its conceptual meaning reveals the dishonesty of the characters, and it is also found that the five Chinese brothers are in a passive and disposal position. At the same time, the repeated scenes of townspeople watching the execution have further solidified the stereotype of Chinese, including imbrutement, backwardness and bloodiness. In addition, from an interpersonal perspective, the five brothers are worldly-wise and sophisticated. The characters in the picture books appear as negative "others", lacking interaction and communication with readers. In conclusion, *The Five Chinese Brothers* presents a stereotype of the Chinese people in a racist tone. After the analysis, the study also attempts to explain the reasons for presenting this image from the perspective of historical background.

Keywords: social semiotics; picture book; racism; *The Five Chinese Brothers*

从态度系统看生命教育教材的价值观建构策略[①]

赖良涛[②]　苏树苗[③]

上海交通大学

摘　要：生命教育在新冠疫情危机下备受重视,其内涵是整合多重主题且价值取向明确的全人教育。本文基于态度系统,选取经典生命教育教材、柯林斯(Collins)出版公司面向青少年出版的《你的生命——学生用书4》(*Your Life — Student Book* 4)中的代表性语篇,通过分析其中的态度资源分布特征来识别不同主题下构建生命情感态度价值观的语言策略。研究发现,整体上该生命教育教材主要使用判断、鉴赏等表达机构化感受的资源,从道德和审美角度引导青少年建构社会所认可的生命价值观,同时适当借助情感资源激发生命情感体验。不同主题语篇中态度资源对价值观的建构则有异同:个人教育语篇通过大量判断和鉴赏资源,得以建构关乎社会尊严的价值观念和引导实现关键的批判性省思,并在适时引起情感体验后启发青少年欣赏和理性认识自我生命;健康教育语篇利用大量鉴赏资源和少量情感资源铺垫,来树立生命健康方面的价值评判标准,还借助一定数量的判断资源给予具体的行为方式提议;社会教育语篇使用少量情感资源和鉴赏资源激发并强化对生命平等多样的尊重,并利用相当多判断资源构建权利和责任方面的行为准则;公民教育语篇借助大量判断资源使青少年批判、疏远反社会行为,并引导其成为有见识、有判断力的公民,而必要的情感资源使用则有利于激发青少年参与公民事务的兴趣。各类态度资源依据生命教育具体主题而灵活配置,相互协作,一起引导青少年建构起丰富完整、取向明确的正确生命价值观。

关键词：生命教育；态度系统；情感态度与价值观

1　引言

新型冠状病毒肺炎疫情之下,面对逝去的生命和生活的不确定性,人们重新审视"生命"这一课题,反思生命的价值和意义。教育部办公厅、工业和信息化部办公厅(2020)联合印发的《关于中小学延期开学期间"停课不停学"有关工作安排的通知》中,明确指出要注重加强生命教育,因而生命教育研究与实践具有重要的理论与实践意义。

学界对生命教育的研究并不多见。部分学者注重挖掘生命教育的内涵,包括三个方面:狭义上为"治疗性生命教育",预防和解决现实中焦虑、自杀等生命问题(兰小云,2003;王北生、赵云红,2004);中义上为"全人教育",从生命发展的完整需要出发(张振成,2002;刘慧,2013);广义上为"对教育进行生命化解读",将生命关照融入教育全过程(叶澜,1997;张文质,2006)。本文将生命教育理解为全人教育,即满足自然生命、社会生命和精神生命的完整生命发展需要(冯建军等,2017)。

从课程目标看,当生命陷入困顿时本质上是情感态度与价值观出现问题,因而培养情感、引导学生

---

① 本文是国家社科基金项目"语类视域下的态度语义密度研究"(项目编号：21BYY189)的部分成果。

② 赖良涛(1976—),男,博士,上海交通大学外国语学院副教授,硕士研究生导师;主要研究方向：功能语言学、教育语言学、法律语言学;通信地址：上海市闵行区东川路800号上海交通大学外国语学院;邮编：200240;电子邮箱：lailiangtao@sjtu.edu.cn。
③ 苏树苗(1997—),女,上海交通大学外国语学院硕士研究生;主要研究方向：功能语言学、教育语言学;通信地址：上海市闵行区东川路800号上海交通大学外国语学院;邮编：200240;电子邮箱：sushumiao@sjtu.edu.cn。

形成正确的态度与价值观,就成了生命教育的首要任务(肖川、曹专,2020:29)。当前相关研究一般将情感态度价值观(本文简称为"价值观")作为中小学生命教育课程目标之一,提出生命教育应在情意上注重培养态度与责任(安桂清等,2020),引导学生不断进行"生命的自我体验"与省思,欣赏、热爱和珍惜生命(钱永镇,2002;刘宣文、琚晓燕,2004;冯建军,2007);并结合不同学龄段特征或生命教育的取向,从生命与自我、他人、社会、自然等维度展开,列举价值观目标,提出实施原则,如关照学生生命发展的需求(安桂清等,2020)、重视体验和实践等(冯建军,2007)。总体看来,当前关于青少年生命教育情感态度价值观导向的研究主要是概括性的,多从宏观上提出目标内容和原则,缺乏微观教学层面上对落实目标的具体策略的相关研究。

微观教学主要依赖于教材内容和教师传授,而语言是该教学过程的基本媒介(Spolsky,1978:15-16),因而从语言角度分析生命教育话语如何激发学生的生命情感体验、引导学生形成对生命的正确态度、建构正确的生命价值取向,能为具体落实价值观目标提供启示。本文基于系统功能语言学评价理论中的态度系统,分析生命教育教材中的态度资源分布及其功能,探究构建价值观的语言策略。研究围绕以下两个问题展开:生命教育教材中的态度资源有何分布规律?这些态度资源是如何构建情感态度价值观的?

2　理论基础与研究方法

本文采用系统功能语言学评价(appraisal)理论中的态度(attitude)系统(Martin & White,2005:42-91)作为理论基础,包括情感反应(affect)、对行为的判断(judgement)及对事物的鉴赏(appreciation),后两者是由情感系统衍生出的机构化感受(institutionalised feelings),涉及共享的社团价值观(Martin & White,2005:45)。态度系统的指向可理解为说话者/作者表达自己的态度,目的是说服听话者/读者"认可其所在社团的价值观念和信念"(王振华、李佳音,2021:51)。因而基于态度系统的话语分析较好地契合了本文探究价值观建构的语言策略这一研究目的。

态度可由显性或隐性的方式表达,前者直接表明态度,后者利用表面上中性的表意手段来引发态度,包括词汇隐喻(比如 a label quickly acquires its force)、级差(比如 even fewer people vote)、由经验意义传递评价意义(比如 stand out a mile when you come across them)等。从所表达的态度意义类型来看,态度资源包括情感、判断和鉴赏三大类(图 1)。情感(affect)系统反映感受主体对行为、文本/过程、现象的情绪感受,包括四小类:意欲/非意欲(dis/inclination)关注非事实触发物引起的情感倾向,比如 want to, fear;愉悦/非愉悦(un/happiness)聚焦"心的状态",比如 happy, like, angry;安全/非安全(in/security)涉及与环境、他人相关的平和或不安,比如 confident, comfortable with, anxious;满意/非满意(dis/satisfaction)关乎目标追求,比如 satisfied, impressed, guilty。

判断(judgement)系统属于道德伦理范畴,以制度规范评价人的性格和行为,包括社会评判和社会约束两类。社会评判(social esteem)关乎社会尊严的高低,正面意义令人钦佩而负面意义受到批评,评价人或行为是否符合常规、如何不同寻常(比如 normal, odd);是否有才干,包括体力、心智等方面(比如 healthy, childish);

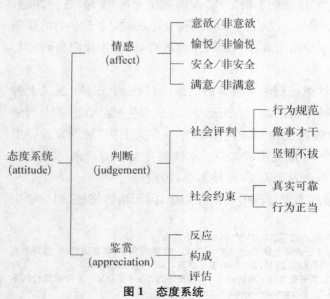

图 1　态度系统

是否坚韧不拔、值得信赖（比如 responsible, cowardly）。社会约束（social sanction）则牵涉法律和道德,正面意义获得褒奖而负面意义遭到谴责,评价人或行为是否真实可靠（比如 honest, deceptive）；是否正当（比如 moral, selfish）等。

鉴赏（appreciation）系统根据美学范畴评价事物、文本/过程或现象,可细分为反应、构成、评估三小类资源。反应类（reaction）资源涉及评价对象对人情绪上的影响（比如 exciting, boring）和评价对象的质量（比如 lovely, repulsive）；构成（composition）与评价对象的平衡（比如 balanced, contradictory）及精细复杂度（比如 detailed, unclear）有关；评估（valuation）则指以社会标准来评价是否值得、有用等（比如 worthwhile, useless）。

本文语料来自柯林斯面向 12～15 岁青少年出版的《你的生命——学生用书 4》(*Your Life — Student Book 4*)(Foster et al., 2015)。这是一部经典的英国生命教育教材（徐秉国,2006：85；张月梅、刘海涛,2013：141）。我们根据与自然生命、社会生命和精神生命的相关性,选取个人教育、健康教育、社会教育和公民教育语篇,排除相关性不强的财经教育部分,收集相关语料共计 35 712 词。分析时两位作者依照上述态度系统人工交叉标注语料中的态度资源,借助 Word 和 Excel 统计各类态度资源的频次、占比等分布规律,并结合具体例子进行讨论,探究生命教育教材中价值观的语言构建策略。

3　结果与讨论

三大类态度资源在四个主题语篇中的频次以及在所有态度资源中的占比如表 1 所示。

表 1　不同生命教育主题语篇中态度资源大类分布（频次：次/千词）

主题	态度类型		
	情感	判断	鉴赏
个人教育：了解自我与处理关系	33.5	70.9	69.2
健康教育：保持健康	17.0	51.7	74.0
社会教育：责任和价值观	7.9	82.8	35.6
公民教育：成为积极的公民	15.1	52.6	60.0
总计	73.5	258.0	238.8
在所有态度资源中占比	12.89%	45.24%	41.87%

整体上,《你的生命——学生用书 4》主要使用判断和鉴赏资源,较少使用情感资源。这与教材编写的客观性要求以及价值观教育的社会性有关,即教材编写需客观反映社会价值共识,因而借助大量判断、鉴赏等表达机构化感受的资源,从道德和审美角度引导青少年建构社会所认可的价值观。少量情感资源的使用则有助于建构青少年的生命情感体验。下面我们对不同主题语篇中态度资源对价值观的建构做具体分析。

3.1　个人教育语篇中态度资源对价值观的建构

个人教育语篇包括"建构自我身份和形象""管理情绪感受""妥善处理关系""面对变故""规划未来"等话题,其中各类态度资源的分布如表 2 所示。判断资源（40.85%）和鉴赏资源（39.86%）占比相当;情感资源仅占 19.29%,但在此主题中的频次(33.5 次/千词)高于其他三个主题中的频次,说明教材主要从道德和审美角度建构关于个人生命成长的价值观,并适时激发青少年的情感来加以引导。

表 2　个人教育语篇中态度资源的分布频次和占比(频次:次/千词)

态　度　资　源		频　　次	占比(%)	总占比(%)
情　感	意　　欲	7.7	4.44	19.29
	愉　　悦	5.5	3.16	
	安　　全	12.9	7.43	
	满　　意	7.4	4.26	
判　断	行为规范	10.3	5.93	40.85
	做事才干	28.3	16.30	
	坚韧不拔	14.8	8.53	
	真实可靠	0.6	0.35	
	行为正当	16.9	9.74	
鉴　赏	反　　应	20.2	11.64	39.86
	构　　成	6.8	3.91	
	评　　估	42.2	24.31	

情感资源中安全资源使用较多(7.43%),而意欲资源(4.44%)(比如 want, fear)、满意资源(4.26%)(比如 guilty, pleased with)和愉悦资源(3.16%)(比如 angry, upset)有时出现,借此反映青少年成长中面对自我和他人时产生的情感体验,尤其是安全感,在此基础上强调形成对生命的认知(钟晓琳、朱小蔓,2018:19)。例 1 中表示满意和安全的资源评价青少年的自我形象,进而启发青少年欣赏生命,发掘自我形象对生命成长的意义。

[1] You look in the mirror and you are <u>either pleased with what you see or not</u>(满意)。You may be looking at your physical appearance … being <u>confident or shy</u>(安全)。Our self-image plays an important part in how we feel about ourselves and how we think others perceive us. Our self-esteem, confidence and ability to communicate with others are closely linked with how we view ourselves.

　　你照着镜子,对镜中像满意或沮丧。你可能打量着自己的外形……感到自信或害羞。自我形象在我们感知自身、思考别人如何看待自己时起重要作用,并与我们的自尊、自信及人际交往能力息息相关。

判断资源主要包含大量做事才干资源(16.30%)、适量行为正当资源(9.74%)和坚韧不拔资源(8.53%),偶尔使用真实可靠类资源(0.35%),说明个人教育语篇倾向以社会尊严为主、社会约束为辅来建构价值观,通过肯定或批评某些性格特征及行为方式,引导个体生命在社会规范下成长的方向。例 2 中各类判断资源围绕与社会尊严"坚定自信"(assertive)相关的性格和行为表现展开评价,借此建构和传达社会认可的价值判断,这对社会网络的形成至关重要(Martin & White,2005：52)。

[2] THINK OF SOMEONE who has a seemingly natural air of authority(做事才干),who gets things done and is listened to(做事才干)without ever shouting, threatening, bribing, sulking or crying(行为正当). By contrast, there are plenty of aggressive people around who use bullying tactics(行为正当)and think they're being assertive. To be assertive is to be neither a doormat(坚韧不拔)nor a bully(行为正当). And what's more, it's possible for anyone to learn how to do it, with a bit of effort and patience.

　　想想某些似乎自带威严的人,他们从不需靠哭、喊、生闷气、威胁、贿赂来做成事和说动人。相反,有很多好斗者诉诸霸凌手段,还自视果敢。然而,果敢之士既不逆来顺受也不恃强凌弱。并且,任何人只要付出些努力和耐心,都可能掌握它。

判断系统中表示行为规范的资源虽在个人教育中占比小(5.93%),但频次(10.3 次/千词)高于在其他主题中的频次,主要用于"建构自我身份和形象"和"面对变故"语篇中来正面评价在父母离异、丧亲等变故下青少年的反应是否正常。该发现在先前同类话题研究中并不显著,或许因语篇交际目的和目标读者不同,前人分析的中美儿童死亡教育语篇(赵娜,2019)面向父母,旨在帮助其向孩子解释死亡;而本研究语料直接面向青少年,考虑到他们易产生异于日常的情感和行为倾向,帮助其合理应对变故。例 3 聚焦于"要是我做了……就好了"的想法,并从行为规范角度向青少年澄清其正当性(normal,neutral),保护其尊严,引导其正视自身感受并积极调整状态。

[3] When someone dies, for whatever reason, it is very normal(行为规范)to feel that you could have done more or that you should have behaved differently. It's also natural(行为规范)to think "If only I'd ...".

　　当某人过世,无论因何,心想自己本可以做更多或表现得不同都是很正常的。萌生"要是我……就好了"的想法也是自然的。

鉴赏资源中以评估(24.31%)和反应资源(11.64%)为主,偶尔使用构成资源(3.91%),主要用于建构个人教育中的批判性省思(critical reflection)精神。其目的在于通过凸显人、事物、事件等在个人生命成长中引发的反应和发挥的价值,引导青少年对自身情感态度价值观、行为等进行省思(Qualifications and Curriculum Authority,2007a：246)。例 4 选自编者为启发定义"爱情"而援引的 Misha 自述,romanticized ideals、could imagine nothing more fulfilling than 等表示反应的表达体现了 Misha 对过往爱情观的省思,有助于引导读者从审美层面批判性地思考自身爱情观。

[4] I had the usual romanticized ideals(反应)of love. I could imagine nothing more fulfilling(反应)than being wanted and loved by a gorgeous(反应)boyfriend.

　　我也曾怀揣浪漫爱情理想。难以想象有什么比被英俊男友喜爱和需要更令人愉悦的了。

3.2　健康教育语篇中态度资源对价值观的建构

　　健康教育语篇重点引导青少年保持身心健康,学会辨别和抵制外界不良影响,呵护自然生命,涵盖"健康饮食""喝酒与抽烟""健康事项""更安全的性和避孕"等话题。其中各类态度资源的频次以及在本主题态度资源总数中占比如表 3 所示。编者运用大量鉴赏资源(51.86%)、一定数量的判断资源(36.23%)和少量情感资源(11.91%),可见生命健康价值观构建的首要任务是树立正确的审美评判标准,而后提出合理的行为建议,有时也从个体情感方面加以合理引导。

表 3 健康教育语篇中态度资源的分布频次和占比(频次：次/千词)

态　度　资　源		频　次	占比(%)	总占比(%)
情　感	意　欲	8.3	5.82	11.91
	愉　悦	2.3	1.61	
	安　全	4.6	3.22	
	满　意	1.8	1.26	
判　断	行为规范	4.1	2.87	36.23
	做事才干	22.5	15.77	
	坚韧不拔	8.7	6.10	
	真实可靠	0.5	0.35	
	行为正当	15.9	11.14	
鉴　赏	反　应	17.1	11.98	51.86
	构　成	4.7	3.29	
	评　估	52.2	36.59	

健康教育语篇中的情感资源以表示意欲的资源为主(5.82%)，也包含少量表示安全(3.22%)、愉悦(1.61%)和满意(1.26%)的资源。这表明健康教育主要强调引导学生学会辨别和抵制外界不良影响，同时也关注其安全、愉悦、满意等方面的身心健康。例 5 中 want (to)表达媒体过度宣传下众多年轻人产生对纤细苗条或肌肉发达身材的渴望，以此为铺垫来纠正外界误导下的不健康倾向，并进一步建构以尊重自我生命为基础的审美标准。

[5] Many young people base their body image on what they see in the media. Young women often want to（意欲）be thin and willowy, and young men often want（意欲）bulging biceps and Washboard abs. Yet what is shown on our TV ... are the exceptions rather than the rule. In reality, base your body image on respect for who you are and what you look like as an individual.

许多年轻人基于媒体所呈之像来构建自身身体意象。女性往往想纤细苗条，男性则渴望健硕的手臂与发达的腹肌。然而，荧幕上展现的只是特例而非常规。实际上，身体意象塑造的基础是尊重自我身份和个体形象。

健康教育语篇中的判断资源主要以才干资源(15.77%)和行为正当资源(11.14%)为主，也包括少量表示坚韧不拔(6.10%)和行为规范(2.87%)的资源，偶尔出现表示真实可靠的资源(0.35%)。做事才干资源多用来肯定具体的行为方式，赋予其 top tips to healthy eating 或 ways to drink sensibly 等正面评价；行为正当资源则通过 ban, prevent from, don't allow 等谴责损害青少年健康的做法，如例 6 中电视台推销垃圾食品、公司找明星代言不健康食品。由做事才干和行为正当资源的联合使用来引导青少年采取健康生活方式，抵制外界不良影响，建构起呵护自然生命的价值观。

[6] The government's top food advisers are considering harsh laws to ban（行为正当）junk

food advertising and <u>prevent</u> firms <u>from</u>（行为正当）using celebrities to endorse products high in fat，sugar and salt.

政府顶级食品顾问正考虑以严法禁止垃圾食品广告，并阻止公司利用明星代言高盐、高脂、高糖食品。

健康教育语篇中的鉴赏资源通过大量评估资源（36.59%）和一定数量的反应资源（11.98%）体现，偶尔使用表示构成的资源（3.29%）。反应资源描述社会上流行的不健康行为观念对青少年具有的误导性吸引，如例7中以 a macho appeal 表明酗酒被视为男性魅力的体现，评估资源进而用于列举和解释上述行为观念的众多危害（getting trashed，the risks），以期青少年能形成批判性态度。

[7] OK，so hard drinking has <u>a macho appeal</u>（反应）. We're led to believe that a real man can drink without dropping … <u>GETTING TRASHED — the risks</u>（评估）…

所以酗酒对大男子主义者有吸引力。我们被误导相信一个真正的男人怎么喝身体也不会垮……醉酒的风险……

值得一提的是，小部分评估和反应资源在"更安全的性和避孕"语篇中采取的评价角度有别于"健康饮食"等日常话题语篇。评估资源在评价性行为时，聚焦于意义而非利弊；反应资源则更关注性行为本身的质量，而非对青少年造成的影响。例8中，性行为被视为一种审美体验，应该是经过深思熟虑（thought-out）、被珍视的（valued），因而极具意义，还充满爱（loving），由此从审美角度引导青少年来认识性行为对生命而言的内在价值。

[8] Giving the most intimate part of yourself to someone else should be a <u>thought-out</u>（评估），<u>loving</u>（反应）and <u>valued</u>（评估）experience by both people involved.

将自身最私密的一部分交付某人，应该是经深思熟虑、充满爱、双方珍视的经历。

3.3　社会教育语篇中态度资源对价值观的建构

社会教育语篇中各类态度资源的频次以及在本主题态度资源总数中占比如表4所示。教材主要通过大量判断资源（65.55%）和一定数量的鉴赏资源（28.19%）来构建社会生命价值观，只在必要时借助情感资源（6.26%）来激发青少年的生命情感体验。社会教育围绕"英国：多元社会""挑战冒犯行为""人权""权利与责任"展开，与伦理道德范畴密切联系，因此判断资源的高占比具有必然性。

表 4　社会教育语篇中态度资源的分布频次和占比（频次：次/千词）

态　度　资　源		频　次	占　比（%）	总占比（%）
情　感	意　欲	0.0	0.00	6.26
	愉　悦	2.9	2.30	
	安　全	3.9	3.09	
	满　意	1.1	0.87	
判　断	行为规范	3.5	2.77	65.55
	做事才干	2.1	1.66	
	坚韧不拔	2.0	1.58	

续　表

态　度　资　源		频　次	占比(%)	总占比(%)
判　断	真实可靠	0.0	0.00	65.55
	行为正当	75.2	59.54	
鉴　赏	反　应	5.3	4.20	28.19
	构　成	8.4	6.65	
	评　估	21.9	17.34	

社会教育语篇中存在少量情感资源,主要表达安全、愉悦、满意等方面的情感意义,用以激发青少年对生命平等多样的尊重。其中出现频率较高的安全(3.09%)和愉悦(2.30%)资源传达移民、混血儿在英国社会中的情感体验,如例9中混血演员芙蕾雅·贝瑞(Freya Berry)以非愉悦资源 outraged 表明对英国极右翼政党 BNP 的愤怒,并以 never felt intimidated 的否定性非安全资源表明不对以貌取人者感到恐惧,这有利于激发青少年读者与之情感共鸣,抵制违背多元社会价值观的行为观念,尊重生命的多样性和平等性。

[9] I am, naturally, <u>outraged</u>(非愉悦) by the stupidity of the BNP. But I have … <u>never felt intimidated</u>(安全) by some moron willing to judge on appearances alone.

我当然愤慨于英国国家党的愚蠢。但我从未因某些只会以貌取人的白痴而心生畏惧。

社会教育语篇存在大量判断资源,主要是表示行为正当的资源(59.54%),也偶尔使用表示行为规范(2.77%)、做事才干(1.66%)和坚韧不拔(1.58%)的资源。可见这些判断资源主要表示道德、法律规则等社会约束方面的评价意义,成为教材建构社会生命价值观的主要资源。语料中大量 can, is entitled to, should, have a responsibility to 等表示行为正当性的资源以及 must not, illegal, be against the law 等表示不正当的判断资源被用来明确具体的权利和责任范围,进而引导青少年在保护自己与他人的权利以及履行责任上形成符合社会共识的行为准则,培养社会生命的法治精神和道德良知。例10援引《世界人权宣言》(UDHR)条款使青少年明确认识到每个人的权利都受法律保护(is entitled to),并以 have a responsibility to 构建起保障残障人士正常生活的道德责任感,引导青少年力所能及地为其提供帮助。

[10] A wide variety of human rights exist to protect people with disabilities. Article 22 of the UDHR states that everyone, as a member of society, <u>is entitled to</u>(行为正当) realisation of their economic, social and cultural rights. This means that we, as individuals and as a society, <u>have a responsibility to</u>(行为正当) help people with disabilities lead as normal a life as possible.

存在各种人权条款来保护残障人士权益。《世界人权宣言》第22条规定,每个人,作为社会的一员,有权享受经济、社会和文化方面各种权利的实现。这意味着我们,作为个人及作为整个社会,有责任帮助残障人士尽可能地正常生活。

社会教育语篇中的鉴赏资源以评估资源为主(17.34%),也包括少量表示构成(6.65%)和反应(4.20%)意义的资源。这些评估资源主要用于评估英国多元社会的好处,如例11中以 contribution 表明少数族裔对英国社会作出巨大贡献,符合英国国家课程要求在第三和第四关键阶段(key stage 3

和 4)课程中教导的社会价值观,即社会的塑造得益于不同生命和文化的贡献(参见 the National Curriculum for England)。

[11] The <u>contribution</u>(评估) of ethnic minorities to Britain is immense. Research shows that one in seven UK companies was set up by immigrant entrepreneurs, e.g. New Look, which was set up by Tom Singh.

少数族裔为英国作出巨大贡献。调查表明英国公司中有七分之一由移民企业家成立,如纽洛克公司由印裔企业家汤姆·辛格创办。

3.4 公民教育语篇中态度资源对价值观的建构

公民教育语篇中各类态度资源的频次以及在本主题态度资源总数中的占比如表 5 所示。可见,在公民教育语篇中,情感资源(11.83%)仅在少数场合使用,而鉴赏(46.98%)和判断(41.19%)资源大量出现,这与公民教育话语的高机构化程度有关,即公民教育语篇主要围绕"国之法""罪与罚""这是你的政府""这是你的议会""推动改变"等话题展开。

表 5　公民教育语篇中态度资源的分布频次和占比(频次:次/千词)

态　度　资　源		频　次	占比(%)	总占比(%)
情　感	意　欲	6.1	4.78	11.83
	愉　悦	1.6	1.25	
	安　全	0.8	0.63	
	满　意	6.6	5.17	
判　断	行为规范	0.7	0.55	41.19
	做事才干	14.0	10.96	
	坚韧不拔	0.8	0.63	
	真实可靠	0.7	0.55	
	行为正当	36.4	28.50	
鉴　赏	反　应	5.4	4.23	46.98
	构　成	23.9	18.71	
	评　估	30.7	24.04	

公民教育语篇的情感资源中使用较多的是满意(5.17%)和意欲(4.78%)资源,也偶尔使用表示愉悦(1.25%)和安全(0.63%)的资源。公民教育语篇主要通过呈现民众的政治满意度(比如 in favor of,against)和压力团体的不满及其推动改变的愿望等,来激发青少年参与公民事务的兴趣。例 12 中呈现环保类压力团体对新机场计划的批评及其为施压而采取的行动,以此为例引导青少年关心并推动公共事务发展,从而在公共生活中拓展自己的社会生命与精神生命。

[12] The plans for the new airport in the Thames estuary were widely criticised by（满意）pressure groups such as Friends of the Earth and the Royal Society for the Protection of Birds ... These groups tried to（意欲）put pressure on the government by organising demonstrations，writing letters and emails，drawing up petitions and lobbying MPs ... In September 2014 the Airports Commission ruled out the building of a new airport in the Thames estuary.

泰晤士河河口机场计划遭到地球之友、英国皇家鸟类保护协会等压力团体的广泛批评。这些团体试图通过组织游行、写信和邮件、起草请愿书、游说国会议员等方式对政府施压。2014 年 9 月，机场委员会否决了泰晤士河河口新机场的修建。

公民教育语篇中的判断资源以行为正当资源为主(28.50%)、做事才干资源为辅(10.96%)，偶尔出现表示行为规范(0.55%)、坚韧不拔(0.63%)和真实可靠(0.55%)的资源。行为正当资源一方面评价政府、议会、公务人员等，界定其权利范围和职责所在(比如 have the power to，responsible for)；另一方面对第三人称主体 the person，someone，they 的某些行为进行道德批判，从而使青少年读者在心理上与反社会行为保持距离，如例 13 所示。做事才干资源则用以评价不同个人和机构参与公共事务的能力，如青少年提出观点的能力、政府绩效等，以正面评价为主，偶尔也见负面评价。例 14 中，教材呈现了民众对议会和议员作为的不同看法，引导青少年探讨争议性议题时进行批判质疑，思考各种观点、假设、信念和价值观等，成为有见识、有判断力的公民(Qualifications and Curriculum Authority，2007b：42 - 44)，使精神生命得到滋养。这一公民能力的培养事实上贯穿了整本教材，在各语篇的引导讨论环节都有所体现。

[13] If someone has committed a number of antisocial offences（行为正当），they may be issued with an antisocial behavior（order）.

若某人犯下一系列反社会罪，可能会收到反社会行为令。

[14] Discuss the following view and say why you agree or disagree with them.

● "We elect councillors，so they should all be involved in as much decision-making as possible（做事才干）." — Katherine，Oxford

● "Local councils don't make a difference（做事才干）— it's the Houses of Parliament that really matter." — Tony，Plymouth

讨论以下观点，并陈述你赞成或反对的理由。

● "议员由我们选举产生，所以他们都应尽可能多地参与决策。"——凯瑟琳，牛津

● "地方议会影响力不大，英国议会才有分量。"——托尼，普利茅斯

公民教育语篇中的鉴赏资源主要由评估(24.04%)和构成资源(18.71%)构成，偶尔见反应类资源(4.23%)。评估和构成资源有助于编者传授知识，凸显某些机构和制度如政府、议会、法律的地位及作用，内部构成的复杂与平衡等，如例 15 中评估资源 main 和 key 表明内阁的重要地位与其发挥的关键决策作用，从而使青少年充分了解法律、政府、议会、压力团体等概念。

[15] The Cabinet is the main（评估）executive committee of Government made up of between 20 and 25 ministers appointed by the Prime Minister. It makes key（评估）decisions and provides leadership to the Government.

内阁是政府的主要行政委员会，由首相任命的 20 至 25 位部长组成，作为政府的决策与领导核心。

4　结论

本研究基于系统功能语言学的态度系统，从英国经典生命教育教材《你的生活——学生用书 4》选取有代表性的语料，统计和分析其中态度资源的分布特征，探讨该教材在微观教学层面上构建生命价值观的语言策略。研究发现，整体上该教材倾向使用大量判断和鉴赏资源，从道德和审美角度引导青少年建构社会所认可的生命价值取向；同时也使用少量情感资源以建构青少年的生命情感体验。教材中态度资源的具体分布随语篇主题的改变呈现出一定的差异性。① 个人教育语篇主要使用大量表示做事才干、行为正当、坚韧不拔等意义的判断资源，建构社会尊严等方面的价值共识；也借助大量表示评估和反应的鉴赏资源引导青少年实现对个人发展具有关键意义的批判性省思精神；并利用各类情感资源适时引发情感体验，在此基础上启发欣赏自我生命，形成对生命的感性体验。② 健康教育语篇运用大量鉴赏资源（主要是大量评估资源及一定数量的反应资源），建构起关于生命健康的正确价值评判标准；少量情感资源揭示的不健康意欲现象也有助于建构尊重自我生命的观念。而适量做事才干和行为正当资源的联合使用则引导青少年采取具体的健康生活方式，抵制外界不良影响，形成呵护自然生命的观念。③ 社会教育语篇通过少量表示安全和愉悦的情感资源来激发对生命平等多样的尊重，同时利用部分表示评估的鉴赏资源突出多元社会的价值所在；此外，还利用大量表示行为正当的判断资源引导青少年在保护自己与他人的权利以及履行社会责任方面形成符合社会共识的行为准则，建构社会生命的法治精神和道德良知。④ 公民教育语篇中大量使用判断资源，其中行为正当资源对反社会行为进行道德批判，使青少年读者在心理上与之保持距离；做事才干资源则引导青少年通过批判性思考成为有见识、有判断力的公民。同时使用大量鉴赏资源对社会主要机构、制度在构成性和社会价值上进行正面评价，引导青少年对社会体制和机构形成正确认知。最后，必要的表示满意和意欲的情感资源使用可激发青少年参与公民事务的兴趣，从而在公共生活中拓展自己的社会生命与精神生命。总体来看，各类态度资源依据生命教育具体主题而灵活配置，相互协作，一起引导青少年建构丰富完整、取向明确的正确生命价值观。

参考文献

[1] Foster, J., S. Foster and K. Richardson. 2015. *Your Life — Student Book* 4 [M]. Landon: Collins.

[2] Martin, J. R. and P. R. R. White. 2005. *The Language of Evaluation: Appraisal in English* [M]. Basingstoke: Palgrave Macmillan.

[3] Qualifications and Curriculum Authority. 2007a. PSHE: Personal wellbeing Programme of study (non-statutory) for key stage 3 [OL]. http://archive. teachfind. com/qcda/curriculum. qcda. gov. uk/uploads/QCA-07-3348-p_PSHE_Pers_KS3_tcm8-409. pdf

[4] Qualifications and Curriculum Authority. 2007b. Citizenship Programme of study for key stage 4 [OL]. http://archive. teachfind. com/qcda/curriculum. qcda. gov. uk/uploads/QCA-07-3330-pCitizenship4_tcm8-397. pdf.

[5] Spolsky, B. 1978. *Educational Linguistics: An Introduction* [M]. Rowley, MA: Newbury.

[6] The National Curriculum for England. Key stages 3 & 4. Aims, values and purposes: values [OL]. http://archive. teachfind. com/qcda/curriculum. qcda. gov. uk/key-stages-3-and-4/aims-values-and-purposes/values/index. html. Accessed on March 15, 2022.

[7] 安桂清,刘宇,张静静.2020.中小学生命教育课程指导纲要的构建理路[J].课程・教材・教法,40(04):16-22.

[8] 冯建军.2007.中小学生命教育课程及其设计[J].北京教育(普教版)(Z1):23-25.

[9] 冯建军,朱永新,袁卫星.2017.论新生命教育课程的设计[J].课程·教材·教法(10)：12 - 18.

[10] 教育部办公厅,工业和信息化部办公厅.2020.关于中小学延期开学期间"停课不停学"有关工作安排的通知.[OL]. http://www.moe.gov.cn/srcsite/A06/s3321/202002/t20200212_420435.html.

[11] 兰小云.2003.生命教育：从青少年自杀现象谈起[J].江西教育科研(08)：14 - 15.

[12] 刘慧.2013.生命教育内涵解析[J].课程·教材·教法(09)：93 - 95.

[13] 刘宣文,琚晓燕.2004.生命教育与课程设计探索[J].课程·教材·教法(08)：79 - 83.

[14] 钱永镇.2002.校园推动生命教育的具体做法[J].上海教育科研(10)：9 - 13.

[15] 王北生,赵云红.2004.从焦虑视角探寻与解读生命教育[J].中国教育学刊(02)：19 - 22.

[16] 王振华,李佳音.2021.高危话语与极端活动：基于评价性语言的心理实现性讨论[J].当代修辞学(02)：49 - 59.

[17] 肖川,曹专.2020.生命教育：朝向幸福的努力[M].北京：新华出版社.

[18] 徐秉国.2006.英国的生命教育及启示[J].教育科学(04)：84 - 87.

[19] 叶澜.1997.让课堂焕发出生命活力：论中小学教学改革的深化[J].教育研究(09)：3 - 8.

[20] 张文质.2006.生命化教育的责任和梦想[M].上海：华东师范大学出版社.

[21] 张月梅,刘海涛.2013.当代大学生生命教育的探讨：基于发达国家生命教育的启示[J].黑龙江高教研究(12)：140 - 143.

[22] 张振成.2002.生命教育的本质与实施[J].上海教育科研(10)：4 - 6.

[23] 赵娜.2019.评价理论视角下的中美儿童死亡教育语篇："Dealing with Death"和"怎样与孩子谈论死亡和生命"比较[J].外语研究(02)：12 - 17.

[24] 钟晓琳,朱小蔓.2018.主流价值通达学生主体生命：初中《道德与法治》教材的设计理路[J].中国教育学刊(04)：18 - 23.

The Construction of Values in Life Education Textbook from the Perspective of Attitude System

Liangtao Lai, Shumiao Su
Shanghai Jiao Tong University

Abstract: During the pandemic, great importance has been attached to life education, which integrates themes of life with clear value orientation for individuals' all-round development. Based on the attitude system of systemic functional linguistics, this paper analyzed the characteristic distribution of attitudinal resources in Collins' *Your Life —Student Book 4*, a typical life education textbook for adolescents, to reveal the linguistic strategies in different themes for guiding adolescents to construct values. The results showed that plentiful judgement and appreciation resources were employed to construct values concerning socially acceptable life from ethical and aesthetical perspectives, while affect resources were appropriately used to evoke emotional experiences. Specifically, attitudinal resources' functions vary according to the themes of life education: in personal education discourse, many judgement and appreciation resources helped construct values regarding social esteem and guide adolescents into critical reflection, while some affect resources were deployed to invoke their emotional experiences, thus helping them to develop an appropriate appreciation and rational understandings of personal life. In health education discourse, the frequent use of appreciation resources, coupled with occasional use of affect resources, constructed health-centered value criteria whereas some use of judgement resources facilitated the provision of specific health advices. In social education discourse, a small number of affect and appreciation resources helped develop adolescents' awareness of social equality and diversity, while numerous judgement resources enable their establishment of conduct rules about rights and responsibilities. In citizenship education discourse, the frequent use of judgement resources distanced adolescents from antisocial behaviors, and also guided them into becoming informed and critical citizens; some appropriate amount of affect resources sparked their interests in engagement in public affairs. Therefore, attitude resources were deployed flexibly according to the specific themes of life education, and they jointly guided adolescents to construct integrated life values with clear and correct orientations.

Keywords: life education; attitude system; construction; values

小学语文课文对原文的改动：
功能语言学视角的研究

戴　欣[①]

西南政法大学

摘　要：本文从人教版小学语文教材中选取了9篇文学体裁的课文，对比分析了这9篇课文与原文之间的差别。课文对原文的改动主要基于课文作为语类所具有的目的性：服务课文所对应单元的主题和教学目标，以及规范语言文字的使用。课文对原文的改动充分体现了课文这一语类的目的性。课文也可看作对原文的一种再语境化，在此过程中不可避免地会出现一些负面效果：课文削弱甚至割裂了原文已有的连贯性，并削弱了原文文字的生动性。基于本文研究，后续研究可探讨应如何调和课文教育和文学教育，并最终促进我国基础阶段教育的长足发展。

关键词：小学语文课文；文学作品；语类；再语境化；连贯

1　引言

基础教育是教育事业的基石，"是提高国民素质、培养国家建设人才的基础工程，也是民族复兴与国家强盛的重要支撑"（宋乃庆、贾璞，2021：127）。基础阶段教育的重要性从国家对教育各方面的参与程度也可见一斑。国家会制定统一的课程标准以及教学大纲；教科书一般由国家统一编写，虽然也可由社会力量编写，但必须由国家审定。国家权力的参与充分说明了基础阶段教育的重要性。本文将通过对比分析小学语文课文与原文之间的差别，探讨课文为何会对原文做出修改以及课文在修改原文后所造成的效果。希望通过本文的研究发现能促进对我国基础教育阶段应何去何从的思考。

2　文献综述

对小学语文教科书的研究包含多个侧面，和本文较为相关的是围绕课文内容展开的研究。这一类研究有的围绕教科书价值取向展开，如李海云、张莉（2012）历时对比分析了当前和20世纪80年代的教科书中所呈现的价值取向，认为当前的小学语文教科书更倾向于生活取向，而20世纪80年代的教科书则更注重经典取向。王平强、徐文彬（2011）则探讨了现有教材的课文内容在多大程度上贴合了当前社会多元文化交汇的现状。

另有部分研究围绕教科书所塑造的人物形象展开。高湘平、石欧（2017）围绕课文中对榜样人物的塑造展开了社会学分析，并认为课文所塑造的榜样人物缺乏对普通群体的关注。吕映（2013）在分析课文中的模范角色后也得出了类似的结论，认为课文所塑造的模范角色没能完整反映现代社会的价值观念。陈立峰、彭诗雅（2017）对比了教科书所塑造的女童形象和男童形象，发现两者无论是质还是量都存在较大差距。候秋霞（2013）则从教材应发挥的人格教育的角度出发分析了课文中人物的人格特质。

---

① 戴欣（1981—），女，西南政法大学外语学院讲师，英国卡迪夫大学博士；研究方向：话语分析、系统功能语言学；通信地址：重庆市渝北区宝圣大道301号西南政法大学外语学院；邮编：401120；电子邮箱：daix3@foxmail.com。

还有一些研究也围绕课文内容展开。如王林(2012)关注了我国 20 世纪二三十年代小学语文教科书收录儿童文学作品的情况。蔡伟、黄秋月(2011)从历史真实和文学真实的角度回应了对教科书部分选文真实性的批评。丁炜(2008)对比分析了我国教材与美国教材同时收录的一篇课文,发现了我国教材在编排方面存在的不足以及域外教材编排能为我国教材编排带来的启示。

已有研究从多个侧面对小学语文课文的内容展开了研究,但鲜有研究将着眼点放在课文对原文的改动之上。陈国安(2010)在这一领域做出了简短尝试,对比分析了小学语文教科书中的一篇课文《珍珠鸟》(原作者冯骥才)和原文,并借此探讨了小学语文教育和文学教育之间的关系,认为不应为了维系课文的思想教育而改动原文,并认为这样的改动牺牲了文学作品在对学生进行文学教育时应发挥的功用。本文在此基础上借助语言学的理论框架对比分析课文和原文,凭借语言学学科的科学性和理论性,将对上述研究问题做出更具系统性的探讨。

3　语料与方法论

本文从人民教育出版社 2016 年版小学语文教科书中选取了 9 篇文学作品,这 9 篇课文的原作者皆为家喻户晓的名家,描写对象包括动物、景物、人物、亲情以及思乡之情(见表 1)。

表 1　所选课文基本信息

	课 文 名	原文出处	出　自	课文编号	所属单元
1	燕　子	郑振铎[24]	三年级下册	2	1
2	荷　花	叶圣陶[25]	三年级下册	3	1
3	火烧云	萧　红[26]	三年级下册	24	7
4	繁　星	巴　金[27]	四年级上册	4	1
5	猫	老　舍[28]	四年级下册	13	4
6	白　鹅	丰子恺[29]	四年级下册	15	4
7	我们家的男子汉	王安忆[30]	四年级下册	19	6
8	父爱之舟	吴冠中[31]	五年级上册	18	6
9	月是故乡明	季羡林[32]	五年级下册	3	1

本文将回答以下三个问题:课文为何对原文做出改动、课文在怎样改动原文以及随之产生了怎样的效果。

对课文为何改动原文这一问题的回答将基于语类的概念(Martin,1992;刘立华,2019)。语类是一种具有阶段性和目的性的社会活动(Martin,1992)。本文将原文和课文视为两种不同的语类,即两种有着不同目的的社会活动或社会实践。本文认为正是课文不同于原文的目的性,使得前者对后者做出了改动。

对课文如何改动原文的探讨将借助韩礼德与韩茹凯(Halliday & Hasan,1976)的衔接理论,通过分析课文和原文中的衔接手段来对比原文和课文各自的连贯。连贯属于语义层面的概念,在形式上表现为具体的衔接手段。语篇的连贯是维持语篇成为一个有机整体,使得语篇能在其情景语境中行使适当功能的主要因素(同时参见张德禄,2000)。

对课文改动原文后出现了怎样的效果这一问题的探讨将基于再语境化的概念(van Dijk,2008;辛斌,2021)。本文将课文对原文的改动视为对原文的一种再语境化,即将"某个语篇中的元素转移到……新的语境中"的过程(辛斌,2021:3)。由于语境的变化,再语境化通常会引起语义的变化,再语境化后的文本往往会具有新的意义或是与原文本所不同的意义。

4 分析

这一节将先通过量化统计做一个宏观描述,然后在此基础上探讨课文为何会改动原文,最后通过实例说明课文改动原文后产生了怎样的效果。

表 2 统计了课文对原文改动的频次,以及课文增减原文的字数。课文对原文的改动指课文采用了和原文不同的表达方式,但所表达的含义大体相同的情况,如《燕子》原文中的"皆如"在课文中改为了"都像";或是课文改变了原文的语序,如《猫》原文中的"过了满月的小猫"在课文中改为了"小猫满月的时候"。课文对原文的增减指内容上有所增减而引起的字词上的增减(由改动而造成的字数增减不在统计范围之内),如《白鹅》原文中的"亲自抱了这雪白的大鸟回家",课文中删除了"亲自",对原文增减的统计以字数为单位。

表 2 课文修改原文的量化统计

课 文	改 动 次 数	原 文 字 数	删 减 字 数	增 加 字 数
1. 燕子	16	722	47	0
2. 荷花	7	711	387	16
3. 火烧云	32	903	195	4
4. 繁星	2	527	183	0
5. 猫	13	1 499	923	4
6. 白鹅	17	2 879	1 959	3
7. 我们家的男子汉	28	3 094	1 546	9
8. 父爱之舟	11	2 407	1 061	162
9. 月是故乡明	12	1 279	266	15

从表 2 可看到,这 9 篇课文都对原文做出了较多改动,课文平均对原文做出了 15 次改动。课文对原文删减程度也较高,删除内容最多的为课文《白鹅》,删除了原文 68%的字数。课文增添的字数不多,仅课文《父爱之舟》因增添了一处情节而增添了较多的字数。

4.1 基于教学目标对原文的改动

小学语文课文作为一种语类,对其目的性的考察可参考《义务教育语文课程标准(2019 年版)》中关于课程培养理念的内容。按该课程标准,小学语文教育的基本理念是全面提高学生的语文素养。语文素养包括两方面内容:一是学生"正确地理解和运用祖国语言文字";二是"通过优秀文化的熏陶感染……使他们提高思想道德修养和审美情趣,逐步形成良好的个性和健全的人格"。需明确的是,其中所提到的语文素养并不等同于文学素养,对"审美情趣"的培养也不能等同为对文学作品的鉴赏,语文课也毕竟不是文学课。

对课文目的性的考察还可更进一步结合每篇课文所属单元的单元目标。人教版语文教科书以单元形式编排，每单元有一个统领该单元课文的主题，或是说教材是在围绕单元主题选取课文。除单元主题外，每单元还列出了相对应的教学目标（或教学要求）。表3列出了这9篇课文所在单元的单元主题和单元教学目标。

表 3　课文所属单元的单元主题和单元教学目标

	课文名	单 元 主 题	单 元 教 学 目 标
1	燕子	飞鸟在空中翱翔，宠儿在花间嬉戏。大自然中，处处有可爱的生灵。	• 试着一边读一边想象画面。 • 体会优美生动的语句。 • 试着把观察到的事物写清楚。
2	荷花	同上。	同上。
3	火烧云	天地间隐藏着无穷无尽的奥秘，等待着我们去寻找。	• 了解课文是从哪几个方面把事情说清楚的。 • 初步学习整合信息，介绍一种事物。
4	繁星	江流天地外，山色有无中。——【唐】王维	• 边读边想象画面，感受自然之美。 • 向同学推荐一个好地方，写清楚推荐理由。
5	猫	奔跑，飞舞；驻足，凝望。这些可爱的动物，是我们的好朋友。	• 体会作家是如何表达对动物的感情的。 • 写自己喜欢的动物，试着写出特点。
6	白鹅	同上。	同上。
7	我们家的男子汉	深深浅浅的脚印，写满成长的故事。	• 学习怎样把握文章的主要内容。 • 按一定顺序把事情的过程写清楚。
8	父爱之舟	舐犊之情，流淌在血液里的爱和温暖。	• 注意体会场景和细节描写中蕴含的感情。 • 用恰当的语言表达自己的看法和感受。
9	月是故乡明	每一个人都有自己的童年往事，快乐也好心酸也好，对于他都是心动神移的最深刻的记忆。——冰心	• 体会课文表达的思想感情。 • 把一件事的重点部分写具体。

本文发现课文对原文的改动在较大程度上体现了语文教育的课程理念和课文所要达成的单元教学目标。课文《荷花》所属单元的主题是大自然中的各种事物，教学目的是要求学生"试着把观察到的事物写清楚"，相应地，课文也应是小学生在描写类似事物时的典范。于是课文删除了原作中和描写荷花无直接联系的内容，如原文中作者对自己人物合一感觉的描写："忽然觉得自己仿佛是另外一种东西，这种情形以前也有过。有一天早上，在学校里看牵牛花……我看得出了神，觉得自己仿佛就是一朵牵牛花，朝着可爱的阳光，仰起圆圆的笑脸。"

课文《火烧云》也对原文做了类似的修改，该课文所属单元的教学目标是要求学生"了解课文是从哪几个方面把事情写清楚的"，并"初步学习整合信息，介绍一种事物"。在课文《火烧云》中，火烧云是描写对象，课文编者希望学生通过学习课文掌握对事物的描写，譬如对各种颜色的描写。即便其中一些描写颜色的词语并非出自原文，而是课文基于原文的改编，如原文中的"红堂堂、金洞洞、大黄梨、紫茄子"分别改为了"红彤彤、金灿灿、梨黄、茄子紫"，但这丝毫不影响这些改编的词语在课后练习中作为典范——课后习题要求小学生模仿再说几个类似的词语（该课文课后习题3）。

课文《繁星》的单元教学目标是为了让学生"感受自然之美"。课文删除了原文中和"自然之美"无多大关系的内容，如作者对天文学的兴趣："那时候我正在读一些关于天文学的书，也认得一些星星"，以及作者对天上星系的辨认:"有一夜,那个在哥伦波上船的英国人指给我看天上的巨人……"。

课文《我们家的男子汉》所属单元的主题是成长,课文删除了原文中和描写男子汉成长无直接联系的内容,如关于作者对这位小男子汉的抚养、对男子汉父母的描写,以及关于作者写这篇文章的缘由:"近来,颇时兴男子汉文学…… 可是想到笔下的男性,招来的偌多的批评,不由有点手软,深感不可造次。然而,还是想写……写谁呢? 想来想去,想到了我们家里的一条男子汉。"

课文《父爱之舟》所属单元的单元主题是舐犊之情,课文删除了原作中和这一主题无直接联系的内容,如作者幼时由于父亲忘记给他的瘪皮球打气时的伤心难过之情;作者考取高小的不容易;作者高小时第一学期期末考得了第一名;作者第一次喝汽水的经历等内容。课文《父爱之舟》除了大量删除和单元主题无直接联系的内容,甚至还在原文的基础上增添了一处原文所没有的细节:父亲在庙会上为幼时的作者买热豆腐脑但自己却不舍得吃。这样的细节更凸显了课文所要达到的教学目标,让学生通过文章体会这种舐犊情深。

4.2　基于规范运用语言文字对原文的改动

课文在词汇和语法层面发挥着范本作用,以利于规范性的语言训练。正如推广普通话一般,课文中的文字表达还发挥着促进规范使用语言文字的作用。课文往往会删除原文中一些并不是很符合当代用词规范的字词,但这些字词却往往是原文极具特色的语言表达。如《火烧云》原文中像马一样的火烧云"变糜了",课文改为"变模糊了"。《父爱之舟》原文中为"投考"学校,课文改为了"报考"。《繁星》原文中作者仿佛看见星星在对他"霎眼",课文改为了"眨眼"。《猫》原文中描写小猫贪玩写道,它们"耍上没结没完",课文改为了"耍个没完没了"。《我们家的男子汉》原文中小男子汉不愿再让人"搀"他的手了,课文改为了不愿再让人"牵"他的手了。

4.3　课文改动原文后的效果

课文编者对原作的改编虽然契合了小学语文课文作为语类的目的性,但却不可避免地带来了一些其他的效果,主要体现在两方面:一是课文的改动削弱了原文的连贯性;二是课文的改动削弱了原文描写的生动性。

4.3.1　课文削弱了原文已有的连贯

课文所要达成的教学目标往往和原作的主题或是原文作者的写作宗旨并不一致,两者的不一致导致课文对原文的改动会削弱甚至割裂原文已有的连贯性。

课文《火烧云》所属单元的主题是"天地间隐藏的奥秘",火烧云被视为这类奥秘之一,这也决定了课文《火烧云》的核心是变幻多端的火烧云。而原文的核心则是地上看云的人。原文节选自小说《呼兰河传》,选段的前后文中,作者在对呼兰河县城的芸芸众生像做素描,包括他们所从事的各种行业,以及忙碌了一天空闲下来的大人和孩子们会看火烧云做消遣。原文中对火烧云的描写始终围绕看火烧云的小城居民的视角展开,对比分析原文和课文可尤其明显地看到原文对地上看云人视角的凸显。

课文删除了"再过一秒钟,没有什么变化"(表 4:19),这一内容没能展现火烧云的变幻多端。这样的改动看似没有损害原文的内容,但结合原文的前后文,可看到原文突出了时间的变化,从"五秒钟之内"(表 4:17)到"再过一秒钟"(表 4:19),到"再过两三秒钟"(表 4:20)。这些时间状语发挥着衔接语篇、促进语篇连贯的作用。时间的铺陈强调了地上仰着脖子看云人的视角。不论是看到了什么形状、形状有什么变化,抑或是形状"没有什么变化",都暗含了地上看云人的视角。原文中描写火烧云的落脚点是呼兰河县城看云的人们。而课文的这一删除切断了这样的时间线,弱化了地上看云人的视角,或是说将落脚点从看云人转移到了火烧云。

表 4　《火烧云》原文课文对比片段一

行　号	原　　　文	课　　　文
17	<u>五秒钟之内</u>，天空里有一匹马，马头向南，马尾向西，	一会儿，天空出现一匹马，马头向南，马尾向西。
18	那马是跪着的，像是在等着有人骑到它的背上，它才站起来。	马是跪着的，像是在等人骑到它的背上，它才站起来似的。
19	<u>再过一秒钟</u>，没有什么变化。	
20	<u>再过两三秒钟</u>，那匹马加大了，马腿也伸开了，马脖子也长了，但是一条马尾巴却不见了。	过了两三秒钟，那匹马大起来了。腿伸开了，脖子也长了，尾巴却不见了。

注：为便于对比原文和课文，本文以表格的形式呈现原文及其相应课文的内容，表中的行号指原文（课文）在表格中所处的行号。

原文中对地上看火烧云的人的视角的强调在后文亦能找到佐证。原文中使用的是"找到了"（表5：25），课文改为了"又来了"。两者相比，可看到原文同样突出了地上看云人的视角，是看云人在天空中"找"各式各样的云。

表 5　《火烧云》原文课文对比片段二

行　号	原　　　文	课　　　文
25	<u>又找到了</u>一个大狮子，和娘娘庙门前的大石头狮子一模一样的，	接着<u>又来了</u>一头大狮子，跟庙门前的石头狮子一模一样，

随后的原文也遭到了较大程度的删节，被删节内容没有突出对云的描写，而是突出了地上看云人的视角。

表 6　《火烧云》原文课文对比片段三

行　号	原　　　文	课　　　文
28	<u>看</u>着看着地，一不谨慎，同时又<u>看</u>到了别一个什么。这时候，可就麻烦了，人的眼睛不能同时又看东，又看西。这样子会活活把那个大狮子<u>糟蹋</u>了。	
29	<u>一转眼，一低头</u>，那天空的东西就变了。	可是一转眼就变了，
30	若是再找，<u>怕是看瞎了眼睛</u>也找不到了。	再也找不着了。

在原文中看来再自然不过的对看云人视角的描写，但却由于没有突出火烧云的变幻多端，所以在改编为课文时遭到了删节。原文中"看"（表6：28）的主语无疑是呼兰河县城里看云的众生。那"糟蹋"（表6：28）大狮子的无疑还是地上看云的人。随后的"一转眼，一低头"（表6：29），做出这些动作的仍然是看云人。"怕是看瞎了眼睛"（表6：30）也还是那仰着头看云的人。原文对看云人视角的凸显加强了语篇的连贯性，课文对原文的改动却在不经意间割裂了原文已有的连贯性。

课文《白鹅》对原文的改动也同样削弱了原文已有的连贯性。原文对鹅的描写包括"高傲"（表7：5）和"傲慢"（表7：10）两部分，两者随后都有大量细节支撑。课文保留了"高傲"（表7：5），却删除了原文中描写鹅如何"高傲"的大量细节（表7：6-9）。随后课文为了维持和改动后文字的连贯性，将原文中的"傲慢"改为了"高傲"（表7：10）。这一改动虽然暂时维系了和前文的连贯，却割裂了和后文的连贯。课文中的"高傲"较之原文的"傲慢"(表 7：10)，难以统领后文，直到后文在描写鹅傲慢的第二个侧面即鹅的步态时，才恢复了原文的"傲慢"，不再将其改为"高傲"。

表 7 《白鹅》原文课文对比片段

行　号	原　文	课　文
5	我一看这姿态，想道："好一个<u>高傲</u>的动物！"	我一看这姿态，想道："好一个<u>高傲</u>的动物！"
6	凡动物，头是最主要部分。	
7	这部分的形状，最能表明动物的性格。	
8	例如狮子、老虎，头都是大的，表示其力强。麒麟、骆驼，头都是高的，表示其<u>高超</u>。狼、狐、狗等，头都是尖的，表示其刁奸狡猾。猪猡、乌龟等，头都是缩的，表示其冥顽愚蠢。	
9	鹅的头在比例上比骆驼更高，与麒麟相似，正是<u>高超的性格</u>的表示。	
10	而在它的叫声、步态、吃相中，更表示出一种<u>傲慢</u>之气。	鹅的<u>高傲</u>，更表现在它的叫声、步态和吃相中。

　　"傲慢"较之"高傲"更多了几分贬义，而这几分贬义在原文中也得到了极力渲染。原文中描写鹅步态的细节有力刻画了其傲慢之相，但课文删除了此部分内容，如"这表示它不怕人，看不起人。但这傲慢终归是狂妄的。我们一伸手，就可一把抓住它的项颈，而任意处置它。家畜之中，最傲人的无过于鹅。同时最容易捉住的也无过于鹅"。改动后的课文弱化了"傲慢"中的那几分贬义以及"傲慢"和"高傲"的区别。课文对原文的删节也可看作是在维护改动后课文的连贯性，但同时也应看到课文对原文的改动弱化了原文本身的连贯性。

　　4.3.2　削弱了原文文字的生动性
　　课文对原文的修改还从某种程度上削弱了原文文字的生动性。《荷花》的原文用了诸多细节来铺陈荷花姿态各异的这一细节。

表 8 《荷花》原文课文对比片段一

行　号	原　文	课　文
13	这么多的白荷花，有姿势完全相同的吗？没有，	这么多的白荷花，
14	一朵有一朵的姿势。	一朵有一朵的姿势。
15	看看这一朵，很美，看看那一朵，也很美，	看看这一朵，很美；看看那一朵，也很美。
16	都可以画写生画。	
17	我家隔壁张家挂着四条齐白石老先生的画，全是荷花，墨笔画的。	
18	我数过，四条总共画了十五朵，朵朵不一样，朵朵都好看，	
19	如果把眼前这一池的荷叶荷花看做一大幅活的画，那画家的本领比齐白石老先生更大了。	如果把眼前的一池荷花看做一大幅活的画，那画家的本领可真了不起。

铺陈之一是使用了反问句(表8：13)，课文删除了这一反问句，也随之削减了原文作者对荷花姿态各异的铺陈。铺陈之二是用齐白石的画来比喻荷花，作者提及齐白石的画是为了强调他画里的荷花姿态各异，但在作者看来，即便是大画家齐白石画里姿态各异的荷花也比不上他在公园里所见的荷花。课文保留了原文中将荷花比作图画的比喻(表8：19)，却删除了原文中关于齐白石画作的细节(表8：16－18)，也随之削弱了原文中对荷花姿态各异的铺陈。课文中将荷花比作图画的比喻不再有细节支撑，荷花和画作之间的共同点之一("一朵有一朵的姿势"，表8：14)也随着课文的改动而消失。课文中将荷花比作画作的比喻也较之原文缺少了层次感和原文丰富的内涵。

原文在文末还对荷花进行了拟人化的描写，但改动后的课文削弱了原文对荷花拟人化的描写。原文中拟人化的荷花有一系列的动作："解开衣裳，敞开胸膛"(表9：24)，紧随这一系列动作之后的是更具拟人特征的描写："舒坦极了"(表9：24)。拟人化的荷花不仅具有了拟人化的动作，还被赋予了主观感受。作者的主观感受也幻化成了对荷花的描写。而课文中"站在阳光里"(表9：24)的荷花少了那几分主观能动性，更少了带入作者乃至读者主观感受的契机。

表9　《荷花》原文课文对比片段二

行　号	原　　　文	课　　　文
22	我忽然觉得自己仿佛就是一朵荷花。	我忽然觉得自己仿佛就是一朵荷花，
23	一身雪白的衣裳，透着清香。	穿着雪白的衣裳，
24	阳光照着我，我解开衣裳，敞着胸膛，舒坦极了。	站在阳光里。

课文削弱了原文文字的生动性也见于课文《燕子》对原文的改动。课文《燕子》删除了大量看似不合规范的字词，却在不经意间削弱了原文的拟人化程度和原文描写的生动性。原文拟人化程度较高，春景中的诸多要素都被赋予了拟人化的能动性。原文作者在为细雨为何由天上洒落寻得一个缘由，细雨从而也被塑造为有心绪的主观能动者。虽然原文作者没能寻得这样的缘由，并写道："如毛的细雨无因的由天上洒落着"(表10：5)，但这样的描写暗含了"细雨"的主观能动性。课文删去了"无因的"，也随之删除了原文作者赋予细雨的主观能动性，削弱了原文文字的生动性。

表10　《燕子》原文课文对比片段

行　号	原　　　文	课　　　文
3	当春间二三月	二三月的春日里，
4	轻飔微微地吹拂着	清风微微地吹拂着，
5	如毛的细雨无因的由天上洒落着	如毛的细雨由天上洒落着，
6	千条万条的柔柳，齐舒了它们的黄绿的眼	千条万条的柔柳，
7	红的白的黄的花，绿的草，绿的树叶，皆如赶赴市集者似的奔聚而来	红的白的黄的花，青的草，绿的叶，都像赶集似的聚拢来，

原文在描写柔柳时写道："千条万条的柔柳，齐舒了它们的黄绿的眼"(表10：6)。课文直接删除掉了"齐舒了它们的黄绿的眼"。拟人化的柔柳不复具有类人的主观能动性，又退回为了普通的不具拟人

生命的植物。原文将花、草、叶比作"赶赴市集者",它们会"奔聚而来"(表 10:7)。课文虽较大程度上保留了原文,但些微的改动仍然削弱了原文描写的拟人程度。课文中的花、草、叶直接用作了主语,不再被明确地比作"赶赴市集者"(表 10:7);原文中的"奔聚"也被改为"聚拢"(表 10:7),弱化了拟人的花、草、叶可以具有的主观能动性。

5 结论

小学语文课文对其相应原文的改动体现了课文作为一种语类的目的性,该目的性包括两方面:一是服务于课文所对应单元的主题和教学目标,二是规范语言文字的使用。课文围绕每单元具体的教学目标,删除了原文中和单元教学目标不相符合的内容,并将原文中不合规范的表达方式修改为更合规范或是标准化的文字表达。课文对原文的改动虽然贴合了课文这一语类的目的性,但不可避免地带来了一些负面效果:修改后的课文削弱或是割裂了原文已有的连贯性,并削弱了原文文字的生动性。

课文对原文的改动可看作一种再语境化,通过"有选择性地对其他话语进行挪用……来构建一种自己的秩序"(Bernstein,1990:184;转引自赵芃,2020)。新旧"秩序"之间(或是说在小学教材编写中)不可避免地会出现诸多对立的概念,如工具观和人文观(陈先云,2019)、语文教育和文学教育(陈国安,2010)、儿童本位和成人本位、平民化和典范化(李海云、张莉,2012)。本文基于小范围的调查研究,发现课文在强调前者,即工具观、语文教育、儿童本位和平民化;而相对地弱化了后者,即人文观、文学教育、成人本位和典范化。

笔者希望本研究的发现可促进后续研究,或是引起课文改编者的一些思考:应如何调和课文和文学作品(原文)这两类语类不尽相同的目的? 如何最大化地发挥文学作品对学生情感的熏陶以及思想的启迪,并呈现原文应有的经典性和典范性? 希望通过这样的思考使上述看似对立的方面走向融合,并最终促进我国基础阶段教育的长足发展。

本文受篇幅所限,未能囊括部分课文对原文内容的删节,如课文《猫》删除了关于猫恋爱,以及母猫和公猫在家庭中角色的划分的内容;课文《我们家的男子汉》删除了原文三小节的内容,包括小男子汉对父亲的崇拜、他的眼泪、他对女性的态度。这样的删节难以归结为所删节内容和教学主题不相符,如《我们家的男子汉》中被删节的内容也贴合了成长的单元主题,但为何去此存彼还有待后续研究做出探讨。诚如功能语言学所说,选择即意义潜势(Halliday & Mathiessen,2004)。选取哪些内容或是排除哪些内容,或许这样的选择也反映了一定的意义潜势,这样的意义潜势还有待后续研究去挖掘。

参考文献

[1] Bernstein, B. 1990. *The Structuring of Pedagogic Discourse* [M]. London: Routledge.

[2] Halliday, M. A. K. and C. Matthiessen. 2014. *An Introduction to Functional Grammar* [M]. London: Routledge.

[3] Halliday, M. A. K. and R. Hasan. 1976. *Cohesion in English* [M]. London: Longman.

[4] Martin, J. R. 1992. *English Text: System and Structure* [M]. Amsterdam: Benjamins.

[5] Van Dijk, A. 2008. *Discourse and Power* [M]. Basingstoke: Palgrave Macmillan.

[6] 蔡伟,黄秋月.2011.文学的真实与历史的真实[J].上海教育科研(4):26 - 29.

[7] 陈国安.2010.可怜的《珍珠鸟》:文学教育的"沦丧"[J].人民教育(7):34 - 36.

[8] 陈立峰,彭诗雅.2017.小学语文教科书中的女童形象分析[J].教育理论与实践,37(8):39 - 41.

[9] 陈先云.2019.课程观引领下统编小学语文教科书能力体系的构建[J].课程·教材·教法,39(3):78 - 87.

[10] 丁炜.2008.中美小学语文教材内容建构的比较:以课文《手捧空花盆的孩子》为例[J].比较教育研

究(11)：52-56.

[11] 候秋霞.2013.小学语文教材的人格特质词及人物性格分析研究[J].课程·教材·教法,33(8)：53-58.

[12] 高湘品,石欧.2017.小学语文教科书中榜样人物的社会学分析[J].教学理论与实践,37(23)：35-38.

[13] 刘立华.2019.马丁对语类研究的贡献[J].外语学刊(1)：12-17.

[14] 吕映.2013.小学语文教科书中模范角色的类型特征与价值蕴含[J].杭州师范大学学报(2)：132-136.

[15] 宋乃庆,贾璞.2021.中国基础教育发展100年：走向公平与质量的教育[J].西南大学学报,47(3)：127-139.

[16] 李海云,张莉.2011.小学语文教科书价值取向比较研究：以20世纪80年代教科书与当前教科书(人教版)为例[J].思想理论教育(9)：36-40.

[17] 王林.2012."儿童文学化"：二十世纪二三十年代小学语文教材的主流[J].课程·教材·教法,26(12)：37-41.

[18] 王平强,徐文彬.2011.多元文化背景下小学语文教材的适切性[J].教育科学研究(3)：48-52.

[19] 辛斌.2021.批评话语研究中的互文性分析[J].外语与外语教学(3)：1-12.

[20] 张德禄.2000.论语篇连贯[J].外语教学与研究,32(2)：103-109.

[21] 赵芃.2020.从"再情景化"到"指向秩序"[J].外语与外语教学(3)：23-30.

[22] 郑振铎.2013.海燕.北京：北京理工大学出版社,1-7.

[23] 叶圣陶.2019.叶圣陶经典散文集.北京：天地出版社,24-25.

[24] 萧红.2018.呼兰河传.北京：人民文学出版社,14-16.

[25] 巴金.2017.巴金散文精选.武汉：长江文艺出版社,35-36.

[26] 老舍.2017.老舍散文精选.武汉：长江文艺出版社,72-76.

[27] 丰子恺.2015.丰子恺专集：白鹅.北京：同心出版社,68-69.

[28] 王安忆.我们家的男子汉.访问自：http://www.aisixiang.com/data/10304.html.

[29] 吴冠中.2017.父爱之舟.武汉：长江文艺出版社,1-6.

[30] 季羡林.2020.季羡林散文精选.武汉：长江文艺出版社,221-222.

A Study of the Revision of Original Literature Works in the Primary School Chinese Textbooks: A Perspective from SFL

Xin Dai

Southwest University of Political Science and Law

Abstract: This study selected nine literary texts from the primary school Chinese textbooks in China, and examined how they differ from the original literature works. It is found that the revision could largely be attributed to the generic goals of the texts: to serve the pedagogical purpose and to standadise the use of language. The revision could also be viewed as a re-contextualisation of the original works. Such re-contextualisation inevitably brings two side effects: the texts in the textbooks weaken or even destroy the coherence in the original works, and the revised texts are often less vivid than the original works in terms of language expression. It is expected that findings of this study would promote future studies to explore how to harmonise literacy education with literature education, and in turn, promote the long-turn development of foundational education in China.

Keywords: texts in primary school Chinese textbooks; literature; genre; re-contextualisation; coherence

汉语学习词典的句法语义信息

——以抱怨类动词为例①

王　珊　周　洁②

澳门大学

摘　要：汉语学习词典是词汇学习的重要工具,但已有的词典局限于词语释义和提供例句,缺少对词语常用句法和语义功能的定量分析。抱怨是一种常见的社会交际行为,本研究从大规模语料库中筛选出 4157 条抱怨类动词单句,基于依存语法进行标注,并从支配词和从属词角度对该类动词的句法语义进行了定量分析。研究发现,抱怨类动词在句中作为从属词时,与支配词构成多种不同的句法依存和语义依存关系,最常见的 4 种句法依存关系分别是核心关系、动宾关系、定中关系、并列关系,最常充当的语义角色是客事,最常充当的事件关系是后继事件。在句中作为支配词时:句法上,拥有不同句法父亲的抱怨类动词支配的句法依存不同,该类动词支配的整体句法搭配强度为 2.41;语义上,抱怨类动词的语义依存密度为 2.56,主体语义密度(0.66)高于客体语义密度(0.37),最常搭配的主体角色是施事,最常搭配的客体角色是涉事,最常支配的情境角色是方式和时间,最常搭配的两种事件类型是并列事件和后继事件。该类动词的主要句型为主谓宾句式,而该句式中最常用的语义搭配模式是施事对涉事抱怨,表达抱怨事件的基本框架为“施事 + 抱怨类动词 + 涉事”。本研究还进一步将研究结果与现有汉语词典进行对比,提供了丰富的句法语义信息。本文通过定量统计和定性分析探究抱怨类动词的句法语义特征,有助于深化对动词的研究,并为完善汉语学习词典的编纂提供借鉴。

关键词：依存语法;句法;语义;抱怨类动词

1　引言

词典可以帮助学习者提高词汇使用的复杂度(乔丽婷、王文宇,2020;Wang & Huang, 2017),还可以扩充学习者的产出性搭配知识(陈玉珍,2020)。但是汉语学习词典研究仍集中于释义和例证研究(金沛沛,2015;王珊,2016;陈晨、王珊,2018),缺少词语的本身的句法功能及其搭配的语义角色等深层知识。

依存语法研究词与词之间的关系,形式简洁、标注便捷,并且比短语结构语法更适用于汉语的信息处理(Niu & Osborne, 2019)。它已成为自然语言处理中表示句法和语义结构的主流方法(De Marneffe & Nivre, 2019;刘海涛,2009)。另一方面,依存语法在语言学研究中也发挥了重要作用,利用依存语法相关特征构成的复杂网络可以对人类语言进行分类(刘海涛,2010),依存方向能够区分不同的语序语言(Liu, 2010),同一语言的不同语体在依存类型上体现出不同的特征(Poiret & Liu,

---

① 基金项目：澳门特别行政区政府教育基金(项目编号：HSS‒UMAC‒2021‒11)。本文荣获上海交通大学举办的中国英汉语比较研究会教育语言学专业委员会第十二届年会优秀论文奖,谨致谢忱。

② 王珊,女,澳门大学人文学院中国语言文学系助理教授;研究方向：汉语语言学、计量语言学、国际中文教育;通信地址：澳门氹仔大学大马路澳门大学 E21A‒2092 室;邮编：999078;电子邮箱：shanwang@um.edu.mo。
　周洁,女,澳门大学博士生;研究方向：汉语语言学。

2020)。虽然汉语词汇研究涉及了同义词对比(Wu & Wang, 2016;Wang & Huang, 2017)、搭配(Wang & Yin, 2020;Wang, 2020)、成语的句法语义(Wang & Luo, 2021)等多个方面,但基于依存语法的词汇研究(Wang, Liu & Zhou, 2022;Wang & Chen, 2021)还不多。以依存语法为理论基础,能够充分发挥它在自然语言处理中的优越性,它展示的词汇的句法和语义依存知识能够为词典编纂和汉语学习提供借鉴。

言语交际行为是重要的人类经验。目前对于汉语言语交际动词的研究可大致分为两类。① 言说动词的分类。刘大为(2002)根据动词和句子宾语的关系把动词分为言说动词、意向动词和外部动词,徐默凡(2008)聚焦于言说动词,并根据其能否在显性施为句中明示将其划分为内隐性、描述性和自指性三种。② 分析考察个别言说类动词。董秀芳(2003)和方梅(2003)都对"说"进行了详细的个案研究,分别探讨了"说"的词汇化和语法化。刘美君、巫宜静(Liu & Wu, 2004)比较了四个汉语交际动词并据此提出以管道隐喻为基础的认知系统。

抱怨属于言语交际行为。虽然"埋怨"原本属于心理动词(苏颖,2020;周有斌、邵敬敏,1993),但是"抱怨"等部分抱怨类动词在语义演变的过程中,已发展成表示言说行为的言说动词(苏颖,2020)。语言学领域多从语用层面分析关于抱怨的言语行为(袁周敏、陈吉,2015)。抱怨行为存在于日常交流中(杨丽、袁周敏,2019),也可以发生在不同的机构语境或职场环境下,如家庭救济(Heinemann, 2009)和医疗救护(Monzoni, 2009)。网络环境下也有许多抱怨行为,比如网友在社交媒体中从抱怨升级到冲突(Vladimirou et al., 2021),消费者利用社交媒体进行抱怨(张初兵等,2020),其差评反映网络抱怨话语的特点(Vásquez, 2011)。抱怨行为有不同的目的,或是表达情感(Kurtyka, 2019),或是博取同情(Drew & Walker, 2009),又或是寻找借口(Kowalski, 1996)。这些都是关于抱怨行为的语用研究,但是抱怨类动词的句法语义研究还有待开展。本研究从动词的支配关系和从属关系出发,开展基于大规模语料库并以依存语法为理论依据的句法语义研究,促进汉语动词的本体研究,同时为汉语学习词典的编纂提供丰富的数据和例证,满足汉语学习者的学习需求。

2　研究方法

本文以依存语法为基础对抱怨类动词的单句进行句法和语义层面的定量和定性分析。首先,参考英语数据库 VerbNet①(Levin, 1993)中交际动词(Verbs of Communication)下的全部抱怨类动词(complain - 37.8):bellyach、bitch、boast、brag、caterwaul、complain、crab、gripe、grouch、grouse、grumble、kvetch、moan、object、whine,查找它们在英汉词典中的翻译,包括《牛津高阶英汉双解词典第 9 版》(李旭影等,2018)、《剑桥高阶英汉双解词典》(英国剑桥大学出版社,2008)、《朗文当代高级英语辞典 英英·英汉双解 第 6 版》(英国培生教育有限公司,2019)、《COBUILD 高级英汉双解词典》(英国哈珀·柯林斯出版集团,2009)、《英汉大词典》(陆谷孙,2007)和《新英汉词典》(高永伟,2009),接着参考分类词典,包括《现代汉语分类词典》(苏新春,2013)、《同义词词林》(梅家驹等,1983)、同义词词林(扩展版)②,得到 16 个汉语抱怨类动词:抱怨、嗔怪、嗔怨、嘟囔、怪怨、怪罪、牢骚、埋怨、怨艾、怨怼、怨怪、怨恨、怨望、责备、责怪、责怨。然后,以搜狗实验室③(Liu et al., 2012)、BCC④(文学和报刊)(荀恩东等,2016)、CCL⑤(詹卫东等,2019)、《人民日报》⑥《参考消息》、Chinese Gigaword⑦(通过 Chinese word sketch engine 使用)(Huang, 2009;Graff et al., 2005;Kilgarriff et al., 2005)和腾讯新闻为源

---

① 　VerbNet 网址为 https://verbs.colorado.edu/verbnet/。
② 　哈工大社会计算与信息检索研究中心同义词词林扩展版。
③ 　搜狗实验室的网址为 http://www.sogou.com/labs/resource/t.php。
④ 　BCC 语料库的网址为 http://bcc.blcu.edu.cn。
⑤ 　CCL 语料库的网址为 http://ccl.pku.edu.cn: 8080/ccl_corpus/。
⑥ 　本文使用的《人民日报》《参考消息》和腾讯新闻语料均来自 https://github.com/liuhuanyong/ChineseDiachronicCorpus。
⑦ 　Lexical Data Consortium (LDC). Tagged Chinese Gigaword (Second Edition) (2009). https://catalog.ldc.upenn.edu/LDC2009T14.

语料，下载含有以上动词的文段。这些语料库主要是报刊、文学等书面语，规范性强。数据库已然是词典编纂不可或缺的有力帮手（Bergenholtz & Nielsen，2013），需要借助大规模数据库来发现词汇的用法。本研究尽可能覆盖当前所有公开的大规模汉语语料库。

为筛选符合汉语规范、含有目标动词的单句，采用了以下步骤：第一，用句末标点①分割下载的文段，保留含有抱怨类动词的句子，并删除右窗口不完整的句子，得到含有抱怨类动词的句子，如例（1）缺少句末标点所以右窗口不完整，因而将其删除。第二，排除含有中文逗号（，）、中文分号（；）的句子，以此尽可能排除复句，得到单句集 A，如例（2）是复句，依存关系较为复杂，但第二个分句仅与"抱怨"构成并列的依存关系，第三个分句与"抱怨"无依存关系，复句不进入单句集 A。之所以排除复句，是由于复句有较为复杂的依存关系，不含目标动词的分句与目标动词之间常没有依存关系，且汉语中经常出现一逗到底的情况，因此本研究只保留单句。第三，只保留标点符号②符合汉语规范的句子，标点符号不符合汉语规范的句子被删除，以此得到单句集 B。第四，对单句集 B 的所有句子进行分词、词性标注，只保留"抱怨"类的词为动词词性且为最小分词单位的、句子长度在 20 词以内的单句。去重后，得到单句集 C。最后，单句数量超过 90 句的 6 个动词（包括抱怨、责备、埋怨、责怪、怨恨、怪罪）构成本研究考察的抱怨类动词，它们所在的单句构成本研究的抱怨类动词单句。含 6 个抱怨类动词的文段数量和单句分布如表 1 所示，共从 85 457 句含抱怨类动词的句子中筛选出 4 157 条单句。

（1）这家报纸在分析造成这一情况的原因时，抱怨"其他国家"利用与英国订立双边协定的一些国家和英国进行贸易中的

（2）可是她们一边抱怨，一边却生发出了好心情，虽然开心得有点不自然。

表 1　抱怨类动词的文段和单句数量分布

目 标 动 词	文 段 数 量	筛选后的单句数量	语料占比（%）
抱　怨	45 425	2 074	49.89
责　备	9 678	599	14.41
埋　怨	15 121	530	12.75
责　怪	7 010	455	10.95
怨　恨	5 967	405	9.74
怪　罪	2 256	94	2.26
总　计	85 457	4 157	100.00

筛选抱怨类动词单句后，采用哈尔滨工业大学语言技术平台提供的 API 接口（刘挺等，2011）进行依存语法标注，构建单句语料库，包括每条单句的来源语料库、所属文段、作者等元信息，以及依存句法分析、依存语义分析的标注。在此基础上，本文对该类动词与其他成分之间的支配和依存关系进行统计，并归纳它们的句法语义特点。

① 根据《标点符号用法》GB/T 15834—2011，句末标点符号包括句号、感叹号和疑问号，因为英文的感叹号和疑问号和中文的感叹号、疑问号相似度大，在使用过程中误用率较高，所以本文选择的句末标点包括中文句号（。）、中英文感叹号（!!）和中英文疑问号（??）。
② 根据《标点符号用法》GB/T 15834—2011，汉语标点符号包括点号和标号。其中点号包括：句号（。）、问号（?）、叹号（!）、逗号（，）、顿号（、）、分号（；）、冒号（：）。标号包括：引号（""，''）、括号（（），［ ］，○）、【 】、破折号（——）、省略号（……）、着重号（.）、连接号（-，—，～）、间隔号（·）、书名号（《 》，〈 〉）、专名号（形式是一条直线，标注在相应文字的下方）、分隔号（/）。

3　抱怨类动词的句法语义分析

依存语法研究句子中词与词之间的依存关系。如果一个词修饰另一个词,那么修饰词和被修饰词构成了从属和支配的依存关系,并且修饰词是从属词/依存词,而被修饰词是支配词/核心词(冯志伟,2014);相应地,依存弧的方向由支配词指向从属词/依存词。如例(3)中,"抱怨"是抱怨类动词之一,句法依存图和语义依存图如图1所示。句法上,句法依存弧VOB(动宾关系)从"想"指向"抱怨",即"抱怨"作动词宾语修饰"想",所以"抱怨"是"想"的句法从属词/依存词,"想"是"抱怨"的句法支配词/核心词。此外,句法依存弧VOB(动宾关系)从"抱怨"指向"自己",即"自己"是动词宾语来修饰"抱怨",故"自己"是"抱怨"的句法从属词/依存词,"抱怨"是"自己"的句法支配词/核心词。语义上,语义依存弧dCONT(嵌套客事)从"想"指向"抱怨",即"抱怨"是"想"的嵌套客事,所以"抱怨"是"想"的语义从属词/依存词,"想"是"抱怨"的语义支配词/核心词。同时,语义依存弧DATV(涉事)从"抱怨"指向"自己",即"自己"是"抱怨"的涉事,故"自己"是"抱怨"的语义从属词/依存词,"抱怨"是"自己"的语义支配词/核心词。"抱怨"在该句中既能作支配词,又能作从属词,这取决于"抱怨"和不同词之间的依存关系。

(3) 我想这样的人只好<u>抱怨</u>自己。

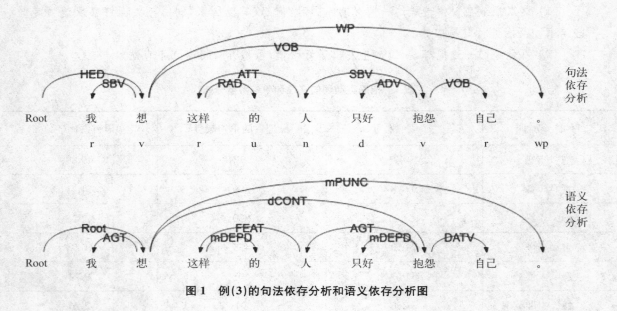

图1　例(3)的句法依存分析和语义依存分析图

3.1　抱怨类动词作为句法从属词

依存语法用Root指代整个句子,当句法依存弧类型为HED,并且方向从Root指向某词时,整个句子作为该词的支配成分,该词在句法上从属于整个句子。如图2所示,例(4)中句法依存弧HED从Root指向"抱怨",因此"抱怨"在句法上从属于整个句子,"抱怨"是整个句子的从属词。

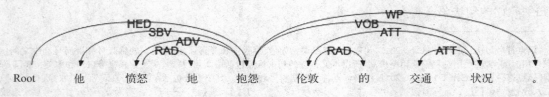

图2　例(4)的句法依存分析图

（4）他愤怒地<u>抱怨</u>伦敦的交通状况。

为比较抱怨类动词作为从属词时的句法依存关系，表2展示了该类动词的每个动词在单句中作为从属词的句法依存数量占自身单句数量的比例，以及该类动词整体作为从属词的句法依存比例。抱怨类动词在单句中作为句法从属词时，与支配成分构成的句法依存关系按照所占比例从大到小依次为核心关系（HED）[①]、动宾关系（VOB）、定中关系（ATT）、并列关系（COO）、主谓关系（SBV）、介宾关系（POB）、状中结构（ADV）、前置宾语（FOB）、兼语（DBL）。

表2　抱怨类动词作为从属词的句法依存关系分布

动词	核心 HED	动宾 VOB	定中 ATT	并列 COO	主谓 SBV	介宾 POB	状中 ADV	前置宾语 FOB	兼语 DBL	总　计
抱怨	1 252	376	146	119	136	28	14	1	2	2 074
	60.37%	18.13%	7.04%	5.74%	6.56%	1.35%	0.68%	0.05%	0.10%	100.00%
责备	313	133	53	48	34	12	6	0	0	599
	52.25%	22.20%	8.85%	8.01%	5.68%	2.00%	1.00%	0.00%	0.00%	100.00%
埋怨	334	84	39	35	20	2	15	1	0	530
	63.02%	15.85%	7.36%	6.60%	3.77%	0.38%	2.83%	0.19%	0.00%	100.00%
责怪	331	67	23	20	9	2	3	0	0	455
	72.75%	14.43%	5.05%	4.40%	1.98%	0.44%	0.66%	0.00%	0.00%	100.00%
怨恨	97	149	56	48	29	17	5	2	2	405
	23.95%	**36.79%**	13.83%	11.85%	7.16%	4.20%	1.23%	0.49%	0.49%	100.00%
怪罪	73	13	0	5	3	0	0	0	0	94
	77.66%	13.83%	0.00%	5.32%	3.19%	0.00%	0.00%	0.00%	0.00%	100.00%
总计	2 400	822	317	275	231	61	43	4	4	4 157
	57.73%	19.77%	7.63%	6.62%	5.56%	1.47%	1.03%	0.10%	0.10%	100.00%

抱怨类动词作为从属词时，与支配成分构成的最高频的句法依存关系是核心关系（57.73%），其次是动宾关系（19.77%），二者占总句法依存关系的77.50%。该类下的所有动词最高频的两种依存关系也是核心关系和动宾关系，区别在于何种关系占据主导地位。"抱怨""责备""埋怨""责怪""怪罪"都是核心关系多于动宾关系，并且核心关系超过总依存关系的一半。仅"怨恨"的动宾关系多于核心关系。抱怨类动词在句中和支配成分还能构成定中关系、并列关系或者主谓关系，但是构成介宾关系、状中结构、前置宾语和兼语的情况较少，后四种依存关系的总和（2.70%）不到总依存关系的5%。在6个抱怨类动词中，"抱怨、责备、埋怨、责怪、怪罪"与其支配成分构成的最高频的句法依存关系都是核心关系，"怨恨"与其支配成分构成的最高频的句法依存关系是动宾关系。

需要注意的一点是，当抱怨类动词与其支配成分构成定中关系时，作为从属成分的定语可能是该

[①] 本文使用的依存句法标签和依存语义标签仅在第一次提到以及在表格中时同时注明中文和对应的英文标签。

动词,如例(5)中"抱怨"作定语修饰"信件",也可能是该动词与其宾语构成的动宾短语,如例(6)中"责备"与"孩子"构成动词宾语一起修饰"母亲"。

(5) 他们的<u>抱怨</u>信件雪片似地向议员们飞来。

(6) 她这时能把自己当成<u>责备</u>孩子的母亲。

图 3 是抱怨类动词作为从属词的句法依存比例热力图,一定程度上反映了该类动词内部的句法相似性。

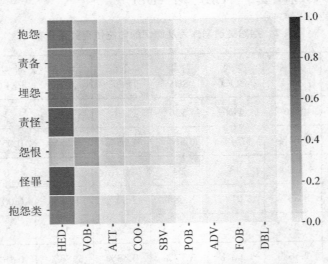

图 3　抱怨类动词作为从属词的句法依存关系热力图

3.2　抱怨类动词作为语义从属词

根据依存语法,当语义依存弧类型为 Root,并且方向从 Root 指向某词时,整个句子作为该词的支配成分,该词在语义上从属于整个句子。如图 4 所示,例(7)中句法依存弧 Root 从 Root 指向"抱怨",因此"抱怨"在语义上从属于整个句子,"抱怨"是整个句子的从属词。整个语料中,抱怨类动词从属于整个句子的情况占 60.36%(2 509 句/4 157 句)。

(7) 他愤怒地<u>抱怨</u>伦敦的交通状况。

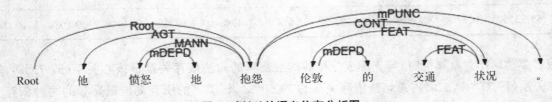

图 4　例(7)的语义依存分析图

抱怨类动词处于从属地位,且该词的支配成分不是整个句子时,该情况占 39.64%(1 648 句/4 157 句)。根据指向该动词的语义依存弧类型,可以判断该动词在单句中充当的语义角色,如图 1 中语义依存弧 dCONT 从"想"指向"抱怨""抱怨"在句中充当"想"的嵌套客事。

抱怨类动词充当最多的语义角色为客事(334 句),如例(8)中"责怪"是"受到"的客事;抱怨类动词最常见的事件关系是充当后继事件(222 次),如例(9)中"抱怨"是"看了"的后继事件。

(8) 基辛格因此而受到了<u>责怪</u>。

(9) 我知道三爸看了一定会<u>抱怨</u>我。

3.3　抱怨类动词作为句法支配词

当抱怨类动词作为句法支配词时,对该类动词支配的句法搭配强度和句法依存进行定量统计和分类讨论。

3.3.1　抱怨类动词的句法搭配强度

对抱怨类动词支配的句法依存进行统计,可以得到该类动词的句法搭配强度,其计算公式为:

$$I_{\text{动词句法搭配强度}} = (A_{\text{动词直接支配的句法依存数量}} - B_{\text{WP数量}}) \div S_{\text{动词单句数量}} \tag{i}$$

其中 A 表示动词直接支配的句法依存数量。根据依存语法标注规范,动词直接支配的句法依存也可以包含标点符号。在计算动词的句法搭配强度 I(简称 $I_{\text{动}}$)时,本文减去标注为 WP(标点符号)的句法依存数量 B,由此得到"抱怨"类的动词句法搭配强度,如表 3 所示。

表 3　抱怨类动词的句法搭配强度

公式变量	抱 怨	责 备	埋 怨	责 怪	怨 恨	怪 罪	抱怨类动词
A－B	4 866	1 567	1 239	1 411	598	323	10 004
S	2 074	599	530	455	405	94	4 157
$I_{\text{动}}$	2.35	2.62	2.34	3.10	**1.48**	**3.44**	2.41

动词直接支配的句法依存数量越多,其句法搭配能力越强。抱怨类动词的整体句法搭配能力是 2.41,句法搭配能力最强的是"怪罪",如例(10)中"怪罪"支配的句法依存有"他们""只能"和"大自然",最弱的是"怨恨",如例(11)中"怨恨"支配的句法依存只有"我"。

(10) 他们只能怪罪大自然。

(11) 我怨恨。

参照动词句法搭配强度,对抱怨类动词被不同句法支配情况下的句法搭配强度进行计算,公式为:

$$I_{\text{某一句法父亲下抱怨类动词的句法搭配强度}} = (A_{\text{某一句法父亲下抱怨类动词直接支配的句法依存数量}} - B_{\text{某一句法父亲下抱怨类动词直接支配的WP数量}})$$
$$\div S_{\text{某一句法父亲下抱怨类动词的单句数量}}$$

$$\tag{ii}$$

根据以上公式,计算得到抱怨类动词被不同句法父亲支配下的句法搭配强度,如表 4 所示("/"表示该动词未与其支配词构成此种句法依存关系)。

表 4　不同句法父亲下抱怨类动词的句法搭配强度

句法搭配强度	抱 怨	责 备	埋 怨	责 怪	怨 恨	怪 罪	抱怨类动词
I_{HED}	**2.95**	3.60	2.98	3.51	3.12	**3.70**	3.15
I_{VOB}	1.40	1.29	1.36	2.00	**0.87**	**2.46**	1.35
I_{ATT}	1.98	1.70	1.67	**2.26**	**0.79**	/	1.70
I_{COO}	1.06	1.94	**0.80**	1.70	0.98	**3.20**	1.25

句法搭配强度	抱　怨	责　备	埋　怨	责　怪	怨　恨	怪　罪	抱怨类动词
I_{SBV}	1.32	1.82	**1.15**	**2.33**	1.52	1.67	1.45
I_{POB}	1.25	1.42	**1.00**	**2.00**	1.18	/	1.28
I_{ADV}	0.79	1.00	**0.67**	1.00	1.00	/	0.81
I_{FOB}	**2.00**	/	**1.00**	/	1.50	/	1.50
I_{DBL}	**1.00**	/	/	/	1.50	/	1.25

由表 4 可知,抱怨类动词与其支配词构成不同句法依存关系时,其句法搭配强度分别为 3.15(核心关系)、1.35(动宾关系)、1.70(定中关系)、1.25(并列关系)、1.45(主谓关系)、1.28(介宾关系)、0.81(状中结构)、1.50(前置宾语)、1.25(兼语)。抱怨类动词与其支配词构成核心关系时,句法搭配能力最强和最弱的动词分别是"怪罪"和"抱怨";抱怨类动词与其支配词构成动宾关系时,句法搭配能力最强和最弱的动词分别是"怪罪"和"怨恨";抱怨类动词与其支配词构成定中关系时,句法搭配能力最强和最弱的动词分别是"责怪"和"怨恨";抱怨类动词与其支配词构成并列关系时,句法搭配能力最强和最弱的动词分别是"怪罪"和"埋怨";抱怨类动词与其支配词构成主谓关系时,句法搭配能力最强和最弱的动词分别是"责怪"和"埋怨";至于介宾、状中、兼语和前置宾语,并不是所有的抱怨类动词都能与其支配词构成这几种句法依存关系,如"责备"和"责怪"都不会与其支配词构成前置宾语和兼语结构。

3.3.2　抱怨类动词的句法搭配

本部分对抱怨类动词支配的句法依存进行分析,并根据该类动词与其支配词构成的不同句法依存关系进行分类讨论,不足 5%的句法依存(即该类动词与其支配词构成充当介宾、状中、前置宾语、兼语的情况)不予分析。当抱怨类动词在单句中与其支配词构成核心关系、动宾、定中、并列或主谓这五种句法依存关系时,对该类动词支配的句法依存类型进行分析。

当抱怨类动词与其支配词构成核心关系时,该类动词支配最多的句法依存类型是主谓关系,如例(12)中"抱怨"支配"他",且二者构成主谓关系。最常用的句型是"主语 + 状语 + 抱怨类动词 + 宾语",如例(12)中"抱怨"是句子谓语,"他"是主语,"愤怒地"是状语,"伦敦的交通状况"是宾语。

当抱怨类动词与其支配词构成动宾关系时,该类动词支配最多的句法依存类型是定中关系,如例(13)中"责备"支配"贵妇",且二者构成定中关系。最常用的搭配是"动词 + [(定语) + 抱怨类动词]作动宾",如例(13)中的"责备"有定语修饰,作动词"遭到"的宾语。

当抱怨类动词与其支配词构成定中关系时,该类动词支配最多的句法依存类型是右附加成分(RAD),如例(14)中"的"是"埋怨"支配的右附加成分。最常用的搭配是"[抱怨类动词 + (右附加成分)]作定语 + 中心语",如例(14)中"埋怨"作为定语修饰"口吻","的"是"埋怨"的右附加成分。

(12) 他愤怒地抱怨伦敦的交通状况。

(13) 他因此遭到宫廷所有贵妇的责备。

(14) 女人的语气中有点埋怨的口吻。

当抱怨类动词与其支配词构成并列关系时,该类动词支配最多的句法依存类型是动宾关系,如例(15)中"抱怨"支配"处境",且"处境"是"抱怨"的动词宾语。最常用的搭配是"并列成分 + (左附加成分) + 抱怨类动词作并列成分",如例(16)中"和"是"怨恨"的左附加成分。

当抱怨类动词与其支配词构成主谓关系时,该类动词支配最多的句法依存类型是定中关系,如例(17)中"的"是"抱怨"支配的右附加成分。最常用的是"[定语＋抱怨类动词]_{作主语}＋谓语",如例(17)中"引起"是句子谓语,"抱怨"是主语,"他们的"是"他们"和"的"(即右附加成分)构成的定语。

(15) 我们不会坐在一起<u>抱怨</u>我们的处境。

(16) 她的声音里充满了悲哀和<u>怨恨</u>。

(17) 他们的<u>抱怨</u>在国会引起了反响。

3.4　抱怨类动词作为语义支配词

当抱怨类动词作为语义支配词时,对该类动词支配的语义依存进行语义密度计算,并对该类动词搭配的主体角色、客体角色、情境角色这三种语义周边论元及事件关系这一语义结构进行分类讨论。

3.4.1　抱怨类动词的语义密度

参考王珊和周洁(Wang & Zhou, 2021),计算抱怨类动词的语义依存密度 $D_{动}$,其计算公式为:

$$D_{动词语义依存密度} = (X_{和动词直接相关的语义依存数量} - Y_{mPUNC数量}) \div S_{动词单句数量} \qquad \text{(iii)}$$

其中 X 代表和动词直接相关的语义依存数量。依存语法包含了动词与标点符号之间的关系,因标点符号不能反映动词的句法语义特点,所以计算动词的语义依存密度 D 时需要减去语义依存 mPUNC(标点标记)的数量 Y,由此得到"抱怨"类的动词语义依存密度,见表5。

表5　抱怨类动词语义依存密度

公式变量	抱　怨	责　备	埋　怨	责　怪	怨　恨	怪　罪	抱怨类动词
X－Y	5 113	1 669	1 382	1 482	647	350	10 643
S	2 074	599	530	455	405	94	4 157
$D_{动}$	2.47	2.79	2.61	3.26	**1.60**	**3.72**	2.56

动词的语义依存密度越高,该动词的语义依存数量就越多,其语义搭配能力也越强。抱怨类动词的整体语义搭配能力是2.56,语义搭配能力最强的是"怪罪",如例(18)中"怪罪"支配的语义依存是"你们""不会""我"和"吧",最弱的是"怨恨",如例(19)中"怨恨"支配的语义依存只有"您"和"我"。

(18) 你们不会<u>怪罪</u>我吧?

(19) 您<u>怨恨</u>我!

3.4.2　抱怨类动词搭配的主体角色和客体角色

主体角色和客体角色是和动词搭配的最重要的语义角色,与抱怨类动词搭配的主体角色和客体角色的数量和比例如表6所示。

表6　抱怨类动词搭配的主体角色和客体角色的数量和比例分布

主客体角色		抱怨	责备	埋怨	责怪	怨恨	怪罪	抱怨类动词
主体角色	施事 AGT	1 497	361	344	308	107	56	2 673
		76.61%	49.18%	62.32%	45.23%	52.97%	36.36%	62.50%

续 表

主客体角色		抱怨	责备	埋怨	责怪	怨恨	怪罪	抱怨类动词
主体 角色	当事 EXP	28	3	9	7	2	9	58
		1.43%	0.41%	1.63%	1.03%	0.99%	5.84%	1.36%
	总　计	1 525	364	353	315	109	65	2 731
		78.05%	49.59%	63.95%	46.26%	53.96%	42.21%	63.85%
客体 角色	受事 PAT	26	15	64	10	4	5	124
		1.33%	2.04%	11.59%	1.47%	1.98%	3.25%	2.90%
	客事 CONT	133	17	12	11	1	3	177
		6.81%	2.32%	2.17%	1.62%	0.50%	1.95%	4.14%
	涉事 DATV	270	338	123	345	88	81	1 245
		13.82%	46.05%	22.28%	50.66%	43.56%	52.60%	29.11%
	系事 LINK	0	0	0	0	0	0	0
		0.00%	0.00%	0.00%	0.00%	0.00%	0.00%	0.00%
	总　计	429	370	199	366	93	89	1 546
		21.95%	50.41%	36.05%	53.74%	46.04%	57.79%	36.15%
总　计		1 954	734	552	681	202	154	4 277
		100.00%	100.00%	100.00%	100.00%	100.00%	100.00%	100.00%

由表 6 可知,在与抱怨类动词搭配的主体角色中,施事(AGT)远超过当事(EXP),这说明进行抱怨行为更多强调的是动作而非心理状态,如例(20)中抱怨的主体角色是施事"收件人"。在和抱怨类动词搭配的客体角色中,涉事(DATV)占 80.5%,如例(21)中抱怨的客体角色是涉事"谁"。其次是客事(CONT)和受事(PAT),而语料中未发现抱怨的客体角色为系事(LINK)的单句,说明抱怨行为更多地会涉及抱怨对象,很少涉及抱怨行为的具体内容。

(20)收件人也一样抱怨。

(21)本文能向谁抱怨呢?

在 6 个抱怨类动词中,"抱怨""埋怨""怨恨"搭配的主体角色数量超过客体角色,"责备""责怪""怪罪"搭配的客体角色数量超过主体角色。在主体角色中,6 个抱怨类动词搭配的施事角色数量都远远大于当事角色。在客体角色中,6 个抱怨类动词搭配最多的都是涉事角色。

参考动词语义依存密度的计算方法,计算抱怨类动词搭配的主体角色和客体角色的语义密度,公式见(iv)(v):

$$D_{主体语义密度} = X_{和动词直接相关的主体角色数量} \div S_{动词单句数量} \tag{iv}$$

$$D_{客体语义密度} = X_{和动词直接相关的客体角色数量} \div S_{动词单句数量} \tag{v}$$

表 7 是抱怨类动词搭配的主体语义密度和客体语义密度,其中 $X_主$ 和 $X_客$ 分别是和动词直接相关的主体角色数量和客体角色数量,$D_主$ 和 $D_客$ 则是该类动词的主体语义密度和客体语义密度的值。

表 7　抱怨类动词的主体语义密度和客体语义密度

公式变量	抱 怨	责 备	埋 怨	责 怪	怨 恨	怪 罪	抱怨类动词
$X_主$	1 525	364	353	315	109	65	2 731
$X_客$	429	370	199	366	93	89	1 546
$S_{单句数量}$	2 074	599	530	455	405	94	4 157
$D_主$	**0.74**	0.61	0.67	0.69	**0.27**	0.69	0.66
$D_客$	**0.21**	0.62	0.38	0.80	0.23	**0.95**	0.37
$|D_主 - D_客|$	**0.53**	**0.01**	0.29	0.11	0.04	0.26	0.29

整体而言,抱怨类动词的主体语义密度高于客体语义密度。其中主体语义密度和客体语义密度最大的分别是"抱怨"和"怪罪"。主体语义密度和客体语义密度相差最大的是"抱怨",两密度相差最小的是"责备"。考察该类动词的主体角色和客体角色的语义类发现,在所有的抱怨行为中,抱怨他人的行为远远超过抱怨自己的行为,前者占 94.89%,后者占 5.11%。"抱怨、埋怨、怨恨、责备、责怪"均有抱怨自己的语料,如例(22)。

(22) 我会责备自己。

3.4.3　抱怨类动词搭配的情境角色

抱怨类动词搭配的情境角色分布见表 8。

表 8　抱怨类动词的情境角色分布

情境角色	抱 怨	责 备	埋 怨	责 怪	怨 恨	怪 罪	抱怨类动词
工具 TOOL	1	5	0	1	0	0	7
	0.19%	2.72%	0.00%	1.03%	0.00%	0.00%	0.65%
材料 MATL	0	0	0	0	0	0	0
	0.00%	0.00%	0.00%	0.00%	0.00%	0.00%	0.00%
方式 MANN	120	70	40	33	7	1	271
	23.35%	38.04%	31.01%	34.02%	5.56%	4.76%	25.30%
范围 SCO	47	4	5	7	15	0	78
	9.14%	2.17%	3.88%	7.22%	11.90%	0.00%	7.28%
缘由 REAS	27	26	11	25	12	10	111
	5.25%	14.13%	8.53%	25.77%	9.52%	47.62%	10.36%

情境角色	抱 怨	责 备	埋 怨	责 怪	怨 恨	怪 罪	抱怨类动词
时间 TIME	127	19	30	20	11	5	212
	24.71%	10.33%	23.26%	20.62%	8.73%	23.81%	19.79%
地点 LOC	40	12	21	5	15	3	96
	7.78%	6.52%	16.28%	5.15%	11.90%	14.29%	8.96%
度量 MEAS	55	14	11	6	18	2	106
	10.70%	7.61%	8.53%	6.19%	14.29%	9.52%	9.90%
状态 STAT	1	0	0	0	1	0	2
	0.19%	0.00%	0.00%	0.00%	0.79%	0.00%	0.19%
修饰 FEAT	96	34	11		47		188
	18.68%	18.48%	8.53%	0.00%	37.30%	0.00%	17.55%
总　　计	514	184	129	97	126	21	1 071
	100.00%	100.00%	100.00%	100.00%	100.00%	100.00%	100.00%

　　和抱怨类动词搭配最常用的 4 种情境角色分别是方式角色(MANN),如例(23)中"责怪"搭配的情境角色是表方式的"暗自";时间角色(TIME),如例(24)中"怪罪"搭配的情境角色是"这会儿"(表时间);修饰角色(FEAT),如例(25)中"抱怨"搭配的情境角色是表示修饰的"可爱";缘由角色(REAS),如例(26)中"责备"的情境角色是"为何"(表缘由),没有涉及材料角色(MATL)。"抱怨"搭配的情境角色类型最多,"怪罪"搭配的情境角色类型最少。除以上特点外,6 个抱怨类动词中,"抱怨"最常搭配的情境角色是时间角色,"责备""埋怨""责怪"最常搭配的情境角色是方式角色,"怨恨"最常搭配的是修饰角色,"怪罪"最常搭配的是缘由角色。

　　(23)我暗自<u>责怪</u>小陈不守信用。

　　(24)这会儿奶奶不<u>怪罪</u>你们。

　　(25)多么可爱的<u>抱怨</u>啊!

　　(26)我为何要<u>责备</u>她?

3.4.4　抱怨类动词的事件关系

　　依存语法的事件关系以事件发生的先后顺序进行分类,和抱怨类动词搭配的并列事件(eCOO)表示抱怨和其他行为同时发生,如例(27)中"唠叨"和"抱怨"同时发生;和抱怨类动词搭配的先行事件(ePREC)表示其他行为在抱怨行为之前发生,如例(28)中"一发生这情况"在前,然后出现"抱怨伙食"的行为;和抱怨类动词搭配的后继事件(eSUCC)表示其他行为在抱怨行为之后发生,如例(29)中"决定自行离职"是"抱怨"的后继事件。

　　(27)从来不会像提卡一样唠叨和<u>抱怨</u>。

　　(28)一发生这情况谁都<u>抱怨</u>伙食。

　　(29)利布雷格茨<u>抱怨</u>尼日利亚没能支付他 7 月份的薪水而决定自行离职。

　　抱怨类动词搭配的事件关系的分布如表 9 所示。由表 9 可知,和抱怨类动词搭配最常见的事件关系是并列事件,其次是后继事件。从抱怨和其他行为发生的先后顺序来看,抱怨行为先发生的概率是其后发生概率的 5.16 倍(129 句/25 句),即抱怨行为通常发生在其他行为之前,很可能是由于抱怨导致了其他行为。在 6 个抱怨类动词中，"抱怨""埋怨""怨恨"最常搭配的事件关系是并列事件，"责备""责怪""怪罪"最常搭配的事件关系是后继事件。

表 9　抱怨类动词搭配的事件关系

抱怨类动词搭配的事件关系	抱　怨	责　备	埋　怨	责　怪	怨　恨	怪　罪	抱怨类动词
并列 eCOO	70	14	17	1	34	1	137
	53.85%	30.43%	51.52%	3.03%	94.44%	7.69%	47.08%
先行 ePREC	6	4	2	8	1	4	25
	4.62%	8.70%	6.06%	24.24%	2.78%	30.77%	8.59%
后继 eSUCC	54	28	14	24	1	8	129
	41.54%	60.87%	42.42%	72.73%	2.78%	61.54%	44.33%
总　　计	130	46	33	33	36	13	291
	100.00%	100.00%	100.00%	100.00%	100.00%	100.00%	100.00%

3.5　抱怨类动词作为支配词的句法语义搭配

从表 2 可知，抱怨类动词作为从属词与其支配成分构成核心关系的用法有 2 400 句，占整个语料库的 57.73%，是该类动词的主要用法。在该用法下考察主谓关系和动宾关系中抱怨类动词支配的句法成分，其中抱怨类动词支配的依存类型为主谓关系所对应的从属成分，即为该动词的主语，支配的依存类型为动宾关系所对应的从属成分，即为该动词的宾语。需要注意，2 400 条句子中包含抱怨类动词支配的依存类型前置宾语，该从属成分在短语结构语法中作为主语，不是宾语，如例（30）中"这个"是这个主谓谓语句的主语，也是依存语法中从属于"埋怨"的前置宾语，类似的单句共 15 句。此处考察除这种情况之外的 2 385 条单句，按照它们是否含有主语和宾语，对抱怨类动词的句型进行分类，并列举出每一种句型的常见语义搭配情况（仅归纳频次高于 10 的句型的最常见语义搭配），如表 10 所示。在 2 385 条抱怨类动词与其支配成分构成核心关系且不含抱怨类动词支配的依存类型为前置宾语的单句中，从句型上来看，最常用的是主谓宾句式，占 72.33%（1 733 句/2 385 句），最常见的语义搭配模式是抱怨类动词有施事和涉事，即在抱怨行为中最常见的是实施抱怨行为的人对涉事进行抱怨。

（30）这个谁也不能埋怨。

表 10　抱怨类动词作谓语时的句法语义搭配

主　语	宾　语	数　量	比　例	最常见的语义搭配模式	例　句
+	+	1 733	72.66%	施事 + 动词 + 涉事	儿子媳妇埋怨他。
−	+	217	9.10%	动词 + 涉事	不能怪罪他们。
+	−	331	13.88%	施事 + 动词	但她并没有抱怨。
−	−	104	4.36%	动词	从不抱怨。

注：表格中"+""−"分别表示具有或不具有这一成分。

4 与汉语学习词典的动词资源对比

现有的现代汉语相关词典中,《现代汉语实词搭配词典》(张寿康、林杏光,1992)聚焦于动词的句法功能,例证详细,但只是对词语句法功能的阐述,未反映动词在语义搭配上的特点,此外,只提供了短语例,没有句例。如例(31)中对"抱怨"一词定语功能的描写只是说明动词在该句法功能上能够与什么词性的词语搭配,其例证只与定语有关,没有句例。《现代汉语动词列释》(苗传江、陈小盟,2011)用语句模式描述句子的句法和语义框架,但展示的动词用法不充分,如例(32)中的"抱怨"。但在 6 种语句模式中,5 种是"抱怨"作谓语,1 种作动词宾语,没有体现作定语、并列结构、主语等用法。虽然体现了动词使用的句法语义框架,如例(32)中"抱怨"一词表达"某人抱怨某物"语义采用的语句模式,但是采用的例句大都只反映了动词作句子谓语的特点,缺乏该词在句中作定语、状语等功能的例句。

《现代汉语实词搭配词典》(张寿康、林杏光,1992)的"抱怨"词条:

(31) 抱怨 bàoyuàn〈动〉心中不满,数说别人不对;埋怨。

【谓】① 名 + ～:旅客～(列车员)主客(相互)～ 事事～ ② ～ + 名:a. ～别人 ～主人 ～上级 ～部下 b. ～编辑 ～老师 ～售票员 ～司机 c. ～天 ～地 ～命运 ～生活 d. ～学校 ～社会 ～工厂 ～机关 e. ～材器 ～农具 ～物价 ③ ～ + 形:～得厉害 ～好久 ④ ～ + 数:a. ～一番 ～几次 ～两回 b. ～了半天 ～了好几个月 ⑤ 能愿 + ～:要～ 会～ 可能～ (不)应该～ (不)能～

【宾】动 + ～:a. 爱～ 喜欢～ 讨厌～ 反对～ b. 遭到～ 受到～ c. 引起～ 招来～ 惹起～ d. 不准～ 禁止～ 不宜～ e. 开始～ 继续～ 停止～

【中】① 名 + ～:到处～ 处处～ ② 动 + ～:拼命地～ 使劲儿～ 不停地～ ③ 形 + ～:a. 普遍地～ 纷纷～ b. 着急地～ 焦急地～ 痛苦地～ c. 亲切地～ 善意地～ d. 公开地～ 悄悄地～ 暗中～

【定】～ + 名:a. ～的神情 ～的样子 ～的脸色 ～的情绪 ～的心情 b. ～的群众 ～的顾客 ～的领导 ～的乘客 ～的读者 c. ～的原因 ～的理由 ～的缘由 ～的目的 ～的结果 ～的对象

【状】～ + 动:～地说 ～地反驳 ～地解释 ～地申述

《现代汉语动词列释》(苗传江、陈小盟,2011)的"抱怨"词条:

(32) 抱怨 bào·yuàn 表示不满情绪或责备。[可加"一下"重叠式:ABAB,A 不 AB] 参见相对义:感谢 **某人抱怨某事** 很多消费者纷纷抱怨买不到货。|很多搞技术的人经常抱怨别人不理解他的技术。|张先生抱怨说,他因此损失了好几千元。**某人抱怨某物** 一个人不应总抱怨客观情况。|他总是抱怨这个抱怨那个,却从不在自己身上找找毛病。**某人对某事物(进行/有所)抱怨** 很多球队都对此次比赛用球进行了抱怨。|很多留学人员都对留学国家对自己国家的误解有所抱怨。|高收入家庭很少对商品价格抱怨。**某事物遭到/受到(某人的)抱怨** 这种制度经常遭到公众的抱怨。|这家快餐店的食品质量越来越受到消费者抱怨。**某人被(某人)抱怨某事** 很多丈夫都被妻子抱怨忙于工作。|当警察的丈夫总被儿子抱怨不陪他去游乐场。**某事物被(某人)抱怨** 验票的人动作稍慢即被乘客出口抱怨。|该规定仍被不少外资银行抱怨。

【动名用法】每当经济中出现各种问题时,人们都会听到对经济学家的抱怨。|民主党对总统庞大减税计划的抱怨可能会得到一些公众的支持。

相比之下,本研究通过句法和语义依存分析,不仅充分说明了动词具有的句法功能和语义搭配模式,还提供了其在语料中的频次信息,如例(31)的用法属于"抱怨"的句法功能之【谓】的"名 + 抱怨"和

"抱怨 + 名"。具体来说,抱怨类动词作为从属词时,与其支配成分构成的句法依存关系包括核心关系、动宾关系、定中关系、并列关系、主谓关系、介宾关系、状中结构、前置宾语、兼语。这些依存关系同时彰显了该类动词的句法功能,即该抱怨类动词本身或它所在结构的句法功能依次为谓语、宾语、定语、并列结构、主语、介词宾语、状语、前置宾语、兼语结构的第一个动词。本研究对抱怨类动词的整体情况和各个动词的句法语义特点进行了分析,有翔实的语料和数据支持,能够完善词条信息。根据本文的研究结果,以"抱怨"为例,词条如下:

词　语	抱怨
汉语拼音	bào yuàn
词　性	动词
词义解释	表示对他人/物〈98.83%〉或自己〈1.17%〉的不满情绪或责备。
同类词	嗔怪、嗔怨、嘟囔、怪怨、怪罪、牢骚、埋怨、怨艾、怨怼、怨怪、怨恨、责备、责怪、责怨
句法功能	【谓】〈60.37%〉[~] 读者～买不到书。|你还～别人呢?|明白的作者也不会～编辑的!|许多学生～老师。|为什么要～自己的命运呢?|不要～生活!|邻居～得厉害。|同事～了一番。|母亲～了半天。|不要～了!|她会～我的。 【宾】〈18.13%〉 I. [~] 有人开始～了。|此时不宜～。|本文必须停止～。 II. [主语 + ~] 我们没有听到什么人～。|以前经常听到居民～。 III. [~ + 宾语] 我不喜欢～生活。 IV. [主语 + ~ + 宾语] 我想这样的人只好～自己。|州长们说人们普遍～物价上涨。 V. [定语 + ~] 政府一再遭到民众的～。|总统因此受到了农场主的～。|这已引起英国公众的～。|这种状态招致了许多～。 【定】〈7.04%〉 I. [~] 市民们纷纷发泄他们的～情绪。|～的人群被镇住了。|居民发出了～的信号。|诽谤和妒忌不是～的理由。 II. [主语 + ~] 加快速度一直是工人～的主要问题。|用煤气难也曾是市民们～最多的问题之一。 III. [~ + 宾语] 但是一味～生活的人也不是真正的艺术家。|～修车吃亏上当的消费者多不胜数。 IV. [主语 + ~ + 宾语] 也许这就是高水平运动队教练们经常～队员基础太差的原因。|这不由让我想起十年前表姐～婚纱照的往事。 V. [定语 + ~] 官僚主义造成对劳动人民的～的迟钝感。|这是国际金融机构的主要～之一。 【主】〈6.56%〉 I. [~] ～有什么用?|～毫无意义。 II. [主语 + ~] 他～又有什么用?|所以农业工作者～是有理由的。 III. [~ + 宾语] 但～皇帝当然无济于事。|现在～什么都没用了。|～电商的不止村民。 IV. [主语 + ~ + 宾语] 克雷蒂安的对手～提前举行选举没有道理。 V. [定语 + ~] 女学生的～引起了他的注意。|他们的～在国会引起了反响。|这位同志的～是不对的。 【并】〈5.74%〉[~] ～和焦虑会带来更多负面情绪。|不要唠叨和～。 【状】〈0.68%〉[~ + 地] 福尔摩斯～地望了我一眼。|她～地叫道。|鲍勃～地说。 【兼】〈0.10%〉[~] 评论使～达到了高潮。
语义角色	【主体角色】〈78.05%〉 ① 施事〈76.61%〉:但乘客～气味太浓、引发头痛和恶心。|妻子早已在那里～了。 ② 当事〈1.43%〉:苏联报纸经常～这种匮乏。|巴西也～阿根廷对纺织品进口实行的配额。 【客体角色】〈21.95%〉 ① 受事〈1.33%〉:凭什么～包家? ② 客事〈6.81%〉:它～所有的外国购买企业的作法。 ③ 涉事〈13.82%〉:路德的妻子经常向他～家中仆人。

语义角色	【情境角色】 ① 时间角色〈24.71%〉：**最近几年**他们一直～受到了歧视。 ② 方式角色〈23.35%〉：他**不停地**～着。	
事件关系	【和抱怨搭配的事件关系】 ① 和抱怨搭配的并列事件〈53.85%〉从来不会**唠叨**和～。 ② 和抱怨搭配的先行事件〈4.61%〉一**发生**这情况谁都～伙食。 ③ 和抱怨搭配的后继事件〈41.54%〉利布雷格茨～尼日利亚没能支付他 7 月份的薪水而**决定**自行离职。 【抱怨本身最常充当的事件关系】 后继事件：我知道三爸**看**了一定会～我。	
依存密度	【动词句法搭配强度】2.35 【动词语义依存密度】2.56	
常用句法 语义搭配	主语＋动词＋宾语	施事＋～＋客事：**英国人总是**～天气。
	主语＋动词	施事＋～：但**她**并没有～。
	动词＋宾语	～＋客事：～**什么**呢？

5　结论

　　学习词典是词汇教学的重要工具,需要为学习者提供丰富的语法信息和例证,但已有词典主要关注释义和例证,缺乏足够的句法语义信息来辅助汉语学习和教学。因此,本文从大规模语料库中筛选 4157 句汉语抱怨类动词单句,基于依存语法对它们的句法语义进行标注,并从动词的支配关系和从属关系对该类动词的句法语义进行了定量统计和定性分析,有利于归纳该类动词的句法语义信息,为学习词典编纂提供丰富的语料资源。在采用“动词语义依存密度”(Wang & Zhou, 2021)测量动词语义搭配能力的基础上,本文补充了“动词句法搭配强度”来测量动词的句法搭配能力。本研究发现,抱怨类动词作为从属词时,与其支配词构成了多种不同的句法依存关系和语义依存关系,最常见的 4 种句法依存关系分别是核心关系、动宾关系、定中关系和并列关系,最常充当的语义角色和事件关系分别是客事和后继事件;抱怨类动词作为支配词时,不同句法父亲的汉语抱怨类动词支配的句法依存不同,表现出不同的句法共现模式,该类动词的整体句法搭配强度为 2.41。从语义角度来看,抱怨类动词的语义依存密度为 2.56,该类动词的主体语义密度(0.66)高于客体语义密度(0.37),最常搭配的主体角色是施事角色,最常搭配的客体角色是涉事角色。最常支配的情境角色是方式角色和时间角色,含有抱怨类动词的单句支配的事件类型多为并列事件和后继事件。抱怨类动词的句法语义具有多样性,主要的句型为主谓宾句式,而该句式中最常用的语义搭配模式是施事对涉事进行抱怨行为,表达抱怨事件的基本框架为“施事＋抱怨类动词＋涉事”。本文还将研究结果与现有汉语词典进行对比,提供了丰富的句法语义的语料和数据等信息,有助于更深入地了解汉语动词的特征,满足汉语学习者的需求。本研究对汉语抱怨类动词的句法语义特征的定量统计和定性分析,不但有助于完善汉语学习词典编纂,而且能为动词研究提供新的思路,为汉语动词教学等应用领域提供参考。

参考文献

[1] Bergenholtz, H. and J. S. Nielsen. 2013. What is a lexicographical database? [J]. *Lexikos* (23): 77 – 87.

[2] De Marneffe, M.-C. and J. Nivre. 2019. Dependency grammar [J]. *Annual Review of Linguistics* (5): 197 – 218.

[3] Drew, P. and T. Walker. 2009. Going too far: Complaining, escalating and disaffiliation [J]. *Journal of Pragmatics*, 41(12): 2400 – 2414.

[4] Heinemann, T. 2009. Participation and exclusion in third party complaints [J]. *Journal of Pragmatics*, 41(12): 2435 – 2451.

[5] Huang, C.-R. 2009. "Tagged Chinese Gigaword (Second Edition)." (https://catalog. ldc. upenn. edu/LDC2009T14). Tagged from Chinese Gigaword (Second Edition) (https:// catalog. ldc. upenn. edu/LDC2005T14).

[6] Graff, D., K. Chen, J. Kong, and K. Maeda. 2005. "Chinese Gigaword (Second Edition)." (https://catalog. ldc. upenn. edu/LDC2005T14). Lexical Data Consortium, University of Pennsylvania.

[7] Kilgarriff, A., C.-R. Huang, P. Rychlý, S. Smith, and D. Tugwell. 2005. Chinese word sketches. Singapore: ASIALEX 2005: Words in Asian Cultural Context.

[8] Kowalski, R. M. 1996. Complaints and complaining: Functions, antecedents, and consequences [J]. *Psychological bulletin*, 119(2): 179 – 196.

[9] Kurtyka, A. 2019. I complain, therefore I am: On indirect complaints in Polish [J]. *Journal of Pragmatics* (153): 34 – 45.

[10] Levin, B. 1993. *English Verb Classes and Alternations: A Preliminary Investigation* [M]. Chicago: University of Chicago Press.

[11] Liu, H. 2010. Dependency direction as a means of word-order typology: A method based on dependency treebanks [J]. *Lingua*, 120(6): 1567 – 1578.

[12] Liu, M.-C. and Y. Wu. 2004. A Frame-based Analysis of Polysemy-Verbs of Encoding in Mandarin [A]. *The 12th Annual Conference of the IACL (IACL -12)* [C]. 18 – 20. Tianjin: Nankai University.

[13] Liu, Y., F. Chen, W. Kong, H. Yu, M. Zhang, S. Ma, and L. Ru. 2012. Identifying web spam with the wisdom of the crowds [J]. *ACM Transactions on the Web (TWEB)*, 6(1): 1 – 30.

[14] Monzoni, C. M. 2009. Direct complaints in (Italian) calls to the ambulance: The use of negatively framed questions [J]. *Journal of Pragmatics*, 41(12): 2465 – 2478.

[15] Niu, R. and T. Osborne. 2019. Chunks are components: A dependency grammar approach to the syntactic structure of Mandarin [J]. *Lingua* (224): 60 – 83.

[16] Poiret, R. and H. T. Liu. 2020. Some quantitative aspects of written and spoken French based on syntactically annotated corpora [J]. *Journal of French Language Studies*, 30(3): 355 – 380.

[17] Vásquez, C. 2011. Complaints online: The case of TripAdvisor [J]. *Journal of Pragmatics*, 43(6): 1707 – 1717.

[18] Vladimirou, D., J. House, and D. Z. Kádár. 2021. Aggressive complaining on Social Media: The case of ♯MuckyMerton [J]. *Journal of Pragmatics* (177): 51 – 64.

[19] Wang, S. 2020. *Chinese Multiword Expressions: Theoretical and Practical Perspectives* [M]. Singapore: Springer.

[20] Wang, S. and S. Chen. 2021. The Syntax and Semantics of Verbs of Searching [A]. In W. Jia, Y. Tang, R. S. T. Lee, M. Herzog, H. Zhang, T. Hao, T. Wang (Ed.), *Emerging Technologies for Education* [C]. 122 – 141. Cham: Springer Nature Switzerland AG.

[21] Wang, S. and C.-R. Huang. 2017. Word sketch lexicography: New perspectives on lexicographic studies of Chinese near synonyms [J]. *Lingua Sinica*, 3(11): 1 – 22.

[22] Wang, S., X. Liu, and J. Zhou. 2022. Developing a Syntax and Semantics Annotation Tool for Research on Chinese Vocabulary [A]. In J.-F. Hong, Y. Gu, M. Dong (Ed.), *Chinese Lexical Semantics* [C]. 272 – 294. Cham, Switzerland: Springer.

[23] Wang, S. and H. Luo. 2021. Exploring the Meanings and Grammatical Functions of Idioms in Teaching Chinese as a Second Language [J]. *International Journal of Applied Linguistics*, 31(2): 283 – 300.

[24] Wang, S. and J. Yin. 2020. A Comparative Study of the Collocations in Legislative Chinese and General Chinese [A]. In J.-F. Hong, Y. Zhang, P. Liu (Ed.), *Chinese Lexical Semantics* [C]. 710 – 724. Cham, Switzerland: Springer.

[25] Wang, S. and J. Zhou. 2021. On the Syntax and Semantics of Verbs of Cheating [A]. In S. Li, M. Sun, Y. Liu, H. Wu, K. Liu, W. Che, S. He, G. Rao (Ed.), *Proceedings of the 20th Chinese National Conference on Computational Linguistics* [C]. 501 – 512. Huhhot, China: Chinese Information Processing Society of China.

[26] Wu, Y. and S. Wang. 2016. Applying Chinese Word Sketch Engine to Distinguish Commonly Confused Words [A]. In M. Dong, J. Lin, X. Tang (Ed.), *Chinese Lexical Semantics* [C]. 600 – 619. Switzerland: Springer.

[27] 陈玉珍.2020.词典使用对搭配产出与记忆保持的效能研究：以手机在线词典为例[J].辞书研究(02)：20 – 31。

[28] 陈晨,王珊.2018.汉语学习词典多义词的义项排列及例证选取[J].中国语文通迅,97(2)：317 – 344.

[29] 董秀芳.2003."X 说" 的词汇化[J].语言科学(02)：46 – 57.

[30] 方梅.2003.北京话里 "说" 的语法化：从言说动词到从句标记[A]. In 全国汉语方言学会《中国方言学报》编委会 (Ed.)《全国汉语方言学会第十二届年会暨学术研讨会第三届官话方言国际学术研讨会论文集》[C].北京：商务印书馆,112 – 126.

[31] 冯志伟.2014.泰尼埃与依存语法：纪念泰尼埃逝世 60 周年[J].现代语文(语言研究版)(11)：4 – 9.

[32] 高永伟.2009.《新英汉词典 第 4 版》[M].上海：上海译文出版社.

[33] 金沛沛.2015.对外汉语学习词典研究 30 年[J].云南师范大学学报：对外汉语教学与研究版,13(03)：27 – 37.

[34] 李旭影,邹晓玲,赵翠莲,王玉章,石孝殊,向小林,张耀平,王升印,马红旗.2018.牛津高阶英汉双解词典 第 9 版[M].北京：商务印书馆.

[35] 刘大为.2002.句嵌式递归与动词的控制功能[J].语言研究(04)：19 – 26.

[36] 刘海涛.2009.依存语法的理论与实践[M].北京：科学出版社.

[37] 刘海涛.2010.语言复杂网络的聚类研究[J].科学通报,55(Z2)：2567 – 2574.

[38] 刘挺,车万翔,李正华.2011.语言技术平台[J].中文信息学报,25(06)：53 – 63.

[39] 陆谷孙.2007.英汉大词典 第二版[M].上海：上海译文出版社.

[40] 梅家驹,竺一鸣,高蕴琦.1983.同义词词林[M].上海：上海辞书出版社.

[41] 苗传江,陈小盟.2011.现代汉语动词例释[M].北京：北京师范大学出版社.

[42] 乔丽婷,王文宇.2020.词典使用对二语写作词汇使用影响的实证研究：以中国英语学习者为例[J].外语研究,37(05)：36 - 42＋112.

[43] 苏新春.2013.现代汉语分类词典[M].北京：商务印书馆.

[44] 苏颖.2020.汉语心理动词与言说动词的双向演变[J].中国语文(03)：287 - 302＋383.

[45] 王珊.2016.汉语学习词典释义的创新词典[A]. In 施仲谋（Ed.），汉语教学与研究新探[C].169 - 182. 香港：中华书局(香港)有限公司.

[46] 徐默凡.2008.言说动词的隐现规律[J].修辞学习(01)：10 - 18.

[47] 荀恩东,饶高琦,肖晓悦,臧娇娇.2016.大数据背景下 BCC 语料库的研制[J].语料库语言学,3(01)：93 - 118.

[48] 杨丽,袁周敏.2019.中国非英语专业研究生直接抱怨语语用能力发展研究[J].外语与外语教学(02)：24 - 33.

[49] 英国哈珀·柯林斯出版集团.2009.COBUILD 高级英汉双解词典[M].北京：高等教育出版社.

[50] 英国剑桥大学出版社.2008.剑桥高阶英汉双解词典[M].北京：外语教学与研究出版社.

[51] 英国培生教育有限公司.2019.朗文当代高级英语辞典 英英·英汉双解 第 6 版[M].北京：外语教学与研究出版社.

[52] 袁周敏,陈吉.2015.抱怨言语行为研究述评[J].南京邮电大学学报：社会科学版,17(04)：91 - 95.

[53] 詹卫东,郭锐,常宝宝,谌贻荣,陈龙.2019.北京大学 CCL 语料库的研制[J].语料库语言学,6(01)：71 - 86＋116.

[54] 张初兵,张卓苹,韩晟昊,张宇东.2020.消费者社交媒体抱怨：研究述评与展望[J].外国经济与管理,42(12)：72 - 88.

[55] 张寿康,林杏光.1992.现代汉语实词搭配词典[M].北京：商务印书馆.

[56] 周有斌,邵敬敏.1993.汉语心理动词及其句型[J].语文研究(03)：32 - 36.

Syntax and Semantics of Chinese Learner's Dictionaries

—— Taking Verbs of Complaining as an Example

Shan Wang, Jie Zhou

University of Macau

Abstract: Chinese learner's dictionaries are important tools for vocabulary learning, but the existing dictionaries only provide definitions and examples, lacking quantitative analysis of the syntax and semantics of target words. Complaining is a common social interaction activity. We collected 4157 single-sentences of verbs of complaining, annotated their dependency relations based on dependency grammar, and quantitatively analyzed their syntax and semantics in terms of head and dependent relations. Results show that when Chinese verbs of complaining are dependents, they have different syntactic and semantic dependency relations with their heads, and the most frequently used four syntactic dependency relations are sentence-head relation, verb-object relation, attribute-head relation, and coordination relation; the semantic roles and event types functioned by verbs of complaining most are content and successive events, respectively. When verbs of complaining are heads: syntactically, they govern different syntactic dependencies while having different syntactic fathers, and their syntactic collocational intensity is 2.41; semantically, their semantic dependency density is 2.56, with 0.66 and 0.37 for agent-like and patient-like semantic roles, respectively. The most frequently collocational agent-like role and patient-like role of verbs of complaining are agent and dative. The most frequently governed situational roles of verbs of complaining are manner and time, and coordination and successive events are the top two frequent event types. Verbs of complaining have fruitful patterns in terms of syntax and semantics. The most frequent syntactic pattern is subject-predicate-object and the most common semantic collocation of complaining is that someone (agent) complains about somebody (dative) with the basic frame of "agent + verbs of complaining + dative". Furthermore, this study provides richer syntactic and semantic information compared with existing Chinese dictionaries. The quantitative and qualitative investigation of the syntax and semantics of verbs of complaining improves the exploration of verbs and provides references for the compilation of Chinese learner's dictionaries.

Keywords: dependency grammar; syntax; semantics; verbs of complaining

合法化语码视角下课堂话语中的社会关系：
人文学科知者的合法化过程分析[①]

宋成方[②]

对外经济贸易大学

摘　要：本文以合法化语码理论的 4k 模式为框架，分析"欧美戏剧"课程的教学大纲和课堂话语，以期揭示人文学科知者的合法化过程。教学大纲是课程教学的纲领性文件，本文首先对"欧美戏剧"的教学大纲进行分析，发现该课程就专门化语码而言，总体上属于知者语码；就"品味"而言，是典型的后天品味语码。以此为基础，本文以在功能语言学框架内发展的知识和行为交流系统为工具，分析该门课程的课堂话语，发现师傅知者（即教师）在课堂活动中多承担 Dk1、K1、K2、K2f、A2、A2f、ch 和 just 角色，而学徒知者（即学生）主要扮演 K1、K2、A1 和 rch 角色，以多种模式互动，从而帮助学徒知者成为人文学科合法的知者。

关键词：4k 模式；欧美戏剧；知识和行为交流系统；合法化过程

1　引言

　　马顿等人（Marton et al., 2004：3）认为我们的学习有不同类别，而学习类别不同，学习组织和方法也应有所不同。那么我们应该如何划分学习类别？马顿等人（Marton et al., 2004：3）提议可以以学什么为标准。而教育社会学家梅顿（Maton, 2014）提出的合法化语码理论（Legitimation Code Theory，下文简称 LCT 理论）认为学习的对象只是教育实践关注的一部分，另一个重要的部分是知者。这一理论可以更全面地分析学习类别，从而为分析学习组织和方法提供基础。

　　LCT 理论提出了五个分析社会实践的维度：专门化（specialization）、语义（semantics）、自主（autonomy）、时间性（temporality）和密度（density）（Maton, 2014：17-19）。教育是社会实践的一个类别，梅顿（Maton, 2014）从专门化维度对教育实践进行了详细分析。LCT 理论认为任何实践都关涉主体和客体。教育活动很大程度上就是知识实践，知识实践同样也有主客体之分：知识的主体是知识的作者和知道知识的人，可以简称为知者（knower），知识和知者之间的关系被称为社会关系（social relations）；知识的客体是知识关涉的对象，知识和关涉对象的关系被称为认识关系（epistemic relations）（Maton, 2014：29）。社会关系和认识关系相互独立，但是都有强弱之分；不同强弱程度的社会关系和认识关系相互组合，构成了专门化维度的四类语码：以强社会关系和强认识关系为特征的精英语码（elite codes）、以弱社会关系和弱认识关系为特征的相对语码（relativist codes）、以强社会关系和弱认识关系为特征的知者语码（knower codes）和以弱社会关系和强认识关系为特征的知识语码（knowledge codes）（Maton, 2014：76）。

---

① 本研究得到了教育部人文社会科学青年基金项目"基于语料库的情感表达型交际的人际语用学研究"（编号：16YJC740061）的资助。对外经济贸易大学的张冬冰博士和北京理工大学的喻志刚博士为本文提出了宝贵的修改意见，一并致谢。

② 宋成方，男，博士，对外经济贸易大学英语学院副教授。研究方向：系统功能语言学、语篇分析、商务英语、文体学；通信地址：北京市朝阳区惠新东街 10 号对外经济贸易大学英语学院；邮编：100029；电子邮箱：cfsong@uibe.edu.cn。

语码不同,知识获取的方式也不相同,对教育成效的评价也不相同。精英语码意味着教育成功与否取决于是否掌握了专门知识、是否成长为理想的知者;知识语码把教育成败的标准建立在是否获取了研究特定对象的专门知识,不考虑知者因素;知者语码则强调知者的特征,这些特征可以是内在或者天生的,也可以是后天培养的,还可以来自知者的社会地位,不以特定的知识论成败;而相对语码对教育的评价缺乏知识和知者的考量(Maton,2014:76)。

在 LCT 理论视角的观照下,研究者们意识到包括自然科学在内的学科教育,都需要同时关注知识积累和知者素质培养两个方面(Ellery,2021)。在宏观层面,前人的研究注重通过分析培养方案、教学大纲等纲领性文件或师生访谈,探究不同学科教育、教学实践的语码类型,揭示在不同层面存在的语码冲突,解释不同学科之间存在的竞争关系(Maton,2014)、知者成功或者失败的原因等教育现象(如Maton & Chen,2020)。在微观层面,前人的研究主要关注课堂话语中知识累积的动态过程(如Maton,2020;张德禄、覃玖英,2016)。虽然目前在宏观层面已有不少研究分析了不同学科教育在社会关系方面存在的差异(Maton,2014),但在微观层面鲜有研究通过分析课堂话语探索知者的动态发展过程。人文学科属于典型的知者语码(Maton,2014:65 - 85),在探究知者动态发展方面具有重要的研究价值。在课堂教学活动中,主要的知识主体是教师和学生,前者是师傅知者(master knower),后者是学徒知者(apprentice knower)。本文以 LCT 理论的专门化维度为理论基础,结合功能语言学"协商"语篇语义系统,分析在人文课堂话语中师傅和学徒知者的互动模式,以期揭示人文学科知者的合法化过程。

2 课堂话语分析的 4K 模式和分析框架

课堂话语是课堂教学的实现形式,是教育实践的主阵地。课堂话语内涵宽泛,包括教师话语、学生话语、师生话语互动等(马毅、刘永兵,2013);在多模态视角下,还包括课堂布置、言语交际时的肢体语言等其他模态的话语(冯江鸿,2012)。课堂话语研究历史悠久,可以追溯到 20 世纪 30 年代(彭亮、徐文彬,2018);课堂话语研究的主要目的是为了揭示课堂教学如何组织、如何互动协商意义,以达到教学目的。在此基础上,有的研究者加入了评估的向度,分析高质量教学的话语特征,为教学活动的有效开展提供参考(如咸修斌、孙晓丽,2007)。有的研究者则加入了对比视角,比较的内容既包括课堂话语与其他话语(如自然会话)的差别(如张敏,2002),也包括不同教学理念、不同学科内容的不同课堂话语体现(周星、周昀,2002;Clarke et al.,2010),为选择合适的课堂互动方式提供认知基础。还有研究者强调教学活动背后的社会文化背景,强调课堂话语的社会性、政治性和历史性,促使教育工作者反思教学实践,从而做出改变,以更好地实现教学目标(徐锦芬、龙在波,2020)。

为实现上述研究目的,研究者们提出了多种分析课堂话语的框架。这些分析框架有的偏重于观察和描写,比如记录教师和学生话语的比例和所占课堂时间的时长(如赵晓红,1998),分析课堂话语的语音、词汇、语法等语言特征(如刘永兵、张会平,2011);有的偏重于功能分析,比如对教师话语进行功能分类(如康艳、程晓堂,2011)、探讨课堂元语言的课堂管理语用功能(姜晖,2020);有的则聚焦话语模式,探究课堂话语的组织结构,如辛克莱和库尔哈德(Sinclair & Coulthard,1975:26)提出了在课堂话语研究中影响深远的 IRF(Initiation-Response-Feedback)课堂话语结构(欧阳嘉煜、汪琼,2021)。

如前文所述,对教育实践的分析要同时关照认识关系和社会关系,两类关系在不同学科中的凸显度有所不同。很显然,如何把学生这一学徒知者培养成理想的知者,与如何向学生传授学科知识一样,都是教学目标的重要内容。理论上,已有的分析框架能够帮助我们揭示学徒知者的合法化过程,但是以往的研究所认可的教学目标主要指知识传授,即侧重于认识关系,所以它们的分析框架有"认识"偏爱。

　　就师生之间的人际关系而言，以往的研究往往依据师生话语在课堂话语中的占比不同（教师的话语量和所占的课堂时长都远远大于学生）、在话语结构中所处序列的不同（如教师在 IRF 结构中占据 I 和 F 两个位置），指出教师和学生在话语权力方面存在着不平等，教师明显处于主导地位，而学生处于从属地位（欧阳嘉煜、汪琼，2021；黄山，2018）。强调课堂话语的社会性、政治性和历史性特征的研究还指出教师和学生扮演着不同的社会角色，有不同的身份认同：教师具有知识方面的权威，而学生由于家庭背景和群体背景不同，各有特征（黄小苹，2006）。还有的研究者从人际关系管理理论出发，分析教师在课堂教学过程中如何运用各类元话语构建和谐的师生关系，以期最终实现知识传递（姜晖，2020）。话语权力、社会角色和和谐关系是任何课堂教学活动参与者之间关系的属性，从话语权力、社会角色和和谐关系出发研究师生关系能够为分析师傅知者和学徒知者之间的关系提供参考，但是它们与知者的合法化过程没有必然关系。

　　LCT 理论的 4K 模式（图 1）为分析社会关系提供了精密度不同的三组概念（Maton，2014：171-195）。知识实践，如前文所述，涉及社会关系和认识关系。而社会关系依据知者的社会范畴和他们获取知识的方式还可以细分为主体关系（subjective relations，SubR）和互动关系（interactional relations，IR）。前者关注知者（knowers），聚焦实践和实践主体类型之间的关系；后者关注"知"这一行为（knowing），聚焦实践和"知"的方式之间的关系。认识关系依据关涉对象和关涉方式还可以细分为实体关系（ontic relations，OR）和话语关系（discursive relations，DR）：前者关注知识客体（known），聚焦知识实践与实践面向的外部世界之间的关系；后者关注知识（knowledges），聚焦不同知识之间的关系。

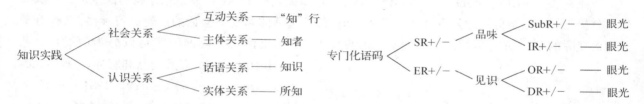

图 1　知识实践的 4K 模式（Maton，2014：193）①　　　　**图 2　专门化维度的 4K 模式（Maton，2014：193）**

　　专门化语码关注知识实践在社会关系和认识关系层面的组织原则，梅顿（Maton，2014：189）把社会关系和认识关系下一层次的组织原则分别称为"品味"（gaze）和"见识"（insight），"品味"和"见识"更为精细的划分被称为"眼光"（lenses）（图 2）。

　　就"品味"而言，互动关系和主体关系各有强弱之分，由此定义了 4 种"品味"语码：天生品味（born）、社会品味（social）、后天品味（cultivated）和培养/虚无品味（trained/blank）（图 3）。天生品味意味着知者合法地位的取得既取决于自身的社会属性，即属于特定的群体（SubR＋），还来自与关键他者（significant others）的互动体验（IR＋）；社会品味意味着知者的合法地位主要取决于自身的社会属性（SubR＋）；后天品味指知者的合法地位主要来自与关键他者的互动体验（IR＋）。第四种语码有两种解读，一是涵盖于知识语码之下，强调知者的合法性取决于对专门知识或者技能的习得（ER＋，SR－），二是一种相对语码，对何为合法化知者没有明确限定（ER－，SR－）。

　　LCT 理论目前还没有对品味的下一级概念"眼光"的原则进行详述，但是梅顿（Maton，2014：187-188）指出后天品味养成所依赖的关键他者（significant others）包括经典作品和经典作品的经典研究。前者是一种话语实体，后者是一种话语解读。梅顿（Maton，2014：189）把强调前者的眼光命名为本体眼光（ontic lenses），把强调后者的眼光命名为话语眼光（discursive lenses）。文体学分析强调在

---

① 图中术语为本文作者翻译，下同。

对文学文本系统分析的基础上,对文本进行解读;我们可以把既注重关键他者,也注重关键他者研究的语码叫作文体学眼光(stylistic lenses)。第四种眼光则可以称为定位眼光,指不考虑后天熏陶,只强调伴随出身的社会定位;或者是一种常人眼光。四者的关系可以图示如下(图 4):

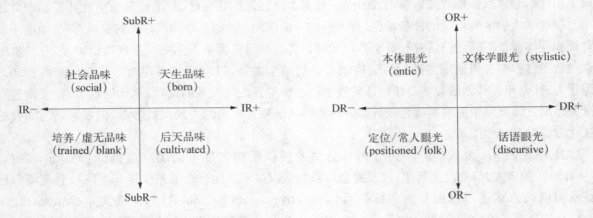

图 3　品味二维平面图(Maton, 2014: 186)　　　　图 4　眼光二维平面图

　　语码标识的是实践的组织原则,语码精密度越高,关注的现象越具体。后天品味能够帮助我们认识到知者合法化依赖于关键他者,图 4 展示了所依赖关键他者的类别。但是,这些语码只是告诉了我们(关键他者)"是什么",没有告诉我们"怎么样"(与关键他者互动)。

　　辛克莱和库尔哈德(Sinclair & Coulthard, 1975: 26)提出的 IRF 课堂话语结构为课堂话语组织提供了分析工具。但是他们的分析概念是描述性的,仅从会话的角度对会话的话轮进行标注,没有对参与话语交际的师生进行编码。韩礼德(Halliday, 1994)指出话语交际的内容可以分为两类:信息(information)以及商品和服务(goods-and-services)。柏瑞(Berry, 1981)和马丁(Martin, 1992)提出和发展了知识交流(knowledge exchange)和行为交流(action exchange)两个系统并分别对它们进行分析,张冬冰(Zhang, 2020, 2021)对这两个系统的展示进行了进一步修正(图 5 和 6)。这两个系统能够对协商话语的参与者进行功能编码,可以为分析"怎么样"提供参考。

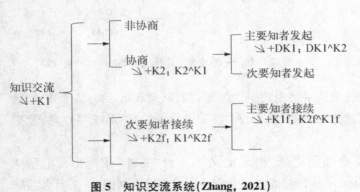

图 5　知识交流系统(Zhang, 2021)

　　在图 5 和 6 中,大括号表示合取关系,中括号表示析取关系;图中的右下箭头指实现关系,"^"表示先后顺序,"+/−"代表某个特征的有无,"−"表示该特征不存在。在图 5 中,K 指知者(knower),K1 指主要知者(primary knower)——知悉信息或者说是信息权威,DK1 指延迟的主要知者(delayed primary knower),K1f(f = follow up)指主要知者后续反应;K2 与 K1 是互补关系,指次要知者(secondary knower)——对会话关涉的信息不明或者不具备相关信息权威,K2f 指次要知者后续反应(Martin, 1992: 46 - 50)。图 6 中的 A 表示行为实施者(actor),A1 指主要行为者(primary actor)——有义务去完成行为或者同意一起合作完成某个行为,Da1 指延迟的主要行为者(delayer primary actor),A1f 指主要行为者的后续反应;A2 与 A1 互补,指次要行为者——通过主要行为者完成会话提及的行为或者提议一个合作行为,A2f 指次要行为者的后续反应(Martin, 1992: 46 - 50)。图 5 和图 6 展示的知识和行为交流系统还包括跟进(tracking,缩写为 tr)和挑战(challenging,缩写

为 ch)两个依附选项，前者主要是对概念意义协商的打断，后者主要是对人际关系协商的打断，在结构上是位于信息知识或者人际关系定位取得一致之前的语步；这两个语步在会话交流中往往还会有后续回应，一般标注为 rtr(response to tracking)、rch(response to challenge)(Martin，1992：66－76)。

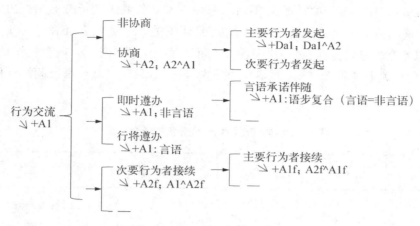

图 6　行为交流系统(Zhang，2020)

3　"欧美戏剧"课堂话语与知者的合法化过程分析

　　"欧美戏剧"是我国北方一所财经外语类高校开设的一门人文素养公共选修课，深受学生喜爱。本文分析的语料主要包括该门课程的教学大纲和该门课程的两位任课教师的课堂录像。

3.1　"欧美戏剧"教学大纲的专门化维度一级语码分析

　　LCT 理论指出该理论提出的概念并不直接作用于语料，理论概念和语料之间的互动需要译介(translation device)的帮助；LCT 理论的各个维度也都有强弱之分，每个维度的强弱构成一个连续体，每个连续体的取值因研究目的不同而不同。课程大纲是组织教学的纲领性文件，包括教学目标、课程内容、教学方法、评价方式等内容。本节以专门化维度的一级语码为指导，分析"欧美戏剧"的教学大纲，揭示本课程的一级语码归属。认识关系和社会关系的强弱取决于两个变量：归类(classification)和框定(framing)；前者指不同语境或范畴的边界清晰程度(用＋/－C 表示)，后者指语境或范畴内部管控的强弱(用＋/－F 表示)(Maton，2014：29－30)。为了分析得较为精细，本文对知识关系和社会关系在强弱连续体上进行四度取值：强强认识关系(ER＋＋)、强认识关系(ER＋)、弱认识关系(ER－)、弱弱认识关系(ER－－)；强强认识关系(SR＋＋)、强认识关系(SR＋)、弱认识关系(SR－)、弱弱认识关系(SR－－)。针对本课程教学大纲的三个主要部分——课程内容、教学目标和课程评价，LCT 理论与语料的译介可概括如下。课程内容、教学目标和课程评价是有机统一的，它们的一级译介比较统一：认识关系强弱体现为是否以学科知识内容、学科知识目标或学科知识考察为主，而社会关系强弱则体现为是否以凸显知者特征、素养目标或知者素养考察为主(见表 1、2、3)。

　　课程内容、教学目标和课程评价的二级译介虽然也大致相当，但是划分标准又各有所不同。由于教学目标的二级译介相对明了，这里主要阐述课程内容和课程评价的二级译介。课程内容设计本身属于知识的再语境化场域，知识的选择和排列是这一场域的主要工作。知识主导的课程内容依据所选学科知识是否可以替代分为"不可替代"和"可替代"两个小类(表 1)：前者强调知识的独特性，即课程内容所关涉的知识具有层级结构，被选为课程内容的知识在学科知识体系中有不可替代的地位，认识关系最强(ER＋＋)；后者涉及的知识的结构是水平的，课程选择教学的知识可以相互替代，选择哪一部分教学没有太大区分，认识关系强度有所降低(ER＋)。知识为辅的课程内容设计包含学科知识和非学科知识,依据学科知识的地位可分为"构成性"和"基础性"两个小类(表 1):构成性指学科知识的占比小于非学科知识的占比,是课程内容的一个次要组成部分,认识关系强度较弱(ER−);基础性指学科知识是课程内容中非学科知识的基础,认识关系强度最弱(ER−−)。以知识考查为主的课程评价以知识特征为基础分为"广和深"和"广或深"两个小类(表 3):前者强调所考查知识的完整性和深度,认识关系最强(ER++);后者只强调其中的一个方面,认识关系强度次之(ER+)。以知识考查为辅的课程评价以知识考查的方式为标准分为"次要"和"间接"两个小类(表 3):前者把知识考查作为评价的一个次要部分,认识关系较弱(ER−);后者不直接考查知识,只通过其他考查间接评价,认识关系最弱(ER−−)。

表 1　课程内容专门化维度分析的译介系统

认识关系(ER)	一级	二级	社会关系(SR)	一级	二级
++	知识主导	不可替代	++	知者特征显著	理想化
+		可替代	+		自然性
−	知识辅助	构成性	−	知者特征预设	默认
−−		基础性	−−		共有

表 2　教学目标专门化维度分析的译介系统

认识关系(ER)	一级	二级	社会关系(SR)	一级	二级
++	知识目标主导	统领	++	素养目标显著	统领
+		重要	+		重要
−	知识目标辅助	次要		素养目标隐含	次要
−−		可选	−−		伴随

表 3　课程评价专门化维度的译介系统

认识关系(ER)	一级	二级	社会关系(SR)	一级	二级
++	知识考查为主	广和深	++	知者素养考查为主	行为表现
+		广或深	+		直接考察
−	知识考查为辅	次要		知者素养考查为辅	次要
−−		间接	−−		缺失

课程内容的认识关系和社会关系虽然是并列的,但是二者的体现并不相同:前者关注"教什么",分析的对象是知识和知识的选择,较为直接;后者关注"教谁",分析教学内容与教学对象的关系,较为间接。社会关系强意味着教学内容选择充分考虑知者特征(即知者特征显著),社会关系弱意味着知者特征不直接影响教学内容选择(即知者特征预设)。知者特征显著的课程内容设计根据知者特征的存在

状态分为"理想化"和"自然性"两个小类（表1）：前者强调课程内容选择为培养理想知者服务，社会关系最强（SR＋＋）；后者强调内容选择符合知者目前的自然状态，社会关系强度次之（SR＋）。知者特征预设的课程内容设计根据知者特征预设的方式分为"默认"和"共有"两个小类（表1）：两者都强调不因教学对象不同而选择不同教学内容，但是前者是默认教学对象有某种特征，所默认的特征有可能不符合实际情况（SR－），后者则是清楚教学对象共有的特征，在选择教学内容时不需要区别对待（SR－－）。就课程评价而言，以知者素养为主的考查可以评估教学对象的行为表现是否符合理想知者的特征（SR＋＋），也可以通过访谈、问卷等方法评估是否具备应有的特征（SR＋）；以知者素养为辅的考查则或者把教学对象的素养列为考核的一个次要方面（SR－），或者不把教学对象的素养列入考核范围（SR－－）。

以上述译介为基础，综合分析"欧美戏剧"教学大纲对课程内容、教学目标和课程评价的描述，可以判断出该课程总体上属于知者语码。

1）课程内容的知识可替代性强、知者理想化特征显著

该课程教学大纲的课程内容摘录如下：

> 该课程以欧洲和美国主要剧作家创作的经典剧本为研究对象[ER＋]，其主要目的包括：通过剧本的阅读、讨论和表演，帮助学生获得对西方戏剧史及西方戏剧理解和欣赏的基本知识[ER＋]；通过对剧本中人物角色的揣摩和戏剧冲突的分析，指导学生体验、探索和表达人性的复杂细微和情绪的细腻转变，丰富自身的理解力与共情能力[SR＋＋]。

由此可见，该课程的内容既有知识要求，也有对知者的要求。但是就知识而言，其剧本选择有两个标准：主要剧作家和经典剧本。无论是"主要"还是"经典"，都是主观判断。就一学期的课程而言，能够选用的剧本也非常有限，在很大程度上选择这一个或者那一个剧本，对学生培养而言没有太大区别，可替代性较强。因而，这门课程就认识关系而言，只能算是有强认识关系。

但是就知者而言，本课程具有强强社会关系，因为它强调学生的主观体验和主观能力，所选剧本是为了服务于这一理想知者素养的培养。

2）知识目标服务于素养目标，素养目标具有统领性

该课程的教学大纲对教学目标的描述更为详细，主要内容如下：

> 本课程的知识目标有二，其一是对当前国际上主流的表演训练体系，即斯坦尼斯拉夫斯基的戏剧体系及相关表演知识有一定了解，其二是对欧美主要剧作家及作品有一定了解，并对本课程所选取的特定剧本形成细致而深入的理解[ER＋]。[……]技能目标为：通过斯坦尼斯拉夫斯基体验派戏剧理论指导剧本分析、朗读与表演实践，使学生具备基本的文本分析技能，提高英语语言表达技能，并具备初级戏剧表演技能[SR＋＋]。[……]本课程的情感目标为：提高学生的共情能力，培养学生面对公众时的自信[SR＋＋]。[……]本课程的素养目标是通过对与角色的共情培养，使学生体会经典剧作在人物塑造和情节设计中的魅力，提升学生的文学感悟和对文学作品的赏析能力；通过朗读与背诵优美的英语台词，在学生心目中树立起高质量英文的标杆，潜移默化地提高学生的英语语感和审美能力[SR＋＋]。
>
> 斯坦尼斯拉夫斯基是俄国杰出的戏剧大师，其"体验派"戏剧理论是当前欧美高校戏剧系指导演员训练和演出的主流理论。该理论强调现实主义原则，主张演员要沉浸在角色的情感之中，充分体验角色的生活环境和性格特点，在表演时像角色一样去思考和行动，从而塑造出贴近生活、合乎逻辑的戏剧表演，并以这种真实感感染观众。本课程以斯坦尼斯拉夫斯基的经典作品《演员的自我修养》英文版 *An Actor Prepares* 为教材之一，通过课下学习和课堂讨论，使学生对体验派戏剧基本原则和基本理论形成一定了解，并能够以此指导自身的表演实践。

　　该课程的教学目标分为四个部分：知识目标、技能目标、情感目标和素养目标，但是这四个目标并不平行。单就知识目标而言，它很重要，但是它的重要性来自其基础性。它服务于其他目标：选择斯坦尼斯拉夫斯基的理论显然不是为了研究分析该理论，而是因为该理论有利于情感目标的培养——该理论主张演员要沉浸在角色的情感之中，能够有效培养学生的共情，还因为该理论能够指导学生的表演实践。其他三个目标都是关于知者特征的，特别是素养目标，具有统领性。因而，该门课程就课程目标而言，也具有强强社会关系的特征。

　　3）课程评价以教学对象的表演和演出为主

　　在百分制的期末评价中，关于知识的部分只占 10%，考查方式还是比较开放的 PPT 演示，时长 5 分钟，内容为一部经典欧美戏剧作品的情节、人物关系及社会意义。其他对剧中角色相关行为动机的分析、对角色行为的评价、分角色朗读、课堂表演和期末展示演出则占到 90% 的比重。

3.2　"欧美戏剧"课堂话语的二三级语码分析

　　"欧美戏剧"就一级语码而言，是知者语码，这一判断与前人的研究是一致的。就二级语码而言，该门课程应该属于后天品味，原因在于课程并不要求学生具有特定社会属性（SubR－），而是强调培养学生知者的能力、情感和素养（IR＋）。就第三级语码眼光而言，本课程应该属于文体学眼光，既包括对关键他者（即主要剧作家和主要剧作家的经典剧本）自身的关注，还包括对关键他者研究的关注（即主要剧作家的历史地位、社会价值和经典剧本的分析）。3.2.1 和 3.2.2 结合课堂录像，分别介绍学生这一学徒知者如何在师傅知者的引导下与剧本、剧本的作者和对剧本的解读进行互动，逐步成为合法知者的过程。

　　3.2.1　"欧美戏剧"的话语关系与交流模式

　　话语关系指知识实践与对关键他者的研究之间的关系。在"欧美戏剧"的课堂教学中，对关键他者的研究既包括对剧作家的介绍、文学地位评价，也包括对经典剧本的解读。在课堂话语中，有两个环节关注话语关系。第一个环节是对剧作家和剧本的介绍，既包括诸如剧作家生平、剧本创作历史、主要任务等基本信息，也包括剧作家所属流派、剧本的文学类别等文学专业知识。教师在这一环节扮演的角色是 K1，具有知识权威，向学生传递一些学生未知的信息。不过，教师和学生也会采取互动的方式，如例 1 的交流采用了 K2^K1^K2f（2～4）结构，把学生带入到对剧作家的介绍之中。

例 1

T：teacher；S：student（下同）

(1) T：K1　　　To start with …, en, it is a picture of the playwright Oscar Wilde（a photo appearing on the screen）.

(2) T：K2　　　What kind of impression do you have … about this man, in terms of his characteristics, smiling, etc.

(3) S：K1　　　Handsome.

(4) T：K2f　　　Handsome, yeah.

(5) T：＝K2f[①]　He's a really handsome guy.

　　第二个环节是对学生是否掌握了相关知识进行测试。这个时候常用的话语结构总体上是 Dk1(3)^K2(7)^K1(8)，如例 2。

例 2

(1) T：K1　　　Last time we briefly introduced Henrik Ibsen and his great work *A*

---

① "＝"表示两个语步之间存在着"详述"关系，下同。

Doll's House.

(2) T：A1	Let's recap a few key points.
(3) T：Dk1	What have we learnt about Ibsen and his work?
(4) T：A2	Let's just move around.
(5) T：＝Dk1	So everybody … you can just name one thing, you can describe something important or basic for Ibsen and his *A Doll's House*.
(6) T：＝A2	How about this one? (pointing to a girl student)
(7) S：A1/K2[①]	As we all know, Ibsen is considered as the father of realism. He introduced to the European stage the new order, moral, and … (not clear). He elevated theatre from entertainment to a forum for solving social problems.
(8) T：K1	Okay now, you've already mentioned a few things.
(9) T：＝K1	The most important thing … about … towering, achievement, status in the world, as already said, Ibsen is regarded as the father of realism.
(10) T：＝K1	Let's remember that Ibsen is the father of realism in theatre.

值得注意的是,在 Dk1(3)之后,教师还扮演了 A2(4,6)的角色,给学生指令：依次回答问题,指定某位同学回答问题。学生开始回答问题,实际上同时承担了 A1 和 K2 两个角色。

3.2.2 "欧美戏剧"的实体关系与交流模式

就"欧美戏剧"而言,实体关系指知识实践与经典戏剧之间的关系。在所观察的两位教师的课上,一位老师使用的《不可儿戏》(*The Importance of Being Earnest*),另一位老师使用的是《玩偶之家》(*A Doll's House*)。两位老师在引导学生与剧本互动时,分为三个环节：分角色朗读、剧本细读和表演。其中一位老师分开完成三个环节：在分角色朗读环节,教师扮演 A2 角色,而学生承担 A1 角色,学生完成大部分工作。另外一个环节是剧本细读。在这一环节,教师基本上承担 Dk1 和 K1 角色,讲解台词,这时学生不需要参与进来(如例 3);有时候教师也会承担 K2(2)和 K2f(4)的角色,学生则需要完成 K1(3)角色的任务,回答教师的提问(如例 4)。

例 3

(1) T：A1	*Yes, the sun's come up over a thousand times*. (Reading the line)
(2) T：Dk1	Okay, so, interesting comments.
(3) T：＝Dk1	How many days are there in three years?
(4) T：K1	Just over a thousand times.
(5) T：＝K1	Okay, just talk about the passing of time.

例 4

(1) T：A1	*Mrs. Gibbs and Mrs. Webb enter their kitchens and start the day as in the first Act*.
(2) T：K2	So, when do you usually get up in the morning if you have class or don't have class? And when do your parents usually get up?
(3) S：K1	6：30；6：00.[②]

---

① 一般而言,每一个话语交换(exchange)的基本单位语步(move)由一个小句实现,每个语步要单独分析。本文为了简洁,同一个发话人实施相同功能的连续语步只分析一次。下同。

② 有一位老师由于疫情原因,在家在线上课。这两个时间点是学生在聊天框给出的。

(4) T：K2f	有的同学说 6:30。如果你 6:30 起床,那你的父母应该至少六点钟吧,起来做个早餐。

三个环节中的最后一个是小组表演。在小组表演过程中,教师是一个观察者,没有任何参与。我们可以把表演看作一个单位,整体分析为 A1,这样就从整体上形成了一个 A2^A1^A2f(11~14)的结构(例 5)。

例 5

Exchange 1

(1) T：A2　　　　Next we are going to welcome the third performing group of this semester.

Exchange 2

(2) T：K1 …①　　They are going to present …

(3) T：tr　　　　Which act are you going to present?

(4) S：rtr　　　　Act III.

(5) T：… K1　　　Action III. (not clear)

(6) T：= K1　　　They are going to present the last act.

Exchange 3

(7) T：A2　　　　Okay, come to the front and introduce yourselves.

Exchange 4

(8) T：K2　　　　How many performers do you have?

(9) S：K1　　　　Five.

(10) T：K2f　　　Five.

Exchange 5

(11) T：A2　　　Who's who?

(12) T：= A2　　Introduce yourselves before performing the act.

(13) S：A1　　　*Self introduction one by one and group performance*

(14) T：A2f　　(*check the names*) Okay, thank you very much.

Exchange 6

(15) T：K1　　　(not clear) this job. It is the first time for the performers. I can see that people are pretty nervous. …

例 5 可以细分为 6 个交换单位。实际上,A2 重复了三次(1,7,11),在第一(1)和第二(7)以及第二和第三(11)之间,分别穿插了一个 K1…^tr^rtr^…K1^= K1 和一个 K2^K1^K2f 结构,明确一些关于表演的信息。

上述分析展示了在角色朗读、脚本细读和表演三个环节分开完成情况下,师傅知者和学徒知者之间的互动情况。本课程的第二位老师则在处理这些环节时界限不清。下面是在分角色朗读环节发生的师生互动(例 6)。

例 6

T = teacher；A = Student A；B = Student B

Exchange 1

(1) T：A2　　　Can we just have two student actors to take these two roles? Okay, any

---

① 此处的 K1 …和(5)中的 … K1 是一个完整的语步。

volunteers.

(2) A: A1	(One girl student raised her hand.)
(3) T: A2f	Okay, thank you. Okay, so we have A.

Exchange 2

(4) T: A2　　　You are Krogstad.

Exchange 3

(5) T: A2　　　Please come here.

(6) A: A1　　　(Student A moved to the stage — the centre of the classroom.)

Exchange 4

(7) T: A2　　　Let's invite B ... to take Mrs. Linde.

(8) B: A1　　　(Borrowing the book from one of her classmates)

Exchange 4

(9) T: K1　　　Of course, it is not a rehearsal ... it is just some kind of read the lines ... it is the preliminary step in rehearsal and preparation for performance. We have no kind of expectation of your performance. But try to follow your feelings. And try to follow the kind of chemistry atmosphere you created in collaboration with your fellow actor. If that is okay, you can briefly make some movements to step forward or just edge out. Okay, all up to you (A detailed introduction to the two characters' background information).

Exchange 5

(10) T: A2　　　Now let's begin.

Exchange 6

(11) B: A1　　　(Mrs. Linde turned her head to the real door of the classroom.)

(12) T: ch　　　This is the door.

(13) B: rch　　　(get the point and turn her head to the right direction)

Exchange 7

(14) A & B: A1　　(performing)

(15) T: ch　　　Okay. Wait a moment.

(16) T: just[①]　　Now you're angry

(17) A: rch　　　Oh ...

(18) T: = just　　You had an obvious and quite resent ... but also (not clear) attitude towards her.

Exchange 8

(19) T: K1　　　And the stage direction says *you are in the doorway*.

Exchange 9

(20) T: Dk1　　　What does *in the doorway* mean?

(Pause)

(21) T: K1　　　That is, you don't just step in, you don't want to talk to her, but

---

① "just"是 justification 的缩写，表示该语步为提出的挑战提供解释(Martin, 1992: 72)。

you come here ... But normally you stay here ... don't walk directly to her ... what's the point ... Okay, that will be ... that's the difference.

Exchange 10

(22) T：A2　　　You stand here ...

Exchange 11

(23) T：A2　　　说吧,你为什么叫我来?

(24) T：= A2　　Something like this ...

例 6 是一个相对完整的师生互动,教师更多地像是一位导演,主要承担着 A2 角色,选择表演的学生(1,7)、分配角色(4)、给出表演开始的指示(10),以及给学生进行示范(22,23),还承担挑战者的角色,指出学生表演过程的不足(12,15,16,18)。而学生主要完成 A1 角色,是课堂活动的主体。在例 6 中,教师也扮演 K1 角色(9,21),不过也是为提高学生表演服务的。

基于上述分析,作为师傅知者的教师和作为学徒知者的学生所扮演的角色可以总结如下:

表 4　师徒知者的角色与互动模式

角　色		互　动　模　式
师傅知者(T)	学徒知者(S)	
K1		K1(例 3)
Dk1，K1		Dk1^K1(例 6)
K2，K2f	K1	K2^K1^K2f(例 1,4)
Dk1，K1	K2	Dk1^K2^K1(例 2)
A2		A2(例 6)
ch	A1, rch	A1^ch^rch(例 6)
just	AI, rch	A1^ch^just^rch(例 6)
A2，A2f	A1	A2^A1^A2f(例 5)

4　结语

本文以 LCT 理论的 4K 模式为理论基础,以功能语言学的协商语义系统为框架,对"欧美戏剧"的教学大纲和课堂录像进行分析,力图揭示人文学科的知者合法化过程。研究发现,就专门化一级语码而言,该课程总体上属于知者语码;就二级语码而言,属于典型的后天品味。本文在对课堂话语的信息交流和行为交流分析的基础上,结合专门化语码,总结归纳了师生互动模式。上述研究发现可为人文学科的课堂教学提供参考。

本研究还可以在以下两个方面继续深入。首先,课堂话语包含的信息很多,本文只在"交流"层面分析了课堂话语的组织模式,其他层面还没有涉及,实质上本文的有些论述还可以更加理论化。其次,课堂话语作为一种实践,有多个分析维度,本文只关注了其中的专门化维度,还需要与其他维度相结合,更好地揭示知者的合法化过程。

参考文献

[1] Berry, M. 1981. Systemic linguistics and discourse analysis: A multi-layered approach to exchange structure [A]. In M. Coulthard and M. Montgomery (Eds.). *Studies in Discourse Analysis* [C]. 120 - 145. London: Routledge & Kegan Paul.

[2] Clarke, D., L. H. Xu, and M. E. R. Wan. 2010. Student Speech as an Instructional Priority: Mathematics Classrooms in Seven Culturally Differentiated Cities[J]. *Procedia — Social and Behavioral Sciences* (2): 3811 - 3817.

[3] Ellery, K. 2021. Widening access in science: Developing both knowledge and knowers [C]. In K. Maton, J. R. Martin, and Y. J. Doran (Eds.). *Teaching Science: Knowledge, language and pedagogy* [C]. 187 - 204. Oxon: Routledge.

[4] Halliday, M. A. K. 1994. *An Introduction to Functional Grammar (2nd edn.)* [M]. London: Arnold.

[5] Martin, J. R. 1992. *English Text: System and Structure* [M]. Amsterdam/Philadelphia: John Benjamins.

[6] Marton, F., U. Runesson, and A. B. M. Tsui. 2004. The space of learning [A]. In F. Marton and A. B. M. Tsui (Eds.). *Classroom Discourse and the Space of Learning* [C]. 3 - 40. Mhawah, N.J.: Lawrence Erlbaum Associates, Publishers.

[7] Maton, K. 2014. *Knowledge and Knowers: Towards a Realist Sociology of Education* [M]. London: Routledge.

[8] Maton, K. 2020. Semantic waves: Context, complexity and academic discourse [A]. In J. R. Martin, K. Maton, and Y. J. Doran (Eds.). *Accessing Academic Discourse: Systemic Functional Linguistics and Legitimation Code Theory* [C]. 59 - 85. Oxon: Routledge.

[9] Maton, K. and R. T. Chen. 2020. Specialization codes: Knowledge, knowers and student success [A]. In J. R. Martin, K. Maton, and Y. J. Doran (Eds.). *Accessing Academic Discourse: Systemic Functional Linguistics and Legitimation Code Theory* [C]. 35 - 58. Oxon: Routledge.

[10] Sinclair, J. and M. Coulthard. 1975. *Towards an Analysis of Discourse* [M]. London: Oxford University Press.

[11] Zhang, D. 2020. Negotiating Interpersonal Meaning in Khorchin Mongolian: Discourse and Grammar [D]. Sydney: University of Sydney.

[12] Zhang, D. 2021. Dynamism in knowledge exchanges: Developing move systems based on Khorchin Mongolian interactions [J]. *Discourse Studies*, 23(3): 386 - 413.

[13] 冯江鸿.2012.课堂话语研究方法述评[J].外语研究(5)：49 - 55.

[14] 黄山.2018.IRF课堂话语结构刍议：发现、争论与再思考[J].全球教育展望(5)：15 - 24.

[15] 黄小苹.2006.课堂话语微观分析：理论,方法与实践[J].外语研究(5)：53 - 57.

[16] 姜晖.2020.基于人际关系管理理论的高校英语教师课堂元话语研究[J].外语学刊(4)：45 - 50.

[17] 康艳,程晓堂.2011.外语教师课堂话语功能新框架[J].外语教学理论与实践(3)：7 - 14.

[18] 刘永兵,张会平.2011.中学英语教师课堂话语语法复杂度：一项基于课堂话语语料库的对比研究[J].外语电化教学(5)：22 - 27＋37.

[19] 马毅,刘永兵.2013.中国英语课堂话语研究：综述与展望[J].外语教学理论与实践(2)：42 - 47.

[20] 欧阳嘉煜,汪琼.2021.IRF 课堂话语结构研究述评[J].全球教育展望(5)：15 - 28.

[21] 彭亮,徐文彬.2018.国外课堂话语研究的主题与分析框架探析[J].外国中小学教育(9)：73 - 80.

[22] 咸修斌,孙晓丽.2007.自然模式亦或教学模式：基于大学英语优秀教师课堂话语语料的分析[J].外语与外语教学(5)：37 - 41.

[23] 徐锦芬,龙在波.2020.后结构主义视域下国际二语课堂话语研究[J].现代外语,43(6)：854 - 864.

[24] 张德禄,覃玖英.2016.语义波理论及其在教师课堂话语分析和建构中的作用[J].外语教学,37(2)：52 - 55.

[25] 张敏.2002.从自然言语与教师话语的风格差异谈教师话语的效能[J].外语教学,23(4)：41 - 44.

[26] 赵晓红.1998.大学英语阅读课教师话语的调查与分析[J].外语界(2)：17 - 22.

[27] 周星,周韵.2002.大学英语课堂教师话语的调查与分析[J].外语教学与研究(1)：59 - 68.

An LCT Approach to Social Relations in Classroom Discourse: Exploring the Legitimation of Apprentice Knowers in Humanities

Chengfang Song

University of International Business and Economics

Abstract: Employing LCT's 4-k model, the paper conducts analyses of the syllabus for *European and American Drama* and the course's classroom discourses in order to figure out how apprentice knowers grow to be legitimate in humanities. The analysis of the syllabus in terms of the dimension of specialization shows that *European and American Drama* adopts the *knower* code and is more elaborately of the cultivated code as far as gazes are concerned. The further analysis of the classroom discourses of this course in terms of systems of knowledge and action exchanges shows that master knowers (i. e. instructors) basically take the roles of Dk1, k1, K2, K2f, A2, A2f, ch, and just, and apprentice knowers (i. e. students) usually take the roles of K1, K2, A1 and rch. The master and apprentice knowers interact in various patterns, enabling apprentice knowers to become legitimate or ideal humanists.

Keywords: 4-k model; *European and American Drama*; systems of knowledge and action exchanges; legitimation

《大英百科全书》词条语篇知识建构
语义密度和语义重力分析①

潘 宁②

厦门大学外文学院

摘 要：本文基于梅顿(Maton，2009)合法化语码理论中的语义原则和系统功能语言学理论，依托自建的专门语料库，针对《大英百科全书》词条语篇的知识建构进行语义密度和语义重力分析，比较大英百科中自然科学和人文社科两大知识领域的词条语篇对权力词汇和权力语法语言资源的运用及差异，对大英百科词条语篇在高级版和初级版之间进行对比分析，综合考察语义因素和语言符号的选择对大英百科词条语篇知识建构的作用和影响。本研究发现，自然科学词条语篇主要以强语义密度弱语义重力方式建构，而人文社科侧重弱语义密度强语义重力方式建构；与《大英百科全书》高级版相比，初级版词条语篇普遍呈弱语义密度强语义重力态势。本文的研究结果对探索通识性百科知识的建构模式，对深刻理解词条语篇传承的百科知识，以及对发展合法化语码理论和系统功能语言学理论本身都有理论与实践意义，并为指导百科词条编撰、语言教育、社会教育等领域的活动提供参考。

关键词：大英百科；词条语篇；知识建构；语义密度；语义重力

1 引言

知识的研究一直是学术界的兴趣焦点，学者们从各个角度研究知识(Halliday & Matthiessen，1999；Christie & Martin，2007；Maton，Hood & Shay，2016)。伯恩斯坦(Bernstein，1990，1999，2000)的教育社会学把知识本身作为研究的对象，并提出语码理论(Code Theory)和知识结构理论(Knowledge Structure Theory)。梅顿(Maton，2000，2005，2009，2011a，2013，2014)在此基础上创建了合法化语码理论(Legitimation Code Theory，简称 LCT)。LCT 由 5 条知识结构深层指导合理化原则构成，其中与系统功能语言学(Systemic Functional Linguistics，简称 SFL)的语义研究最相近的就是语义性原则(Semantics)，其中包括两个重要的语义要素：语义密度(Semantic Density，简称 SD)和语义重力(Semantic Gravity，简称 SG)。

学术界对知识、教育者、教材语篇等方面都有大量研究成果，但对工具书研究甚少，更不用说对百科类词条语篇的专门研究。本文从 SD 和 SG 角度切入，剖析《大英百科全书》词条中语义变量与知识结构的关系，对比分析不同科学领域和不同受众群体的《大英百科全书》词条语篇中语义因素和语言符号呈现方式的异同，探讨语言资源的选择和语义变量的差异对百科知识建构的影响。

2 《大英百科全书》研究概述

百科全书研究在学术界大多归于词典学或工具书研究范畴。词典学注重词典编纂的实践性和

---

① 本文是国家社科基金一般项目(项目编号 21BYY189)"语类视域下的态度语义密度研究"的阶段性成果。

② 潘宁(1978—)女，博士，厦门大学外文学院副教授；研究方向：功能语言学、语篇分析；通信地址：厦门市思明南路 422 号厦门大学外文学院；邮编：361005；电子邮箱：panning78122@163.com.cn。

工匠技艺,在关注词条意义时侧重研究释义的准确度与用户解读的便利等方面。但百科词条与一般词典词条不同,它是人类科学文化知识的概述性语篇,是特殊的语篇类型,从语篇角度对其研究是必要的。

国外学术界集中于评论《大英百科全书》的某一版本(如 Misiunas,1975),或讨论其内容或形式(如 Wood,1977),或对《大英百科全书》的年鉴或地图集做评论(如 Brown,1966)。除此之外,还有一些将《大英百科全书》与其他材料如词典或网络百科进行比较的研究(如 Allan,2006;Messner & DiStaso,2013)。国内对《大英百科全书》的研究主要集中于对百科历史及辞典编撰发行的研究(如杨文祥,1993),与某一学科发展相关的词条翻译研究(如李永芳,1983),或涉及出版经济以及电子商务的词条研究(如解惠琴,2000)。国内外学术界缺乏对《大英百科》词条语篇知识建构的研究,尤其是针对《大英百科全书》词条语篇的社会符号和语义方面的专门研究。

3　语料采集

本文采用的语料来源于《大英百科全书》2011 年旗舰光盘版(Britannica Ultimate Reference Suite)(CD‑ROM 2011)。这是《大英百科全书》电子首版,共 32 卷,105 959 词条,59 863 461 词,还包括 33 927 幅图片、图形、表格等(Anonymous,2011)。此版《大英百科全书》有三个级别:高级版(针对高年级学生和成年人)、中级版(针对 10～14 岁学生)和初级版(针对 6～10 岁学生)。

本研究自建《大英百科全书》词条专门语料库,选取高级版自然科学 500 篇,高级版人文社科 500 篇,初级版自然科学 500 篇和初级版人文社科 500 篇。高级版词条平均篇长约 900 词,初级版约 700 词。所选词条语篇皆遵照相近知识点入列原则对照排列,并只保留文本模式。

4　SD 和 SG 分析框架

本节主要介绍 LCT 语义性原则的新发展,以及语码理论与 SFL 的融合,并建立起适合本研究的 SD 和 SG 分析框架。

4.1　LCT 的语义性原则

LCT 是伯恩斯坦教育社会学的重要新发展。伯恩斯坦(Bernstein,1999,2000)的知识结构理论认为,不同类型的知识由不同类型的语篇实现,并将语篇分为垂直话语(vertical discourse)和水平话语(horizontal discourse)两种类型。水平话语内容具象化且依赖语境,在社团组构和人类文化传播方面起着重要作用;垂直话语需经制度化教育洗礼,起着传承文化和社会教育的重要作用。垂直话语的实现形式分两种类型:等级知识结构(hierarchical knowledge structure)和水平知识结构(horizontal knowledge structure)。等级知识结构常见于自然科学话语中,特点是层次清晰,内容连贯;水平知识结构常见于人文社会科学话语中,带有专业项语言特点和标准。话语类型和知识结构类型都是连续统(continuum),而分析测定连续统正负极(polarity),即两极端,可以参照各种维度,如垂直维度(verticality)(Muller,2007)、语法维度(grammaticality)(Martin,2010)和语义性原则维度(Maton,2011b)。其中,用来分析语篇的知识结构理论性和实用性较强的属语义性原则。

梅顿(Maton,2009)将 LCT 定义为建立在合法化语言(languages of legitimation)基础上的一种文化研究,由底层结构原则或合法化语码(legitimation codes)构成。梅顿(Maton,2011b)强调了语义性原则在实现合法化知识建构中的重要作用,指出分析知识结构的语义维度包括两大语义要素:SD 和 SG。SD 涉及社会符号所包含的意义浓度,SD 越高,符号浓缩的意义越丰富,SD 越低,符号包含的意义越稀薄;SG 涉及知识的符号体现和语境之间的关系,SG 越强,意义的生成越依赖于语境,SG 越弱,意义的生成越脱离对环境的依赖。

　　SD 和 SG 是知识结构最主要的语义体现标志。沙勒姆和斯洛尼姆斯基（Shalem & Slonimsky，2010）指出，学术实践（academic practice）通过去语境化知识（de-contextualised knowledge）和非嵌入语言（dis-embedded language）构建。去语境化知识和非嵌入语言指 SG 弱、SD 强的话语形式和知识结构模式。通常情况下，SG 和 SD 会呈现出逆向反差的趋势，SD 强 SG 弱和 SD 弱 SG 强是两对最常见的语义组合模态。SG 强 SD 强和 SG 弱 SD 弱的组合在语篇中比较少见，如自然主义小说对细节的描写可能会出现 SG 强 SD 强，在一些对意识形态或禁忌现象的描写中可能会出现即空泛又缥缈的 SG 弱 SD 弱。本研究主要考察 SD 强 SG 弱和 SD 强 SG 弱的组合在《大英百科全书》词条语篇中的语言符号体现以及这种语言资源的选择对知识建构的作用。

4.2　语义性的词汇语法体现

　　LCT 语义研究与系统功能语言学对知识和语言的认识有很多相像之处。SFL 学者们对知识、经验、意义与语言的关系有深刻的论述（如 Halliday，1998；Halliday & Matthiessen，1999）。系统功能语言学认为知识来自经验，体现于意义；经验通过意义识解，体现于社会符号系统；语言是社会符号系统的中心系统，知识是语法的概念基础。知识结构与语义模态之间有着复杂的关系。目前的知识结构研究更多依靠的仍是直觉，需要结合具有操作性的测定手段作为识解工具，而系统功能语言学的语言分析恰好可以弥补不足。马丁（Martin，2011，2013）认为，影响 SG 与 SD 值和语义模态的语言资源主要有权力词汇（Power Words）和权力语法（Power Grammar）。权力词汇指能调节 SG 和 SD 的词汇资源，如技术术语等；权力语法指可调节 SG 和 SD 的语法资源，如概念隐喻等。马丁和马特鲁利亚（Martin & Matruglio，2011）将 LCT 的语义性原则与系统功能语言学相结合，提出了具体的语言分析途径，认为 SG 可以从指示（deixis）、限定（arguability）和象似（iconicity）三方面考察，而 SD 可以从提炼（distillation）和价值（axiology）两方面判定，并提出若干语言分析考察细项，如具体词汇（specified words）、特殊词汇（particular words），限定/非限定过程（non/finite processes）、经验和逻辑隐喻（experiential or logical metaphors）等等。

4.3　SD 和 SG 分析框架

　　本研究将 LCT 语义性原则、系统功能语言学具体语言分析方法和《大英百科全书》词条语篇特点进一步融合，将 SD 和 SG 语言分析路径进行设置：权力词汇分析部分考察词条语篇中小句里的参与者（participant）和过程（process）：参与者分为对物（thing）和修饰语（qualifier）考察，过程分为指示（deixis）和限定（arguability）考察。对物的语义判断分为精密（commitment）、指示（deixis）、专业（specialisation）、提炼（distillation）四项；对修饰语判断分属性（attribution）和价值（axiology）两项。

　　精密项考察构成词汇（composed word）和分类词汇（classified word）；指示项考察概括词汇（generalised word）；专业项考察常见词汇（familiar thing）；提炼项考察术语词汇（technical term）。属性判定关系到修饰语的意义密度（dense meaning）；价值判定关系到评价密度（dense evaluation）。过程分析的指示项考察涉及过程是否复发（recurrent），限定项考察过程是否为限定（finite verbal group）表达。权力语法考察词条语篇中概念隐喻（ideational metaphor），主要涉及语篇的名词化（nominalisation）和因果隐喻（causal metaphoric form）。本文《大英百科全书》词条语篇 SD 和 SG 分析理论框架见图 1。

5　《大英百科全书》词条语篇知识建构 SD 和 SG 分析

　　语篇的 SD 和 SG 含量可以根据权力词汇和权力语法的分析结果判定。一般来讲，SD 强 SG 弱的语篇对读者来说深奥难懂，而 SD 弱 SG 强的语篇贴近日常生活，通俗易懂。百科词条的知识呈现方式

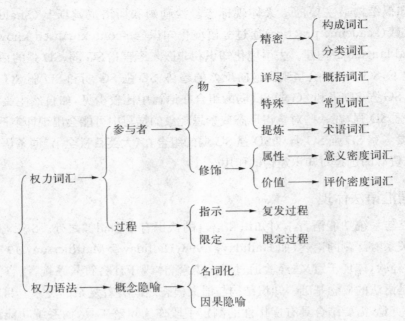

图1　《大英百科全书》词条语篇 SD 和 SG 分析框架

貌似一样,但知识如何通过语言资源选择而呈现,词条语篇之间的知识呈现有何差异等问题,还需深入探索。下文从《大英百科全书》不同知识领域和不同级别两个角度比较分析 SD 和 SG 含量,探究语义变量、语言符号和知识结构之间的关系。

5.1　高级版两大学科领域间 SD 和 SG 对比分析

《大英百科全书》词条语篇 SD 和 SG 分析首先在《大英百科全书》高级版的两大科学领域(自然科学和人文社科)之间展开,对词条语篇中的权力词汇和权力语法分析数据统计,以及对数据反映的语义含量、知识建构模式、语言符号资源选择等进行剖析。

5.1.1　参与者权力词汇分析

本节将对《大英百科全书》词条语篇高级版两大科学领域间参与者中物和修饰语两项的权力词汇进行分析。

5.1.1.1　参与者中物的权力词汇分析

《大英百科全书》词条语篇高级版两大科学领域间参与者中物的权力词汇分析数据请见表1。(注:表格中"＋"代表 SD 强并 SG 弱的语言资源,"－"代表 SD 弱并 SG 强的语言资源。)

如表1所示,《大英百科》高级版词条语篇在自然科学领域所采用的权力词汇在物这一项中,每一小项的 SD 强 SG 弱权力词汇选择比率(精密项构成 7.28‰、精密项分类 16.57‰、指示项 35.54‰、专业项 22.38‰、提炼项 58.19‰)都比人文社科高,尤其提炼项,高出约 36.17‰(58.19‰～22.02‰)。提炼项权力词汇主要涉及术语词汇,比如在"sparrow"词条语篇中就运用了许多像"Melospiza melodia"和"Passeridae"这样的术语。SD 强 SG 弱术语对于读者来讲难以理解,所以《大英百科》词条语篇里很多术语都带注释或超链接。数据表明,SD 强 SG 弱提炼项术语权力词汇是《大英百科全书》高级版自然科学词条语篇的主要语言符号选择方式,也是其构建知识的重要手段。

高级版人文社科词条语篇对专业项和指示项 SD 弱 SG 强权力词汇的选择比自然科学高很多,分别是 54.89‰(73.56‰～18.67‰)和 25.85‰(67.52‰～41.76‰)。例如在"Thanksgiving"词条语篇中,SD 弱 SG 强专业项概括权力词汇有"eels""stews"等等,SD 弱 SG 强指示项权力词汇常见有"ground"

表 1　《大英百科全书》高级版词条语篇参与者(物)权力词汇分析数据

《大英百科全书》高级版				500 篇(447 537 词)		500 篇(487 455 词)	
权 力 词 汇				知 识 领 域			
				自 然 科 学		人 文 科 学	
				频 次	‰	频 次	‰
参与者(物)	精密	构成	+	3 256	7.28	853	1.75
			−	4 192	9.37	4 987	10.23
		分类	+	7 415	16.57	4 221	8.66
			−	10 192	22.77	8 954	18.37
	详 尽		+	15 907	35.54	14 863	30.49
			−	18 689	41.76	32 911	67.52
	特 殊		+	10 017	22.38	9 232	18.94
				8 356	18.67	35 859	73.56
	提 炼		+	26 044	58.19	10 738	22.02
			−	19 469	43.50	11 901	24.41

"plate"等等。数据显示,带有 SD 弱 SG 强色彩的专业项概括权力词汇和指示项常见权力词汇是《大英百科全书》高级版人文社科词条语篇常用的语言选择,是人文社科知识建构的重要途径。

5.1.1.2　参与者修饰语权力词汇分析

《大英百科全书》词条语篇高级版两大科学领域间参与者修饰语的权力词汇分析数据请见表 2。

表 2　《大英百科全书》高级版词条语篇参与者(修饰语)权力词汇分析数据

《大英百科全书》高级版			500 篇(447 537 词)		500 篇(487 455 词)	
权 力 词 汇			知 识 领 域			
			自 然 科 学		人 文 科 学	
			频 次	‰	频 次	‰
参与者(修饰语)	属 性	+	50 646	113.17	33 690	75.28
		−	7 564	16.90	9 207	18.89
	价 值	+	1 012	2.26	3 179	6.52
			697	1.56	4 951	10.16

如表 2 所示,高级版自然科学的词条语篇大量采用 SD 强 SG 弱修饰语属性权力词汇,比率高达 113.17‰。再次以"sparrow"词条为例,语篇中对麻雀的修饰语有许多像"rufous-collared"和"with

black-and-white crown stripes"的词汇。另一方面,表示价值的词汇总体利用率很低,为 3.82‰(2.26‰ + 1.56‰)。无论 SD 和 SG 含量如何,价值项修饰语权力词汇都会降低词条知识点释义的客观性,所以自然科学的词条语篇尽量避免了选择此类词汇。

高级版人文社科词条语篇在参与者修饰语权力词汇的运用上,也以 SD 强 SG 弱修饰语属性词汇为主,高达 75.28‰。这部分词条语篇对修饰语价值权力词汇的利用率虽然比自然科学略高,但总体水平也维持在较低水准,而且 SD 弱 SG 强修饰语价值权力词汇比 SD 强 SG 弱运用得多(10.16‰: 6.52‰)。这也说明,即使在人文社科词条语篇中,也要尽量采用人们常用的语义含量低的评价词汇,如可以选择"good",就不选"terrific"或"marvellous"这样的高评价性词汇,以提高词条客观性阅读感。

5.1.2　过程权力词汇分析

《大英百科全书》词条语篇高级版两大科学领域间过程权力词汇分析数据请见表 3。

表 3　《大英百科全书》高级版词条语篇过程权力词汇分析数据

《大英百科全书》高级版			500 篇(33 562 小句)		500 篇(36 761 小句)	
权 力 词 汇			知 识 领 域			
			自 然 科 学		人 文 科 学	
			频 次	%	频 次	%
过 程	指 示	+	30 536	90.98	29 621	80.58
		−	1 734	5.17	1 953	5.31
	限 定	+	8 231	24.52	6 804	18.51
		−	24 395	72.69	28 502	77.53

表 3 数据显示,不管是自然科学还是人文社科,高级版词条语篇对 SD 强 SG 弱指示项复发权力词汇和 SD 弱 SG 强限定项限定权力词汇的运用较多,两大学科之间差异不大。自然科学词条语篇对这两项的利用率分别高达 90.98% 和 72.69%,而人文社科的利用率分别是 80.58% 和 77.53%。SD 强 SG 弱指示项复发权力词汇表现过程的常态性和习惯性,常见形式如"is writing""going on"等。这种语言选择使词条语篇所体现的知识固态化、恒定化,有利于读者将词条内容接受为"真理"。SD 弱 SG 强限定项限定权力词汇涉及小句的限定过程,如"contributed""is modeled"等,这种语言选择说明词条语篇的句型大多为简单句式,简洁的句式结构让词条语篇所传达的知识点清晰明了,易于读者理解。

5.1.3　权力语法分析

《大英百科全书》词条语篇高级版两大科学领域间权力语法分析数据请见表 4。

表 4 显示,高级版词条语篇名词化程度非常高。自然科学领域名词化程度高达 214.69‰,人文社科领域 156.93‰。在名词化作用下,词条语篇的语义含量高,脱离语境程度大。词条语篇中的名词词组构成方式多样,如中心词含多层修饰语(*coarsely ground powder made from the cooked flesh of fish*)或以名词词组复合(*clothing, food, and camping equipment*)形式出现。人文社科词条语篇在名词化程度上比自然科学略低,因果隐喻程度比自然科学略高,这说明了人文社科知识结构的相对特点:语义含量的浓度低但语义逻辑程度强。

表 4　《大英百科全书》高级版词条语篇权力语法分析数据

《大英百科全书》高级版		500 篇（447 537 词）		500 篇（487 455 词）	
权 力 语 法		知 识 领 域			
		自 然 科 学		人 文 科 学	
		频 次	‰	频 次	‰
概念隐喻	名词化	96 081	214.69	76 495	156.93
	因果隐喻	6 643	14.84	10 388	5.31

5.2　初高级版间 SD 和 SG 对比分析

此项对比分析的理论假设是不同知识结构促发不同语义生成和语言选择，而这种不同不仅体现在不同知识领域间的差异，还体现在针对不同受众群体的语篇差异上。下文将在《大英百科全书》高级版和初级版之间展开 SD 和 SG 对比分析。

5.2.1　参与者权力词汇分析

本节将对《大英百科全书》词条语篇初级版两大科学领域间参与者中物和修饰语两项的权力词汇进行分析。

5.2.1.1　参与者物的权力词汇分析

《大英百科全书》词条语篇初高级版间参与者物的权力词汇分析数据请见表 5。

表 5　《大英百科全书》初高级版词条语篇参与者（物）权力词汇分析数据

知识领域			自 然 科 学				人 文 科 学			
《大英百科全书》级别			高级版		初级版		高级版		初级版	
权 力 词 汇			词 条 语 篇							
			500 篇（447 537 词）		500 篇（309 782 词）		500 篇（487 455 词）		500 篇（347 346 词）	
			频次	‰	频次	‰	频次	‰	频次	‰
参与者（物）	精密	构成 +	3 256	7.28	764	2.47	853	1.75	550	1.58
		构成 −	4 192	9.37	4 889	15.78	4 987	10.23	3 867	11.13
		分类 +	7 415	16.57	4 084	13.18	4 221	8.66	3 945	11.36
		分类 −	10 192	22.77	13 339	43.06	8 954	18.37	7 549	21.73
	详 尽	+	15 907	35.54	15 268	49.29	14 863	30.49	8 641	24.88
		−	18 689	41.76	28 198	91.03	32 911	67.52	41 543	119.60
	特 殊	+	10 017	22.38	2 463	7.95	9 232	18.94	5 428	15.63
		−	8 356	18.67	8 856	28.59	35 859	73.56	29 902	86.09
	提 炼	+	26 044	58.19	5 366	17.32	10 738	22.02	1 394	5.57
		−	19 469	43.50	12 802	41.33	11 901	24.41	10 956	31.54

如表 5 所示,初级版自然科学词条语篇在参与者物的语言表达上,大多数 SD 强 SG 弱权力词汇选择项的使用率比高级版比率低(2.47‰,13.18‰,7.95‰和 17.32‰),唯一高于高级版的是指示项概括权力词汇。这说明初级版自然科学词条语篇选词的语义饱和度低很多,但需要用一些高度概括性 SD 强 SG 弱的权力词汇,如"traditions""patterns"等,提高解释力度的同时有利于低龄学习者接受新知识。初级版自然科学词条语篇有两项数据比高级版高出很多,即 SD 弱 SG 强精密项分类权力词汇(43.06‰)和指示项概括权力词汇(91.03‰)。这里我们看到不少 SD 弱 SG 强精密项分类权力词汇,例如"part""type"等,SD 弱 SG 强指示项概括权力词汇,如"winter""20 acres"等。这两项权力词汇的大量运用使初级版自然科学词条语篇的知识简单明了又不失条理,适合低知识水平读者用以建构知识的需要。

初级版人文社科词条语篇在 SD 弱 SG 强指示项概括权力词汇和专业项常见权力词汇方面运用比率较高,分别达到了 119.6‰和 86.09‰。SD 弱 SG 强指示项概括权力词汇的例子有"Native Americans"和"fourth Thursday in November",SD 弱 SG 强专业项常见权力词汇例子有"corn""ship"等。初级版人文社科词条语篇通过低语义含量和贴近日常的词汇,使词条语篇所建构的知识能与低龄学习者的知识水平顺利搭接,达到较好的知识传授效果。

5.2.1.2　参与者中修饰语的权力词汇分析

《大英百科全书》词条语篇初高级版间参与者中修饰语权力词汇分析数据请见表 6。

表 6　《大英百科全书》初高级版词条语篇参与者(修饰语)权力词汇分析数据

知识领域			自　然　科　学				人　文　科　学			
《大英百科全书》级别			高级版		初级版		高级版		初级版	
权　力　词　汇			词　　条　　语　　篇							
			500 篇(447 537 词)		500 篇(309 782 词)		500 篇(487 455 词)		500 篇(347 346 词)	
			频次	‰	频次	‰	频次	‰	频次	‰
参与者(修饰语)	属性	+	50 646	113.17	32 478	104.84	33 690	75.28	18 228	52.48
		−	7 564	16.90	133 35	43.05	9 207	18.89	6 475	18.64
	价值	+	1 012	2.26	771	2.49	3 179	6.52	2 270	6.54
		−	697	1.56	733	2.37	4 951	10.16	4 289	12.35

如表 6 所示,初级版词条语篇不管是在自然科学还是人文社科领域都比高级版采用更少的 SD 强 SG 弱修饰语属性权力词汇(104.84‰:113.17‰,52.84‰:75.28‰),但采用更多的 SD 弱 SG 强修饰语属性权力词汇(43.05‰:19.14‰,18.64‰:14.78‰)。这种选择使词条语篇在语义含量上程度降低,同时增强了语篇与语境关联的紧密度,适合低龄学习者的阅读和理解水平。

从表 6 的数据中还可以看出,初级版词条语篇在自然科学和人文社科领域修饰语价值权力词汇的利用率更高,不管是 SD 强 SG 弱还是 SD 弱 SG 强的权力词汇都很多。如前文所述,修饰语价值权力词汇本身带有主观评价色彩,但这类语言资源更容易引起读者心理共鸣,在读者知识水平较低的情况下,这种方式是辅助搭建知识结构较好的补充手段,能起到良好的帮衬效果。

5.2.2　过程权力词汇分析

《大英百科全书》词条语篇初高级版间过程权力词汇分析数据请见表 7。表 7 显示,在自然科学和人文社科两个领域,初级版中 SD 强 SG 弱过程指示项权力词汇的比率都低于高级版(85.01%:

90.98%,63.44%：80.58%），SD 强 SG 弱过程限定项权力词汇的比率也都低于高级版（14.97%：24.52%,13.75%：18.51%）。SD 强 SG 弱过程指示项权力词汇用量少体现了初级版词条语篇小句过程的语义复发性下降，事件和行为更趋向于即时性描写，在时间上拉近了词条知识点内容与读者的认知世界。SD 强 SG 弱过程限定项权力词汇数据低说明语篇句型复杂性低，语篇语言简单直白，易于接受。

表 7 《大英百科全书》初高级版词条语篇过程权力词汇分析数据

知 识 领 域			自 然 科 学			人 文 科 学			
《大英百科全书》级别			高级版		初级版		高级版		初级版	
权 力 词 汇			词 条 语 篇							
			500 篇(33 562 小句)		500 篇(35 683 小句)		500 篇(36 761 小句)		500 篇(39 986 小句)	
			频次	%	频次	%	频次	%	频次	%
过程	指示	+	30 536	90.98	30 334	85.01	29 621	80.58	25 369	63.44
		−	1 734	5.17	3 870	10.85	1 953	5.31	15 627	39.08
	限定	+	8 231	24.52	534	14.97	6 804	18.51	5 498	13.75
		−	24 395	72.69	30 448	85.33	28 502	77.53	31 716	79.32

另一方面，初级版的 SD 弱 SG 强过程指示项权力词汇的利用率都高于高级版（10.85%：5.17%,39.08%：5.31%），SD 弱 SG 强过程限定项权力词汇比率也都高于高级版（85.33%：72.69%,79.32%：77.53%）。SD 弱 SG 强过程指示项权力词汇的利用频率高说明小句过程更具体化、详细化，SD 的低程度弱化了过程的抽象性，SG 强则加强了知识点与现实世界的关联度，这使低知识水平和理解力的读者更容易掌握词条语篇所传达的知识内容。SD 弱 SG 强过程限定项权力词汇多说明限定项小句多，句型简短，符合低龄学习者的思维模式特点，词条的知识点更容易融入于学习者既有的知识框架中。

5.2.3　权力语法分析

《大英百科全书》词条语篇初高级版间权力语法分析数据请见表 8。

表 8 《大英百科全书》初高级版词条语篇权力语法分析数据

知 识 领 域		自 然 科 学			人 文 科 学			
《大英百科全书》级别		高级版		初级版		高级版		初级版	
权 力 词 汇		词 条 语 篇							
		500 篇(447 537 词)		500 篇(309 782 词)		500 篇(487 455 词)		500 篇(347 346 词)	
		频次	‰	频次	‰	频次	‰	频次	‰
概念 隐喻	名词化	96 081	214.69	21 670	69.95	76 495	156.93	14 996	43.17
	因果隐喻	6 643	14.84	4 593	14.83	10 388	21.31	3 765	10.84

如表 8 所示,初级版在两个领域的名词化程度都大大低于高级版(69.95‰：214.69‰,43.17‰：156.93‰)。名词化权力语法选择量少说明词条语篇 SD 水平低,语义含量稀薄,知识容量少,而 SG 程度高,语言识别度高,知识内容易于读者理解。在因果隐喻项上,初级版的权力语法利用率较低(14.83‰：14.84‰,10.84‰：21.31‰)。尤其在人文社科领域,初级版对概念隐喻权力语法的利用率非常低,这与适应低龄学习者的认知能力和语言水平的目的吻合。

5.3　小结

表面上看,百科词条按照统一格式、统一风格编写而成,但研究发现,知识在《大英百科全书》词条语篇的分布并不均衡,语篇内容含量和难易程度也多有不同。知识建构和 SD/SG 紧密联系,与权力词汇/权力语法的选择密切相关。

《大英百科全书》高级版词条语篇不管是在自然科学还是人文社科领域,SD 强 SG 弱修饰语属性权力词汇、SD 强 SG 弱指示项复发权力词汇和 SD 弱 SG 强限定项限定权力词汇方面运用得都很多,且都有高名词化权力语法特点。高级版词条语篇在自然科学领域采用大量 SD 强 SG 弱提炼项术语权力词汇,而对修饰语价值权力词汇利用率较低;人文社科领域多采用 SD 弱 SG 强专业项概括和指示项常见权力词汇,对修饰语价值权力词汇比自然科学领域利用率高。

初级版自然科学词条语篇在对参与者中物的表达上,大量采用 SD 强 SG 弱指示项概括权力词汇、SD 弱 SG 强精密项分类权力词汇和指示项概括权力词汇,对 SD 强 SG 弱的权力词汇选择比高级版低;人文社科词条语篇在 SD 弱 SG 强指示项概括权力词汇和专业项常见权力词汇方面利用率高。初级版两个领域的词条语篇都更少采用 SD 强 SG 弱修饰语属性权力词汇、SD 强 SG 弱过程指示项权力词汇、SD 强 SG 弱过程限定项权力词汇和名词化权力语法,而更多采用 SD 弱 SG 强修饰语属性权力词汇、SD 弱 SG 强过程指示项权力词汇和 SD 弱 SG 强过程限定项权力词汇,以满足低龄学习者重构知识的需要。

6　结语

基于 SD/SG 理论和系统功能语言学的语言分析理论,本文通过对权力词汇和权力语法资源的语言变量在《大英百科全书》不同知识领域、不同知识级别的词条语篇之间展开研究,证明了 SD 和 SG 的强弱直接影响知识结构的构建,语义推动下的语言资源选择方式对词条语篇的知识传播效果起着重要作用。研究证实了具有层级知识结构的自然科学在词条中主要通过 SD 强 SG 弱的语言资源来建构,而水平知识结构的人文社科则更多通过 SD 弱 SG 强的语言资源建构。与高级版相比,《大英百科全书》初级版词条语篇普遍呈 SD 弱 SG 强态势。

百科全书具有重要的知识传承和教育意义,对百科类词条语篇知识建构进行语义研究,兼具其理论价值和现实意义。本研究发现可应用于 LCT、系统功能语言学、教育语言学、社会教育学以及跨学科等研究,并对百科全书编撰、语言教学、社会服务等实践活动起到启示作用。然而,研究尚存不足,如有待增加 SD 和 SG 的权力词汇和权力语法考察细项,扩展 SD 强 SG 强及 SD 弱 SG 弱模式分析及各模式综合分析,进行动态语义波(semantic wave)(Maton,2013,2014)与知识建构关系分析,多模态角度研究词条语篇,以及开展跨学科、跨语种研究百科类语篇等等。希望本研究能引起更多对百科类词条、知识建构、语义变量及语言符号等多方面的深入探讨。

参考文献

[1] Allan, K. 2006. Dictionaries and Encyclopedias: relationship [A]. Encyclopedia of Language & Linguistics [Z]. New York: Elsevier Ltd.

[2] Anonymous. Ultimate Reference Suite DVD-ROM ISO（Mac/Win，Serial Included）[DB/OL]. http://ebookee. org/2011-Ultimate-Reference-Suite-DVD-ROM-ISO-Mac-Win-Serial-Included-_1150195. html♯AMQ1cocUzETzMEF2.99, (2011－05－14).

[3] Bernstein, B. 1990. *Class, Codes and Control V* 4: *The Structuring of Pedagogic Discourse* [M]. London: Routledge.

[4] Bernstein, B. 1999. Vertical and horizontal discourse: An essay [J]. *British Journal of Sociology of Education*, 20(2): 157－173.

[5] Bernstein, B. 2000. *Pedagogy, Symbolic Control and Identity: Theory, Research, Critique* (2nd ed.) [M]. Oxford: Rowman & Littlefield.

[6] Brown, I.W. 1966. Encyclopaedia Britannica International Atlas by Ruth Martin, John V. Dodge, Maurice B. Mitchell [J]. *The Geographical Journal*, 132(4): 581－582.

[7] Christie, F. & J. R. Martin (eds.). 2007. *Language, Knowledge Structure: Functional Linguistic and Sociological Perspectives* [C]. London: Continuum.

[8] Halliday, M. A. K. 1998. Language and knowledge: The "unpacking" of text [A]. In J. Webster (ed.). *The Language of Science* [C]. London, New York: Continuum.

[9] Halliday, M. A. K. & C. M. I. M. Matthiessen. 1999. *Construing Experience through Meaning: A Language-based Approach to Cognition* [M]. London: Cassell.

[10] Martin, J. R. 2010. Life as a theme: Pitching vertical discourse in powerpoint slides [Z]. 5ICOM, UTS.

[11] Martin, J. R. 2011. How does language do it [Z]. Sydney: University of Sydney.

[12] Martin, J. R. 2013. Embedded literacy: Knowledge as meaning [J]. *Linguistics and Education*, 24(1): 23-37.

[13] Martin, J. R. & E. Matruglio. 2011. Flights of fancy: A functional linguistic interpretation of semantic gravity and semantic density in secondary school history teaching [DB/OL]. http://www. griffith. edu. au/_data /assets / pdf_file /0017/221840 / Martin — and-Matruglio. RT—doc. pdf (May 1).

[14] Maton, K. 2000. Languages of legitimation: The structuring significance for intellectual fields of strategic knowledge claims [J]. *British Journal of Sociology of Education*, 21(2): 147－167.

[15] Maton, K. 2005. The Field of Higher Education: A Sociology of Reproduction, Transformation, Change and the Conditions of Emergence for Cultural Studies [D]. Unpublished PhD thesis, University of Cambridge.

[16] Maton, K. 2009. Cumulative and segmented learning: Exploring the role of curriculum structures in knowledge-building [J]. *British Journal of Sociology of Education*, 30 (1): 43－57.

[17] Maton, K. 2011a. Seeing knowledge and knowers [Z]. Slides for the course of LCT. Sydney: University of Sydney.

[18] Maton, K. 2011b. Theories and things: The semantics of disciplinarity [A]. In F. Christie & K. Maton (eds.). *Disciplinarity: Functional Linguistic and Sociological Perspective* [C]. London: Continuum.

[19] Maton, K. 2013. Making semantic waves: A key to cumulative knowledge-building [J]. *Linguistics and Education,* 24(1): 8－22.

[20] Maton, K. 2014. *Knowledge and Knowers: Towards a Realist Sociology of Education* [M]. London: Routledge.

[21] Maton, K., S. Hood & S. Shay (eds.). 2016. *Knowledge-building: Educational Studies in Legitimation Code Theory* [C]. London: Routledge.

[22] Messner, M. & M. W. DiStaso. 2013. Wikipedia versus Encyclopedia Britannica: A longitudinal analysis to identify the impact of social media on the standards of knowledge [J]. *Mass Communication & Society*, 16(4): 465 – 486.

[23] Misiunas, R. J. 1975. The New Encyclopaedia Britannica in 30 volumes [J]. *Slavic Review*, 34(2): 411 – 414.

[24] Muller, J. 2007. On splitting hairs: Hierarchy, knowledge and the school curriculum [A]. In F. Christie & J. Martin (eds.). *Lanuguage, Knowledge and Pedagogy: Functional Linguistic and Sociological Perspective* [C]. London: Continuum.

[25] Shalem, Y. & L. Slonimsky. 2010. Seeing epistemic order: Construction and transmission of evaluative criteria [J]. *British Journal of Sociology of Education*, 31(6): 755 – 778.

[26] Wood, R. E. 1977. Philosophy in the New Encyclopaedia Britannica [J]. *The Review of Metaphysics*, 30(4): 715 – 752.

[27] 李永芳.1983.一九六四年版《大英百科全书》辞条：修辞学[J].当代修辞学(4)：61 – 63.

[28] 解惠琴.2000.《不列颠百科全书(国际中文版)》的定价策略[J].探索与思考(2)：12 – 14.

[29] 杨文祥.1993.百科全书社会功能的历史演变及对编纂体例的影响：兼谈《不列颠百科全书》第 15 版的体例和功能特征[J].上海社会科学院学术季刊(2)：143 – 150.

Semantic Density and Semantic Gravity Analysis on Knowledge Construction in Encyclopedia Britannica Entries

Ning Pan

Xiamen University

Abstract: From the perspective of Maton's Legitimation Code Theory in combination with Systemic Functional Linguistics, based on the self-built specialized corpus, this research explores the semantic density and semantic gravity of the knowledge construction in the entries in *Encyclopaedia Britannica* (*EB*). The research analyzes the power words and power grammar in the two knowledge fields of natural sciences and humanities & social sciences in *EB*, and those at the two levels of *EB* (advanced level & introductory level), and surveys the function and influence of the choice of the semantic elements and linguistic resources on the knowledge construction in the entries in *EB*. The research finds that in *EB*, knowledge in natural sciences is mainly constructed through linguistic resources with stronger semantic density and weaker semantic gravity than that in humanities and social sciences; in the introductory level of *EB*, semantic density is weaker and semantic gravity is stronger than in the advanced level. The research brings implications for effective knowledge dissemination and language teaching, and provides insights for Legitimation Code Theory and Systemic Functional Theory. This research has positive significance for encyclopaedia compilation, social education service, and relevant teaching practice.

Keywords: *Encyclopaedia Britannica*; entry text; knowledge construction; semantic density; semantic gravity

冲突性话语的引发机制研究①

瞿　桃②

上海交通大学

摘　要： 本文针对冲突性话语的引发机制问题，综合前人对冲突引发的认知差异、关联不足、维护身份、理性缺乏、语境顺应等方面的成果，并结合认知评价理论，从动态发展的视角探讨了冲突的引发机制和动态发展特征。我们发现，冲突在动态发展的过程中，人际分歧的对象会发生变化，人们交际目标呈现多样化和优先级各异的特征，对交际者身份型目标的干预引发冲突的可能性和强度更大，而负面情绪是不断累积并最终爆发的。通过对冲突引发机制的动态分析，我们可以反推交际者之间认知分歧、交际目标和负面情绪引发点，了解人们的价值观念、认知方式和行为表达模式，为成功有效的交际活动提供重要基础。

关键词： 冲突性话语；引发机制；动态视角

1　引言

人们生活在冲突之中，个人的内在冲突、人际冲突、种族冲突、性别冲突、国际冲突等频繁而常见（马丁、费边，2009）。冲突因此成为哲学、社会学、语言学、符号学、法学、管理学、生物学、心理学、国际关系学等各种学科的研究对象（马丁、费边，2009；顾培东，2016；Mikkelsen & Clegg，2017）。本文聚焦人际冲突，从语言学和认知心理学的角度尝试对冲突性话语的引发机制进行探讨。

人际冲突是发生在相互依赖的各方之间的动态过程，在此过程中交际者感知到人际分歧，感知到对方对自己交际目标的干预，并对分歧和干预有负面的情绪反应（Barki & Hartwick，2004）。语言学界目前对冲突性话语的研究主要关注话语结构模式（赵英玲，2004）、冲突的引发原因（赵忠德、张琳，2005；赖小玉，2011；冉永平，2012；张结根，2019）、冲突的语用功能（李成团、冉永平，2011）和冲突表达的词汇语法资源（冉永平，2010b；赖小玉，2011）等。可见，冲突的引发原因是重要的研究课题。但是目前大多数学者的研究语料为 2～5 个话轮组成的短小言语片段。虽然所举冲突片段较多，但冲突片段来自不同的场景和交际者，彼此缺乏联系。由于冲突是一个动态过程，在此过程中人们的交际目标、策略和表征方式会随着语境的改变而改变（Hocker & Wilmot，2018），所以本文认为有必要对较长的冲突片段中的各个冲突过程进行追踪和分析，探索连续一段时间内各个冲突之间的联系和变化，这对我们掌握冲突的动态发展规律和促进有效交际有帮助。

① 基金项目：本研究得到了上海市社科规划青年课题"庭审冲突过程的多模态建构研究"的支持，课题编号为 2020EYY005。
② 瞿桃（1988—），女，上海交通大学外国语学院博士后；研究方向：系统功能语言学、多模态话语分析、司法话语分析；通信地址：上海市闵行区东川路 800 号上海交通大学外国语学院；邮编：200240；电子邮箱：littlepeachqv@163.com。

2　研究对象与方法

本文以冲突性话语为研究对象,从动态发展的视角探索人际冲突的引发机制。为实现以上研究目标,本文首先对目前有关人际冲突引发原因的成果进行梳理,然后使用会话分析方法,以电视剧《欢乐颂》中的冲突片段为语料,阐释其中冲突的引发机制,探索其动态发展特征及启示。

话轮是会话分析的基本分析单位。冲突性话语往往涉及两方,一方先发言,另一方对他/她的话语进行反驳,所以本文将冲突过程中先说话那方的话轮称为引发话轮,将后说话那方的话轮称为反驳话轮。若从动态发展的视角来看,一个连续的会话中,不同的冲突过程呈现链状衔接关系。比如,话轮1和话轮2构成冲突过程,话轮2又与话轮3构成冲突过程。这两个冲突过程在时间上是有重叠的,所以我们使用了ELAN软件以方便标注分析。

3　人际冲突的引发机制

人际冲突是发生在相互依赖的各方之间的动态过程,在此过程中交际者感知到人际分歧,感知到对方对自己交际目标的干预,并对分歧和干预有负面的情绪反应(Barki & Hartwick,2004;冉永平,2010a)。人际冲突的三大核心要素是:人际分歧、目标干预和负面情绪。对于人际冲突的引发机制,目前学界并未形成共识,呈现"认知差异说""面子说""认知关联说""语境顺应说"和"理性说"共存的局面。

3.1　认知差异说

"认知差异"是大部分学者都认可的冲突引发原因,即交际双方对同一人、事、物的意见、观点、立场、视角等不同(Grimshaw,1990;赵英玲,2004;冉永平,2010a)。这是人际冲突定义中人际分歧的表现之一。除了认知分歧,人与人之间因为需求和性格不同而产生冲突也十分常见,秦俊香(1997)指出,人际冲突可分为理念冲突、欲念冲突和性格冲突。认知差异主要指理念冲突,但它不能概括所有的冲突原因,加入欲念和性格分歧才全面。欲念即欲望,包括积极欲望和消极欲望。前者是对于获得某种满足的、直接的、主动的追求,而后者表现为对于减轻或者消除忧虑或痛苦的追求(秦俊香,1997)。人们追求的东西有物质金钱、权势地位、情感和生理欲求、安全宁静的生活状态等,而这些东西的追求可能会与周围的人物发生利益上的冲突。人与人之间性格不同,但并不直接导致冲突。性格分歧往往反映在具体行为和事件中,不同性格的人处事方式的不同可能导致冲突。

3.2　面子说

"面子说"是目前解释日常会话冲突时用得较多的一种理论视角。李成团、冉永平(2011)指出:"为了维护面子、构建身份等,说话人会采用各种语言形式(或策略)去否定、反对、反驳或反击对方的立场、观点、行为等一系列影响,甚至威胁对方的面子或身份的言语行为。"维护面子或正面形象的确是许多人际交流中的重要目标,因为人基本都有自尊、认可、荣誉、尊严等需要(Keck & Samp,2007),当这些需求被忽略或者攻击时,交际者很可能采取带有破坏性的方式来防御或者报复(Folger et al.,2021)。"面子说"所涉及的主要是冲突定义中的目标干预,即一方以维护面子为交际目标,而另一方却不给他/她面子,阻碍了他/她面子目标的实现。本文认为,可以从目标类型角度对"面子说"进行完善和发展,以在冲突原因分析上更有解释力和操作性。交际互动中的目标可以分为三种:任务型、关系型和身份型(Keck & Samp,2007;Hocker & Wilmot,2018)。面子说涵盖了关系型(维护面子)和身份型(构建身份),但还应加上任务型,因为人际冲突有时可能不是因为维护面子,而是因为要完成的具体任务不同或完成任务的方法有异而产生的。任务既可以是决定去哪儿吃饭这样的具体任务,也可以是改变他人的态度这样的抽象任务。当交际双方想完成的任务互不相容时就可能产生冲突,比如双方想去的饭店不一样,或者一方想改变态度而另一方不想改变。以上三种类型的目标并不互斥,交际者可能同时带有多种目标,交际过程中目标也往往随着时间动态变化,不同类型的目标交替出现。

3.3 认知关联说

"认知关联说"使用关联理论来解释会话中的冲突引发机制。该理论认为"交际是一个推理-互明的过程。如果交际双方不能互相明白,话语就无法建立适当的关联,最终造成冲突"(赵忠德、张琳,2005)。关联即语义和语用关联,前者包括意义和指称关联,后者包括言语行为、会话目的、交际情景以及会话主题关联。此视角具有一定的解释力,特别是对误会型冲突的解释。但正如张结根(2019)所指出的:"关联不够并不是冲突话语的根本原因,因为交际是一个动态过程,如果当前话语与认知缺少足够关联,交际双方对彼此的信息和交际意图、交际语境没有达到足够的互明,那么他们可以选择通过询问话语请求对方说明或澄清,达到可以维持交际顺利推进的关联和互明,从而避免冲突话语。"本文认为可以尝试使用动态视角来完善"认知关联说",因为在缺乏关联的情况下的确容易引发冲突,但随着交际的发展,只要交际者愿意,关联会逐渐建立,误会得以解除。如果冲突没有解除,那说明冲突的引发另有其因。

3.4 语境顺应说

"语境顺应说"并没有直接分析冲突引发机制,而是从冲突性话语的发泄负面情绪、维护身份形象、竞夺权力等语用功能出发,推导出冲突性话语是交际者顺应语境因素、为实现交际意图而有意识进行语言选择的结果(赖小玉,2011)。这针对的是交际者有意将冲突作为一种交际策略的情况。但日常会话中,有时交际者并不是有意进行冲突会话的,比如上文提到的两人在决定去哪儿吃饭这样的具体任务上引发的冲突。另外,维护身份形象、竞夺权力这两个目标与"面子说"有重合之处,发泄负面情绪是上述理论视角没有提及的,但本文认为它需要深入挖掘交际者的负面情绪的引发原因才更有解释力。我们可以使用认知评价理论(冯德正、亓玉杰,2014)对负面情绪进行解释,即当交际者认为事件结果不合意(自己的预期目标没实现)、他人行为不可取(不符合道德规范)或者事物不喜欢(不符合交际者的审美喜好)时,就会产生愤怒、不开心、痛苦等负面情绪。

3.5 理性说

"理性说"是从理性视角来阐释冲突产生原因的。张结根(2019)指出,"冲突话语并非源于认知差异、语言选择或关联不足等因素,而是源于交际者在沟通理性差异时讲理态度和能力的缺失。"这里的理性包括认知理性、工具理性和价值理性三个方面,强调的是交际内容的逻辑性与真实性、交际方式的有效性和交际目标的正当性(张结根,2019)。感性和理性是两种完全不同的交际方式,不同的交际者有不同的感/理性倾向,在不同的交际场景中对感/理性也有不同的要求。如赖小玉(2011)所指出的,在夫妻吵架这样的冲突中,交际者甚至会有意以吵架这样非理性的方式来发泄负面情绪。诚然,若交际者能以理性的态度和方式来沟通会避免很多人际矛盾,但人毕竟是有感情的动物。某些时候,发泄负面能量、获得支持和鼓励等正能量本身可能就是交际者的交际目标。交际时的讲理态度和能力缺失对冲突的引发有较强的解释力,但我们也需要进一步探索为何有些交际者没有能力讲理、为何有些交际者有能力讲理却不愿讲理。根据不同的情况,上文讲到的各个理论视角也许有一定的解释力。比如,观念和性格差异造成了对"理"的认知分歧,又比如,当交际者同时拥有不可共存的任务型和身份型目标时,为了利益或者面子而故意采取不讲理的方式。所以,本文认为理性视角与其他理论视角并不是非此即彼的关系,而是相辅相成、相互补充的关系。

综上所述,若从动态发展的视角来看,我们需要根据情况综合运用上述的"认知差异说""面子说""认知关联说""语境顺应说"和"理性说",追踪冲突性话语的发展变化,这样将更有利于对冲突性话语的全面深入分析。本文尝试用冲突定义的核心要素"人际分歧""目标干预"和"负面情绪"来分析冲突的动态发展,并在此过程中综合运用上述理论视角来分析冲突的引发原因。

4 冲突案例分析

结合上述有关人际冲突引发机制的研究成果,本节以电视剧中的具体冲突过程为例,从人际分歧、目标干预和负面情绪三方面对冲突案例进行分析,并讨论冲突的动态发展过程。

4.1 案例介绍

本文的案例选自电视剧《欢乐颂》第10集1分11秒至6分15秒,共计5分4秒。此片段讲述的是同住一层楼的邻居邱莹莹和安迪之间的故事:背景是邱莹莹受到失恋和失业的双重打击,邱父为鼓励她上进而买了一堆成功学的书籍和光盘让她学习。此片段从邱莹莹兴高采烈、激动万分地学习光盘内容开始。之后安迪进屋,邱莹莹对书大加赞赏并介绍给安迪。安迪看后指出书中的故事不合逻辑,建议邱莹莹不要看这样的书,反倒应该思考成功的真正定义是不是有房有车。邱莹莹在此过程中,一方面不同意安迪对书的否定,另一方面在安迪的话语中感到自己被看不起,伤了自尊,因此奋起反击,与安迪发生了激烈的冲突。安迪见状离开,回到自己家关起门来不理邱莹莹。邱莹莹却不依不饶,坐在安迪屋外对着监控摄像头叫骂,并以短信的方式进行争吵。

4.2 案例中的冲突过程

本案例中共有14个话轮,包括4个回合(见图1第5行标注)。由于寒暄回合不包含冲突过程,所以本文着重研究后面的第1、2、3回合,其主题分别为成功学书籍、成功的定义和必要性、安迪离开的行为。如图1所示,回合1～3共有10个话轮(话轮的序号在图中的第二、三、四行用阿拉伯数字表示),包含7次冲突。由邱莹莹充当反驳者的4次冲突标记在图中第3行,由安迪充当反驳者的3次冲突标记在图中第4行。

图1 案例片段中的冲突过程(ELAN标注)

按照时间发展,第一回合的反驳者依次为:安迪-邱-安迪,此回合安迪"胜";第二回合的反驳者依次为:邱-安迪-邱,此回合邱莹莹"胜";第三回合只有一次冲突,邱莹莹为反驳者。整体来看,此段对话以安迪反驳邱莹莹开始,在第一回合将其驳倒后,她又"乘胜追击",开启了新一轮的对话,激发了第二回合的冲突,邱莹莹不甘示弱,奋起"驳"击,然后安迪示弱,以道歉结束此回合。但邱莹莹不依不饶,对安迪的歉意拒不接受,开始了第三回合的冲突,此时安迪已经不愿再继续,以离开、关门的方式拒绝对话。

从数量上来看,回合1包括3次冲突,回合2包括3次冲突,回合3最少,只有1次冲突。但从时间上来看,回合1约70.5秒、回合2约53.2秒,回合3最长,约122.1秒。从口语转写的字数来看,回合1共有299个字,其中安迪199个,占66.6%,为邱莹莹的两倍。回合2共有238个字,其中安迪139个,占 58.8%,邱莹莹说了 99 个字,虽然比安迪少,但差距明显比回合 1 小。回合 3 共说了 199 个字,其中安迪的话语量只占 4.5%,其中有句还是自言自语,真正的对话里安迪只有 1 个字。这些数字说明,从回合 1 到回合 3,在激发矛盾和反驳劲头方面,安迪由强势到弱势,但邱莹莹却由弱势到强势,最后甚至是到了怒不可遏的程度。为什么会出现这样的情况呢? 为解答这个问题,接下来本文将对 7 次冲突的具体引发机制进行详细分析。

4.3　冲突的引发机制及动态发展

本节我们将从上文提到的冲突性话语中的分歧、目标干预和负面情绪维度,结合第 3 节中的多个冲突引发理论视角,分析案例冲突的引发机制。

4.3.1　案例冲突的引发机制

案例中安迪与邱莹莹的冲突不涉及利益,大多属于理念和性格差异引起的冲突。如表 1 所示,视频片段主要围绕对(邱莹莹所看的成功学)书、邱莹莹、成功、安迪离开行为的评价展开。

表 1　案例冲突的构成与引发原因

序号	分歧			目标			负面情绪		引发原因
	对象	安迪	邱	安迪	邱	干预	安迪	邱	
1	书	**-价值；-真实**	+价值	任务	*身份；任务*	任务；身份	-事物		认知差异；关联不足
2	书中故事	-真实	**+真实**	*任务*	任务；身份	任务		+事物；-事件结果	认知差异
3	书；邱	**-真实；-能力**	+真实	任务；身份	*任务；身份*	任务；身份	-事物；-事件结果		认知差异；维护身份；理性缺乏
4	成功	-价值；-必要	**+必要**	*任务*	任务	任务		+事物；-事件结果	认知差异；关联不足
5	书；成功；邱	**-价值；-可取-可能；-诚实**	+必要	任务；身份	*任务*	任务；身份	-事物-事件结果；-行为		认知差异；关联不足；理性缺乏
6	邱	-可取；-诚实	**-可取+形象**	*任务身份*	身份	任务；身份		-事件结果；-行为	维护面子；理性缺乏
7	安迪离开行为	-可取	**-可取+形象-态度**	*任务*	任务；身份；关系	任务	-行为；-事物-事件结果		认知差异；维护面子；理性缺乏；关联不足；语境顺应

注:表中"分歧"一栏用下划线加粗指反驳方;"目标"一栏用下划线斜体指被干预者;"负面情绪"一栏标注的是反驳者的负面情绪。

1) 人际分歧:认知差异引起

从人际分歧来看,认知差异是引起除冲突 6 以外所有其他冲突的原因之一。如表 1 所示,在对书的认知方面,分歧在于邱莹莹所看的成功学书是否有价值(冲突 1),以及书中故事是否可信(冲突2、3)。在对成功的认知方面,分歧在于(物质)成功是否有价值、是否必要、获得概率大小(冲突 4、5)。

在对邱莹莹的认知方面,分歧在于邱莹莹是否有能力正确判断书的价值及可信度(冲突 3),以及她看这种书是否可取(冲突 5)。在对安迪离开行为的认知方面,分歧在于会话途中突然离开的行为是否可取(冲突 7)。这些认知差异主要通过评价资源体现,比如冲突 3 中(见例 1):邱莹莹以"真的有"表明她认为书中故事是真实的,并以"别不信""再查给你看"试图说服安迪相信。但是安迪以"三分真七分假""骗"等评价表明她仍不相信其真实性,并以"你这样的人"暗示邱没有正确判断故事真实性的能力。

　　　例 1(冲突 3)

　　　邱:你别不信! 我上网查了,真的有这个人。不信我再查给你看。

　　　安迪:我知道会有这种人。但是这种故事,三分真七分假,它才能够骗你这样的人。

　2) 目标干预:人际差异、关联不足、身份面子与理性缺乏引起

　　从目标干预来看,案例中被干预的目标主要涉及任务型和身份型。如表 1 所示,两人交际中的主要任务是评价书、邱莹莹、成功和安迪离开的行为,两人因认知差异而进行的相反评价干预了彼此的评价目标,上文已进行分析。身份型目标指的是维护自己的积极正面的身份形象。对身份型目标进行干预就是损害别人的正面身份形象,主要由关联不足、维护身份面子、理性缺乏引起。

　　首先,邱莹莹因受到失恋失业的双重打击,内心有极强的获得他人认可、鼓励以重建自己(有能力成功)的正面身份的需要。但是在整个交际过程中,安迪对她身份型目标的认知关联不足,导致了她在冲突 1、4、5 中以否定的评价损害了邱莹莹的正面身份。

　　其次,理性缺乏和维护身份面子是引起冲突 3、5、6、7 的重要原因。如果说安迪对书、物质成功和邱莹莹看书行为的负面评价是在就事论事(完成任务型目标),是因关联缺乏而间接损害了邱莹莹的正面身份,那她在冲突 3、5 中对邱莹莹本人能力和诚实性的负面评价则是直接损害了邱莹莹的身份(见例 2)。前文说过,当正面身份被忽略或者攻击时,交际者很可能采取带有破坏性的方式来防御或者报复(Folger et al.,2021),所以这种攻击对方身份的沟通方式必定会激发冲突,也不可能达到说服邱莹莹的目的,所以是缺乏工具理性的。非理性沟通方式引发了冲突 6、7(见例 2),而邱莹莹为了维护自己的面子,又以高声争吵的方式来反击。

　　　例 2(损害身份和维护身份的语言体现)

　　　安迪(冲突 3):　　它才能够骗你这样的人。

　　　安迪(冲突 5):　　你只能靠这些书,来自己欺骗自己,说"我会成功"吗?

　　　邱(冲突 6):　　　我知道我自己在做什么,我有分辨能力,我知道自己能看什么书。求你别管我,也别替我操心了,行吗?

　　　邱(冲突 7):　　　你不能这么不尊重人啊,安迪。不出来是吧。好,等着啊。

　3) 负面情绪:认知评价引起

　　语境顺应理论中的冲突引发原因其实和上文的其他理论有重合之处,但将发泄负面情绪作为冲突的引发原因却是上述理论没有触及的。不过,语境顺应理论并没有深入挖掘负面情绪的触发原因,所以本文使用认知评价理论来分析案例中的负面情绪引发机制。

　　冲突片段中,冲突 1～6 的反驳者其实都对对方话语有负面的态度和情绪,其原因主要为对书不喜欢、对对方的评价结果不满意,以及认为对方看书/离开等行为不可取。但这些都没有成为引发冲突的直接原因,因为交际者将情绪压制在了心中没有用言语表达出来。只有在冲突 7 中,邱莹莹顺应自己的怒火,发泄负面情绪成为引发冲突的重要原因。在安迪说了一声"sorry"之后转身就走并把邱莹莹关在安迪家门外时,邱莹莹怒不可遏,顺应了自己的怒气,以口头吵闹、发短信、坐在门口叫骂等过激方式来发泄。当然,邱莹莹发泄怒气的直接触发条件是认为安迪离开的行为不可取,是不尊重人、不礼貌的表现。但是,笔者认为,邱莹莹巨大的负面情绪不是在一瞬间产生的,而是之前交际过程中逐渐累积的。安迪的

离开的行为只是其怒气爆发的一个导火索。所以,有必要对冲突的动态发展过程进行追踪和考察。

4.3.2　案例冲突的动态发展

从动态发展的视角来看,在冲突发展的过程中,人际分歧的对象从事物发展到了对人的评价,偏离了"初衷"。冲突1、2、3、4、5涉及了与客观事物(书、成功)有关的观念分歧,而冲突3、5、6、7涉及了与人的能力(判断力)、品质(诚实性)和行为(会话途中离开)相关的观念分歧(见表1)。由于对人的批评往往有巨大的破坏力(Folger et al.,2021),所以我们看到邱莹莹反驳的劲头越来越足,最后竟到了怒不可遏的地步。同时,因为安迪的"初衷"是劝阻邱看成功学的书,所以当交际逐渐向批评与维护面子发展时,她渐渐失去兴趣,进而转身离开。

从所干预的目标的发展来看,案例中的冲突会呈现另一番风景。交际是从邱莹莹将自己认可的成功学书籍拿给安迪看开始的,邱莹莹言行的首要目标是身份型的(见表1),即获得认可和鼓励来吸取心理能量,从失恋和失业的双重打击中恢复过来(这在冲突7中邱发给安迪的短信中有阐述)。积极评价书籍只是次要目标,是她达到首要目标的手段。但安迪一开始就间接干预了邱莹莹的首要目标,对书籍进行了负面评价,并在之后的交际中通过对书和成功的负面评价继续这种间接干预,又通过对邱莹莹的能力和品行进行负面评价,直接干预了邱莹莹的身份目标。然而从安迪的角度来看,她一开始的目标就是任务型的,即对书籍进行客观的评价。但邱莹莹与她争辩,且争辩的方式又是主观非理性(认知理性)的,所以她对书籍和邱莹莹都进行了"中肯"的负面评价。第2回合对成功和邱莹莹的讨论与此类似。所以,从目标及目标干预的动态发展来看,两者冲突跟彼此看重的目标不同有较大关系:邱莹莹最看重的是身份型目标,为了维护自己的面子和形象与安迪进行争论;而安迪最看重的是任务型目标,为了客观有逻辑的评价而不惜损害邱莹莹的身份形象。可见交际过程中,可能有多种目标共同存在,交际者对它们进行优先排序,并根据自己的目标选择交际的策略,而冲突则是交际策略的一种。

从负面情绪来看,如表1所示,在冲突的过程中,反驳方都有负面情绪。随着冲突的发展和延续,双方的负面情绪也在累积。安迪克制住了内心的情绪,并没有发泄出来。但邱莹莹却没有,在冲突7中她终于怒不可遏,顺应了自己发泄负面情绪的需求,使用过激的方式与安迪发生冲突。这一方面与两人理性与感性的性格差异有关。但如果结合前面的分歧和目标分析,我们可以看到,更重要的原因是在整个冲突过程中,邱莹莹的身份和面子接二连三地受到损害,而对她来说维护身份又是最重要的目标。如福尔杰等(Folger et al.,2021)所指出的,当维护正面形象的需求被忽略或者攻击时,交际者很可能采取带有破坏性的方式来防御或者报复。

综上所述,冲突在动态发展的过程中,人际分歧的对象会发生变化,人们交际目标呈现多样化和优先级各异的特征,对交际者身份型目标的干预引发冲突的可能性和强度更大,而负面情绪是不断累积并最终爆发的。本文认为,我们应该结合冲突定义中的人际分歧、目标干预和负面情绪三大核心要素,追踪紧密相连的不同类型的冲突各自的引发原因,并结合其动态发展过程,综合分析冲突的发展特征,这将有助于我们对冲突的深入理解和有效管理。

5　结语

本文针对冲突性话语的引发机制问题,综合前人对冲突引发的认知差异、关联不足、维护身份、理性缺乏、语境顺应等方面的成果,并结合认知评价理论,从动态发展的视角探讨了冲突的引发机制和动态发展特征。研究发现,冲突在动态发展的过程中,人际分歧的对象会发生变化,人们交际目标呈现多样化和优先级各异的特征,对交际者身份型目标的干预引发冲突的可能性和强度更大,而负面情绪是不断累积并最终爆发的。鉴于时间和精力限制,本文仅分析了一个冲突片段,所得结果可能不够全面。通过此研究,希望抛砖引玉,吸引更多的学者关注使用动态视角研究冲突性话语的方法。通过对冲突引发机制的动态分析,我们可以反推交际者之间认知分歧、交际目标和负面情绪的引发点,了解人们的价值观念、认知方式和行为表达模式,为成功有效的交际活动提供重要基础。

参考文献

[1] Barki H. and Hartwick J. 2004. Conceptualizing the Construct of Interpersonal Conflict[J]. *International Journal of Conflict Management* (15): 216 - 244.

[2] Folger J. P., Poole M. S. and Stutman R. K. 2021. *Working Through Conflict: Strategies for Relationships, Groups, and Organizations* [M]. New York: Routledge.

[3] Grimshaw A. D. 1990. *Conflict Talk: Sociolinguistic Investigations of Arguments in Conversations* [C]. Cambridge: Cambridge Unversity Press.

[4] Hocker J. L. and Wilmot W. W. 2018. *Interpersonal Conflict* [M]. New York: McGraw Hill Education.

[5] Keck K. L. and Samp J. A. 2007. The Dynamic Nature of Goals and Message Production as Revealed in a Sequential Analysis of Conflict Interactions [J]. *Human Communication Research* (33): 27 - 47.

[6] Mikkelsen E. N. and Clegg S. 2017. Conceptions of conflict in organizational conflict research: Toward critical reflexivity[J]. *Journal of Management Inquiry* (28): 166 - 179.

[7] 冯德正,亓玉杰.2014.态度意义的多模态建构:基于认知评价理论的分析模式[J].现代外语 (37):585 - 596 + 729.

[8] 顾培东.2016.社会冲突与诉讼机制[M].上海:法律出版社.

[9] 赖小玉.2011.汉语语境下夫妻间冲突性话语的顺应性研究[J].外语学刊(4):59 - 63.

[10] 李成团,冉永平.2011.会话冲突中的语用管理探析[J].中国外语(8):43 - 49.

[11] 马丁,费边(编).2009.冲突[C].北京:华夏出版社.

[12] 秦俊香.1997.电视剧的戏剧冲突艺术[M].北京:北京广播学院出版社.

[13] 冉永平.2010a.冲突性话语的语用学研究概述[J].外语教学(31):1 - 6.

[14] 冉永平.2010b.冲突性话语趋异取向的语用分析[J].现代外语(33):150 - 157 + 219.

[15] 冉永平.2012.人际交往中的和谐管理模式及其违反[J].外语教学(33):1 - 5 + 17.

[16] 张结根.2019.理性视角下的冲突话语分析[J].现代外语(42):25 - 36.

[17] 赵英玲.2004.冲突话语分析[J].外语学刊(5):37 - 42 + 112.

[18] 赵忠德,张琳.2005.从关联理论看话语冲突[J].外语教学(1):17 - 21.

The Instigation Mechanism of Conflict Discourse

Tao Qu

Shanghai Jiao Tong University

Abstract: Focusing on the instigation mechanism of conflict discourse, integrating the previous achievements from the cognitive disagreements, relevance lacking, positive identity construction, rationality absence, and context adaption perspectives, and combing cognitive appraisal theory, this paper explores the mechanism and dynamic development of conflicts. It is found that in the process of dynamic development, the targets of interpersonal disagreements change, people's goals diversify and prioritize, the impact of interference on identify goals exceeds that of task goals, and negative emotions accumulate before it finally outbursts. Through such analysis, we can infer retrospectively the cognitive disagreements, communicative goals, and eliciting condition of negative emotions, and get to know the patterns in people's opinions, thinking and behaviors, which will provide important basis for successful and effective communication.

Keywords: conflict discourse; instigation mechanism; dynamic perspective

刑事庭审程序性话语中协商
语义对价值关系的重构[①]

于梅欣[②]

上海大学

摘　要： 规范的庭审程序性话语是法庭审判实践顺利推进的重要因素，是实现程序正义的重要手段，是建构价值关系的前提。本研究在系统功能语言学理论框架下，从人际元功能出发，运用语篇语义层面的协商语义系统，以国内刑事庭审个案程序性话语为语料，研究程序性话语的协商语义结构对价值关系的重构及机制。研究发现，刑事庭审程序性话语在庭审过程中建构了七种协商语义交换结构，语义交换结构作为价值媒介，在庭审中以诉讼程序为价值尺度，通过协商信息、协商行为、协商双重语义等路径重构价值关系；价值关系的重构同时受法庭语境制约和推动。本研究有助于司法人员在庭审中规范使用程序性话语，同时有助于社会公众重新认识程序性话语对价值关系的重构作用。

关键词： 程序性话语；协商语义系统；交换结构；价值关系重构

1　引言

程序性话语是"法官在执行程序法、履行程序职责时实施的语言行为，这些行为是为程序正义的目的服务的"（廖美珍，2005：83；2009：101）。坚持程序公正原则，通过法庭审判的程序公正实现案件裁判的实体公正，是以审判为中心的刑事诉讼制度改革的基本要求。法庭审判的程序公正是由审判人员根据程序法《中华人民共和国刑事诉讼法》所规定的法庭审判程序通过话语实现的。这些话语是由法官主导、其他诉讼各方共同合作而产生的语言活动，是经过多年的刑事庭审实践所形成的一套具有系统性、连贯性和可复制性的庭审话语，称为程序性话语。程序性话语能够保证刑事庭审在程序上的合法性和规范性，进而保障诉讼主体的合法权利，为调和社会关系起到程序性公正的作用，促进重构具有冲突或矛盾的价值关系。

价值关系是人类实践的基本关系，是在社会实践中形成的主客体之间的动态关系，是以主体的尺度为尺度的关系，是一个以人为中心的结构系统；而价值则是这种动态关系的所特有的质态及客体对主体的意义；在实践活动中，根据客体的存在、属性和合乎规律的变化是否具有与主体生存和发展相一致而区别正价值和负价值（李德顺，2013：41）。法律所调整的社会关系正是以价值冲突或矛盾为起因的价值关系。刑事庭审是司法过程调整价值关系的重要阶段，在刑事庭审中程序性话语是重构价值关系的重要环节。

近年来，国内刑事庭审程序性话语研究主要围绕其基本概念、主要内容和语言技巧、语言特征等方面展开，如廖美珍（2005，2009）提出庭审话语包括程序性话语和实体性话语，界定了程序性话语的概念，提出了程序性话语的语言规范和技巧，梳理了程序性话语的主要内容，包括庭审前身份及相关情况

---

① 本文为国家社科基金重大项目"改革开放以来中国贫困治理对外话语体系的建构与传播研究"（20&ZD40）阶段性成果。

② 于梅欣（1981—），女，博士，上海大学外国语学院讲师；研究方向：系统功能语言学、法律语言学；通信地址：上海市上大路 99 号 C楼 325 信箱；邮编：200444；电子邮箱：haixinyuyang@shu.edu.cn。

审查问话,赋予法律权利的话语,关于权利理解清楚与否的问话,就证据等提请质疑的问话,话语推进性问话,话语监控性问话和调节、裁断性话语等(廖美珍,2009:102 - 105)。于梅欣(2018)从系统功能语言学的视角梳理了程序性话语的协商语义特征以及七种协商语义结构,提出程序性话语是整个庭审话语过程的主动脉。

然而庭审程序性话语的功能及其对价值关系的重构作用,并未得到深入探讨,这将是本研究要探讨的主要问题。

本研究以重大刑事案件林某某故意杀人案①第一审普通程序庭审程序性话语为个案分析语料,运用系统功能语言学语篇语义层面的协商语义系统(Martin & Rose,2007:240),并结合价值关系理论(李德顺,2013),通过人工标注的方法,识解程序性话语协商语义对价值关系的重构过程,以期引起司法人员重视庭审程序性话语规范,实现程序正义。

2 协商语义系统

协商语义系统(NEGOTIATION)是语言人际元功能在语篇语义层面得以实现的重要语义资源。这些语义资源使说话者在对话中扮演或者赋予对方一定角色,并形成语步(move)组织结构(Martin & Rose,2007:219),使对话往复推进。对话的实质是一种交换(exchange),是语言使用者通过给予(giving)或者要求(demanding)信息(information)和物品/服务(goods-&-services)而进行的角色交换(Halliday & Matthiessen,2004,2014)。

对话在小句级阶共有四类言语功能(speech function),即声明、提问、提供和指令。给予信息由对话发起者发表声明,期待听话人表示认可;需求信息由发起者提出问题,期待听话人回答问题;给予物品/服务由发起者提供,期待听话人接受;需求物品/服务由发起者发出指令,期待听话人执行,共 8 类基本言语功能,其在词汇语法层主要表现为语气系统(见表 1)。

表 1   基本言语功能(基于 Halliday & Matthiessen,2008:108)

协商内容	角　色	发　起	一致性语法形式	回　应
信　息	给予	① 声明	陈述语气	② 认可
	要求	③ 提问	疑问语气	④ 回答
物品/服务	给予	⑤ 提供	疑问语气	⑥ 接受
	要求	⑦ 指令	祈使语气	⑧ 执行

小句级阶层面的基本言语功能超越小句的意义上升到语篇语义层面,即协商语义系统(Martin,1992;Martin & Rose,2007)。协商语义系统为说话者提供语义资源,用于协商信息、物品/服务,是双方的意义交流互换,主要包括知识交换和行为交换。知识交换(knowledge exchange,简称K),是说话者通过协商信息发表声明、提出问题,说话者为知者(knower)。本研究认为庭审过程交换的是信息,为了表意清楚,将知识交换改称信息交换。行为交换(action exchange,简称 A)是说话者通过协商物品/服务,提供或要求听话者提供物品/服务,说话者或参与者为行为者(actor),行为有言语化行为和非言语化行为两种选择。

---

① 本文选取林某某故意杀人案第一审普通程序为语料。该案庭审受到社会高度关注,影响深远,在庭审过程中,每个程序语言均严格按照《刑事诉讼法》规范,具有可参照性。

　　信息交换或行为交换的过程由交际双方轮流展开、共同构建,在大语篇中形成有意义的交换结构。交换结构由表达信息或实施行为的语步构成。每回交换结构包括至少一个必选语步(obligatory move)和一个或多个可选语步(optional move)。必选语步在信息交换中表现为发表声明和回答问题,为 K1,其说话者为主要知者(知情者)(primary knower);在行为交换中表现为提供物品或提供服务,为 A1,其行为人为主要行为者(执行者)(primary actor)。可选性语步在信息交换中表现为提出问题和认可问题,为 K2,其说话者为次要知者(想知情者)(secondary knower);在行为交换中表现为接受或要求物品/服务,为 A2,其行为人为次要行为者(受益者)(secondary actor)。一个完整的交换结构还包括一些附和的话语或行为,用 f 来表示。这是在交流互动中,说话者之间相互赋予的角色。总之,在信息交换中,协商主体的角色包括主要知者(K1)、次要知者(K2)、延迟知者(DK1)、主要知者附和(K1f)和次要知者附和(K2f);在行为交换中,协商主体的角色包括主要行为者(A1)、次要行为者(A2)、延迟行为者(DA1)、主要行为者附和(A1f)和次要行为者附和(A2f)。

　　从言语功能的角度看,一个回合就是一个信息或产品/服务交换的过程(赖良涛,2012)。由知情者/执行者发起对话,产生一个交换回合,则有两种可能性的交换结构:dA1/dK1^A2/K2^A1/K1 或者 A1/K1;由想知情者/受益者发起对话,产生一个交换回合,交换结构为 A2/K2^A1/K1。具体如下:信息交换结构形式为((DK1)^K2)^K1^(K2f^(K1f));行为交换结构形式为((DA1)^A2)^A1^(A2f^(A1f))。具有交换结构的协商系统具体见图1:

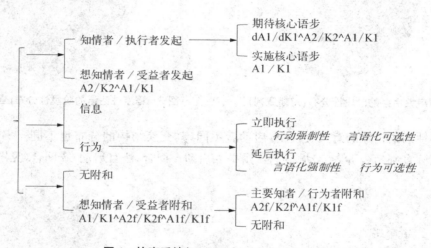

图1　协商系统(Martin & Rose 2007: 240)

3　程序性话语的协商语义分布和结构特征

　　在言语交换系统中,由法庭诉讼各方基于不同的身份,根据庭审规则预先分配好轮流发言的权力是庭审语言最显著的特征(Atkinson & Drew,1979)。而这种话语权力的实现由庭审程序性话语调节和推进,以对话的形式贯穿刑事庭审始终。刑事庭审过程主要包括五个阶段:宣布开庭^法庭调查^法庭辩论^被告人最后陈述^宣判(于梅欣,2018)。刑事庭审话语是庭审作为一场完整社会活动而形成的大语篇,是一个社会过程。

3.1　协商语义的分布特征

　　程序性话语的协商语义特征可以从协商系统的三个参数,即协商内容、协商主体的主动性和协商主体的作用分配来观察。首先,协商内容包括信息交换和行为交换,其中信息交换是协商命题,在庭审中是指交换想要得到的信息;行为交换是协商提议,在庭审中是指要求诉讼参与者做某事。其次,协商主体的主动性指对话双方当事人谁启动话语,程序性话语的说话者法官、书记员、公诉人和辩护人启动话语,期待其他诉讼各方以信息或者行为交换的方式予以回应,进而共同构建程序性话语意义。协商主体实际上就是在庭审中所赋予的价值关系主体与客体。最后,协商主体的作用主要是协商主体在话语交换中对信息或者行为等主要内容的给予或者需求。

本研究中,第一审刑事庭审程序话语严格按照《刑事诉讼法》规定,会产生 74 回合(当庭宣判)或者 64 回合(定期宣判)的交换结构。换言之,程序性话语为整个庭审话语构建了 74/64 个话语意义片段。回合数量的分布因刑事庭审阶段、意义启动者和言语功能的不同而有所差异。

首先,刑事庭审的阶段不同,程序性话语的回合分布也不同。开庭阶段有 31 回合,法庭调查阶段有 15 回合,法庭辩论阶段有 11 回合,被告人最后陈述阶段有 2 回合,宣判阶段有 15 回合(定期宣判见图 2)或者 5 回合(当庭宣判见图 3)。其中,休庭和宣判阶段分别有 5 回合和 6 回合,退庭有 4 回合(当庭宣判)或 5 回合(定期宣判)。

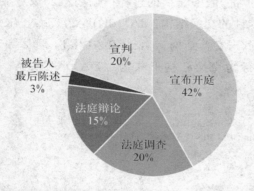 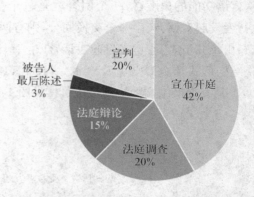

图 2　程序性话语的阶段性分布(定期宣判)　　　图 3　程序性话语的阶段性分布(当庭宣判)

其次,程序性话语构建的意义交换中,启动者不同,其交换结构的分布也不同。书记员启动 11 回合交换结构(当庭宣判),公诉人启动 2 回合,辩护人启动 1 回合,法官启动 63 回合(见图 4)。

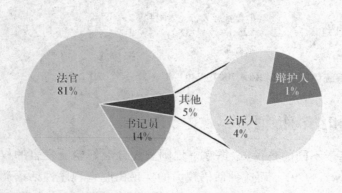 

图 4　程序性话语的启动者分布　　　　　图 5　程序性话语言语功能分布

最后,程序性话语构建的意义交换中,言语功能不同,其交换结构分布也不同。用于信息交换时,有 18 回合用来索求信息和提出问题,18 回合用来给予信息与发表声明;用于行为交换时,11 回合表示说话者提供物品/服务与执行行为,另有 27 回合表示说话者要求对方提供物品/服务与执行行为(见图 5)。

3.2　协商语义的结构特征

协商语义体现于具体的交换结构。研究发现,刑事庭审程序性话语主要构建了七种体现协商语义的交换结构，即 K2^K1，K1，A2^A1（non-verbal），A1，A2^A1（K1），K2（A2）^K1（A1）和 K2（A2）^A1（K1（K2'^K1'）$_n$）。具体如表 2 所示。

表 2　程序性话语的协商语义结构

序号	交换结构	主　要　内　容
1	K2^K1	发生在法官（K2）和被告人（K1）之间的对话，其他人员不得插入对话。程序性话语具有提问作用，有问必答，K1 是 K2 的必选语步。
2	K1	发生在书记员（K1）与全体法庭、法官（K1）与诉讼各方、公诉人（K1）与法官之间。程序性话语具有告知作用，听话者只需聆听、知晓。
3	A2^A1（non-verbal）	发生在书记员（A2）与全体法庭（A1）、法官（A2）与诉讼各方（A1）程序性话语具有指令作用，发话者要求听话者用非言语性行为执行指令。
4	A1	书记员（A1）程序性话语具有执行程序的作用，要求听话者和发话人共同执行。
5	A2^A1（K1）	法官（A2）程序性话语发出指令，由其他诉讼参与人（A1）通过构建话语来执行。
6	K2（A2）^K1（A1）	法官（K2）程序性话语表面上提出问题，实则发出指令，由其他诉讼参与人（K1）通过构建对话来执行指令。
7	K2（A2）^A1（K1（K2'^K1'）$_n$）	法官（K2）程序性话语表面上提出问题，实则发出指令，由其他诉讼参与人（A1）通过构建彼此（K2'^K1'）对话来执行指令。

4　程序性话语协商语义对价值关系的重构

构建刑事庭审程序性话语协商语义的过程是对价值关系的重塑过程，即对主客体关系的协商过程。李德顺（2013）认为，从哲学的角度来看，主体是指实践者、认识者或任何对象性活动的行为者本身，客体相应地是指实践的对象或认识的对象或任何行为的对象本身，而主客体关系包括人类与外部世界、人类自我主客体、人类互为主客体和主体之我与客体之我之间的关系。在程序性话语对价值关系的构建过程中，主客体关系包括人类自我主客体关系——法官与双方诉讼参与者，书记员与全体法庭，公诉人与被告人，辩护人与被告人；人类与外部世界主客体关系——全体法庭在法庭语境下对法庭纪律的认识与遵守和对法庭程序的遵守。

4.1　通过信息协商重构价值关系

保障当事人权利、明确当事人义务是法庭审判重构价值关系、协调价值冲突之根本。刑事庭审程序性话语可通过提出问题和发表声明两种手段协商信息，重构价值关系。在整个刑事庭审程序过程中，用于提出问题和用于发表声明的交换结构分别有 18 回合。提出问题的交换结构主要用于核实个人信息、确认被告方在程序上的基本权利以及协调诉讼各方的话语权利关系，主要分布在开庭阶段、法庭调查阶段和法庭辩论阶段，其交换结构表现为 K2^K1。用于发表声明的交换结构主要表示告知，分布在庭审准备阶段和法庭调查阶段，其交换结构表现为 K1。

4.1.1　K2^K1：建构法官与被告方的主客体价值关系

首先，法官提问以核实基本信息是刑事庭审中的例行程序，集中在开庭阶段。法官在开庭阶段共提出 12 个必答问题，即 12 个程序性语步，构建了 12 回合的交换结构，用来核实被告人身份、背景信息等基本信息。法官作为次要知者启动话语 K2，提出问题③，法庭语境要求有问必答。被告人作为主要

知者回应话语K1,回答问题④。一问一答,构成典型的交换结构,即K2^K1。如例1:

[例1]K2(法):被告人＊＊,上海市＊＊检察院的起诉书副本,你收到没有?

　　　K1(被):收到了。

其次,法官提问以确认被告方在程序上的基本权利,主要在开庭阶段和休庭/闭庭阶段。此类提问以确认被告方(被告人和辩护人)是否清楚其诉讼的基本权利为目的,确保被告方在庭审程序上的权利得以知晓或实现。主要包括:一是确认被告人/辩护人知晓有申请回避的权利;二是确认被告人/辩护人知晓有其他诉讼权利,三是告知被告人/辩护人有确认庭审笔录的权利。如例2:

[例2]K2(法):被告人＊＊,对法庭宣布的上述各项诉讼权利,你是否听清楚了?

　　　K1(被):听清楚了。

总之,程序性话语通过必问必答协商语义信息,形成K2^K1交换结构,协商价值主体法官与价值客体被告人和辩护人的价值关系。法官掌握话语的主导权,但被告人掌握信息的真实性。K2^K1语义结构之所以建立,是由于价值主客体具有主体性,主客体间有一个共同的价值尺度——遵守诉讼法程序,这也彰显了法庭语境赋予价值主体法官的权威和权力,以此建构法官和被告人、辩护人庭审中的基本价值关系,具体见图6。

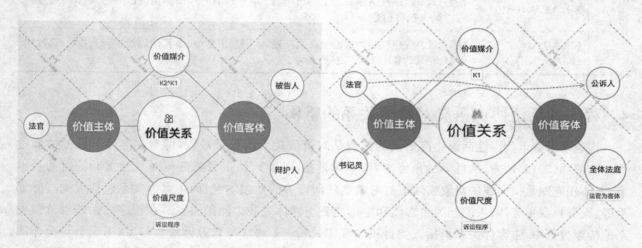

图6　K2^K1建构的基本价值关系　　　　　图7　K1建构的基本价值关系

4.1.2　K1:建构书记员与全体法庭、公诉人与法官的主客体关系

程序性话语用于发表声明和告知,主要分布在开庭、法庭调查阶段,总共有18个语步,构成18回合的交换结构。表示发表声明的信息交换只有启动语步,没有言语化回应,或者回应方式为默认,其交换结构为K1。

在开庭阶段,书记员(K1)用3个语步启动话语,告知法庭全体人员庭审纪律(如例3),告知法官庭审准备工作状态(如例4);在法庭调查阶段,公诉人(K1)用3个语步启动话语,告知法官其发言状态(如例5),标志着公诉人话语的结束;其余12回合的意义交换由法官(K1)启动,告知诉讼参与人庭审的基本信息(如例6)、被告人所享有的权利(如例7)、法庭对案件的阶段性总结和最终判决(如例8)。

[例3]K1(书):对于违反法庭纪律的旁听人员,审判长可以口头警告、训诫或责令其退出。

[例4]K1(书):报告审判长,法庭审理准备工作完毕。

[例5]K1(公):审判长,公诉人对被告人＊＊的讯问暂时到此。

[例6]K1(法):经过两轮的辩论,法庭已充分听取了公诉人、被告人、辩护人的意见,并记录

　　　　　　　　在案。

　　　［例 7］K1（法）：根据《中华人民共和国刑事诉讼法》的规定，被告人在庭审中由申请回避的
　　　　　　　　　　　　权利。

　　　［例 8］K1（法）：公诉人刚才宣读和出示的证据，经法庭质证，合法有效，法庭予以确认。

　　在信息交换过程中，语言既是手段，又是目标。程序性话语在意义协商过程中所构建的信息交换结构相对稳定，有 K2^K1 和 K1 两种结构，因此其意义协商的空间狭窄，会话双方没有争论空间。K1 协商结构作为价值媒介，通过共同的价值尺度建构了典型的主客体价值关系：书记员作为价值主体时，法庭全体人员均为价值客体；法官作为价值主体时，其他人员均为主客体；公诉人通过法庭讯问作为价值客体中的主体时，法官也是价值客体，二者互为主客体，具体见图 7。

4.2　通过行为协商建构价值关系

　　刑事庭审程序性话语也通过发出指令或提议以协商主客体行为，建构主客体价值关系。价值主体通过提议或要求价值客体实施行为而使得价值客体或自己受益，价值客体可以通过语言或者行动作出言语和非言语回应。A2^A1（non-verbal）的价值媒介构建了书记员与全体法庭、法官与当事人之间的价值主客体关系。

　　首先，协商指令以 A2^A1（non-verbal）的方式，建构作为价值主体的书记员与作为价值客体的全体法庭的价值关系。此时书记员发出指令的语法形式多为祈使语气，在语义上，发出指令主要表示要求、禁止和恳请，期待或要求全体法庭以合作的非语言或言语行为来实现。书记员作为价值主体发出指令，目的是做好正式审判开始前的准备工作，为整个庭审程序做好铺垫，确保法庭威严和秩序，全体法庭作为客体均以非言语行为遵循该指令。

　　其次，协商指令以 A2^A1（non-verbal）的方式建构作为价值主体的法官与作为价值客体的当事方之间的价值关系。法官对当事方发出指令，要求的回应方式可以是非言语化或言语化行为回应，主要分布在开庭阶段、法庭辩论阶段、休庭和退庭阶段。法官启动交换意义，要求听话者以合作的方式，通过非言语化行为来实现。A1 由被告人或法警、辩论双方等通过非言语化行为来完成。

　　在刑事庭审话语中，行为交换主要借助语言和非言语语步相互合作来实现。价值主体通过程序性话语让价值客体实施非言语行为或者言语行为。在法庭语境中，作为行为交换，程序性话语语义协商的空间比较狭窄，甚至没有协商空间。因此，在意义协商过程中所构建的行为交换结构 A2^A1（non-verbal）相对稳定，与之匹配所建构的价值关系和角色也相对稳定，即主要行为者为作为价值客体的诉讼各方，次要行为者为作为价值主体的法官和书记员。

4.3　通过双重语义协商建构多元价值关系

　　因价值冲突或矛盾具有复杂性，庭审话语中的价值关系错综复杂，以法官为主导的程序性话语保障了法庭秩序，是厘清多元价值关系的主要手段。程序性话语在庭审过程中有双重语义结构，表现为表层是信息交换，深层是行为交换，或者表层是行为交换，深层是信息交换，可称为协商语义结构复合体，包括 A2^A1（K1）、K2（A2）^K1（A1）和 K2（A2）^A1（K1（K2′^K1′）$_n$），这种结构复合体建构了多元价值关系。

　　第一，行为交换蕴涵信息交换。法官以 A2^A1（K1）的形式要求对方以言语行为完成指令，主要分布在法庭调查和法庭辩论阶段。这部分话语的表层语义是要求听话者通过语言来完成法官发出的指令，深层语义是要求对方以传递信息、作出陈述的方式执行行为。如例 9 中，法官要求公诉人通过语言来完成指令，公诉人所宣读的起诉书是一种信息陈述；同理，例 10 中，法官允许被告人通过语言回应公

诉人的指控,被告人的回应是一种信息陈述。K1 是实现 A1 的方法,是一种语言服务。

> ［例 9］A2(法)：由公诉人宣读起诉书。
> 　　A1(K1)(公)：……(起诉书内容省略)
> ［例 10］A2(法)：被告人＊＊,你可以对起诉书指控的事实向法庭陈述。
> 　　A1(K1)(被)：……(回答省略)

价值主体法官通过价值媒介 A2^A1,以诉讼程序为价值尺度,建构作为价值客体的公诉人的角色,公诉人通过媒介 K1 作为第二重价值主体,建构由案件事实引发的与被告人之间的价值关系。

第二,信息交换蕴涵行为交换。作为价值主体的法官,通过提问以协调诉讼参与人话语权利。此时表层语义是提出问题,深层语义是要求对方开展下一步对话,形成了 K2(A2)^K1(A1) 的结构复合体(如例 11);或基于此,行为交换又嵌套并启动了新一的信息交换,形成了 $K2(A2)^{\wedge}A1(K1(K2'^{\wedge}K1')_n)$ 结构复合体(如例 12),协商多元价值关系。这部分程序性话语主要分布在法庭调查阶段和被告人最后陈述阶段。

> ［例 11］K2(A2)(法)：被告人对公诉人刚才所出示的证据有没有意见?
> 　　K1(A1)(被)：……
> ［例 12］K2(A2)(法)：辩护人对起诉书指控被告人的犯罪事实是否需要向被告人发问?
> 　　A1(K1)(辩)：那么刚才仔细听取了公诉机关讯问的问题,对于大部分重复的问题我就不再发问了,就围绕指控的事实相关问题有如下的发问,请你回答。
> 　　K2'(辩)：＊＊＊?
> 　　K1'(被)：＊＊＊。

法官表面上是询问辩护人是否需要发问,实际上是告知轮到辩护人发问了,协调了辩护人的话语权利,开启了辩护人和被告人之间的意义交换活动。法官和辩护人表层上进行了信息交换,深层上实施了行为交换,而辩护人和被告人之间所进行的几轮信息交换嵌入在辩护人这一轮的行为交换之中。

就价值关系而言,作为第一重价值主体的法官以诉讼程序为尺度,通过媒介 K2(A2)^A1(K1)协商作为价值客体的辩护人在法庭中的角色。第二重价值主体辩护人与价值客体被告人以 K2'^K1' 为媒介,以被告人个体价值为尺度协商整体价值关系,这一互换结构不断复现,直至辩护人发问结束。因此,用 n 表示(n 是大于等于零的自然数)其交换结构回合。这部分程序性话语促使诉讼各方在庭审中具有平等的话语权利,使法律所赋予的价值关系各方在法庭上平等表达意见和观点的权利得以实现。

4.4　协商语义重构价值关系的机制

程序性话语的协商语义对价值关系的重构是语言内部和语言外部双重机制相互作用的结果。语言内部机制是指语言本身所具有的人际协商元功能,而语言外部机制则归因于语言所在的法庭语境。系统功能语言学主张语言是一种符号系统,它附生于社会语境系统之内,受制于社会语境系统,又不断重塑着社会语境(Martin, 1997, 2014;王振华,2008,2009;于梅欣、王振华,2017)。发生在法庭语境中的程序性话语受制于庭审语境,又不断地推进庭审程序,重塑着法庭语境。社会语境在语域层面包含语场、语旨和语式三个变量,法庭语境则包含法庭语场、法庭语旨和法庭语式。在程序性话语与语境互动的过程中,解决或者调和价值冲突以重构价值关系是庭审的主要目标。

法官作为价值主体,一直掌握话语的主动性,通过程序性话语协商语义对法庭语场的积极建构是法治价值建构的主要元素。没有程序性话语就没有庭审话语的顺利进行。程序性话语是法庭语场规约性的鲜明表征,又是法庭语场预测力得以运行的重要保障。语场具有特有的规约性和预测力。语场的规约性和预测力在法庭语境下表现得尤为突出。首先，程序性话语实现了法庭语场的规约性，限定了刑事庭审话语意义的表达范围，同时保障了主体在庭审话语意义表达的合法有效性。价值主客体在法庭语境下，都有一个相对统一的价值尺度，即与诉讼程序密切相关的法律法规，因而在法庭环境下产生的话语，一定是在法律规定范围内开展的话语，任何违反法律规定的话语都要承担相应的法律责任。那么程序性话语对该话语范围具有一定的引导作用和规制作用。其次，程序性话语确保了法律语场的预测力，为庭审诉讼参与主体提供了具有弹性的话语构建空间。程序性话语对庭审程序的紧密衔接和诉讼参与者的诉讼权利起到了保障作用。诉讼参与者根据庭审程序性话语可以预判在每个程序中应该说/做什么，如何说/做，为此，可以在庭审之前做好充分准备。即便临场有意料之外的情景，也可以随机应变。从简单交换结构和交换结构复合体作为价值媒介来看，程序性话语的协商语义实际上建构的是一种在法庭语场内不可协商的语义空间，重构具有冲突或矛盾的价值关系是实现程序正义的基本保障。

5　结语

程序性话语协商语义以诉讼程序为主要价值尺度，通过有序建构语义协商的基本程序，保障价值主客体的基本权利，调和价值冲突或矛盾。价值主体以法官为主，客体以庭审中其他诉讼参与人为主；但依据庭审阶段性目的，作为客体的其他参与人同时兼备多重价值角色，如相对于价值主体法官，公诉人和辩护律师是价值客体，而相对于被告人又是价值主体，在控辩双方法庭辩护之时又互为主客体关系。这种复杂的主客体价值关系建构是依据程序法，由程序性话语通过协商语义结构有序建构的，对于加强刑事庭审的规范性、有效协调价值关系以及实现司法公正具有不可或缺的促进作用。

参考文献

［1］Atkinson, J. M. and P. Drew. 1979. *Order in Court: The Organisation of Verbal Interaction in Judicial Settings* ［M］. London: Macmillan.

［2］Halliday, M. A. K. and C. M. I. M. Matthiessen. 2004. *Introduction to Functional Grammar* ［M］. Third Edition. London & New York: Routledge. Reprinted in 2008, Beijing: Beijing Foreign Language Research and Education Press.

［3］Halliday, M. A. K. and C. M. I. M. Matthiessen. 2014. *Introduction to Functional Grammar* （4th edn.）［M］. London & New York: Routledge.

［4］Martin, J. R. 1992. *English Text: System and Structure* ［M］. Amsterdam: Benjamins.

［5］Martin, J. R. 1997. Analysing Genre: Functional Parameters［A］. In F. Christie & J. R. Martin （Eds.）. *Genre and Institutions: Social Processes in the Workplace and School* ［C］. London: Cassell.

［6］Martin, J. R. 2014. Evolving Systemic Functional Linguistics: Beyond the Clause ［J］. *Functional Linguistics*, 1(2): 23 - 47.

［7］Martin, J. R. and D. Rose. 2007. *Working with Discourse: Meaning Beyond the Clause* ［M］. London: Continuum.

［8］李德顺.2013.价值论：一种主体性的研究（第3版）［M］.北京：中国人民大学出版社.

［9］赖良涛.2012.语篇协商机制探讨［J］.当代外语研究（09）：28 - 32.

［10］廖美珍.2005/2009.法庭语言技巧［M］.北京：法律出版社.

［11］王振华.2008.作为系统的语篇［J］.外语学刊（03）：50 - 57.

［12］王振华.2009.语篇语义的研究路径：一个范式、两个脉络、三种功能、四种语义、五个视角［J］.中国

外语(06)：26 - 38.

[13] 于梅欣,王振华.2017.我国法律语言中"其他"一词的语篇语义分析[J].当代修辞学(6)：23 - 32.

[14] 于梅欣.2018.国内刑事庭审话语意义发生模式研究：系统功能语言学视角[D].上海交通大学博士学位论文.

Reconstructing Axiological Relations in Procedural Discourse Through NEGOTIATION Resources: A Case Analysis of Criminal Courtroom Discourse in China

Meixin Yu

Shanghai University

Abstract: Normative courtroom procedural discourse is fundamental to the practice of courtroom discourse, which serves as a pivotal role in achieving procedural justice and reconstructing complicated axiological relations. This study, from the perspective of NEGOTIATION system of systemic functional linguistics, aims to explore how the negotiation resources of the procedural discourse of the criminal courtroom in China contributes to the reconstruction of axiological relations in the courtroom. It is found that axiological relations are reconstructed in the courtroom through axiological media of seven exchange structures of negotiative meanings of courtroom procedural discourse. They are rebuilt through negotiating information and actions, while simultaneously conditioned by and constructing the legal context. The findings are conducive to a deeper understanding of the courtroom procedural discourse.

Keywords: procedural discourse; negotiation; exchange structures; reconstruction of axiological relations

基于合法化语码理论语义波的
法庭话语要件事实分析

谢妮妮[①] 高瑞霞[②]

西北政法大学 陕西丰瑞律师事务所

摘　要：要件事实不同于生活事实，是原生事实与法律规范要件连接的要件事实主张。本文应用合法化语码理论中的语义波概念分析庭审记录，对比原告代理人和被告代理人在诉讼答辩、举证、质证时的言辞，发现呈现中高段波动语义轮廓的言辞比呈现中低段波动语义轮廓的言辞更容易形成要件事实主张，也更有影响法官最后裁决的潜力。本文丰富了法庭话语研究，对法律从业者具有一定的实践参考价值。

关键词：法庭话语；法律要件事实；合法化语码理论；语义波

1　引言

现代社会正常的运转离不开权力机构，法院是国家权力的实施机构，也是国家权力得以实施的保障，集中体现在法庭审判中。法庭审判具有严格的纪律和程序，谁可以说话、何时说话、说什么内容的话都必须依据审判程序进行。法庭话语受法庭这一机构的严格限制，属于机构话语。在过去的近三十年里，法庭话语吸引了国内外许多学者不同角度的研究，如修辞学、社会语言学、话语分析、语用学等角度的研究。这些研究有助于我们加深对法庭话语的认识，然而对庭审双方当事人语言与法庭审判之间的关联性研究尚不多见。德鲁（Drew，1985）认为法庭会话的最终接受者是法官和合议庭成员。我国现阶段法庭资源有限，庭审双方在庭审阶段的言辞对法庭快速而公正地做出裁决就显得尤为重要。

本文以法庭审判笔录为语料，用合法化语码理论（Legitimation Code Theory，LCT）中的语义波概念对比分析案件双方当事人代理人在诉讼答辩、举证和质证时的言辞，目的在于研究语义波轮廓、要件事实与法庭判决之间的关系。期待本文能够丰富法庭话语研究，对法律从业者产生实践参考价值。

2　法庭话语与语义波研究综述

法庭话语指在特定的时间和地点，按照特定规则和程序，由具有不同目的的话语参与者主动或被动参加，为取得符合自己的利益以说服的方式而进行的活动（廖美珍，2003）。

2.1　法庭话语研究综述

古希腊时期的修辞学是最早涉及法庭话语的学说。古希腊人很早就提出政治自由的理念，由此发展而来的民主政治制度为修辞学的诞生提供了土壤。公元前 5 世纪，考林斯（Corax）撰写《修辞艺术》

① 谢妮妮（1975—），女，博士，西北政法大学；研究方向：语言学、文体学、儿童文学；通信地址：陕西省西安市雁南三路曲江金地尚林苑 B8-1D；邮编：710061；电子邮箱：xiejueying@126.com。

② 高瑞霞（1982—），女，学士，陕西丰瑞律师事务所；研究方向：民商法学、知识产权法、房地产法律咨询业务；通信地址：陕西省西安市雁翔路 3369 号曲江创意谷 F 座 5-6 层陕西丰瑞律师事务所；邮编：710061；电子邮箱：5695365@qq.com。

一书专门用来指导古希腊人如何在法庭上用充满修辞的演说说服陪审团做出有利于演说人的判决(Barili，1989)。公元前 3 世纪时，亚里士多德(Aristotle)在《修辞学》中系统区分和讨论了法庭演说、政治演说和典礼演说三种不同的修辞技艺，指出法庭演说以追求公正为目的，其语言风格应当简朴、清晰、准确，并颇有意味地称假如正义方在法庭上败诉，只能归因于自己不善言辞。同一时期的修辞学家苏格拉底(Socrates)善于写作法庭辩论词，遣词造句精雕细琢、演说辞极富感染力，并在雅典创办一所修辞学校，专门致力于培养具有伟大演说才能的政治家。古罗马最伟大的演说家西塞罗(Cicero)受其影响极深，公元前 70 年凭借精湛的演说，成功指控已经离任的西西里总督敲诈勒索罪成立，其法庭演讲词被整理成《反对维勒斯的演讲》。时至今日，来自世界不同角落的人们仍旧在学习和阅读他高超的演讲技巧(Rawson，1983)。我国古代司法审判中的判词对于审案断狱至关重要(肖洒、黄曼，2019)。目前国内的法庭话语修辞研究主要研究诉讼书、辩护词、判决书等法律文书，主要讨论语言艺术与法庭审判之间的关系，对认识法庭话语具有重要的参考价值。

民俗方法论社会学流派从对语言的静态研究转为注重过程的动态研究，发现在日常会话中说话人遵守话轮转换规则(turn-taking)(Schiffrin，1994)，即当前说话人指定下一个说话人，或非当前说话人主动进入话轮成为说话人。话论之间构成比邻对(adjacency pairs)(Sacks，Schegloff & Jefferson，1974)，即每两个话轮组成典型配对，提问-回答、祝贺-致谢、道歉-接受/拒绝、邀请-接受/拒绝等，以此实现话轮秩序。在这些研究基础上，语言学家开始关注法庭审判中的会话，加芬凯尔与萨克斯(Garfinkel & Sacks，1986)在日常会话中发现一个有趣的谈话现象，即会话参与者在谈话中会描述、解释或总结谈话内容，说明谈话内容要旨或提示偏离谈话内容等，这种现象被称为解述话语现象(formulation)。近年来有研究关注法庭话语中的解述话语现象和生成机制(廖美珍，2006；孙亚迪、廖美珍，2017)。日常会话中还有指明信息来源的语言标记，即言据性(evidentiality)(Aikhenvald，2004)，也被用于法庭话语研究中，如研究法庭话语中的言据性类型(罗桂花、廖美珍 2013)等。这些研究关注机构性法庭会话特征不仅有语言学研究的意义，对法律问题的解决也有一定的实用价值。

法庭审判也是一种社会现象，受到各种社会文化因素的影响。法庭话语是一种意义符号，具有机构性话语的力量，折射权力分布，建构社会身份、个体身份。有学者从社会学角度研究社会权力、性别与文化等社会因素对法庭话语特征的影响。机构性的会话是日常会话的一种偏离，由交际任务和交际目标决定。廖美珍、龚进军(2015)在法庭话语打断现象与性别研究中发现，庭审中女性从法人员重视庭审效率，特别关注话语量和关联度，在破环性最强的开头位置打断他人的比例远远高于男性法官，具有较大权势的女性在其职业活动中比男性更加咄咄逼人。与此相对，有研究发现女性和社会经济地位低的证人在法庭上使用大量模糊语、疑问语调等"无力量"语言风格(如，O'Barr，1982；张法连、张建科，2017)。由于法庭话语会话参与者权利与义务不对等、社会地位与权势不对等，话的参与度和参与方式不对称。另外，还有研究认为在法庭审判中法律工作者以本族文化为判断标准，提出文化差异会影响法律的公正(如 Eades，2000；吴伟平，2010)。社会学角度的法庭话语研究着重考察法庭会话参与人如何受社会因素制约而影响其语言形式的选择。

与社会学角度研究方向相对的是语用学角度的研究，其研究目的是通过探究法庭话语语言，揭示法庭话语这一机构性话语中的权势等社会地位与关系，包括法庭互动话语的目的原则研究、法庭问答互动策略与功能、法庭交互信息处理中的态度指向等(如，廖美珍，2003，2004；Woodbury 1984；Conley & O'Barr，1998；杜金榜，2009，2012)。邓彦(2017：157)认为法庭话语言据性策略研究具有重要的实践意义，有助于揭示法庭审判受话语强势者制约和支配、促进庭审实质化改革。庭审实质化指使庭审通过举证、质证、认证的方式成为法官审判的主要渠道，真正实现程序正义。因此，庭审过程中庭审双方当事人的话语就显得尤为重要。然而，目前就双方当事人如何促进庭审实质化的法庭话语实践问题研究尚不多见。

2.2　语义波研究综述

澳大利亚悉尼大学社会学系的卡尔·梅顿(Karl Maton，2013；2014)创建了 LCT 理论，从社会学角度探索知识实践的深层指导原则，包括 5 个纬度：自主性(autonomy)、紧密性(density)、专门性(specialisation)、时间性(temporality)和语义性(semantics)。在语义性纬度上提出语义波(Semantic Wave)概念，目的是为知识积累建构提供客观科学的解释，指出语义波的形成依赖于两大要素：语义密度(Semantic Density，SD)和语义引力(Semantic Gravity，SG)(见图 1)。

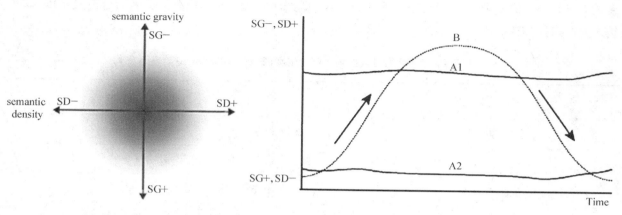

图 1　语义性(语义引力与语义密度)　　　　图 2　三种语义轮廓(Maton，2014：143)
　　　　(Maton，2014：131)

语义引力是语义对语境的依赖程度，语义密度是语义的浓缩程度；两者之间的关系通常呈反比，语义引力越强的话语其语义密度越弱；反之，语义引力越弱的话语其语义密度越强。语义引力弱而语义密度强的话语会形成语义波峰，是话语意义的难点。梅顿(Maton，2014：142－143)区分三种在时间内展开的语义轮廓(见图 2)。A1 为高语义水平线(high semantic flatline)，表示语义引力低(SG－)而语义密度高(SD＋)，话语知识含量高较难理解。A2 为低语义水平线(low semantic flatline)，表示语义引力高(SG＋)而语义密度低(SD－)，话语知识含量少容易理解。相反，B 形成语义波，箭头向上方向表示从具体事物中抽象出浓缩概念，箭头向下方向表示通过对话将抽象概念在具体情景中得到解释和应用。知识积累过程就是在语境中和时间内去情景化和再情景化的过程：即降低语义引力增加语义密度，将具体的知识归纳总结成抽象概念；增加语义引力降低语义密度，在具体环境中解释、澄清抽象概念以解决新问题。朱永生(2015：17)总结通过提供定义、分类、分析等方式可以解包语义难点，使波峰变成波谷，帮助学生获得片段式知识，然后再将所有的片段知识整合打包。知识积累过程就是通过解包和再打包的过程，不断培养学习者的理解能力和概括抽象思维能力。

罗载兵(2020a：64；2020b：610)认为 LCT 语义波缺乏客观显性的识别标尺，需要构建一个可以分析不同类型语篇的具体客观框架。他提出用修辞单位与成分复杂性作为识解语义引力和语义密度的手段。语义引力的识解与去语境化(decontextualization)研究中的修辞单位(Rhetoric Unit)相关。修辞单位与修辞学无关，由信息中心值与事件的时空决定，是一个语义单位，在语法上对应于小句(Cloran，1994)。修辞单位是对社会活动的语言功能表达，是处于辅助性活动与组成性活动两级之间的渐变体。辅助性方向的极端修辞单位，事件与话语同时发生，形成"行为"修辞单位；组成性方向的极端修辞单位，事件与时间脱离，形成"概括"修辞单位。修辞单位对语境依赖程度不同，辅助性话语单位是语境化修辞单位，组成性话语单位是去语境化修辞单位。修辞单位的特质与 LCT 语义性中的语义引力不谋而合，都讨论语义对语境的依赖程度。基于语义引力和语义密度的互逆性，罗载兵(2020b)为修辞单位赋值(见图 3)。最左端的"行为"修辞对语境依赖程度最高,其语义引力最高,语义密度最低,刻度为 SG10,SD1;最右端的"概括"修辞基本脱离语境,其语义引力最低,语义密度最高,赋值为 SG0,SD10。

SG10/SD0 SG9/SD1 SG8/SD2 SG7/SD3 SG6/SD4 SG5/SD5 SG4/SD6 SG3/SD7 SG2/SD8 SG1/SD9 SG0/SD10

行为　　评论　　反思　　观察　　报道　　再叙　　计划　　预测　　记录　　推测　　概括

图 3　修辞单位渐变群及其引力刻度(罗载兵,2020b: 611)

语义密度的识解是对压缩语义复杂性的解包,从语法成分复杂层级出发界定语义密度的刻度(见表 1)。语法形式的选择体现语义密度的高低:小句式语法层级选择体现高语义引力低语义密度;非小句式词汇选择体现低语义引力高语义密度。

表 1　基于成分分型的语义密度刻度(罗载兵,2020b: 612)

语义密度优先刻度	分　形　类　别
SG0/SD10	中介＋过程
SG1/SD9	载体＋过程＋中介//过程＋中介＋方式
SG2/SD8	过程＋中介＋客户/原因(代表)
SG3/SD7	过程＋中介＋接收者/位置(导向性/定位性)
SG4/SD6	过程＋中介＋范围(实体)/程度(实体)
SG5/SD5	过程＋中介＋范围(过程)
SG6/SD4	过程＋中介＋特征类别/角色
SG7/SD3	过程＋中介＋特征(特征)/方式(特征)
SG8/SD2	过程＋中介＋伴随
SG9/SD1	过程＋中介＋位置(问题)/角度
SG10/SD0	过程＋中介＋理由/目的/让步/条件
	中断性单位

LCT 语义波理论被应用于各学科知识的积累与建构研究中,包括物理学、化学、人文学科、音乐等(如 Blackie,2014;Georgiou et al.,2014;Matruglio,2014;Martin,2012)。克莱伦斯(Clarence)用语义波概念研究法律语篇,发现学生掌握法律专业知识的最大问题在于语义鸿沟(罗载兵,2020c)。法律语篇的语义波研究仍以法学教学研究为主,对法律实践语篇关注不多。庭审过程中庭审双方当事人的话语对实现庭审实质化尤为重要,本文欲采用 LCT 语义波概念比较双方当事人代理人在庭审阶段诉讼答辩、举证、质证的言辞,探讨其构建要件事实影响法官最终裁判的语义轮廓,促进庭审实质化、实现程序正义。

3　要件事实语义波

本文以 2016 年陕西省西安市灞桥区人民法院民事审判一庭公开审理原告马××诉被告陈××排除妨害纠纷案的两次庭审笔录为文本,采用 LCT 语义波概念,参考罗载兵(2020a,2020b)语义引力识解和语义密度识解方法,比较双方当事人代理人在庭审阶段诉讼答辩、举证、质证的言辞,探讨双方构建要件事实的语义轮廓。

　　法庭审判由三部分组成。一，法庭核对阶段。法庭核对双方当事人及其诉讼代理人身份、合议庭成员合法性，说明当事人诉讼权利与义务等，以显示司法的公正性。这一阶段的话语具有强烈的机构话语特征，主要以问答方式在法官与当事人或代理人之间进行。二，法庭调查阶段。包括原告陈述诉讼请求-被告进行答辩、原告举证-被告质证、被告举证-原告质证。其目的是查明查验案件事实，通过庭审活动建立法律与案件事实之间的联系阐明法理，解决矛盾处置冲突，使其正当化，在合法权威公正下调整相关利益。三，法庭宣判阶段，力求使双方达成合意。

　　要件事实主要在法庭调查阶段形成，因此本文着重对比分析这一阶段双方代理人诉讼答辩、举证和质证时的语义波轮廓构。法庭调查基于法条规定采取"公开审理"和"谁主张谁举证"的原则，下文各例可见原被告双方如何在法官主持下进行诉辩，构建要件事实。

3.1　原告诉讼与被告答辩语义波对比

　　法庭调查第一阶段先指定原告陈述诉讼请求、说明事实和理由。

　　　　（1）法官：请原告陈述诉讼请求，案件事实和理由，也可以选读起诉状。
　　　　　　原告代理人答辩：1. 请求法院判令被告立即搬离原告所有的位于西安市灞桥区红旗街道办事处郭家滩村××号房屋。2. 请求法院依法判令被告支付原告 2011 年 1 月至今房屋租金 75 000 元（每年按照 15 000 元，计算 5 年）。3. 本案诉讼费由被告承担。

参考语义引力识解言辞单位，原告代理人提出三项诉讼在修辞单位渐变群中偏组成性修辞，属于"概括"修辞，原告代理人对语境的依赖程度低（如例 1）。参考语义密度识解词汇语法分形，这三项诉讼请求多使用"中介＋过程"语义密度高非小句分形。语义引力和语义密度赋值为 SG0 与 SD10。原告代理人语言简洁明要、诉讼目的清晰，要求被告搬离争议房屋、支付房租、承担诉讼费。原告代理人虽然没有直接说明，但其言辞中为其向法官提出房屋所有权归原告所有这一要件事实主张埋下了伏笔。

　　　　（2）法官：被告进行答辩。
　　　　　　被告代理人答辩：不同意原告的两项诉讼要求，因为被告代理人辨认诉求均属虚构，脱离事实原貌，法院应依法驳回。

与原告诉讼请求言辞相比，被告代理人言辞（见例 2）在修辞单位渐变群中偏辅助性修辞，属于"评论"修辞，"不同意原告的两项诉讼要求"不明确指出是三项诉讼请求中的哪两项，表示言辞对语境依赖程度很高。使用低语义密度语法分形"过程＋中介＋原因""因为被告代理人辨认诉求均属虚构，脱离事实原貌……"。语义引力和语义密度表现极端，其言辞语义密度低，成分包括中介＋过程＋角度，语义引力和语义密度赋值为 SG9 与 SG1。被告代理人仅仅是向法官表达了其单方立场和态度，对形成要件事实主张几乎没有贡献。

　　　　（3）原告事实理由：2010 年 6 月 19 日原告接受顾××（原房屋所有人）赠予……2010 年 7 月原告开始建造房屋，2010 年 11 月房屋加盖完成……2011 年 11 月起被告开始在该房屋居住，2015 年 8 月原告找被告告知其要居住该房屋让被告尽快搬离，但被告拒绝搬离。

原告代理人说明三项诉讼请求后，以时间顺序为线索讲述 2011 年至 2016 年间有关房屋物权事件的始末，每一时间内发生的事件都指向第一和第二诉讼请求（如例 3）。在修辞单位渐变群中偏辅助性修辞，其言辞属于"再叙"修辞，对语境依赖程度中等。其言辞分形多为"过程＋中介＋范围"，语义引力与语义密度赋值为 SG5 与 SD5。法官获悉大量原生事实，对案件发生事件过程形成一定认知，并建立与诉讼请求的联系，有助于要件事实主张的形成。

(4) 被告事实理由:原被告是老乡,也由于生意往来之前相处还算可以。被告现居住西安市灞桥区红旗街道办事处郭家滩村××号房屋……2010 年 7 月前,该院的后面只有两间宽二层楼房……2016 年 6 月×××(原房屋所有人)回上海老家通过徒弟×××将郭家滩村××号两间宽二层楼房卖给答辩人(被告)。答辩人购买房产后于 2010 年 7 月在该宅院前面又建起三层楼房……被答辩人现编造出答辩人后来加盖的楼房是其建设,还谎称将该房出租给答辩人等等……2016 年 5 月 7 日早 9 时,原告起诉本案后,纠集一伙人闯入答辩人住房内,翻箱倒柜企图搜出答辩人掌握的有关证据。被答辩人请求排除妨害,而被答辩人无产权,何谈排除妨害。

被告代理人先拒绝同意原告诉讼请求,认为原告所述与事实不符,接着讲述事件发生始末(如例 4)。其言辞在修辞单位渐变群中偏辅助性修辞,属于"再叙"修辞,对语境依赖程度中等。其言辞分形多为"过程 + 中介 + 范围",语义引力与语义密度赋值为 SG5 与 SD5。与原告代理人"再叙"修辞不同的是,被告代理人的言辞中插入"评论"修辞,如"被答辩人现编造出答辩人后来加盖的楼房是其建设,还谎称将该房出租给答辩人等等""翻箱倒柜企图搜出答辩人掌握的有关证据",这些言辞分形为"中介 + 过程 + 角度",对语境依赖程度高,语义密度低,赋值为 SG9 与 SG1。这些言辞扩大法官对案件原生事实的了解,被告否定原告诉讼请求但并非通过构建要件事实的方式,而是通过带有强烈情感色彩的方式营造原告负面形象,这偏离法庭期待构建要件事实的愿望。

比较法庭调查第一阶段双方使用的修辞单位,发现原告代理人倾向使用"概括"修辞与"再叙"修辞,而被告代理人更倾向使用"再叙"修辞和"评论"修辞。原告代理人言辞语义引力在中低度、语义密度在中高度间徘徊;被告代理人语义引力在中高度、语义密度在中低度间波动。在诉讼请求和答辩结束前,由于被告代理人的言辞未能给法官提供充分构建要件事实信息,法官问被告代理人是否有书面购房协议(如例 5)。

(5) 法官:核实购买房屋,有无书面购房协议?

被告代理人:2010 年 6 月左右,以证人说的为准,没有书面协议。

这一问话进一步说明,现代诉讼制度下,法庭关心的不是原生性的"生活事实",而是将原生客观事实与法律规范要件连接的"要件事实"主张。"要件事实"主张是经语言陈述作用于裁判者的主观判断,在诉讼程序构造中通过利益对立当事人双方的对抗性辩论来作用于中立的裁判者(胡学军,2019:242)。清晰的"要件事实"主张是说服法官的开始。然而,被告代理人中低段语义波轮廓的言辞未能满足庭审第一阶段法官的期待。

3.2　原告举证与被告举证语义波对比

庭审第二阶段原告举证被告质证。原告提供 4 组证据,每组证据围绕一个共同目的,即原告对房屋享有所有权。每份证据包括证据、证据来源和证明目的三个部分,以类似方式说明,先概括证明目的,再叙事或解释或推理,最后评论期待法院的帮助(如例 6)。原告代理人言辞属于"概括""报道"和"再叙"修辞,对语境的依赖程度中低度。词汇语法分形,多使用中度语义密度语法分形"中介 + 过程""过程 + 中介 + 范围/角色",或高语义密度"适格主体""所有权"等专业词汇。原告代理人言辞很少体现人际意义主观投射,其语义引力和语义密度赋值为 SG0 - 5,SD5 - 10。原告代理人首先概括说明要证明原告为适格主体,接着通过追忆原告通过赠予成为房屋所有人,再重申原告有权力提起诉讼。在此基础上,指明原告拥有物权所有权,报道被告占用原告房屋,侵害原告物权,应立即搬离,以维护原告合法权益。原告代理人言辞呈中高语义波轮廓,要件事实主张言辞逻辑合理,能有力说服法官做出有利原告的判决。

(6) 法官：原告进行举证。

原告代理人：**证据一**：马××（原告）身份证一份、土地使用证一份、顾××（原房屋所有人）身份证一份、赠予书一份、票据三张。**证据来源**：原告。**证明目的**：1. 证明原告马××系本案适格主体，其通过有偿赠予获得房屋，系房屋所有人，有权提起诉讼。2. 证明马××（原告）对房屋享有所有权，被告占用原告的房屋，侵害原告的合法权益，法院应当判令被告立即办理该房屋，保障原告马××对房屋享有合法权益……。

原告举证结束后，由被告举证。被告代理人出示 3 组证据，但未说明证据来源，不提及或不及时提及证明目的。被告代理人语义引力言辞属于"报道"和"再叙"修辞，对语境的依赖程度中度。其语义密度语法分形为"过程＋中介＋范围/角色"，其语义引力中度和语义密度中度，赋值为 SG5－6，SD5－6。在出示第二第三组证据时（如例7），提到证据二为借条 2 张，接着叙述原告与被告有账务往来，原告欠被告 3.8 万元，以此证明买房款 6 万元是原告替被告垫付的。被告代理人在证据三中为证明房子是被告的，列举被告缴纳的电费和建材费。被告代理人举证的方式是，出具证据、叙事讲述生活事实，不能将原生事实与法律法规联系起来，无法形成法官期待裁决的要件事实主张。

(7) 法官：被告进行举证。

被告代理人：**证据二**：借条 2 张。原被告双方有账务往来，原告欠被告 3.8 万元，**证明**×××（被告）再买房的时候×××（原告）垫付 6 万元，是因为有生意往来。**证据三**：建房材料费用清单 2 页（被告×××自己写的），包括给村里交付的电费和材料款，15 张票据。**证明**房子是被告的，买房的 6 万元是×××（原告）垫付的。

3.3 原告质证与被告质证语义波对比

庭审第三阶段为被告举证结束后由原告质证。原告代理人针对被告的证据一（如例8），指出由于包工盖房人黄××出具的盖房结算单上没有写明房主是谁，因此总结证据一要证明房子是被告买的这一主张不成立不认可。针对证据二（如例9），原告代理人承认借条是出自原告笔迹，但追叙借条是双方生意往来的证据，概括此借条与本案无关，并再次说明房子是原告购买。原告代理人的言辞在中度语义引力和中度语义密度的"报道""叙事"与低度语义引力和高度语义密度"推测"与"概括"之间切换，使用中高语义密度语法分形"过程＋中介＋角色/范围""中介＋过程"和高语义密度词汇如"真实性""证明目的""关联性"的词汇。原告代理人有条有理地否定了被告代理人的证据，为说服法官做出有利于原告的判决又迈进了一步。

(8) 法官：原告进行质证。

原告代理人：证据一：1. 结算清单上面没有注明日期、建房人姓名、房主姓名，因此对真实性、证明目的、关联性均不予认可，说明不了在哪里建房给谁建房。2. ……。

(9) 法官：原告继续质证。

原告代理人：证据二：借条是×××（原告）书写的，因为双方有生意往来，但是借条和本案没有任何关联性，房子是×××（原告）自己买的并没有代为垫付给×××（被告）买。

庭审第二阶段原告举证后，由被告质证（如例10）。被告代理人在第 1～3 条和第 6 条信息中表示对原告证据无异议，对第 4 条涉及内容不认可，但不做任何说明，只是做了主观投射评论"互相矛盾"。针对第 5 条提及的收条，被告代理人报道、再叙评论生活事实"收条和赠予相互矛盾"，想要说明房子是被告购买的。被告代理人的言辞属于中度语义引力"再叙""报道"和高度语义引力"评论"修辞，其语法分形为低度语义密度"过程＋中介＋理由"和中度语义密度"过程＋中介＋范围"。被告代理人呈中低段语义波轮廓的言辞无法有效质问原告,也无法提出法庭期待的要件事实主张。

> (10) 法官:被告进行质证。
>
> 被告代理人:证据一:1.×××(原告)身份证明一份无异议。2.……。3.……。4.赠予书一份,这个事互相矛盾的。5.收条一份,只是说收到钱了,但是没有说收到原告的钱,收条和赠予事相互矛盾的,这说明盖房子是买卖的不是赠予,是被告购买的房子,一会让证人×××陈述。6.……。

由于原告提供的证据二、三和四都涉及证人,在原告证人出庭提供证言后,法官请原被告双方发表意见,实请被告继续质证。被告代理人依旧倾向于使用表达个人主观判断,"这只是自己闲聊听说的"(如例11),"证人不是在讲事实,好像是在重复别人的故事"(如例12),评判原告证人道听途说、无事实根据,至于真实的情况如何,推说自己需要进一步核实(如例13)。被告代理人质证阶段的言辞对语境依赖程度较高,所包含的语义密度较低。被告代理人既不能有效质证原告证据,也不能提出要件事实主张,更谈不上影响法官最后的裁判。

> (11) 法官:双方对证人证言发表意见。
>
> 原告代理人:认可。
>
> 被告代理人:这只是自己闲聊听说的,和原告之前提交的证据一样都是听说的。
>
> (12) 法官:双方对证人证言发表意见。
>
> 原告代理人:无异议,但是给钱是比较隐蔽的,证人不知道也是正常的。
>
> 被告代理人:真实性不认可,证人不是在讲事实,好像是在重复别人的故事。
>
> (13) 法官:双方对证人证言发表意见。
>
> 原告代理人:认可。
>
> 被告代理人:真实性、证明目的均不认可。下来我需要核实。

本文通过对比分析原告代理人和被告代理人在诉讼答辩、举证和质证时的言辞,发现原告代理人的言辞在"报道"与"概括"修辞之间波动,其言辞对语境依赖程度由中度依赖到低度依赖,语义密度处于中度与高度之间,形成高段波动语义波轮廓。被告代理人言辞在"叙事"和"评论"修辞之间波动,其言辞对语境依赖程度由中度依赖到高度依赖,语义密度处于中度与低度之间,形成低段波动语义波轮廓。胡学军(2019)称在现代司法制度下,无论是证据短缺导致"事实困难"还是法律规范依据意旨不明导致"裁判困境",法官不得拒绝裁判案件,双方代理人在庭审中的言辞对法官最终的裁决有着至关重要的影响。本文分析案件中,被告代理人向法官呈现的是原生性的"生活事实"和主观评论,法官听其答辩、举证和质证后,需要帮助被告寻找可能的"要件事实"主张。与此相反,原告代理人在讲述"客观事实"的同时将法律法规思考在其中,形成"要件事实"主张,一旦法官确认此要件事实,判决的方向也不辩自明了。

2016年11月10日合议庭宣判结果,要求被告于15日内搬离房屋,被告付给原告3 600元,原告承担案件受理费1 775元,被告承担100元。宣判结果基本满足原告诉讼请求,在租赁费和受理费方面令原告做出让步,完全是法庭为达成合意的决定。本案中原告压倒性地影响法官的最后裁判与原告代理人中高短波动的语义波轮廓应该有着密不可分的关联。

4 结语

法庭话语研究处于不断的发展之中,从修辞研究、会话研究、语用研究扩展到社会学研究,从静态语言描写到动态语言影响研究,从社会因素影响法庭话语到法庭话语影响法庭裁判。语义波近来开始应用于机构话语研究。本文以庭审笔录为研究对象,对比法庭审判中原告代理人与被告代理人诉讼与答辩、举证和质证时的话语,发现原告代理人话语呈中高段波动语义波结构,被告代理人的话语呈中低段波动语义波结构。中高段波动语义波结构能够促使"要件事实"主张的形成,影响合议庭法官的最终判定。LCT 语义波概念为法庭话语研究提供了一种新的研究视角,同时为法律工作者在庭审中如何有效地影响法官最后裁决提供了一种参考,促进庭审实质化改革。

参考文献

[1] Aikhenvald, A. Y. 2004. *Evidentiality* [M]. Oxford: Oxford University Press.

[2] Barili, R. 1989. *Rhetoric* [M]. Minneapolis: University of Minneapolis Press.

[3] Blackie, M. A. I. 2014; Creating Semantic Waves: Using Legitimation Code Theory as a Tool to aid the Teaching of Chemistry [J]. *Chemistry Education Research and Practice* (15): 462 – 469.

[4] Cloran, C. 1994. *Rhetorical Unit and Decontextualisation: An Enquiry into Some Relations of Context, Meaning and Grammar* [M]. Nottingham: Nottingham University.

[5] Conley, J. & W. O'Barr. 1998. *Just Words: Law, Language and Power* [M]. Chicago: The University of Chicago Press.

[6] Drew, P. 1985. Analyzing the use of language in courtroom interaction [A]. in Van Dijk, T. (Ed.), *Handbook of Discourse Analysis: Discourse and Dialogue* Vol. 3 [C]. London: Academic Press.

[7] Eades, D. 2000. I Don't Think It's an Answer to the Question: Silencing Aboriginal Witnesses in Court [J]. *Language in Society*, 28: 239 – 256.

[8] Garfinkel, H. & H. Sack. 1986. On Formal Structures of Practical Action [A]. Garfinkel. *Ethnomethodological Studies of Work*. London & New York: Routledge & Kegan Paul.

[9] Georgiou, H., K. Maton & M. Sharma. 2014. Recovering Knowledge for Science Education Research: Exploring the Icarus Effect in Student Work [J]. *Canadian Journal of Science, Mathematics and Technology Education*, 14 (3): 252 – 268.

[10] Martin, J. L. 2012. *On Notes and Knowers: The Representation, Evaluation and Legitimation of Jazz* [D]. Unpublished doctoral dissertation. University of Adelaide, Australia.

[11] Maton, K. 2013. Making Semantic Waves: A Key to Cumulative Knowledge-building [J]. *Linguistics and Education*, 24 (1): 8 – 22.

[12] Maton, K. 2014. *Knowledge and Knowers: Towards a Realist Sociology of Education* [M]. London: Routledge.

[13] Matruglio, E. 2014. *Humanities' Humanity: Construing the Social in HSC Modern and Ancient History, Society and Culture, and Community and Family Studies* [D]. Unpublished doctoral dissertation. University of Technology, Sydney.

[14] O'Barr, W. 1982. *Linguistic Evidence: Language, Power and Strategy in the Courtroom* [M]. San Diego: Academic Press.

[15] Rawson, E. 1983. *Cicero: A Portrait*. Bristol: Bristol Classical Press.

[16] Sacks, H., E. A. Schegloff & G. A. Jefferson. 1974. Simplest systematics for the organization of turn-taking for conversation [J]. *Language*, 50 (4): 696 – 735.

[17] Schiffrin, D. 1994. *Approaches to Discourse* [M]. Oxford: Blackwell.

[18] Woodbury, H. 1984. The Strategic Use of Questions in Court [J]. *Semiotica*, 48（3/4）: 197-228.

[19] 邓彦.2017.法庭话语言据性策略选择中的交集目的及权势关系[J].湖北大学学报(哲学社会科学版)44(5):151-157.

[20] 杜金榜.2009.从法庭的问答功能看庭审各方交际目标的实现[J].现代外语(4):360-368.

[21] 杜金榜.2012.从层级信息的处理看法庭交互中态度指向的实现[J].解放军外国语学院学报(1):7-12.

[22] 胡学军.2019.在"生活事实"与"法律要件"之间:证明责任分配对象的误识与回归[J].中国法学(2):239-259.

[23] 廖美珍.2003.法庭问答及其互动研究[M].北京:法律出版社.

[24] 廖美珍.2004.目的原则与法庭互动话语合作问题研究[J].外语学刊,120(5):43-52.

[25] 廖美珍.2006.中国法庭互动话语 formulation 现象研究[J].外语研究,96(2):1-8.

[26] 廖美珍,龚进军.2015.法庭话语打断现象与性别研究[J].当代修辞学(1):43-55.

[27] 罗载兵.2020a.论语义波的显性识解:以科学语篇为例[J].外国语,43(2):61-71.

[28] 罗载兵.2020b.论语义波的合法化识解:以科学语篇为例[J].外语教学与研究,52(4):607-619.

[29] 罗载兵.2020c.基于语义波的语篇分析模式:以双语科学语篇为例[J].教育语言学研究(2):115-130.

[30] 罗桂花,廖美珍.2013.法庭话语中的言据性[J].语言研究,33(4):92-95.

[31] 孙亚迪,廖美珍.2017.法庭解述话语现象的生成机制研究[J].湖北大学学报(哲学社会科学版)(4):135-141.

[32] 吴伟平.2010.语言与法律:司法领域的语言学研究[M].上海:上海外语教育出版社.

[33] 肖洒,黄曼.2019.法庭话语性别研究述评[J].东岳论丛,30(3):183-190.

[34] 张法连,张建科.2017.社会行为论视阈下的机构性会话分析:以司法话语为例[J].外国语文,33(3):73-80.

[35] 朱永生.2015.从语义密度和语义引力到物质与存在[J].中国外语,12(4):16-24.

Analysis on Ultimate Fact of Court Discourse with Reference to Semantic Wave of Legitimation Code Theory

Nini Xie, Ruixia Gao
Northwest University of Political Science and Law;
Shaanxi Feng Rui Lawfirm

Abstract: The fact of law differs from the fact of life, and is the product of the fact of life connecting with legal regulations. This paper applies Semantic Waves of LCT to analyze court judgment records, compares the utterances by the complainant and the defendant at the phases of defense and cross examination. It is found that the utterances showing the semantic wave at the middle upper level have the tendency to construct the fact of law than those presenting the semantic wave at the middle lower level, and also show the potential influence upon the court decision.

Keywords: court discourse; the fact of law; legitimation code theory; semantic wave

刑事判决书评价局部语法探析[①]

李易熹[②]　张冉冉[③]

华东师范大学　华东政法大学

摘　要：评价局部语法是一种结合局部语法与评价系统的语篇分析框架。在语料库方法的支持下，评价局部语法为描写特定子语言的评价功能提供了新视角，可围绕评价系统态度子系统中的判断、情感和鉴赏资源来关注特定类型语篇在评价范畴、评价对象、评价者等局部语境下复现的语言型式。本文通过评价局部语法分析刑事判决书中的态度系统，聚焦判断资源的评价局部语法型式以及它们在判决书中的评价意义。本文发现判断资源在刑事判决书中的四种局部语法整体型式，并认为作为评价局部语法功能范畴之一的链接对评价意义具有影响，同时介入与级差可以起到增强判断意义的效果。本文对于汉语评价局部语法研究具有一定的启示作用，以期在人工智能参与司法实践的背景下，为裁判文书特定语言的自动生成写作提供规范撰写与说理借鉴。

关键词：评价局部语法；评价系统；判断资源；裁判文书

1　引言

　　裁判文书作为法庭审判的书面产物是典型的法律语篇，用于阐释法律事实，并对法律行为进行裁定、宣判，对违反法律的个体进行惩罚。法律实施的质量和裁判文书的质量联系紧密（杨彬，2017）。裁判文书整体的撰写格式已经有较为固定的格式，包括陈述事实-分析事实-做出裁决等（李扬、王一超，2018）。但是从微观或说局部表达来看，裁判文书的语言形式并没有统一规定。裁判文书围绕事实认定以及定罪量刑说理，传递概念意义（ideational meaning）与人际意义（interpersonal meaning）（杜碧玉，2003；李诗芳，2008）。法条呈现、事实展示是对概念意义的传递，关注既定的概念或现象；法院的审判、说理等有关审判裁决的内容则主要传递人际意义。裁判文书既需要体现法院所做出裁决的权威，又需要通过法院所做出的评价达到法律规制的效果、展现裁判的公正性。本文将聚焦裁判文书的语言评价功能。

　　语言评价系统（appraisal system）是马丁（Martin）等人根据韩礼德（Halliday）系统功能语言学中的人际功能发展而来，是对呈现于文本中的观点或立场进行评价的一种分析手段（Halliday，1994/2000；Halliday & Matthiessen，2014；Martin，2000；Martin & White，2005；Martin & Rose，2007；王振华，2001；胡壮麟等，2017）。该系统认为，"评价语言使用者对事态的立场、观点和态度……不止停留在语言的表层意义上，而是通过表层意义看深层的意义取向"（王振华，2001）。评价系统包括三个子系统：态度（attitude）、介入（engagement）、级差（graduation）。每个子系统之下又有其各自的子范畴。态度是涉及情绪感受的情感（affect）、行为判断（judgement）和事物鉴赏

① 本文受国家社科基金青年项目（项目编号：19CYY015）、华东政法大学科学研究项目（项目编号：19HZK024）资助。
② 李易熹（1998—），男，华东师范大学研究生；研究方向：系统功能语言学、语料库语言学、法律语篇研究；通信地址：上海市闵行区东川路 500 号；邮编：200241；电子邮箱：liyixijinzhong@163.com。
③ 张冉冉（1986—），女，华东政法大学讲师；研究方向：系统功能语言学、语料库语言学、法律语篇研究；通信地址：上海市松江区龙源路 555 号；邮编：201620；电子邮箱：reneelove@126.com。

（appreciation）；介入指语言使用者通过投射（projection）、情态（modality）、极性（polarity）、让步（concession）等方式调节其所说或所写内容中所承担的责任和义务；级差则关注态度以及介入中的分级资源（Martin & White，2005：35－37；王振华，2001）。就裁判文书而言，人际意义通过情态、语气等手段进行传递（杜碧玉，2003；李诗芳，2008）。作为法律语篇，裁判文书尤其是判决书具有规范社会关系的功能，为实现这一功能需要"选择合适的话语资源、建构态度、分享态度，并在此基础上形成态度纽带，建立和谐的人际关系"（王振华、刘成博，2014）。因此，在传递法院所做出的规制或评价方面，态度资源在裁判文书中具有重要作用。

　　具体而言，态度系统可分为情感（affect）、判断（judgement）和鉴赏（appreciation）三个子范畴。情感构建的是人的内心情感反应，包括不/愉悦（happiness）、不/满意（satisfaction）、不/安全（security）、不/意愿（inclination）；判断是根据社会规则对人的行为进行评价，包括属于社会评判（social esteem）维度的态势性（normality）、能力性（capacity）、可靠性（tenacity）与属于社会约束（social sanction）维度的真诚性（veracity）、恰当性（propriety）；鉴赏包括自然或者符号现象所引发的反应性（reaction）、构成性（composition）和价值性（valuation）（Martin & White，2005：45－56；彭宣维等，2015：3）。在态度系统分析框架下，不少学者关注态度意义在刑事法律文书中的体现方式，如田华静、王振华（2016）在研究刑事辩护词的态度资源时，发现判断类资源最多，超过50%，且以社会约束为主；施光（2017）在分析刑事判决书的态度资源时发现判断类资源在判决书中同样超过50%，且同样以社会约束为主。本文将进一步探究判决书中的判断类资源，借助评价局部语法窥视裁判文书中判断类资源如何从词汇语法模式层面进行传递。

　　局部语法（local grammar）发源于型式语法（pattern grammar）和受限子语言（restricted sublanguage）（Hunston，2002；Hunston & Sinclair，2000；苏杭、卫乃兴，2017；张磊、卫乃兴，2018），关注特定领域的意义而非整个语言系统的意义（Hunston，2002：178；Bednarek，2008：66；董敏，2017；董敏、徐琳瑶，2021）。目前，局部语法研究对评价意义的探讨最为深入（张磊、卫乃兴，2017）。亨斯顿与辛克莱（Hunston & Sinclair，2000）以及贝德纳雷克（Bednarek，2007）整合局部语法与评价系统，搭建评价局部语法体系①，系统分析以形容词为核心的局部语法评价功能。贝德纳雷克（Bednarek，2008；2009）又进一步讨论评价局部语法中所涉及的态度资源，从情感角度概括了英语的动词、名词、形容词等词类的评价局部语法型式。裁判文书作为一种常见的语篇类型，具有型式化程度高的特点，现有评价局部语法研究却鲜少涉及。一方面，裁判文书需再现案件的客观事实，全面反映案件审判的合法性，以提升法院的权威性、严肃性和可信服性（宋北平、孙长江，2017：25＋54），整体上需要以一种客观中性的语体呈现。另一方面，裁判文书又需要传递法律内涵，对案件作出裁定判决，具有特殊的人际意义，如通过态度资源选择构建与受众的和谐关系等。同时，裁判文书因整体格式规范化程度较高，态度资源往往会被限制在某个特定位置或者语句类型中。因此，本文关注裁判文书局部语言的评价态度可为裁判文书写作等司法实践提供更为具体的指导作用。此外，目前国内对局部语法的研究也还主要集中在英语语言（卫乃兴，2017；苏杭、卫乃兴，2017，2020；张磊、卫乃兴，2018）。综上，本文将自建小型语料库考察中国刑事判决书中有关判断资源的词汇语法型式（pattern of lexicogrammar），并基于这些复现的局部语法型式探讨判决书具体语言的评价型式。

2　研究方法

　　本研究采用语料库的方法，结合裁判文书的语篇特征，系统考察裁判文书中评价局部语法构型及

---

① 评价局部语法的英文为 local grammar of evaluation，并且有关于评价局部语法的文献多把评价写作 evaluation，实际上与评价系统所对应的 appraisal 无差异，中文皆以"评价"书写。

功能范畴。

2.1　语料选取

亨斯顿(Hunston，2002：181；2011：150)认为，通过语料库软件可以抽取和识别更多的语言实例，并指出局部语法的核心是词汇和语法结构共选的型式，而不是孤立的词汇知识。本研究语料为 20 篇来自上海中级法院的盗窃罪刑事判决书，下载自中国裁判文书网[①]。经由中文分词软件 ROSTCM6.0 分词后，使用语料库软件 AntConc 进行语料分析。库容为 30 677 中文形符，2 763 中文类符。

2.2　分析方法

亨斯顿等人确定了评价局部语法功能范畴，如评价对象(thing evaluated)、评价者(evaluator)、评价范畴(evaluative category)、链接(hinge)、评价语境(evaluative context)、评价反应(evaluating response)[②]、评价限制(restriction on evaluation)、对象(target)等(Hunston & Sinclair，2000；Bednarek，2008，2009；Su，2015)。其中，评价对象包括人的情感或行为、具体事件和抽象事件(Su & Hunston，2019)；评价态度一般落在评价范畴(evaluative category)(Hunson & Sinclair，2000)。基于此，判断资源一般位于评价范畴也就是判断范畴，评价对象包含判断对象(thing which is judged)，评价者也包含判断者(entity who gives the judgement)。由于判决书所体现出的判断态度集中出现在判断对象和判断者之间，本文将以判断对象和判断者展开讨论，分析与二者有关的判断态度的局部语法。

本文还参考张磊、卫乃兴(2017)有关法律学术论文评价局部语法的语义类别，将判断对象划分为法律实体、法律行为、法律命题。考虑到判决书中做出判断评价的判断者只有法院、事物、审判流程等事实概念，判断者只保留法律实体一项(见表 1)。具体作为判断对象和作为判断者的法律实体有所不同，判断对象的法律实体大多为被告人、犯罪事实等，而判断者的法律实体大多为法院等规制机构。

表 1　判断对象与判断者类别划分

类　别		定义与实例(加着重点部分为所指的类别)
判断对象	法律实体	定义：法律过程涉及的人或事物，在判断对象中主要为被告人、案件等等 例：公诉机关起诉指控胡军犯盗窃罪、诈骗罪的事实清楚，证据确实、充分。
	法律行为	定义：法律过程中所实施的行为 例：楚某某受公司安排到宝钢厂区帮助宋建军拉废渣，在此期间系受宋建军指使参与了盗窃犯罪。
	法律命题	定义：法律陈述或表示 例：经二审查明的事实与原判相同。
判断者	法律实体	定义：法律过程涉及的人或事物，在判断者中主要为法院、审判等等 例：公诉机关起诉指控楚某某犯盗窃罪的事实和定性正确。

3　判断资源的评价局部语法分析

根据上述对判断对象与判断者的划分类别，借助 AntConc 词频列表，确定符合上述划分类别且出

---

① 中国裁判文书网网址：https://wenshu.court.gov.cn/。
② 此处评价范畴、评价语境、评价反应的英文术语参照亨斯顿与辛克莱(Hunston & Sinclair，2000)。

现频率多于 30 的词语为本文分析对象①,逐行细读 AntConc 共现窗口出现的实例,最终筛选出具有评价意义的实例。表 2 为各个类别中具有评价意义的语句数量。

表 2　各类别具有评价意义的语句数量

	类　别	数　量
判断对象	法律实体	159
	法律行为	49
	法律命题	112
判断者	法律实体	270

3.1　判断对象的局部语法分析

判断对象即接受判断评价的局部语法功能范畴,根据其语义类别具体可包括法律实体、法律行为、法律命题(张磊、卫乃兴,2017)。围绕这三种判决对象,本研究关注它们各自在裁判文书中出现的评价局部语法整体型式与具体型式,并讨论不同型式所具有的评价功能。

3.1.1　法律实体

判断对象中的法律实体为法律过程涉及的人或者事物。在本文所分析的所有判决书中,属于分析范围且具有评价意义的法律实体为被告人②、代词"其"以及原判。由法律实体充当评价对象功能范畴的局部语法小句共有 159 句,其中评价范畴为判断意义的有 128 句。本文围绕作为判断对象的法律实体获得局部语法整体型式 1 以及整体型式 2,并根据被告人与代词"其"的区别以及判断范畴的具体类别,将整体型式 1 进一步划分为 5 个具体型式(见表 3)。

整体型式 1:判断者 + 链接 + 判断对象 + 判断范畴

整体型式 2:判断对象 + 判断范畴

表 3　法律实体作为判断对象的局部语法型式

整体型式 1	判断者	链　接	判断对象	判断范畴	数量:113
具体型式 1	法院等机构	指控/认定	被告人	犯何种罪	64
例 1:	上海市金山区人民检察院	指控	原审被告人曾诚林、王志刚	犯盗窃罪(-恰当性)	
具体型式 2	法院等机构	判处	被告人	刑罚内容	15
例 2:	上海市浦东新区人民法院	判处	被告人欧阳争	有期徒刑四年三个月(-恰当性)	
具体型式 3	法院等机构	判决认定	被告人	从句:有无坦白情节	5

---

① 本文参考张磊、卫乃兴(2017)筛选评价型式的方法,将出现 30 次以上的词视为每 1 万词出现频率大于 10 次的词。

② 此处所指的被告人包含"被告人"一词,以及具体被告人名称"被告人某某某"或"某某某",等等。

续　表

整体型式 1	判 断 者	链　接	判 断 对 象	判 断 范 畴	数量：113
例 3：	原审	判决认定	欧阳争	有坦白情节(＋真诚性,＋恰当性)	
具体型式 4	法院等机构	认定/不能认定	其	从句：如实供述罪行/具有悔罪表现,等等	13
例 4：	(省略)	不能认定	其	如实供述自己的罪行(＋真诚性,＋恰当性)	
具体型式 5	被告人	辩称/如实交代/未如实交代	其	从句：负面的事实,如犯罪事实,等等	16
例 5：	原审被告人毛学琼	辩称	其	在本案案发后,忘记交代其前科情况(－可靠性,－真诚性)	
整体型式 2	判断对象	判 断 范 畴			数量：15
例 6：	原判	定性有误(JIA：－估值性,－恰当性)			
例 7：	原判	量刑过重(JIA：－估值性,－恰当性)			

首先,整体型式 1 的判断范畴处于判断对象之后,表示对判断对象的社会评判与社会约束;链接处于判断对象之前,由动词联结起判断者与判断对象之间的评价关系。由表 3 的 5 个具体型式可见,与被告人有关的罪名、刑罚内容、行为皆属于判断范畴,既包含判断者对判断对象积极的判断态度,又包含消极的判断态度[①];判断对象所涉及的法律实体皆为被告人或被告人所指代的代词"其",而对判断对象进行评价的判断者则既包含法院等法律机构(具体型式 1 至 4),又包含被告人自己(具体型式 5)。

在五个具体型式中,型式 1 至 4 的判断者是法院等公权力机构,包括对被告人做出的可靠性、真诚性、恰当性等判断评价,即判处罪行、进行惩罚、认定行为性质等对被告人做出应有的裁决。我们注意到,引出判断范畴的链接,例如"指控""判处""判决"等,并不是单纯地连接判断者与判断对象之间的评价关系,而是都包含了判断态度,同时引出对被告人的评价。从及物性角度看,这四个具体型式的链接动词典型地属于物质过程动词,是法院等机构对受事者做出的动作,直接触发受事者也即判断对象之后的评价态度。对于具体型式 5,判断对象为代词"其",指代被告人,而被告人自身却处于判断者的功能范畴。此时被告人所做的是"自我评价"或"自我判断",通常是对自己本身所犯行为进行辩解,会在判断范畴这里选择对自己有利的评价性语言,如例 5"忘记交代其前科情况"。其中"忘记"的直接评价意义为社会评判中的消极可靠性,但这里忘记的对象表明被告人可能是为了逃避加重判决而故意隐瞒前科的事实,间接引发属于社会约束中的消极真诚性。我们结合链接处的言语过程动词"辩称""交代"等,也可看出裁判文书这一"隐含判断者"对被告人行为的隐性消极判断。

其次,整体型式 2 只包括判断对象与判断范畴,也即判断对象直接引出对隐含判断者裁判文书对判断对象的评价态度。检索发现,语料中属于该局部语法型式判断范畴的判断资源只有"定性有误"与"量刑过重",既包含对原判的估值性鉴赏评价,也包含对原判的恰当性判断评价。换句话说,

---

① 积极与消极的态度以正负符号展现,如表 3 中括号里面的判断态度,下同。

事物被鉴赏的同时也被判断,属于"判断引发型鉴赏(JIA①)"(施光,2017)。该评价语法型式具有两个功能范畴,用简短的形式对原判进行评价,宣布既已宣判的结果具有瑕疵,进一步体现判决书说理的客观性。

总之,判断对象为法律实体时,其所在的局部语法型式为整体型式1或整体型式2,判断范畴蕴含着对法律实体——更具体则是对被告人的定罪量刑、行为裁决以及对原判定性量刑的评价。同时,链接性动词并不单纯引出判断态度,也可能包含着判断者的判断态度,正如董敏(2017)指出的那样,"评价局部语法构型与及物语法构型之间存在部分的兼容性"。

3.1.2　法律行为

法律行为指法律过程实施所发生的行为,如行窃、肇事逃逸、抢劫等。语料中,评价对象为法律行为时所处局部语法小句共有49句,且每一句的评价对象都处于具有判断意义的局部语境。由此,我们围绕判断对象获得局部语法的整体型式3,具体实例见表4。

整体型式3:判断者 + 链接 + 判断语境 + (判断限制) + 判断对象 + (判断限制) + 判断范畴

表4　法律行为作为判断对象的局部语法型式

整体型式3	判断者	链接	判断语境	(判断限制)	判断对象	(判断限制)	判断范畴	数量:49
例8:	本院	认为	上诉人田金昌以非法占有为目的	(无)	秘密窃取他人财物	数额巨大	其行为已构成盗窃罪(-恰当性)	
例9:	原审法院	据此认为	被告人刘伟以非法占有为目的	多次	秘密窃取公民财物	(无)	其行为已构成盗窃罪(-恰当性)	

相较于整体型式1,整体型式3增加了判断语境,同时判断限制也可视需要进行添加。判断范畴中,处于判断对象中的法律行为被概括成"其行为",如例8与例9。同样是定罪处以相应的罪名,型式3判断范畴所包含的判断意义指向法律行为而非法律实体,是对法律行为是否正当做出判断评价,如例8和例9以"构成"表达判断意义,例1则以"犯"对被告人进行定罪裁决。

整体型式3中,判断语境是对判断对象的阐释说明,交代其发生的背景,具体而言,指出被告人进行该法律行为的非法目的,同样具有负面的评价态度。而判断限制在此整体型式中是一个可选的功能范畴,是对判断对象的进一步修饰或限制,处于判断对象之前或者之后,如上述两个例子中的"数额巨大""多次",以评价系统中级差资源呈现,进一步凸显判断者判断态度的正当性与合理性。如前文所述,链接处动词的及物性与局部语法型式有一定的关联性。整体型式3链接处的动词通常是心理过程动词"认为"。该动词较为中性,并不像整体型式1中大部分链接动词那样具有判断意义,属于评价系统中的介入资源。但整体型式3中的判断对象是法律行为,即业已发生的法律事件,加上蕴含于判断语境的负面评价态度,使处于判断者功能范畴中的法院等机构所做出的判断意义更为客观公正,有助于裁判文书说理。

3.1.3　法律命题

法律命题属于法律的陈述或表示。作为判断对象的法律命题且属于本文分析范围的是相关犯罪事实、法院等法律实体所做出的意见以及原判对被告人的定罪量刑事实。统计发现,犯罪事实作为评价对象的评价语句共有64句,其中对评价对象做出判断态度的46句;意见作为评价对象的评价语句

---

① JIA:Judgement-Invoking Appreciation,下同。

共有 34 句,对评价对象做出判断态度的 26 句;定罪量刑事实作为评价对象的评价语句共有 14 句,且皆为对评价对象做出判断态度。进一步分析可知,以犯罪事实为判断对象的局部语法属于整体型式 1;以意见及定罪量刑事实作为判断对象的局部语法属于整体型式 2,可分为具体型式 6 与具体型式 7。具体实例见表 5。

表 5　法律命题作为判断对象的局部语法型式

整体型式 1	判断者	链接	判断对象	判断范畴	数量：46
例 10：	原判	认定	上诉人苑少辉犯盗窃罪的事实	清楚(JIA：＋构成性,＋恰当性)	

整体型式 2	判断对象		判断范畴		数量：40
具体型式 6	所做出的意见		是否符合事实或法律		26
例 11：	上诉人、辩护人及检察机关的定性意见		依法有据(JIA：＋估值性,＋恰当性)		
例 12：	上诉人楼月及辩护人所提相关上诉理由和辩护意见		与事实不符,且于法无据(JIA：估值性,-恰当性,-真诚性)		
具体型式 7	定罪量刑的事实		是否正确得当		14
例 13：	原判对被告人蒋礼松适用法律		错误(-恰当性)		
例 14：	原审判决对原审被告人毛学琼的定罪		依法有据(JIA：＋估值性,＋恰当性)		

语料分析表明,犯罪事实作为判断对象时,其所处的局部语法型式与法律实体作为判断对象的整体型式相同,皆为整体型式 1,只不过其判断者是审判结果,即例 10 中的"原判",而非法院等机构。判断范畴中的判断资源是对属于判断对象的事实是否清楚真实进行评判,如例 10 判断引发型鉴赏中的恰当性。同时,链接也一般为心理过程动词,态度较为中性,以介入资源的形式引出判断范畴中的评价态度,客观公正地评价犯罪事实。

上诉人、辩护人或者法律机构做出的意见作为判断对象时,呈现的局部语法型式为整体型式 2,只包括判断对象与判断范畴两种功能范畴。判断范畴中的判断意义直接指向处于其前部的判断对象,对判断对象中的意见是否具有真实性、合法性等做出裁决。

当原判对被告人的定罪量刑事实作为判断对象时,则再次呈现整体型式 2。判断范畴直接指向定罪量刑的事实,是对原判所做出的行为是否符合法律规范进行判断,如例 13 与例 14 中的"错误"与"依法有据",体现出判决书对原判正确与否的说理。

由此,法律命题作为判断对象的局部语法形式,其判断范畴重点关注法律命题是否具有真实性、合法性等,判断范畴中的判断资源通常体现社会约束中的真诚性与恰当性。

3.2　对判断者的局部语法分析

判决书中,做出判断态度的评价者即判断者绝大部分是法院、事物、审判流程等法律实体,所以判断者只有法律实体一项。语料显示,法律实体处于评价者位置的评价语句共有 270 句,其中法律实体作为判断者做出判断评价的语句有 227 句。我们进一步分析得到三种类型的评价局部语法,包括与之前讨论类似的整体型式 1 与 3 和新出现的整体型式 4。局部语法型式与具体实例如表 6。

表 6　有关判断者的评价局部语法型式

整体型式 1	判断者	链接	判断对象			判断范畴	数量：158
例 15：	浦东法院	判决认定	原审被告人毛学琼实施盗窃行为			属实（＋真诚性）	
整体型式 3	判断者	链接	判断语境	判断对象	（判断限制）	判断范畴	数量：49
例 16：	本院	认为	上诉人田金昌以非法占有为目的	秘密窃取他人财物	数额巨大	其行为已构成盗窃罪(-恰当性)	
整体型式 4	判断对象		判断者		链接	判断范畴	数量：20
例 17：	被告人……2011 年 11 月犯盗窃罪		被上海市金山区人民法院		判处	有期徒刑七个月（-恰当性）	

由表 6 可知,整体型式 1 与 3 中,判断者做出的评价即判断范畴是对判断对象——法律实体、法律行为、法律命题等做出定罪量刑、真实性阐述等的判断评价。及物性分析表明,链接动词涉及心理过程、物质过程、言语过程等,在引出对判断对象态度的同时,也可包含判断态度。

　　　整体型式 4：判断对象 ＋ 判断者 ＋ 链接 ＋ 判断范畴

新出现的整体型式 4 中,判断者为法院等机构,相较于其他整体型式主动句的语法形式,判断者处于主语位置的情况,该型式为被动结构,判断者处于由介词"被"体现的状语部分,主语位置是判断对象,如例 17。这一型式通过被动结构,使判断对象位于判断者之前,判断对象又实际包含类似于判断语境的内容阐释,突出违法事实的同时使判断者的评价判断更具逻辑性。链接处一般为物质过程动词,引出评价范畴中的定罪刑期,同时也具有判断意义,进一步增强评价态度。

4　结论

裁判文书语言使用的规范性与法律的专业性、价值性之间互相关联(宋北平、孙长江,2017：25)。裁判文书写作者需尊重"语言游戏"中的遣词造句,才能够更加清晰地进行说理(黄现清,2016)。同时"裁判文书应以模式化作前提"(田荔枝,2008),才能进一步体现司法公正。本文以盗窃罪判决书为例研究裁判文书的评价局部语法,关注局部语言的判断意义,即以具体的判断者与判断对象展开分析,发现在裁判文书判断意义的 4 个局部语法型式中,第 1 种型式(56%)占比最多,超过一半,第 2 种与第 3 种型式次之(分别为 20% 和 17%),第 4 种型式(7%)数量较少。也就是说,目前判决书多采用整体型式 1、2、3 这三种评价局部语法型式传递判断意义。在此过程中,判决书选中特定对象并使其位于判断者或者判断对象的语义功能的同时,也选定特定的语法构型,以传递评价意义。换句话说,语义与词汇语法高度关联,是一种共选的结果。此外,通过对链接动词的分析,我们也观察到及物性过程类型与评价局部语法型式之间的联系。位于链接功能处的动词可同样具有判断意义,引发并加强局部语法中处于判断范畴的判断意义。最后,本文语料也显示,介入与级差资源有助于加强判断意义。

本文有关判决书判断性评价局部语法的分析表明,判决书选择相应的语法型式并调用判断资源对判断对象的行为、罪行、事实进行评价,突出判决书对特定法律实体、法律过程、法律命题的模式化判断,有助于裁判文书及其他法律文书局部语言型式的规范书写。在人工智能与大数据逐渐服务于司法实践的时代,我们亟须运用大数据等现代信息技术来保障司法公正,提高工作效率(周光权,2018)。后续研究可进一步扩充语料、增加其他类型的罪名与其他类型的裁判文书,提升人工智能自动生成裁判文书的语言评价准确性。

　　此外,本文对汉语评价局部语法研究具有一定的启示作用。评价局部语法研究比较关注形容词的评价功能(Hunston & Sinclair,2000),目前的相关研究也大多围绕形容词展开,可能原因在于英语的评价意义很多直接或间接地由形容词体现。而汉语形式灵活,名词、动词,甚至通常认为只有语法作用的介词都可以暗含评价意义,这使得汉语的评价局部语法需要从更宏观的角度入手,如本文就是从局部语法的功能范畴入手分析。单纯以词性作为考察对象会致使各种类型的局部语法型式数量过多,概括性程度较低。

参考文献

[1] Bednarek, M. 2007. Local grammar and register variation: explorations in broadsheet and tabloid newspaper discourse[J]. *Empirical Language Research* (1): 1 - 23.

[2] Bednarek, M. 2008. *Emotion Talk Across Corpora* [M]. New York: Palgrave Macmillan.

[3] Bednarek, M. 2009. Language patterns and attitude[J]. *Function of Language* (2): 165 - 192.

[4] Halliday, M. A. K. 1994/2000. *An Introduction to Functional Grammar* [M]. Second Edition London: Edward Arnold / Beijing: Foreign Language Teaching and Research Press.

[5] Halliday, M. A. K. and C. M. I. M. Matthiessen. 2014. *An Introduction to Functional Grammar* [M]. Fourth Edition London and New York: Routledge.

[6] Hunston, S. 2002. Pattern grammar, language teaching, and linguistic variation: Application of a corpus-driven grammar[A]. In R. Reppen, S. Fitzmaurice and D. Biber (Eds.). *Using Corpora to Explore Linguistic Variation* [C]. Amsterdam: John Benjamins, 167 - 183.

[7] Hunston, S. 2011. *Corpus Approaches to Evaluation: Phraseology and Evaluative Language* [M]. London and New York: Routledge.

[8] Hunston, S. and J. Sinclair. 2000. A local grammar of evaluation[A]. In S. Hunston and G. Thompson (Eds.). *Evaluation in Text: Authorial Stance and the Construction of Discourse* [C]. Oxford: Oxford University Press, 74 - 101.

[9] Martin, J. R. 2000. Beyond exchange: Appraisal system in English[A]. In S. Hunston and G. Thompson (Eds.). *Evaluation in Text: Authorial Stance and the Construction of Discourse* [C]. Oxford: Oxford University Press, 142 - 175.

[10] Martin, J. R. and D. Rose. 2007. *Working with Discourse: Meaning Beyond the Clause* [M]. London: Continuum.

[11] Martin, J. R. and R. White. 2005. *The Language of Evaluation: Appraisal in English* [M]. New York: Palgrave Macmillan.

[12] Su, H. 2015. Judgement and adjective complementation patterns in biographical discourse: A corpus study[D]. United Kingdom: University of Birmingham.

[13] Su, H. and S. Hunston. 2019. Language patterns and attitude revisited: Adjective patterns, attitude and appraisal[J]. *Function of Language* (3): 343 - 371.

[14] 董敏.2017.局部语法与系统功能语法的互补性初探:以评价子语言为例[J].外语与外语教学(2):38 - 47.

[15] 董敏,徐琳瑶.2021.评价研究的局部语法视角[J].外语教学(3):13 - 17.

[16] 杜碧玉.2003.中国民事判决书的人际功能分析[J].广东外语外贸大学学报(1):18 - 22.

[17] 胡壮麟,朱永生,张德禄,李战子.2017.系统功能语言学概论[M].北京:北京大学出版社.

[18] 黄现清.2016.裁判文书说理的法理分析[J].政法论丛(1)：113－120.

[19] 李诗芳.2008.中文刑事判决书语体的人际意义研究[J].外语学刊(2)：60－64.

[20] 李扬,王一超编著.2018.刑事法律思维表达与文书写作[M].北京：法律出版社.

[21] 彭宣维,刘玉洁,张冉冉,陈玉娟,谈仙芳,王玉英,杨晓军.2015.汉英评价意义分析手册[M].北京：北京大学出版社.

[22] 施光.2017.刑事判决书的态度系统研究[J].外语与外语教学(6)：81－88.

[23] 宋北平,孙长江.2017.裁判文书的语言、逻辑和理由研究[M].北京：人民法院出版社.

[24] 苏杭,卫乃兴.2017.评价语言的局部语法研究[J].中国外语(3)：28－35.

[25] 苏杭,卫乃兴.2020.语料库语言学视域下的局部语法研究：概述与展望[J].外语电化教学(4)：40－45.

[26] 田华静,王振华.2016.汉语刑事辩护词中态度资源的分布[J].山东外语教学(2)：13－21.

[27] 田荔枝.2008.个性化与模式化：对裁判文书写作的思考[J].河北法学(7)：160－164.

[28] 王振华.2001.评价系统及其运作[J].外国语(6)：13－20.

[29] 王振华,刘成博.2014.作为社会过程的法律语篇：态度纽带与人际和谐[J].中国外语(3)：19－25.

[30] 卫乃兴.2017.基于语料库的局部语法研究：背景、方法与特征[J].外国语(1)：10－12.

[31] 杨彬.2017.法律裁判文书的语言生态伦理分析[J].湖南师范大学社会科学学报(6)：38－45.

[32] 张磊,卫乃兴.2017.中外法律学者学术论文评价局部语法型式对比研究[J].解放军外国语学院学报(3)：10－18.

[33] 张磊,卫乃兴.2018.局部语法的演进、现状与前景[J].当代语言学(1)：103－116.

[34] 周光权.2018.运用现代信息技术,为司法工作提供支撑[J].中国人大(18)：49－50.

Local Grammar of Evaluation in Criminal Judgements

Yixi Li, Ranran Zhang

East China University of Political Science and Law

Abstract: Local grammar of evaluation, which combines local grammar and appraisal system, is an approach to discourse analysis. Because of the support of corpus, local grammar of evaluation provides a new perspective for describing the appraisal meanings of specific sublanguage. Focusing on the judgment, affect and appreciation resources in the attitudinal system of the appraisal system, it analyzes the recurrent language patterns, in regards of the evaluative category, the thing evaluated and the evaluator in specific types of discourse. This paper resorts to the approach of local grammar of evaluation to analyze the attitudinal system in criminal judgements (or criminal verdicts), especially the language patterns of judgment resources and their appraisal meanings. In this paper, four local grammatical patterns of judgment resources in criminal judgments are observed. We argue that the hinge, as one of the functional categories of local grammar of evaluation, has an impact on evaluative meanings, and engagement and graduation can also enhance the judgment meaning. This paper can give implications for the study of local grammar of evaluation in Chinese language, hoping to provide reference for the automatic generation of judicial judgements in terms of the rules of writing and the expression of arguments giving that artificial intelligence is adopted in nowadays judicial practice.

Keywords: local grammar of evaluation; appraisal system; judgement resources; judicial judgements

合同的情态特征与语义效应[①]

付悠悠[②]

广东外语外贸大学

摘　要：情态作为表达不确定性的语法资源，是合同的重要组成部分。本文从 BEC（商务英语语料库）中选取 17 种不同类型的合同，以系统功能语言学的情态系统为工具，分析其中情态化与意态化资源的分布特征，揭示其所体现的语义效应。结果表明，合同中情态化资源分布稀少，所使用的情态化资源主要以形式多样的隐喻式、客观取向和中高值为主，主要表现为命题内容成立的不同概率，也体现其成立的不同频率；这些分布很好地体现了合同对命题内容的明晰性、确定性和客观性要求。意态化资源十分丰富，主要以一致式的情态动词、主观取向和中高值为主，体现各种义务以及权利和意愿；这些分布特征使合同条款得以明晰地对各当事主体的义务、权利和意愿加以直接约定。总体来看，情态资源的合理使用保障了合同能明晰、客观地表征其命题内容，对各当事主体的权利义务作出具有法律效力的约定。

关键词：情态；合同；语义效应；确定性；约束力

1　引言

合同在英美法系中被定义为能够由法律强制执行的允诺，是具有法律效力的正式文体，可以以口头或书面语篇的形式呈现，明确规定合同当事人的权利与义务，对当事人具有约束力，因此其语言的准确严谨性备受关注。然而语言中有不少表示不确定意义的资源，在语法层上主要体现为各种情态资源。语言这种不确定性是其对人们经验世界中不确定性的反映，且必然会在合同语篇中有所体现。传统上，合同一般被当作法学符号的研究对象。本研究将系统功能语言学理论引入合同研究中，从情态视角对合同语篇进行分析。这对于全面认识合同的本质具有重要意义，对于合同的撰写和翻译也具有重要启示。

目前国内外从语言视角研究合同的成果并不多。国外的研究主要关注合同的语言特征（Sandra & Briner, 2013；Rawolle, 2013）、合同的翻译（David, 2005）、合同的修辞研究（Gregerson，2006）等方面，国内学者侧重于合同的词汇（薛海英，2008；李汇瑜，2020）、合同的翻译（马会娟，2005；杨敏、徐文彬，2019；詹继续，2020）、合同的修辞（杜金榜，2006；张美君，2011）、合同的语体（吴贵武，2011；宋来全，2020）等。进一步来看，学界从情态视角对合同语篇的语义效应的深入研究则更加少见。金朋荪等（2007）对商务英语合同进行情态分析，探讨商务英语合同中情态的表达规律；李彬（2013）从系统功能语言学视角对商务英语合同中核心情态动词的使用特点做了分析，并揭示其所隐含的语篇评价意义；胡春雨（2015）在语料库文体学视阈下分析了四个主要情态动词在语料中出现的频率。这些研究聚焦情态动词，未探讨情态的其他体现形式。黄笑笑（2016）基于功能语法分析了英语采购合同中情态

---

① 本文受广东外语外贸大学研究生科研创新项目"级差视角下立法语言模糊性研究——以《中华人民共和国民法典》为例"（项目编号：22GWCXXM-068）资助。

② 付悠悠（1985—），女，广东外语外贸大学博士研究生；主要研究方向：功能语言学、法律语言学、话语语言学研究；电子邮箱：youyoufu14201@qq.com。

的表达形式及其体现的人际意义,但未对情态的隐喻式形式深入讨论。总体来看,当前的研究主要围绕合同语篇中情态的本体特征进行探究,所讨论的情态资源类型不够全面,且未能深入探讨其分布与合同本质的联系。本研究将基于系统功能语言学的情态系统,自建商务合同语料库,分析商务合同中情态资源的使用及其语义效应。研究围绕三个问题展开:第一,商务合同中的情态资源有什么分布特征?第二,合同中的情态资源实现了怎样的语义效应?第三,本研究对合同的读写和翻译有何启示?

2　理论基础与研究方法

传统语法的情态研究主要关注情态助动词,认为大多数情态助动词既可表示事件发生的可能性,也可以表示责任、义务等语义范畴(Quirk et al.,1985)。帕默(Palmer,2001)认为情态是发话人对命题状态的判断或理解,可分为认知(epistemic)、言据(evidential)、道义(deontic)和动力(dynamic)情态四类,其中前两类是命题情态,涉及发话人对命题的真值或真实状态的态度,而后两类是事件情态,指对非现实、未发生或可能发生的事件所表示的可能性。帕帕弗拉古(Papafragou,2000)从语用的角度分析情态动词,认为情态动词的意义取决于语境。系统功能语言学认为情态是介于"是"和"否"两级(polarity)之间的状态,即肯定或否定之间的区域,体现语言的人际元功能(Halliday & Matthessien,2014)。其情态系统更为精密(如图1所示),将被用作本研究的分析工具。

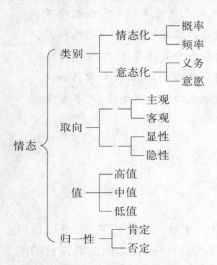

图1　情态系统图(Halliday, 2014)

如图1所示,系统功能语言学的情态系统包含类型、取向、值、归一性四个子系统。韩礼德运用拓扑学原理将情态分为情态化(modality)和意态化(modulation),前者指用于交换信息的命题内容介于肯定和否定之间,表示可能性(probability)或惯常性(usuality),后者指用来交换物品和服务的提议(proposal)介于做和不做之间,表示各种义务性(obligation)或意愿性(inclination)。情态取向(orientation)包括主观-客观和显性-隐形两个维度:主观情态明示情态的判断者,而客观情态隐藏判断者;显性取向将情态凸显为命题的核心内容和协商焦点,而隐性情态不作为命题的核心和焦点,而体现为助动词或副词等形式。取向是作者介入命题信息的程度,不仅反映作者的认知水平,还显性或隐性地传递作者的主观评价(Halliday & Matthiessen,2014)。两个维度所构成的矩阵如表1所示。此外,不同情态类型具有高、中、低三种值,分别表示概率、频率的高低或义务或意愿的强弱,情态值和归一性(polarity)构成的矩阵如表2所示。

表1　情态取向矩阵

	主　　观	客　　观
隐　　性	must	certainly
显　　性	I'm certain that …	It is certain that …

系统功能语言学把由情态助动词或情态副词体现的情态看作一致式表达,同时把由级转移和类范畴转移体现的情态看作语法隐喻式的表达,从而扩展了情态研究的范围。级转移指情态由小句而不

表 2　情态值与归一性矩阵

	低	中	高
肯定	can, may, could, might(dare)	will, would, should, is/was to	must, ought to, need, has/had to
否定	needn't, doesn't/didn't + need to, have to	won't, wouldn't, shouldn't (isn't/ wasn't to)	mustn't, oughtn't, can't, couldn't (mayn't, mightn't, hasn't/hadn't to)

是词（或词组）来体现，比如 it's certain that …（可以肯定的是……），I don't want …（我不想……）；类范畴转移指情态由情态助动词和副词之外的其他词类来体现，具体体现形式包括谓语延伸部分，如 be supposed to（应该），be obliged to（必须）；实义动词、名词短语，如 a certainty that …（可以肯定的是），介词短语，如 in my opinion（依我看来），to some extent（在某种程度上），to my mind（据我看来）等。从取向变化的角度来看，显性情态是隐性情态的隐喻式表达，比如 I think Mary knows（我认为玛丽知道）是 Mary may know（玛丽可能知道）的隐喻式表达(Halliday & Matthiessen, 2014; Hu, 2015; He, 2020)。

本研究采用定性和定量相结合的方法，从商务英语语料库(Business English Corpus, BEC)中选取 17 篇具有代表性的合同，构成本研究的合同语料库。其库容为 53 641 词，基本涵盖常见的商业合同类型，包括建筑、采购、聘用、出口、贷款等合同类型，每篇合同的篇幅大体相近。笔者根据上述系统功能语言学的情态系统，用不同符号对各系统特征进行人工标记，而后统计各特征的频率数据，在 Excel 表中进行可视化分析，以揭示其分布特征，在此基础上讨论其语义功能。

3　结果与讨论

通过数据统计可以发现，在本语料库中，情态资源出现的总频次为 1 939 次，总体频率为 361.48/万字，表明本语料库收集的合同语料中情态资源较为丰富。本节将对情态化资源和意态化资源的统计数据和结果分别进行讨论。

3.1　情态化资源的总体分布特征

在语料中，情态化资源共出现 155 次，总体频率约为 28.90/万字。这一方面说明商务合同中的绝大部分命题内容都是以精确的肯定（或否定）出现的，另一方面说明还是存在少量的不确定性命题。各次类资源的占比及其体现形式分布如表 3 所示。

表 3　情态化资源分布

结构	一致式		隐喻式		总计	占比
体现形式	主观	客观	主观	客观		
情态动词	1	0	NA	NA	1	0.65%
情态副词	0	57	NA	NA	57	36.77%
实义动词	NA	NA	0	0	0	0.00%
谓语延伸	NA	NA	0	38	38	24.52%
介词短语	NA	NA	7	47	54	34.84%

续　表

结　　构	一　致　式		隐　喻　式		总　计	占　比
体现形式	主　观	客　观	主　观	客　观		
名词短语	NA	NA	0	3	3	1.94%
小　句	NA	NA	1	1	2	1.29%
小　计	1	57	8	89		
总　计	58		97		155	100%

　　情态化资源中,一致式资源频次为 58 次,隐喻式频次为 97 次,各自分别占所有情态化资源的 37.42%和 62.58%,如图 2 所示。大量的隐喻式表达丰富了情态的表达手段,使双方得以通过间接、委婉、隐晦的方式表示对命题内容的推测和估计,增加了合同当事双方的对话和协商空间。一致式情态绝大多数由表达可能性和经常性的情态副词体现(57 次),偶尔由情态动词体现(1 次)。情态副词与情态动词相比,间接、委婉,其主观推测的意味也相对弱化。因而在一致式表达中,与情态动词相比,绝大多数情态副词的使用在一定程度上弱化了合同中命题内容的推测性和不确定性色彩。

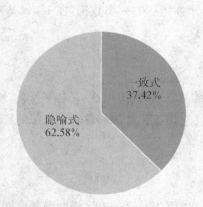
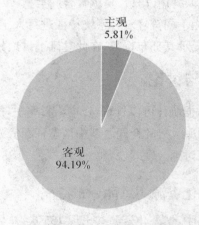

图 2　情态化中一致式和隐喻式占比　　　图 3　情态化中主观和客观占比

　　在主客观取向方面,主观情态仅出现 9 次(一致式 1 次,隐喻式 8 次),占比 5.81%;客观情态出现 146 次(一致式 57 次,隐喻式 89 次),占比 94.19%(图 3)。这或许是由于合同属于书面正式模态,要求客观呈现合同内容,而客观情态的主体不是说话者本人,只客观表明命题内容在一定概率和频率范围内成立而非某个主体的主观推测,因而大量客观情态的使用能较好地体现合同的客观性要求。语料中偶尔出现的主观情态用来直接表明命题内容为某个说话者的主观推断;这些主观情态多以介词短语(7 次)或小句(1 次)等隐喻形式出现,如 in the opinion of the seller(卖方认为),he is aware that(他知道),只出现 1 次用情态动词体现的一致式;隐喻式的主观情态与一致式相比,仍然以较为隐晦、间接的方式体现对命题内容的推测,从而使其主观推测意味得以降低,在总体上服务于合同内容表达的客观性要求。

　　在情态值的高低方面,从图 4 可看出,高值情态资源占比最高(63.87%),如 only(仅仅),solely(仅仅),wholly(完全地),entirely(彻底地),fully(完全地),always(总是),deemed to(被视为),it becomes apparent(很明显)等;大量高值情态资源的使用使命题内容进一步肯定或强化,避免由于模糊不清造成争议性。中值情态资源占比 35.48%,比如 usually(经常),in the opinion of(认为),to the extent(到……的程度)等;中值情态资源虽然肯定程度不及高值情态资源,但可使合同命

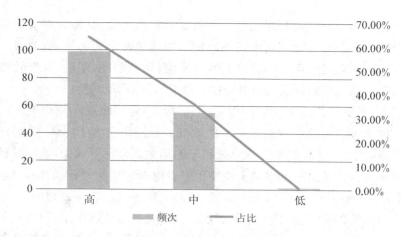

图 4　情态化资源值及其占比

题内容总体保持在中等肯定的程度,从而维持合同的相对中立性。语料中低值情态化资源仅占0.65%,比如 sometimes(有时)等,这意味着合同中把肯定程度低的命题内容尽量最小化,从而避免合同内容的不确定性和可能产生的争议。

　　情态化资源中,概率资源和频率资源的频次与占比如表 4 所示。概率资源出现的次数为 103 次,占比 66.45%,主要由隐喻式情态和情态副词体现资源,如 it becomes apparent(很明显)、fully(完全地)等,这些资源用来表示合同中相关命题内容成立的不同概率。而频率资源出现 52 次,占比仅为 33.55%,如 always(总是)、usually(经常)等,主要用来表示命题内容成立的时间频率。这些概率和频率资源的使用使合同内容得以反映无法完全确定的现实世界,从而使得命题内容不至于过于绝对。

表 4　情态类别及其占比

情态类别	小　类	次　数	占　比
情 态 化	概　率	103	66.45%
	频　率	52	33.55%

3.2　情态化资源的体现形式及其语义效应

　　合同是市场上双方或多方当事人建立、变更、消灭民事法律关系所签订的协议,是双方或多方当事人的法律行为,也是双方或多方当事人意思的表示(意思表示指能够将民事法律效果的意思表现于外部行为)一致的结果(刘庆秋,2011)。情态动词在表示概率和可能性时,往往会削弱命题的真实性和可靠性,因而在具有强制和命令性的合同中极少出现。在本语料库中仅以低值得情态动词 may(可能)出现一次。如例[1]所示,该工程合同中双方约定在特定情形下交付期限可以延长,而不必受合同中相应违约责任的约束,情态动词 may(可能)表明该行为发生的概率较低,具有低值情态的意义。

　　例[1] If it becomes apparent that the Works will not be completed by the date for completion … then the Contractor shall thereupon in writing so notify the Architect/the Contract Administrator who shall make, in writing, such extension of time for completion <u>may be reasonable</u>.

恰当使用表示可能性、盖然性的情态副词能够使语篇更具有客观性和严谨性,调节作者对自身观点以及态度的确信程度,弱化作者对命题成立与否所要承担的风险,且暗含对其他有可能出现的情况的预设。在本语料库的合同中,大比例高值情态副词和中值情态副词的使用,使得合同中命题内容的肯定程度很高,表明合同条款对特定情形的针对性非常强,条款精准、明确,以有效约束合同双方的权利义务,控制交易风险以及可能的纠纷,从而体现合同的严谨性和规约性。

由副词表示的情态意义转换成由动词词组、介词词组、名词词组或小句构成人际隐喻。在这种级阶转换的过程中,有时会涉及可能性或惯常性阶的改变。合同语篇为了体现客观公平的效果,通常会避免大量使用主观倾向显著的人际隐喻。在本语料库的隐喻式体现形式中,谓语延伸部分以被动形式出现,主要表达客观情态。由于这些动词原本主要用于表达概念意义,因而隐喻性地用于表达情态时,其情态意义较为弱化。典型例子是 be deemed(被视为)出现 38 次,表示命题内容是基于某种意见、观点,因而不一定是完全肯定的事实,但持此意见观点的主体又被隐藏起来了,所以使得其情态意义相对客观、隐晦。比如例[2]中关于送达时间的约定实为合同双(多)方意思自洽的结果,而谓语延伸 be deemed(被视为)的隐喻式情态体现方式使双(多)方自由约定的结果看起来像是相关法律条文的挪用,因此使得合同条款更具有权威性和客观性。

例[2] If sent by registered post or recorded delivery the notice or further notice shall, subject to proof to the contrary, be deemed to have been received 48 hours after the date of posting (excluding Saturday and Sunday and public holidays).

介词短语体现的隐喻性情态大都是客观取向,少量以主观取向呈现。介词短语由于是小句的压缩形式,其体现的情态意义比小句所体现的情态显性程度低,但比其他类别的词组体现的情态意义显性程度高。介词短语体现形式的使用有两方面的效果:一方面避免了大量使用小句形式所造成的情态意义高度显性化,同时其体现的绝大多数客观情态又使相对显性的情态显得较为客观,从而满足了合同中命题内容的客观化要求。例[3]中,to the extent(到……的程度)表示客观情态,表明合同条款对卖方的约束力仅限于合同项下发生的卖方应履行的义务。

例[3] Seller has duly performed all of its obligations under the Assigned Contract to the extent that such obligations to perform have accrued.

名词词组体现的情态隐喻实际上是一种名词化的情态,通过名词短语将情态意义包装为客观事物或事实,以隐蔽情态的真正来源,从而使合同当事人更容易接受。如例[4]是举办会议方与酒店签订的合同,约定在会议期间如果发生有组织的劳工运动,会议方将有权向酒店物业发出书面通知后终止协议,而不会受到处罚。possibility(可能性)表示后面所述命题内容,即发生劳工运动物化为某种可能性,一方面表明这些命题只是一种主体不明的事件且发生的概率较低,同时又把其表述为客观存在的抽象物,由此以较为客观、隐晦地的方式来表达其情态意义。名词词组可以弱化该事件发生的主观性,使其更像是不可抗辩的客观事实,因此能够降低会议方可能需要承担的责任。

例[4] If the possibility exists that organized labor activities could occur at any time during the Association's meeting, the Association will have the right to terminate this agreement with ten (10) calendar day's written notice to the Property without prejudice or penalty.

3.3 意态化资源总体分布特征

在语料中,意态化资源出现次数(1 784 次)大大多于情态化资源(155 次),总体出现频率约为 332.58 次/万字。高频率意态资源反映了合同需要对当事双方的义务和意愿进行明确的约定。各次类资源和体现形式的总体分布如表 5 所示。

表5　意态化资源分布

结　构	一　致　式		隐　喻　式		总　计	占　比
体现形式	主　观	客　观	主　观	客　观		
情态动词	1 242	0	NA	NA	1 242	69.62%
情态副词	0	57	NA	NA	0	0.00%
实义动词	NA	NA	25	0	25	1.40%
谓语延伸	NA	NA	119	141	260	14.57%
介词短语	NA	NA	0	0	0	0.00%
名词短语	NA	NA	167	90	257	14.41%
小　句	NA	NA	0	0	0	0.00%
小　计	1 242	0	311	231		
总　计	1 242		542		1 784	100%

　　意态化资源中,一致式资源出现 1 242 次,占所有意态资源的 69.62%,隐喻式出现 542 次,占比 30.38%(参见图5)。语料中一致式意态都由情态动词来体现;大量使用的一致式意态资源有助于合同明晰无误地规定缔约双方的义务和意愿,从而凸显双方履行合同义务的责任。语料中隐喻式意态资源主要通过谓语延伸部分(260 次)和名词短语(257 次)来体现,也包括少数几个实义动词(25 次)。这些隐喻式意态资源的使用丰富了合同中意态的表达手段,使得缔约方在必要时得以通过相对间接、委婉的方式表达各种意愿或者义务。

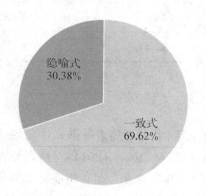

图5　意态化中一致式和隐喻式占比情况

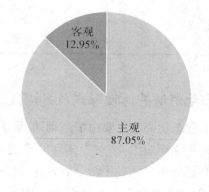

图6　意态化中的主观和客观占比情况

　　在主客观取向方面,主观意态资源出现 1 553 次,占比达 87.05%,远高于客观意态资源 231 次的频次和 12.95%的占比(参见图6)。主观意态资源直接明示意态的主体,其大量使用有利于合同明确规定特定主体对缔约条款加以履行的义务和意愿;客观意态资源未明示意态主体,主要用于表示特定情况下义务或意愿的主体省略或不明的情况。

　　语料中意态资源高中低值的占比如图7所示。高值意态资源频次达 917 次,占所有意态资源的 51.40%,如 has to(必须)、shall(必须)、must(必须)等;中值意态资源频次为 616 次,占比

34.53%,如 will(愿意),would(愿意),should(应当)等;低值意态资源仅出现 251 次,占比 14.07%,如 may(可能),might(可能),could(能够),can(能够)等。高占比的高值意态资源有助于明确规定缔约各方应履行的责任和义务;相对较少的中值意态资源主要用于表明各缔约方可选的权利及其相应的意愿;低值意态资源给合同当事人留有较大余地,可协商空间较大,其低占比有助于增加合同的确定性。

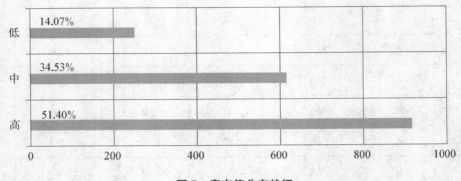

图 7　意态值分布特征

语料中义务和意愿类资源的频次比例如表 6 所示。其中义务资源 1 731 次,占所有意态资源的 97.03%,如 shall(必须)、be required to(被要求)、be responsible for(对……负责)等;意愿资源 53 次,仅占 2.97%,如 plan(打算)、permit(允许)、intend(打算)等。这是因为合同条款主要是规定合同当事人应尽的义务和责任,具有一定的强制性,因此需要使用大量表示义务的资源,少量意愿资源主要用来表明合同当事人的行为的主观意图、意愿等。

表 6　意态类别及其占比

情态类别	小　类	次　数	占　比
意　态　化	义　务	1 731	97.03%
	意　愿	53	2.97%

3.4　意态化资源的体现形式及其语义效应

语料中意态化资源主要由情态动词、谓语延伸部分、实义动词、名词短语等形式体现(参见表 5),未见情态副词和介词短语、小句等体现形式的意态资源。韩礼德(Halliday,2014)对情态系统中情态和意态的次类划分不仅区分了命题和提议,还反映了说话人的主客观态度。尽管情态化和意态化都表达主观态度,但情态化更多是表达对命题的旁观性态度,而意态化则是对提议的一种参与性评价(杨才英、张德禄,2006)。

语料中所有一致式意态化资源都以情态动词来体现。进一步的分类统计发现,这些情态动词有 9 个,包括 shall(必须)、will(想要)、may(可能)、can(能够)、would(想要)、must(必须)、should(应该)、could(能够)、might(可能)(见表 7)。情态动词 shall 出现的频次最高且占比最高,根据《韦式法律词典》(*Webster's Dictionary of Law*)的解释,shall 在用于法律条款、法规或指令时,表示强制、命令和必要性,用来明晰义务和规定,具有强制性,因此属于高值情态词。合同中大量使用高值情态动词 shall(必须)和 must(必须)意味着合同当事人对合同所约定行为的信心和控制。

表 7　意态化资源中情态动词使用频率

情　态　动　词	频　　　次	占　　比
shall	679	54.67%
will	261	21.01%
may	188	15.14%
can	61	4.91%
would	31	2.50%
must	11	0.89%
should	9	0.72%
could	1	0.08%
might	1	0.08%
总　　计	1 242	100.00%

合同语篇不仅要传递合同当事人的态度,更重要的是当事人应当作为参与者介入。语料中出现大量以谓语延伸部分体现的意态隐喻资源,且常与高值情态动词连用,体现了当事人强烈的主观态度和参与性。如例[5]中 be entitled to(有权)出现在建筑合同中,突出了雇佣方在承包合同中的参与者身份,即雇佣方可以取消合同并追讨由此带来的损失。不仅表达了对自己权利的确认,也是对承包过程的积极掌控。

例[5] The Employer shall <u>be entitled to</u> cancel this Contract and to recover from the Contractor the amount of any loss resulting from such cancellation.

我们也可以将情态意义名词化,本语料中由名词短语体现的意态化资源包括 intention(意图)、obligation(义务)、determination(决心)、regulation(规定)等,这些名词本身具有概念意义,同时又表达了人际意义,因此产生了概念语义和人际语义的耦合(coupling)。概念语义的名词化将经验意义事物化,对合同权利或义务的认识和解读提供合同当事人期望的视角,使说话人对其进行经验意义的重新范畴化。在人际意义层面,这些名词化短语的使用使得本来可协商的意态成为不可协商的名词事物,成为一种客观存在的责任和义务,从而进一步强化了合同中责任义务的规约性。例[6]中,his obligation(他的义务)由 he is obliged to(他有义务)转化而来,是主观显性意态的隐喻式表达,强调承包商的义务,即不损害赔偿雇主的义务;the liability(责任)由 be liable for(对……负责)转化而来,因其省略了主体而成为客观显性意态的隐喻式表达。

例[6] Without prejudice to his <u>obligation</u> to indemnify the Employer the Contractor shall take out and maintain and shall cause any sub-contractor to take out and maintain insurance in respect of the <u>liability</u> referred to above in respect of injury or damage to any property real or personal other than the Works which shall be for an amount not less than the sum stated below for any one occurrence or series of occurrences arising out of one event.

4　结语

合同作为具有法律效力的文本,需要明白无误地对当事各方的法律权利和义务进行明确约定。语法层上的情态资源是体现商务合同这一语义特征的重要手段。合同中情态化资源的稀少分布充分保证了其合同内容的高度确定性;但少量使用的情态资源也揭示合同的确定性并不是绝对的。这些情态资源大多数表达命题内容成立的不同概率,有时也体现其成立的不同频率;在形式上只有少量的情态动词、情态副词等一致式体现,大多数体现为丰富多样的谓语延伸、介词短语、名词短语、小句等相对间接委婉的隐喻式;绝大多数都是客观取向,且绝大多数都取高值或中值。这些分布特征淡化了情态化资源使用所带来的不确定性、主观性和模糊性效果,从而最大限度地体现了商务合同对内容的确定性、客观性和明晰性要求。合同中高频率分布的意态化资源充分保证了合同对当事各方法律义务和权利的约定,体现了合同当事人对合同中提议的参与性评价。这些意态化资源多数以情态动词一致性体现,少数以实义动词、谓语延伸部分、名词短语等隐喻式体现;大多数为主观取向;绝大多数表示义务;多数为表示义务的高值意态,同时也有相当数量表示可选权利和意愿的中低值资源。这些分布特征保证了合同能直接显性地明确约定当事各方的义务以及权利和意愿。总体来看,情态资源作为合同的重要组成部分,其合理使用是对当事各方权利、义务、意愿进行明确约定的基本保障,是合同法律约束力的根本体现。

对合同中情态资源的分布特征其语义效应的研究为合同的读写与翻译提供了丰富的启示。合同是具有法律效力的专业性话语,合同约定的是民事法律行为。这类专业性话语对情态化和意态化资源的使用具有独特要求,不可与日常话语中情态资源的使用相混淆。在拟定合同时,我们需要仔细推敲、慎重选择、合理利用各种不同取向、取值的一致式和隐喻式情态化资源,明确约定合同条款中命题内容成立的不同频率和概率,使得合同内容达到最大程度的精准性和确定性,把可能出现的争议最小化。同时我们也需要恰当使用各种不同取向和取值的义务和意愿资源,合理利用一致式与隐喻式体现方式,明确无误地约定当事各方的权利与义务。另外,随着国际间和国内经济活动增加,合同翻译的需求日益增长。合同中的情态资源直接关系到合同命题内容的明晰性、确定性,并直接涉及当事各方权利和义务的约定,因而在翻译中需要加以高度重视。当前的法律翻译实践与教学中对情态资源的翻译研究不够深入细致,甚至存在一定的随意化现象。我们必须基于英汉情态资源的对比研究,建立一套与英语合同中的情态资源系统严格对应的汉语情态资源系统来进行英汉转换,把商务合同中不同情态资源所体现的类型、取向、取值以及隐喻式和一致式等多样体现形式加以充分考虑,从而在翻译中忠实体现这些多样化情态资源所实现的语义效果。

参考文献

[1] David, E. 2005. Translation Versus Concession: Retrieving the Debate about Contracts of Alienation with an Application to Today's Employment Contract [J]. *Politics & Society* (3): 449 – 380.

[2] Gregerson, L. 2006. Rhetorical Contract in the Lyric Poem [J]. *Kenyon Review* (2): 161 – 178.

[3] Halliday, M. A. K. & Matthiessen, C. 2014. *An Introduction to Functional Grammar* [M]. London: Hodder Arnold.

[4] He, Qingshun. 2020. A Corpus-based Study of Interpersonal Metaphors of Modality in English [J]. *Studia Neophilologica* (92).

[5] Hu, Zhuanglin & Jiang, Wangqi. 2015. *Linguistics: An Advanced Course Book* [M]. Beijing:

Peking University Press.

［6］Palmer，F. R. 2001. *Mood and Modality（2nd ed.）*［M］. Cambridge：Cambridge University Press.

［7］Papafragou，A. 2000. *Modality: Issues in the Semantics-pragmatics Interface*［M］. Oxford：Elsevier Science Ltd.

［8］Quirk，R.，Greenbaum，S.，Leech，G. & Svartvik，J. 1985. *A Comprehensive Grammar of the English Language*［M］. London：Longman.

［9］Rawolle，S. 2013. Understanding Equity as an Asset to National Interest：Developing a Social Contract of Policy Discourse［J］. *Studies in the Cultural Politics of Education*（2）：231 - 240.

［10］Sandra，C. & Briner，R. B. 2013. Causal Explanations of Psychological Contract Breach Characteristics［J］. *Psychologist Manager Journal*（2）：85 - 106.

[11] 杜金榜.2006.论法律修辞的基本要求及其关系[J].修辞学习(4)：12 - 15.

[12] 胡春雨.2015.语料库文体学视域下的英文商务合同研究[J].解放军外国语学院学报(5)：10 - 19.

[13] 黄笑笑.2016.功能语法视角下英语采购合同的情态研究[D].武汉：华中师范大学.

[14] 金朋荪,谢霞秀,赵玉闪.2007.商务英语合同中的情态分析[J].中国电力教育(07)：150 - 152.

[15] 李彬.2013.情态动词在英语商务合同中的使用特点探析[J].牡丹江教育学院学报(1)：37 - 38.

[16] 李汇瑜.2020.证券合同中词汇的汉译研究[D].上海：华东政法大学.

[17] 刘庆秋.2011.国际商务合同的文体与翻译[M].北京：对外经贸大学出版社.

[18] 马会娟.2005.论商务文本翻译标准的多元化[J].中国翻译(03)：81 - 84.

[19] 宋来全.2020.系统功能视角下商务英语合同和信函中语法隐喻的文体功能研究[D].长春：东北师范大学.

[20] 吴贵武.2011.商务英语合同语体分析[J].科技信息(18)：163 - 164.

[21] 薛海英.2008.中英合同文本的指示语[D].重庆：西南政法大学.

[22] 杨才英,张德禄.2006.语篇视角与语气和情态[J].四川外语学院学报(6)：99 - 102.

[23] 杨敏,徐文彬.2019.论合同语篇翻译的"效力对等"标准及应用[J].中国外语(02)：18 - 23.

[24] 詹继续.2020.跨语际司法中的翻译问题研究[J].外语与外语教学(06)：32 - 42＋148.

[25] 张美君.2011.语域理论视域下商务合同英语修辞特征研究[J].哈尔滨学院学报(8)：93 - 97.

Modality Features of Contracts and Their Semantic Effects

Youyou Fu

Guangdong University of Foreign Studies

Abstract: Modality realizes meanings between positive and negative polarities of a clause, and plays a pivotal role in contracts. Through an in-depth analysis of 17 contracts collected from the Business English Corpus on the basis of the modality system of systemic functional linguistics, this thesis intends to explore the characteristic distribution of the modality resources in contracts, and further reveal how the deployment of the different modality resources help realize the binding force of contracts. The results show that, among the two subtypes of modality resources, modalization resources only show a scare distribution, and the majority of them are of incongruent forms, of high and medium value, and in objective orientation, expressing largely different probabilities and sometimes different usualities of the validity of the propositions. Such distribution satisfies the requirement of contracts for the determinacy, explicitness and objectivity of its propositional contents. On the other hand, modulation resources show abundant distribution, with the majority of them realized in congruent forms, in subjective orientation, of high and medium value. Such distribution enables the contracts to directly stipulate the obligations, rights, and inclinations of the contracting parties explicitly. In short, the appropriate deployment of the modality resources ensures the articulate representation of the propositional contents of the contracts, and realizes the binding force of the contracts as regards the determinate rights and obligations to be implemented by the contracting parties.

Keywords: modality; contract; semantic effect; determinacy; binding force

"老虎"语义演绎与对外汉语"三观"教学启示

唐友军[①]　马晓梅[②]

西安交通大学　青岛滨海学院

摘　要：汉语词语的语义演变既是对外汉语教学的重要内容,也是留学生学习汉语的主要难点之一。基于现代汉语和古代汉语相关语料库,作者对"老虎"的语义使用频率、词性变化进行统计分析,结果表明,"老虎"语义的演绎过程是人们基于实践体验系统要素的范畴化认知过程,其核心语义原型发生系统变化,趋向多元化。"老虎"语义演绎动因源于其系统要素的相互作用,是基于使用理论的结果,体现了语言演变的系统性,体现了中国特定时期的文化特征,符合中国人的认知理念。提高对外汉语教学效率和效果应当遵循"系统观""文化观"和"认知观"。

关键词："老虎"语义演绎；表征动因；系统观；认知观；文化观

1　引言

随着中国国际影响力的不断提升,越来越多的留学生来到中国学习汉语。在进行对外汉语教学时,经常听到留学生提出的类似问题："老虎"是濒危动物,理当保护,为什么在中国时常会听到"打老虎"这个动词短语呢？究其本质,是留学生对中国的词语语义演绎缺乏系统了解。汉语词语的语义演变既是对外汉语教学的重点内容,也是留学生学习的难点之一,需要系统进行分析和讲解。

伴随着我国反腐倡廉力度的进一步加大,"老虎"一词的核心语义愈发深入人心。然而,究其语义来源,"老虎"现在的原型语义已经发生了根本改变。在线《说文解字》说："虎,山林的兽中之王。"在线《新华字典》说："虎,哺乳动物,毛黄鹤色,有黑色条纹,性凶猛,力大。"在线《英国大百科全书》和《美国大百科全书》显示："Tiger, the largest member of the cat family rivaled only by the lion in strength and ferocity"（老虎,力量、凶猛程度只有狮子可以媲美的大型猫科动物）。上述几处关于"老虎"语义的解释比较单一,侧重其动物属性,即其最原始的核心语义解释。而在线《辞海》关于"老虎"语义的义项则要丰富得多,一共有四个义项,分别是："① 虎的通称；② 大量耗费能源或原料的设备；③ 大量贪污、盗窃或偷税行为的人；④ 比喻凶恶的人。"较之其原始语义,《辞海》的解释要全面得多。然而,根据当前的情势,在线《辞海》还应当加上另外 4 条义项[③]：⑤ 凶残的动物、猛兽；⑥ 身处逆境或绝境；⑦ 神兽,十二生肖之一,象征着权威；⑧ 身居高位,有权有势,却不遵守法纪的人。语言是使用选择的结果,语料库

---

① 唐友军(1974—),男,西安交通大学外国语学院在读博士,青岛滨海学院教授；主要研究方向：外语教学理论与实践、少数民族语言文化、二语习得、语言测评；通信地址：青岛西海岸新区嘉陵江西路 425 号青岛滨海学院文理基础学院；邮编：266555；电子邮箱：qdbhxytyj@126.com。

② 马晓梅(1958—),女,西安交通大学外国语学院教授,博士生导师；主要研究方向：二语习得、语言测评、语言教育；通信地址：陕西省西安市碑林区咸宁西路 28 号；邮编：710049；电子邮箱：xiaomei@xjtu.edu.cn。

③ 本文所使用的汉语语料库源于"bcc 北语汉语语料库"(bcc.blcu.edu.cn),截至 2018 年 5 月 25 日。

也是交际语言的集合体。根据现有的古代汉语以及现代汉语语料库,分别输入"老虎"词条,然后查询并根据义项进行标注,输出带有老虎词条并进行义项标注的句子进行统计,其使用频率分布见图 1 和图 2。

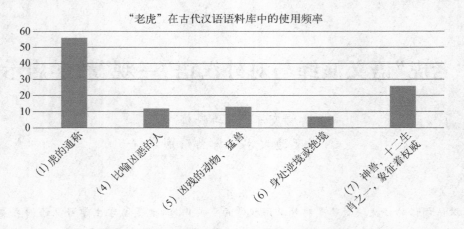

图 1　古代汉语语料库中"老虎"相关义项使用频率

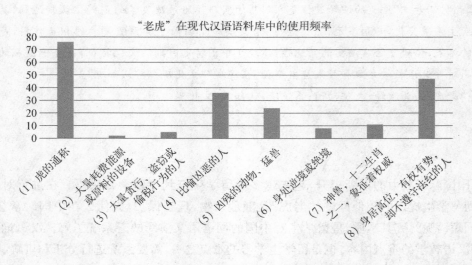

图 2　现代汉语语料库中"老虎"相关义项使用频率统计

　　图 1 和图 2 显示,"老虎"的义项得到了丰富。根据语料库显示的"老虎"语料出处涉及的文献时间以及语义改变的历时研究,我们可以粗略将其改变轨迹分成四个时间段,即:原始社会至北周、隋唐至清朝末年、民国时期至 20 世纪末以及 21 世纪初至今。具体的语义改变可以通过下面的表 1 阐述。

表 1　"老虎"语义变迁图示

	原始社会至北周	隋唐至清朝末年	民国时期至 20 世纪末	21 世纪初至今
义项	(1) 虎的通称	(1) 虎的通称;(4) 比喻凶恶的人;(5) 凶残的动物、猛兽;(6) 身处逆境或绝境;(7) 神兽,十二生肖之一,象征着权威	(1) 虎的通称;(2) 大量耗费能源或原料的设备;(3) 大量贪污、盗窃或偷税行为的人;(4) 比喻凶恶的人;(5) 凶残的动物、猛兽;(6) 身处逆境或绝境;(7) 神兽,十二生肖之一,象征着权威	(1) 虎的通称;(2) 大量耗费能源或原料的设备;(3) 大量贪污、盗窃或偷税行为的人;(4) 比喻凶恶的人;(5) 凶残的动物、猛兽;(6) 身处逆境或绝境;(7) 神兽,十二生肖之一,象征着权威;(8) 身居高位,有权有势,却不遵守法纪的人

续　表

	原始社会至北周	隋唐至清朝末年	民国时期至 20 世纪末	21 世纪初至今
核心语义	(1) 凶猛的动物	(1) 兽中之王;(2) 凶猛的动物或人;(3) 十二生肖之一,神兽	(1) 凶猛的动物或人;(2) 兽中之王;(3) 违法乱纪情节严重之人;(4) 十二生肖之一	(1) 兽中之王;(2) 凶猛的动物或人;(3) 各行各业贪污巨大之人或消费、耗费巨大之部门;(4) 神兽,十二生肖之一;(5) 身居高位,有权有势,却违法乱纪之人

由以上图表可以看出,"老虎"语义由单一趋向丰富,由动物属性逐步过渡到人性的泛化。其核心语义也由少到多,"老虎"语义范畴核心成员呈现多元化趋势。"老虎"是十二生肖之一,是中国老百姓所敬畏的动物,包含了丰富的主观色彩。相应的,"老虎"的主观词义也发生了改变,根据古代汉语和现代汉语语料库相关句子中"老虎"的词义属性频率统计,其相应比例数据见图 3 和图 4。

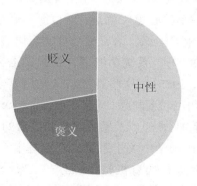

图 3　古代汉语语料库中"老虎"词性统计

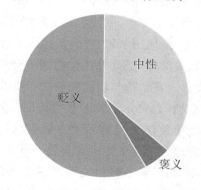

图 4　现代汉语语料库中"老虎"词性统计

　　图 3 与图 4 清晰地告诉我们,"老虎"的词性发生了改变,具体如表 2 所示。"老虎"语义变迁属于语言演绎现象,属于词义研究范畴。类似的研究很多,从研究的角度而言,主要分为两类。一类是宏观研究,比如张绍全(2010)全面阐析了词义的演变方式,明确指出词义创新的三种动因,分别是主观动因、客观动因以及语言动因,认为其认知机制是转喻、隐喻和主观化。另外,吴福祥(2015)也对汉语语义演变进行了回顾和前瞻。更多的研究属于第二类,即微观研究,就具体的词义演绎进行分析。黎金娥(2012)对英语核心词"树"的语义进行了全面梳理;王金杰(2015)则从文化语境角度对英语新词的语义演变特征进行了归纳,明确指出英语新词的语义改变离不开科学技术的发展、互联网技术的运用、政治事件及政治人物的出现、世界经济的发展变化以及新的社会价值观和生活方式的更替;姬慧(2016)进一步捋清了陕北方言"坐席"的语义演变;段洁琼(2015)基于语义场观点以及词义类同引申原理对"觑"的语义演变进行了阐析。就微观研究而言,对具体的词义演变进行研究运用得最多的语言理论是认知语义学(如:牛巧红、刘晔,2016;张琳琳,2015;蒋美云,2014;白解红、王莎莎,2014 等)。此外,曾润喜、魏冯(2016)基于强势模因理论对网络流行语"你懂的"语义进化轨迹进行了剖析;吴福祥(2014)

表 2　"老虎"主观词义变化表

时　　间	原始社会至北周	隋唐至清朝末年	民国时期至 20 世纪末	21 世纪初至今
词义变化	以中性为主	中性为主,褒义为辅	褒义、中性、贬义兼有	以贬义为主,中性为辅

还根据语言接触与语义复制的关系论述了语义演变规律;吾麦尔江·吾吉艾合麦提(2014)从历史语言学的角度分析了部分维吾尔语词语的语义演变;徐玚(2014)则从社会语言学的角度论述了"X控"的历时语义演变。

众多专家学者对语义变化的研究进一步丰富了语言研究的方法,拓展了研究思路,指明了相应研究的方向。但综合而言,前人关于语义变化研究或侧重研究主体,或突出研究客体,忽略了相关系统中的重要组成部分,即忽略了研究主客体依存的环境,依然是对语言本体进行元语言研究,缺乏科学性和全面性。此外,在众多的语言现象研究过程中,大部分研究者基本上忽略了语言是文化载体的本质属性,也鲜有研究者将语言演变现象与对外汉语教学进行关联研究。"老虎"是当今社会热点词,也是敏感词,但鲜有相关的直接研究。基于此,对于"老虎"语义变化现象的研究离不开系统认知以及文化功能探析。

2　语义变迁的系统认知理论基础

弗斯(Firth,1950)认为语言元素可组成系统,语言选择的过程就是从特定系统中选择相关要素的过程,是一种意义潜势。韩礼德(Halliday,1970)等学者在弗斯以及马林洛夫斯基(Malinowski,1923)等人的研究基础上,创建了系统功能语言学,其中的一个核心思想就是:语言研究必须考虑诸多因素,如交际功能、使用情景、社会文化因素、语境因素以及相关知识。语言是社会文化语境、人类学和文化的重要组成部分,是具有社会功能的开放系统(王寅,2007)。系统功能语言学强调语言交际功能的重要性,突出语言结构与功能的联结(Halliday & Hasan,1985)。这些观点与认知语言学家的观点基本一致。泰勒(Taylor,1989)坚持将词义的理解与百科知识联系起来;兰盖克(Langacker,1999)则认为语言不能单独存在,必然要受到社会、历史、环境以及生理、神经以及感官等生物因素的影响。

系统功能语言学与认知语言学关于语言系统的观点与逻辑学中关于系统的观点基本一致,即系统是由相互作用、相互联系的相关要素组成,依存于一定环境运行的有机整体(唐友军、马晓梅,2020)。这个概念突出组成要素、要素的相互联系与作用以及要素存在的环境。要素所依存的环境受制于组成要素的相互作用,同时也影响着要素的作用方式和结果。就"老虎"语义而言,通俗来看,"老虎"语义的演变是一种语言现象,是认知主体对认知客体基于一定的背景知识而采取的概念范畴化过程。"老虎"语义的演绎构成了一个特定的语义系统,由"老虎"语义(语言本体)、"老虎"语义的认识者和使用者、"老虎"语义的传播环境和途径以及"老虎"语义的传播受众者等要素构成,其相互关系如图5示:

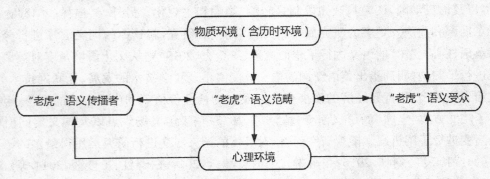

图5　"老虎"语义系统要素关系图示

如图5所示,"老虎"语义系统由其传播者、受众、"老虎"语义本体以及各个要素所依存的环境构成,这些要素相互影响,共同作用,最后根据交际目标达到语言结构的选择目的。

"老虎"语义的变化过程也是认知主体对该系统要素选择的过程,体现了使用者的特定交际目的;在这个交际过程中,参与者遵循了一定的交际原则和语用原则,最终实现特定的社会功能。因此,对

"老虎"语义变化的表征以及形成动因离不开对其各个要素的分析,更离不开对其特定的社会功能的实施和实现方式进行探讨。

3　"老虎"语义变化系统认知解析

"老虎"语义的变化是其系统要素相互作用的结果,是认知主体选择系统要素的体现,集中反映了该系统的语义表征,有其特定的系统认知动因(唐友军、马晓梅,2020)。

3.1　"老虎"语义演绎表征

3.1.1　环境属性:"老虎"语义变化与重大事件的发生相关

纵观"老虎"语义变迁史,其语义变化往往与发生的重大事件有关。"武松打虎"的故事出自《水浒传》,虽然故事中的"老虎"侧重动物属性,即其原始核心语义:凶猛的动物,兽中之王。但随着时间的变化,其原始语义慢慢发生偏移。唐朝柳宗元的《捕蛇者说》中提到了"苛政猛于虎"。"老虎"语义侧重动物属性,但已然发生了偏离,初步具备了人性特征,类似的用法还有现代的"车祸猛于虎"。《资治通鉴》中提到了"曹公豺虎也",这里的"老虎"语义已经发生了改变,核心语义赋予了其人性特征。而清朝钱彩的《说岳全传》中提及的"虎落平川被犬欺"的典故现已家喻户晓,其语义通俗易懂,核心语义的改变显而易见。至于当代,腐败高官的落马早已不是新闻,但对于普通老百姓而言,无疑都是大事件。这些大事件的发生,进一步加深了"打老虎"以及"大老虎"中"老虎"的核心语义。与最初的原始语义相比,这些表达方式中的语义都发生了改变。

"老虎"核心语义的偏离离不开其特定的历史环境,往往伴随着重大事件的发生和发展。这是系统要素之间相互作用的结果,也符合认知规律。王寅(2007)指出,人们通常以"事件域"为认知单位来感知认识实践,并将其作为知识块存储于大脑之中。人们在对周边具体事件的体验和感知的基础上,通过范畴概念化,逐步形成了各种语言表达。"老虎"语义的变迁与重大事件相关,也是系统要素之间的认知结果。

3.1.2　语言本体要素:"老虎"语义变化具有溯源性

"老虎"核心语义的偏离只是一种表象,"万变不离其宗",与原始核心语义仍然保持着千丝万缕的联系,具有溯源性。《史记·项羽本纪》中,"虎狼之心"甚为流行,用以形容生性残暴凶狠的人,实际上依然源于"老虎"的核心语义"凶猛的动物",突出其动物属性特征。而我们所熟悉的"狐假虎威"则源自其"兽中之王"的核心语义。"不入虎穴焉得虎子"中"虎"的语义最开始还是指最初的核心语义"凶猛的动物",后指代危险,二者还是具有直接的关系。"虎口拔牙""虎口余生"等等也具有类似的用法。

"老虎"作为语言本体,从本质上来看依然是符号,是文化代码,但其所指和能指是两个概念,中间离不开人的认知,由人的认知来联系。"老虎"语义的变化离不开人的认知,更离不开作为表达方式的符号。语义的变迁具有其溯源性。

3.1.3　认知主体要素:"老虎"语义变化具有其主观性

语言是人类大脑的认知产物,体现了体验和加工过程。"老虎"语义的变化正是认知主体基于实践对认知客体即"老虎"语义的主观识解过程,体现了认知主体的情感和态度。认知主体在选择特定语言结构的同时也表明了"自己对这段话的立场、态度、感情"等(李洪儒,2007),从而在话语中留下"自我"的印记(张绍全,2010),即主观性。一方面,"老虎"语义变化经历了从"动物"语义核心到"事体"语义核心直至"全人"的语义核心转变。以常见的与虎有关的成语为例,先是"捉虎擒蛟"(类似的还有"绣虎雕龙""画虎不成反类犬""龙行虎步"等)表明了"老虎"语义的动物属性及原始核心语义;然后是"前怕狼,后怕虎"(比喻让自己害怕的事情,类似的还有"云龙风虎""骑虎难下""羊质虎皮"等),表明了"老虎"的事体喻义;直至"坐山观虎斗"(类似的还有"盘龙卧虎""养虎为患"等等),表达了"老虎"全人属性的转移,喻指特定的人。另一方面,"老虎"语义的主观含义也发生了很大变化。遵循了"褒义""中性"直至"贬义"的变化轨迹。继续以相关的成语为例,褒义表达方式有"众虎同心""燕颔虎颈""人中龙虎""藏龙卧虎"等等;中性的表达方式有"绣虎雕龙""畏敌如虎""敲山震虎""马马虎虎"等等;贬义的更多,如"羊质虎皮""为虎作伥""暴虎冯河""与虎谋皮"等等。再者,即使是结构完全一样的相关成语,其语义也完全相反。如"与虎添翼"和"如虎添翼",结构完全一样,语义则完全相反,前者比喻帮助坏人,是贬义词;后者正好相反,为褒义词。

"老虎"语义的变化是主观认知的结果,而语义的差异则是主观认知的体现,毕竟"老虎"的语言符号与其语义所指并不是镜像关系,中间离不开认知主体的主观能动性。"老虎"语义的变化集中反映了认知主体的态度和观念,有其特定的主观性。

3.1.4 认知客体要素:"老虎"语义的变化有其"人性泛化"的特征

语义的变化来自语言本体("老虎"的原始核心语义)与认识客体(原始核心语义变化倾向或结果)的差异。这种差异集中体现在由物化逐步过渡到人性化,最后完全人性泛化的过程。原始社会时期,包括奴隶社会,由于受到自然环境的限制,人们对其语义认知往往停留在"兽中之王""凶猛的动物"的原始核心语义层面。随着生活条件和生存环境的日益改善,人们学会了将"老虎"与人类对比,逐步赋予了"老虎"以人的性格特点,"老虎"的原始核心语义发生了改变。尤其是近现代时期,"老虎"人性语义泛化速度越来越快。如果你现在问问周边的人"什么是老虎?",一般的回答都是"贪官"。"老虎"已经是某一类人的代名词,表达了人们的一种主观认识。"笑面虎"指代表面一套背后一套的人;"为虎作伥""与虎添翼""引虎入室"是恶人的指称;"军中大老虎""苍蝇老虎一块打""超级大老虎"则指代有权有势却贪污腐化的国家干部。

人是语言符号的发明者和使用者,是语言结构的选择者,是语言符号结构与认知主体实践感知过程的集中表征,语言的使用难免会带有人的感情色彩。将"老虎"语义人性化是"老虎"语义范畴系统成员之间相互作用的结果。

3.2 "老虎"语义演绎动因系统认知解析

"老虎"语义变化有其特定的表征,除了上述直接原因外,在认知角度还有更深层次的动因。

3.2.1 "老虎"原始核心语义与变化后核心语义的相似性

"老虎"语义系统具备了其他语言系统的一般性特征,即系统要素之间的相关性,具体体现在构成要素的相似性。在"老虎"语义范畴成员中,原始的核心语义成员与变化后的核心语义成员依然同属一个语义范畴,二者之间存在相似性。这种相似性体现在三个层面,第一个层面为物质层面,即"老虎"语义所存在的时空观和认知方式。原始核心语义中的"老虎"处在其特定食物链的顶端,与其他动物始终存在距离;独来独往,体型巨大,能够给其他动物带来很大的威慑力;同理,变化后的核心语义"大老虎"指的是当今位居高位、有权有势的特定群体,与其相应的交集成员同样存在交际距离,给人以"独来独往"的感觉。二者在物质存在层面存在相似性。第二方面,二者存在心理层面的相似性。"兽中之王"与"凶猛的动物"始终给人造成威严和惧怕的心理,让人望而却步;而"大老虎"特定的地位也决定了普通老百姓与其特定的距离感,让人觉得难以接近或不想接近,所造成的心理结果与原始核心语义关联结果如出一辙,何其相似。第三方面,二者在精神层面同样存在相似性。作为"兽中之王"的老虎,没有明显的天敌(除了人之外),在动物圈呼风唤雨,横冲直撞,为所欲为,难免滋生骄傲自满的情绪。从精神层面而言,它又是孤独的,不受约束的;"大老虎"级别的人们也有此精神感受,高处不胜寒,约束力弱,容易产生自我中心心理,从而成为真正的"大老虎"。

这里的"相似性"与认知语言学中提及的"象似性"有联系,更有区别。这里的相似性指的是同一范畴不同语义成员之间的"物以类聚"的基础;而认知语言学中的象似性指的是同一范畴同一成员的意义与形式之间的对应关系(Givón,1990)。原始核心语义成员与核心语义变化成员之间的相似性是语义演绎的基础和重要来源。

3.2.2 语言传播方式的改变是"老虎"语义演绎的推动剂

语言文字的统一是我国悠久文化和文明得以传承和发扬的基础。语言的传播离不开其特定的语言环境和传播方式。"老虎"语义的改变也离不开其传播环境的特性。纵观我国语言传播环境和传播方式的历史,和其他词汇一样,"老虎"语义的传播方式经历了由单一到多元的特点。具体而言,它们经历了由"口头传播"到"文字传播",再到"口头与文字共同传播",最后到当今的"口头与文字以及多媒体传播"的历程,这个历程可以通过表3来体现。

表3 "老虎"语义传播方式历程

时间	原始社会	奴隶社会	封建社会	近现代	当代
传播方式	口头传播	口头传播为主,文字传播为辅	口头传播、文字传播并重	口头、文字传播为主,媒体传播为辅	口头、文字、多媒体传播并重

传播条件的日趋丰富促进了"老虎"语义的变化。单一的传播方式决定了"老虎"核心语义的稳定以及变化的缓慢。而随着传播方式的日益丰富,尤其是当代多媒体传播途径的拓展,语言传播的速度和效度得以大大改善,"老虎"核心语义的变化和丰富速度也随之呈现正态改变。具体而言,当今社会,主流的传播方式除了口头传播和文字传播,更有多媒体方式传播,如电视、电脑、电台等等。音视频的结合促进了语言传播的速度和效度。"老虎"众多核心语义的并存是传播方式改变的结果。

3.2.3 "老虎"核心语义的变化离不开其数量的稀有性以及其物质形态基础

"物以稀为贵",老虎数量的稀有性是其备受关注的原因之一,也是其核心语义发生变化和引申的条件之一。老虎生存环境的改变决定了其数量的改变。最开始,尤其是在原始社会和奴隶社会,老虎数量众多,生存环境良好,其动物本质语义深入人心,因此"兽中之王"和"凶猛的动物"的核心语义一直长期存在。但随着其生态环境的日益恶化,老虎的数量日渐减少,逐步沦为受保护对象,其核心语义也发生了改变。这种改变符合人们的认知心理。一方面,老虎依然是"凶猛的动物",在十二生肖中,始终是"兽中之王"的代名词;而另一方面,老虎的威严和其稀有性让老百姓自然联想到了位居高位有权势的达官贵人,一旦这些"老虎"为所欲为,老百姓只能口诛笔伐。因此,其原始核心语义发生改变,"老虎"的核心语义"有权势位居高位但违法乱纪之人"随之深入人心。

数量的稀有性能够改变特殊词汇的核心语义,但并不能产生众多的核心语义,还需要其物质形态的基础条件。老虎是受保护动物,是世界级濒危动物,数量稀少;同时,其生理属性(凶猛、独来独往等)以及体型(身形矫健、魁梧、巨大)的特点也共同促进了其众多核心语义的出现("电老虎"、"税老虎"、"军中大老虎"等等)。熊猫数量稀少,也是国家保护动物,但其并不能产生众多的核心语义。除了其稀有性,其形态属性也决定了它的引申核心语义(可爱,珍贵),但并不能产生如"老虎"般的丰富核心语义。

3.2.4 人类的特有认知方式是"老虎"核心语义变化的源动力

"老虎"原始核心语义的引申是人们特有认知方式的体现和结果。认知是介于现实和语言的中间桥梁,人们通过对现实的反复感知形成意向图式。所谓的"意向图式"是"意向"和"图式"的结合,由莱考夫(Lakoff,1987)和约翰逊(Johnson,1987)提出,他们都坚持体验性、想象性、抽象性、心智性和动态性是意向图式的基本特征。意向图式的形成离不开人们对现实世界的体验、互动和理解,这个体验过程中反复出现的常规性样式形成意向图式。在特定的环境以及条件中,意向图式得以启动,并激活人类特有的隐喻、转喻、事件域认知模型以及概念整合等认知机制而达到交流、体验和互动的效果。

根据邢福义、吴振国(2011)的观点,人类把对物体、物质经验的词语用于谈论抽象、模糊的思想、感情、事件、心理活动等无形的概念,形成实体隐喻,进而把这些非具体的概念视为实体而使其变得有形具体。莱考夫特别强调转喻是一种认知现象,是在同一个理想化认知模型(ICM)之内表达理解"部分与整体关系",即可用一个部分来认识另一个部分或整体,抑或通过整体来认识部分,二者具有接触或邻近关系;人们的认知行为往往发生在特定的环境中,存在于特定的时空中,是具体事件的反复发生而形成事件域,以知识块存储于大脑中。王寅(2007)认为,知识块中的系统要素相互交错关联,互相牵涉,在认知思维中自然地产生转喻现象,形成事件域认知模型。一个基本的事件域包括行为和事体两大核心要素,事件域的各要素之间存在层级关系。此外,王寅(2007)还认为,很多词语的意义不全是通过其组成部分的意义以及组合方式而获得的,而经常是借助相互作用,启动并激活相关认知域,进而整合而获得的。"老虎"语义的丰富变化正是人们通过启动意向图式并激活特定认知模式的认知结果,具体过程可以参考图 6。

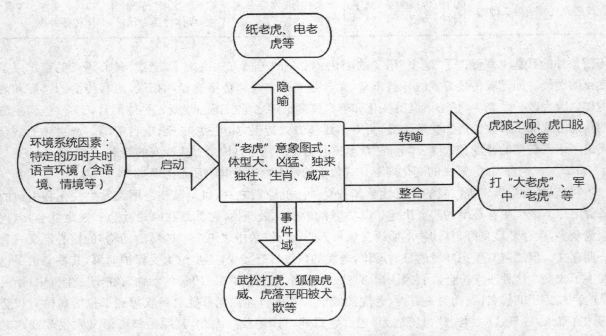

图 6　"老虎"语义意向图式激活下的认知示意图

4　"老虎"语义演绎的"三观"对对外汉语教学的启示

"老虎"核心语义由单一趋向丰富是认知主体遵循系统认知规律并基于语言使用理论的结果,体现了特定的中国文化。这种语义演变特点对于对外汉语教学具有重要的启示作用。

4.1　对外汉语教学应当遵循"语言文化观"

"老虎"语义演变过程体现了中国人特有的文化。首先,其体现了中国人特有的追求真善美的过程。人类对"老虎"的认知源于其体型、生理属性和生活习性,加上特定环境和条件的限制,"老虎"的最原始语义是"凶猛的动物""兽中之王"。一方面,人类在不断与自然抗争,与猛兽搏斗,以换取更好的生存环境,是追求高质量的生活的体现;另一方面,"老虎"独来独往,生性凶猛,威严,人类对其产生畏惧以及敬畏心理。随之,"老虎"成了十二生肖之一,给人以吉祥和安全之感。人类具有超强的智慧,对于凶猛的动物能一分为二地辩证看待,既害怕老虎,又敬畏老虎。人们追求美好的生活,自然乐于与困难搏斗,乐观地看待困境,凡事突出其美好的一面。因此,"老虎"被人类奉为权威、领袖。当生活中再次出现消极负面的现象时,人们会拿起语言工具进行笔伐口诛,揭露丑恶现象,集中社会力量予以改善和改变,弘扬正气,抵制邪气。今天,人们对"打老虎"的深刻语义早已心领神会。其次,"老虎"语义变化还体现了中国人遵循礼貌原则的文化特点。"君子动口不动手",这是中国传统的民间交际原则,其实质是体现了人类利用语言进行交际的语用原则。"老虎"核心语义的变化正是人们遵循礼貌原则进行交流和交际的结果。出于对老虎的敬畏,人们给其冠名"兽中之王",以示虔诚和恭敬;对于权威和领导,人们同样毕恭毕敬,在介绍他们时总会冠以"尊敬的……"。但当我们所尊敬、敬畏的对象发生道德滑坡,与其身份不相符时,我们还会坚持礼貌原则,"先君子后小人",先通过语言予以揭发曝光,让其无处藏身,走下神坛。今天,我们不仅"打老虎",更要打"苍蝇蚊子",因为苍蝇蚊子也可能成为"老虎"。有礼才有节,从"兽中之王"到"打老虎",人们始终是先礼后兵。

语言是文化的载体。在对外汉语教学过程中,需要留学生明确学习汉语就是学习中国文化。教师需要突出文化教学特色,从教学方法、教学内容等方面予以凸显。

4.2　对外汉语教学需要遵循"语言系统观"

"老虎"语义演绎过程体现了其系统性特点,是其系统要素相互作用的结果。"老虎"只是汉语词汇体系中极其微小的一部分,是词汇语义演变的代表,而词汇是汉语体系中不可或缺的系统要素。要学好汉语,留学生需要注重外语学习的科学性和系统性。对外汉语教师必须遵循"语言系统观",帮助留学生树立正确的学习系统观,明确汉语词汇学习、语音学习、语法学习、听说学习都是系统语言学习的一部分,不能分割,不能无限放大系统要素的独立作用,要提倡整体学习观和系统学习观。在对外汉语教学实践过程中,各个任课教师需要协同创新,突出课程设置的系统性和科学性。同时,对外汉语教师要进一步明确汉语对外教学的系统要素,明确教师、留学生、教室教学环境、教学内容、社会环境等系统要素的重要性,在教学过程中,充分发挥系统要素的合力,切实提高对外汉语教学的效果和效率。

4.3　对外汉语教学需要遵循"语言认知观"

"老虎"语义演变是众多汉语语言现象当中的一种,体现了中国人使用汉语的特定认知过程,符合人们的认知规律。对外汉语教师进行语言教学实践也必须遵循外语学习的认知规律。这主要从以下几个方面来体现:① 教学内容要符合留学生的语言习得规律。在教学内容设置上,除了突出文化主题,还需要遴选与留学生感兴趣的话题内容,通过文化比较教学,求同存异,加深留学生对汉语文化的理解。② 教学方法也要符合留学生的认知特点。通过汉语水平的前测了解留学生的入学汉语基础,然后根据测试反馈进行系统教学干预,为留学生"搭架子",全方位挖掘学生的汉语学习潜能,最后通过正式的水平考试来对将来的教学进行有效的反拨。③ 教学过程必须符合学生的语言习得认知过程。在汉语教学内容的顺序上,必须科学研究,符合学生的认知能力,由浅入深、由表及里,先为学生打好词汇基础、语音基础,然后系统地进行汉语语法教学,最后通过组织留学生参与各种各样的社会实践予以强化。

5　结论

"老虎"语义的变化是人们认知的结果,是各个系统要素相互作用的体现。在这个认知的过程中,"老虎"语义变化呈现出一定的特征,重大事件相关性是其存在系统环境的属性的体现;而语义变化的溯源性源于语言本体要素;认知过程的主观性则离不开认知主体的共有认知方式;"老虎"语义人性泛化则基于认知客体的本质属性。"老虎"语义变化的特征离不开其直接表面原因,更有其深层次的动因,是系统构成要素之间互动作用的集中体现。原始核心语义与变化后核心语义的相似性、语言传播方式的改变、认知客体数量的稀有性、物质形态基础以及人类特有的认知方式,即意象图式激活下所启动的隐喻、转喻、概念整合与事件域等共同构成了"老虎"语义演绎的系统动因。

"老虎"语义的演绎过程集中体现了中国特定时期的特有文化,也是语言系统变化的体现,符合中国人民对世界观的正确认知。"老虎"只是汉语众多词汇中的"沧海一粟"。留学生学习汉语就如同我国人民学习外语一样,都需要系统、科学的教学,在教学实践过程中,应当全方位贯彻"系统观""文化观"以及"认知观"。

参考文献

[1] Firth, J. R. 1950. Personality and Language in Society[J]. *Sociological Review* (42): 37 – 52. Reprinted in J. R. Firth. 1959. *Papers in Linguistics 1934 – 1951*. OUP.

[2] Givón, T. 1990. Syntax: *A Functional-Typological Introduction* [M]. Vol. 2. Amsterdam: John Benjamins.

[3] Halliday, M. A. K. 1970. Language Structure and Language Function. In J. Lyons. (ed.). *New Horizons in Linguistics* [M]. Harmondsworth: Penguine.

[4] Halliday, M. A. K. & R. Hasan. 1985. *Language, Context and Text: Aspects of Language in a Social-semiotic Perspective* [M]. Victoria: Deakin University.

[5] Johnson, M. 1987. *The Body in the Mind: The Bodily Basis of Meaning, Imagination, and reason* [M]. Chicago: The University of Chicago Press.

[6] Lakoff, G. 1987. *Women, Fire, and Dangerous Things: What categories Reveal about the Mind* [M]. Chicago: The University of Chicago Press.

[7] Langacker, R. W. 1999. Assessing the Cognitive Linguistics Enterprise. In T. Jassen & G. Redeker (eds.). *Cognitive Linguistics: Foundation, Scope, and Methodology* [M]. Berlin: Mouton de Gruyter.

[8] Malinowski, B. 1923. The Problems of Meaning in Primitive Languages. Supplement 1. In C. K. Ogden, & I. A. Richards (eds.). *The Meaning of Meaning* [M]. London: Routledge & Kegan Paul.

[9] Taylor, J. 1989. *Linguistic Categorization — Prototype in Linguistics Theory* [M]. Oxford: Oxford University Press.

[10] 白解红,王莎莎.2014.汉语网络流行语"萌"语义演变及认知机制探析[J].湖北大学学报(哲学社会科学版)(02):139 – 142.

[11] 段洁琼.2015."觑"词义演变研究[J].电子测试(24):107 – 108.

[12] 姬慧.2016.陕北方言"坐席"语义演变考[J].兰州学刊(08):143 – 149.

[13] 蒋美云.2014."囧"的认知语义阐释[J].湖南师范大学社会科学学报(03):125 – 127.

[14] 黎金娥.2012.英语核心词"树"语义研究[J].语言研究(03):25 – 28.

[15] 李洪儒.2007.意见命题意向谓词与命题的搭配[J].外语学刊(04):6 – 11.

[16] 牛巧红,刘晔.2015.量词"颗""粒"的系源研究及认知解释[J].华北水利水电大学学报(社会科学版)(06):133 – 136 + 141.

[17] 唐友军,马晓梅.2020.社会文化理论视域下泰山"挑山工"语义演绎系统认知解析[J].泰山学院学报(05):80 – 88.

[18] 王金杰.2015.文化语境下英语新词语义演变特征[J].新乡学院学报(04):48 – 50.

[19] 王寅.2007.认知语言学[M].上海：上海外语教育出版社.

[20] 吴福祥.2014.语言接触与语义复制：关于接触引发的语义演变[J].苏州大学学报（哲学社会科学版）(01)：113－119.

[21] 吴福祥.2015.汉语语义演变研究的回顾与前瞻[J].古汉语研究(04)：2－13＋95.

[22] 吾麦尔江·吾吉艾合麦提.2014.从历史语言学的角度浅谈维吾尔语部分词语的词义演变[J].和田师范专科学校学报(01)：35－39.

[23] 邢福义,吴振国.2011.语言学概论[M].武汉：华中师范大学出版社.

[24] 徐玚.2014.从社会语言学角度看"X控"的历时语义演变[J].中外企业家(15)：258－259.

[25] 曾润喜,魏冯.2016.强势模因视角下网络流行语的词义演变及流行理据：基于"你懂的"八年进化轨迹的研究[J].语言文字应用(02)：91－96.

[26] 张琳琳.2015."奶"的语义发展及认知机制[J].现代语文(04)：64－67.

[27] 张绍全.2010.词义演变的动因与认知机制[J].外语学刊(01)：31－35.

Semantic Evolution of "Tiger" and Its Implications on the "Three Views" of Teaching Chinese as a Foreign Language

Youjun Tang, Xiaomei Ma

Xi'an Jiaotong University; Qingdao Binhai University

Abstract: The semantic evolution of Chinese words is not only an important content of teaching Chinese as a foreign language, but also one of the main difficulties for foreign Chinese learners. Based on relevant corpora of modern Chinese and ancient Chinese, the authors conducted statistical analysis on the semantic use frequency and speech changes of "tiger". The results show that the semantic evolution of "tiger" is a categorical cognitive process based on the elements of practical experience system, whose core semantic prototype changes systematically and tends to be diversified. The motivation of this semantic deduction originates from the interaction of its systematic elements. It is based on the result of use theory, which reflects the systematicness of language evolution as well as the cultural characteristics of China in a specific period, and is in line with the cognitive concept of Chinese people. In order to improve the effect of teaching Chinese as a foreign language, practitioners are suggested to follow the "systematic view" "cultural view" and "cognitive view".

Keywords: semantic evolution of "tiger"; representation motivation; systematic view; cognitive view; cultural view

篇章格律视角下学术英语写作中的问题与对策

王冬燕[①]　王振华[②]

上海交通大学

摘　要： 作者多年的教学实践和观察显示，大学非英语专业研究生的英语学术论文写作普遍缺乏逻辑性，这不仅影响论文的说理性，也妨碍学术论文在学术期刊上的发表和学术观点的交流。本文基于系统功能语言学的篇章格律观，分析学生在学术写作谋篇布局方面的错误，并以此为基础，提出以"语类写作教学环"为框架进行学术英语写作的教学模式。教学实践表明，该模式可以有效地提高学生的语篇意识，使他们养成关注语篇中信息的流动与发展以及重视语篇的连贯性的习惯。

关键词： 篇章格律；学术英语写作；语类写作教学环

1　研究背景

根据 LetPub(2020)发布的报告统计，2019 年中国科研人员发表 SCI 论文的总数已累计 53 万余篇，位居世界第二。其中，研究生已经成为我国发表 SCI 论文的中坚力量。虽然中国在国际上发表科技论文的数量日益增长，但是不可忽视的是整体质量并不高。范晓晖(2015)对于 SCI 收录的美国医学期刊中的中国医学论文录用率的统计调查显示："最低录用率为 1%，低于总体最低录用率的 6%，而最高录用率是 40%，也远远低于总体最高录用率的 66%。"世界顶级学术期刊出版公司自然出版集团也曾指出"中国科研的学术影响力与产出量的惊人增长不相匹配"(刘珺等，2015)。

一般来说，论文的英文语法缺陷不是被拒的主要原因，但是如果因逻辑混乱而造成论文的科学内容变得模糊不清，论文就可能被拒(陈文聪，2008)。调查发现，中国研究生投向国际会议或国际期刊的论文被拒绝的理由中 85% 是语言问题，其中语篇层面的问题尤多(于建平等，2011)。关贝贝(2019)对于中国理科生学术英语写作问题进行了调查，发现逻辑层面的写作被认为是最困难的。范晓晖(2015)指出，美国期刊主编认为"语篇层面及中式英语问题"是中国大陆作者论文中最突出的语言问题，"严重影响思想表达的清晰度"，从而导致论文"未进行同行评审就直接退稿"。卡普兰和巴尔道夫(Kaplan & Baldauf，2005)也指出，以英语为外语的学者撰写的论文中存在表述前后矛盾、论述中相关性不强、缺乏论据、对要点的讨论不足等问题。

这些研究都说明，我国学生的英文学术论文写作中亟待解决的问题是表达的逻辑性，即篇章的格律问题。同时，教学者应采用基于语篇连贯理论的教学方法(程晓堂、王琦，2004)，着重在学术英语教学中培养学生的语篇概念，让其能够有层级、有条理地表达想法和展示研究。

目前国内关于非英语专业研究生学术英语写作的研究热点主要体现在四个方面：一是学术英语写

---

① 王冬燕，上海交通大学外国语学院教师；研究方向：系统功能语言学、基于语类理论的教学研究；通信地址：上海市闵行区东川路 800 号上海交通大学外国语学院 302 室；邮编：200240；电子邮箱：wgale@sjtu.edu.cn。

② 王振华，上海交通大学外国语学院教授、博士生导师、博士、博士后；研究方向：语篇语义、系统功能语言学、法律语言学、评价理论；通信地址：上海市闵行区东川路 800 号上海交通大学外国语学院 503 室；邮编：200240；电子邮箱：wzhenhua@sjtu.edu.cn。

作课程的构建或教学模式探究（章木林、邓鹂鸣，2019；熊淑慧，2019；杨安良、周大军，2018；赵滨宁，2018；杨新亮等，2015；刘露，2013；韩萍、侯丽娟，2012）；二是学术英语写作的需求分析或写作困难分析（潘崇堃、杨洪，2019；陈佳，2019；马晓雷等，2015；罗娜、陈春梅，2012）；三是某一理论或方法（例如体裁法）在学术英语写作中的应用（邵辉，2017；邹建玲，2017；胡艳玲、马茂祥，2012；许瑾，2011）；四是学术英语写作学习环境的营造，例如使用语料库、大数据、网络多媒体平台等辅助学术英语写作实践或写作（娄宝翠，2020；刘艳华、吴微，2019；侯晶琼，2017；袁昌万、金双军，2015）。根据笔者在知网中搜索（2020 年 4 月检索）的结果，篇章格律在学术英语写作教学中应用的研究很少，关于篇章格律的文章只有三篇（徐风华，2019；叶春莉、董华，2018；张大群，2010）。上述提到的四个研究方向关注的是学术写作及教学中比较宏观的问题，较少关注学生在论文写作中出现的语篇层面的问题。笔者多年的教学经历表明，语篇意识是写出一篇优秀论文的关键要素。

　　鉴于此，本文针对非英语专业研究生学术英语论文写作中存在的逻辑性问题做些探索。首先，从篇章格律的角度分析学生在学术英语写作中存在的问题，然后在"篇章格律理论"（Martin & Rose，2003）与"语类写作教学环"（Rothery，1994）相结合的写作教学模式下，寻求解决问题的路径。本文从理论和实践两方面论证该模式的可行性，提出在教学中加强篇章格律概念的输入和实践可以提高学生的写作逻辑思维，有助于他们在国际学术平台顺利发表论文和交流思想。

2　学术英语写作教学实践与反思

　　写作受制于语类。语类是一个有目的、分阶段的社会过程（Martin & Rose，2008：6）。语类通过不同的语言表达形式与组织结构构成语篇，是实现不同社会语境的各种文本类型。因此，语类是在写作创作时需要首先考虑的因素。不同语类具有不同目的，实现这一目的的步骤也不同。

　　在语类的教学过程中，介绍不同语类的特点及实现的步骤有利于引导学生认识和掌握不同语类的本质。在教学实践中，我们采用了罗瑟里（Rothery，1994）提出的在师生共享知识的基础上通过互动来进行写作的语类教学环模式（图 1），对学生进行解构（deconstruction）、共构（joint construction）和自构（independent construction）。在解构这一环节，我们向学生介绍目标语类的范文，引导其理解其中的图式结构及语言特点等，确保他们理解这一语类的固有模式。在之后的共构与自构阶段，我们有意识地淡化教师的作用，以实现学生独立写作的目的。该教学环节的核心理念是教师通过构建文本语场及语境，帮助学生学习写作某一语类语篇，并进行批判性思考（Martin & Rose，2007；Rothery，1994）。在实际教学中我们发现，经过解构与共构的环节后，学生似乎理解了不同语类的结构特点，但是在自构的环节中，独立创作的文本的质量却不尽如人意。

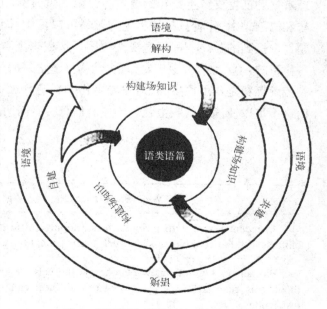

图 1　语类写作教学环（Rothery，1994）

　　我们以"解释型"（explanation）语类的教学为例，分析在语类写作教学环的自建环节中学生写作暴露的问题。顾名思义，解释型语类的写作目的就是解释。篇章结构分两个阶段：现象和解释。在现象阶段，作者指出要解释的对象；在之后的解释阶段，作者需要对出现的现象细致地解读——或者分析原因，或者解释结果，或者分情况解释因果关系等。在教学过程中，我们先介绍它的定义及不同类型的解释的结构框架,并选取样文对不同类型的解释进行分析,给学生提供文章,要求他们对提供的文章进行独立分析。在发现学生能够正确理解并分析不同类型的"解释"语类的结构后,我们给学生布置一项作业,按要求写作文。要求如下:

> Directions：Each country is working on an effective way to relieve energy crisis. It is suggested that the development of biofuels may be an alternative. Please write an essay of 250 words to explain what factors lead to the vigorous development of biofuels.

结合解释型的分类与上述作文要求,这篇作文应该属于"factorial explanation"类型,即解释已有现象是怎么形成的,说明导致现有现象的因素。作文的篇章布局应该是这样的:首先,指出生物燃料得以大力发展这一现象。然后,列举 2～3 个因素,并提供相应的证据,说明正是这些因素促成了生物燃料被各国重视并开发。教学反馈表明学生在理论上掌握了该语类的结构,但是对学生的作文初稿进行批改后发现学生输出的写作结构不清晰,逻辑表达混乱,不能很好地实现解释这一目的。本研究选取一个教学班的作文进行分析,并对学生进行一对一的采访,了解写作时的思路、写作方式等,以便能更深入地了解学生的写作意图和写作习惯。为了更清楚地说明问题,我们选取其中一篇作文为例,如例 1 所示。

根据要求,本文应该解释的是"什么因素导致生物燃料的大力发展",写作者应该在第一段中指出生物燃料在大力发展这一现象(phenomenon)。但是在此文第一段中,作者给出的中心句是:"Biofuels are expected to substitute the traditional fuels in the future",解释的重点变为生物燃料要取代(substitute)传统燃料,明显与题目的中心思想(the vigorous development of biofuels)不符。

解释阶段的说明也没有说服力和信服力。从结构分析,每段应该包含主题句和支持句。主题句说明该段要解释的原因来支持"大力发展"生物燃料这个论点。然后在接下来的支持句中,作者应该提供相应的信息和证据来证明主题句的正确性。但是仔细阅读每一段,发现作者的解释流于表面,缺少有理有据的证据支持主题句的要点。以第二段为例,主题句提到生物燃料是可再生能源。在接续的第二句和第三句中,作者只是指出生物燃料可以再生,而传统燃料不能再生,却没有任何事实、证据等对主题句中提到的"再生"进行透视性说明。从逻辑上看,第二句与第三句各自为政,读者无法厘清作者的写作目的:① 为何产生于农作物、动物排泄物等的生物燃料被认为是可再生的;② 作者为何要特别提到传统燃料是不可再生的,与发展生物燃料有什么关系? 读完此段,读者只是得到零碎的信息。这些信息不足以使读者信服主题句传递的信息。后面两段的解释存在同样的问题,不再赘述。

[例 1]

What Factors Lead to the Vigorous Development of Biofuels?

In recent years, with technology developing, different types of energy have been applied into reality such as biofuels. Taken from biomass, biofuels are expected to substitute the traditional fuels in the future.

Biofuel is a kind of renewable energy. Biofuels are generated from crops, animal manure and rubbish which is thought as renewable energy. Conventional fuels can only be consumed for 50 years, but biofuels have no restrictions.

Biofuels cannot pollute the environment. It is known to all that traditional fuels such as coal burning with polluting chemical substances which biofuels do not, since biofuels only consist of carbon and hydrogen.

Biofuels have various products to meet market needs. Energy products mainly include liquid bioethanol, shaped fuel and gaseous biogas. It can not only replace oil, coal and natural gas, but also supply heat and generate electric power …(略)

Since biofuels have lots of superiorities, the development of biofuels will be better and better.

在最后一段，作者使用了"the development of biofuels will be better and better"这样一个展望式的结尾，没有呼应题目要求中提出的"大力发展生物燃料"这个重点，而改为"生物燃料的发展会更好"。

纵观全文，该作者的主要问题在于对解释型语类结构的掌握不够深刻，运用时存在偏差，主要表现在语篇的逻辑关系松散、文章条理不清楚、中心不明确。逻辑语义关系是指语篇内部各语言单位之间的逻辑关系（黄紫筠，2015）。逻辑联系语只是语篇逻辑语义联系的外在形式，语篇的连贯性并不单纯依赖表面语言形式之间的联系而存在，而是取决于各句所表达的概念或命题之间以及这些概念和命题与整个语篇的主题之间在语义逻辑上的联系。在对学生的访谈中，笔者发现很多学生对语篇逻辑的重要性认识严重不足。有位学生表示，他在提交作文前，通过一些网站对自己的作文进行了检查、纠错和修改，自我感觉写得不错，但是实际评阅的分数并不高。原因是这位学生只关注了简单的语法和词汇方面的准确性，而忽视了逻辑表达方面是否正确。

因此，实现语篇连贯性应是学术英语写作教学的主要目标。韩礼德和韩茹凯（Halliday & Hasan，1976：23）曾给语篇连贯做了如下定义："一个语篇是个连贯的话语片段，其连贯性表现在以下两个方面：在情景语境方面是连贯的，所以语域上是一致的；其语篇本身是连贯的，所以是衔接的。"为针对性地解决上文提到的问题，我们在学术英语教学中引入篇章格律理论，以便把抽象的语篇结构可视化、直观化；加强学生谋篇布局的逻辑意识，引导学生有步骤地而不是跳跃式地推进信息，从而实现英语学术论文质量的提升。

3　解决问题的理论基础：篇章格律

篇章格律是马丁和罗斯（Martin & Rose，2003：175 - 205）在功能语法中的主位-述位观点的基础上提出的。系统功能语言学派的代表人物韩礼德（Halliday，2000）指出，主位是小句表达信息的起点，围绕主位加以叙述的部分则为述位。在一个语篇中，每个小句都有一个主位和一个述位。韩礼德（Halliday，2000）提出把小句层面语篇的信息结构看成波浪状，即主位和述位构成波峰，而其中的信息流动成波浪状。马丁和罗斯（Martin & Rose，2003：175 - 205）在韩礼德主位观的基础上，提出篇章格律的概念。篇章格律指的是语篇中的信息流动，即信息应该以一种便于读者理解的方式进行组织与呈现。马丁和罗斯（Martin & Rose，2003）认为语篇是按照一定的规律波浪式推进的。语篇格律是用来捕捉信息流规律的——信息峰相连形成一个有规律的模型，波的层级形成一个可预测的节奏（王振华，2007：398）。在丹尼斯（Danes，1974）超主位概念的基础上，马丁（Martin，1992）对超主位（hyper theme）进行了重新定义："对于英语语篇来说，超主位是一个介绍性的句子或一组句子，可以预测后面句子之间的互动形式以及句子主位的选择。"一个段落的主题句就是超主位，能够对下文中将要表达的内容给我们指出方向。同时，马丁和罗斯（Martin & Rose，2003）提出超新信息（hyperNew）的概念，指出段落结尾的句子就是超新信息，它是超主位后出现的新信息随着段落的展开而不断积聚浓缩而成的。相对小句层面的"小波浪"，超主位和超新信息形成段落层面的"大波浪"。主位-新信息的信息波还可以跨越小句与段落的界限而延伸到更高的语篇相型。能够预测超主位的高一层主位称作"宏观主位（macroTheme）"，一般指文章的主题，能够浓缩超新信息的新信息称作"宏观新信息（macroNew）"，对应的是文章的结尾段。宏观主位和宏观新信息形成"浪潮"（tidal waves）。这种宏观主位、超主位、主位和新信息、超新信息、宏观新信息所形成的开放性的等级层次就是语篇格律（periodicity），如图 2 所示。

根据篇章格律论，每个完整的语篇一般都由题目或统领整个语篇的主题句来预示全文的内容，而在语篇的最后往往会有总结全文的句子，分别担当宏观主位（macroTheme）和宏观新信息（macroNew）。语篇的段落通常有一个主题句即超主位（hyperTheme），它是段落的出发点，预测段落的内容。超主位之后出现的是新信息（New），随着段落的展开，新信息不断积聚，往往在最后一个小句中得到浓缩，称为超新信息（hyperNew）。语篇从总起到具体的阐述，再到高度的概括，就好像潮波、大波浪、小波浪相互交织分布，推进信息向前发展，实现语篇的格律。

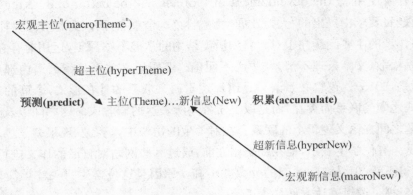

图 2　语篇中主位和新信息的层级（Martin & Rose，2007：199；王振华、吴启竞，2017：14）

由图 2 可以看到，语篇的发展（method of development）是否成功与主位推进（Thematic Progression，TP）和信息积累有关。主位推进指语篇前后句各个主述位之间存在着的不断联系、变化的关系。主位位于句首，是论述的起点，引起话题；述位围绕主位展开，提供新信息，是话题的核心成分。在形成语篇的过程中，各个小句的主位和述位按照一定的规律组合起来，形成一系列信息流，将对于核心信息的阐述逐层引向深入，最终形成一个语义连贯的语篇。在主位推进模式中，主位的作用不仅是照应前面的句子，保持句子的连贯，还充当后面句子的出发点，推动语篇的发展。句子和句子主位与述位之间的这种照应、衔接和过渡关系构成了"主位推进程序"。各小句中的主位层层推进，推动整个语篇逐步展开，最终形成一个能表达某一完整意义的整体。述位是围绕主位逐步展开的内容，多为新信息。新信息层层累积的程式构成要点（point）（Martin & Rose，2003：184）。根据篇章格律论，可以这样解读新信息的积聚过程：宏观新信息浓缩超新信息，超新信息浓缩新信息（张大群，2010）。

主位推进模式最常见的有：主位同一型、述位同一型、延续型、交叉型、并列型以及派生型（黄国文，1988）。主位推进程序反映语篇的信息发展方法，很少有语篇只出现一种主位推进程序的。同一语篇中，作者会根据交际目的，采用多种主位推进程序。

4　问题与对策

本节中，笔者以篇章格律的理论为指导，深度分析学生英语写作中在语篇层面存在的问题，并提出篇章格律写作教与学的模式来促进写作教学效率并提升学生英语写作水平。

4.1　问题

笔者选取学生习作 30 篇，运用篇章格律论进行分析，发现学生的写作在谋篇布局方面存在四大问题，如表 1 所示。笔者从学生的 30 篇习作中，选取典型的错句来分析四大语篇问题。

表 1　学生习作中的语篇问题分析

问　　题	出现问题的篇数	出现的比例
宏观主位缺失	9	30%
超主位缺失	2	6%
超主位不当	10	33
新信息积聚有误	27	90%

首先,宏观主位缺失的表现有两种情况。第一种是学生表达的宏观主位与作文的要求不符,不是针对"大力发展生物燃料"这个观点,而是转移了焦点。如例2中,若以此小句作为宏观主位,读者会预测该文章是解释为何生物燃料成为重要燃料。宏观主位缺失的另一表现就是学生缺少宏观主位意识,没有主题句来统领全文,只是介绍或提供了一些背景信息而已。如例3只是陈述了生物燃料的优势,但是没有告知读者写文章的目的,读者也无法对后面的内容进行预测。

〔例2〕There are several reasons for biofuels to be considered as significantly alternative fuels in recent years.

〔例3〕Nowadays, biofuels have become an indispensable renewable energy source. Biofuels have three crucial advantages: multiformity, cleanness and driving effect.

其次,超主位缺失指的是作文主体部分的段落没有主题句,读者无法预测段落的主要内容。超主位的缺失也会导致读者不能确定该段落要表达的意义。如例4中传递的信息是传统能源开采困难的问题。根据格律论,超主位应该是与biofuels有关的信息,所以这个句子不能统领这个段落,不是超主位。

〔例4〕The last point is that with the increasing demand for energy in human life, industrial and commercial activities, the exploitation of traditional energy sources is becoming more and more difficult, and the easily exploitable coal mine and oil fields are continuously depleted.

第三,超主位不当指的是作者虽然有超主位的意识,但是所提供的信息无法担当此任,即不能成为段落的出发点,帮助读者预测后面的新信息。在例5所表达的超主位中,我们无法得知环境保护与生物燃料的联系,作者随后的行文路径也无从得知。

〔例5〕The first and foremost factor is environmental protection.

第四,统计数据表明,在谋篇布局中最大的问题是新信息无法积聚,要点零散,导致各要点形成的信息波不能汇集为大波浪,信息流中断,不能向前推进,从而篇章的展开呈现为杂乱无序的状态,如〔例6〕所示。

〔例6〕① The raw materials for biofuels processing（T1）are very diverse（R1）. ② Crop straws, forest processing residue and excrements of livestocks（T2）can be used to process biofuels（R2）. ③ Crop stalks（T3）mainly include corn and sugar cane（R3）, which can be seen everywhere in the countryside. ④ Livestock manure（T4）principally comes from farms（R4）, and its small parts come from farmers. ⑤ Forest processing residue（T5）is mainly bark, sawing foam, wood core, wood blocks, and corner residue（R5）.

在延续性主位推进模式中,最先出现的主位T1一般是已知信息,述位R1是未知信息。然后第一个小句的述位又成为第二个小句的主位T2,这个主位T2此时变成了已知信息,又引发出新的未知信息,也即第二个小句的述位R2。就这样,已知信息和未知信息不断变换和更替,并在意义上相互联系在一起,最后形成一个语义完整、连贯的语篇。

例6共有5个小句。第一个小句中的raw materials of biofuels作为T1出现,然后diverse是述位R1,传递了一个新的信息。这个小句是超主位,对段落内各句主位起到提纲挈领的作用。后面的小句应该是围绕T1、R1展开。阅读后面的小句,发现T2是由R1派生而出的,即T1 - R1→T2（R1）- R2。此时,小波浪形成,等待向后推进。但是从第3个小句开始,我们发现信息开始停滞,作者反复解释T2的内容,后面的T3 - R3、T4 - R4和T5 - R5之间没有明显的内在联系。在这个例子中,每个小句都包含新的主位和新的述位,与前面小句中的信息关联很小,新信息没有得以积累,这一层的大波浪也没有形成,无法得出超新信息,不能向下一层波浪推进,没有产生语篇的连贯。

4.2　对策

基于对学生作文语料的分析,笔者认为可以在写作教学中运用语篇格律理论,帮助学生快速掌握文章总体结构和框架,确定各层主位预测信息走向,利用各层新信息的积聚,最终实现宏观新信息的凝练。笔者提出基于篇章格律理论的写作教学模式,如图 3 所示。

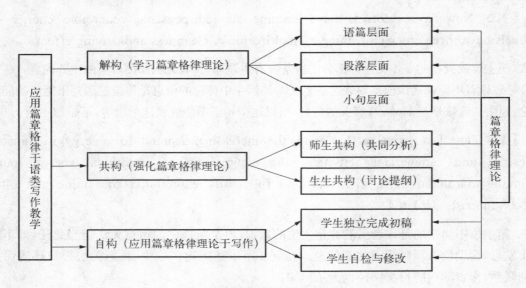

图 3　篇章格律写作教与学模式

该模式在写作教学环的基础上结合语篇格律理论,强调语篇的衔接与连贯,帮助学生在写作过程中由浅入深、层层推进地组织与发展信息。具体实施如下:

第一阶段:解构时,介绍语篇格律理论,指导学生理解该理论。在此阶段,教师应担当主导者,针对不同语类,对典型文章从语篇、段落以及小句三个层面对文章的篇章结构进行分析,引导学生更关注范文的信息分布和发展格律,体会各层主位的预测功能和各层新信息的浓缩作用是如何实现的。

第二阶段:共构时,强化学生的语篇格律意识并草拟作文提纲。在这个阶段,教师应当是辅助者,让学生成为主力。共构包括师生共构与生生共构。首先,教师选取相关语类的典型文章,训练学生自主对范文进行语篇分析,熟练运用篇章格律理论。之后,学生通过同伴讨论或者小组讨论的方式,梳理写作思路,写出作文提纲,确定宏观主位、宏观新信息、超级主位和超级新信息。

第三阶段:自构时,应用语篇格律理论,形成作文初稿并自我检查与修改。在这个阶段,学生独立完成作文,然后进行自我检测、评估并改进自己的作文。学生应该从读者的角度用宏观主位、超主位、超新信息和宏观新信息的层次概念来检查和评估自己的作文。可以按照下面的问题清单来依次检测自己的作文:① 作为宏观主位的标题是否能够概括和预测全文;② 作为段落主题的超主位是否符合宏观主位的预测;③ 超主位能否有效预测整个段落内容;④ 段落是否应该用超新信息;⑤ 所用的超新信息能否对全段信息进行浓缩;⑥ 全文结局是否有宏观新信息;⑦ 宏观新信息能否对各段超新信息进行总结和浓缩。

4.3　教学效果

2019 年秋季学期,笔者在非英语专业研究生的学术英语教学中采用了上述模式:按照图 3 所示,将教学分为解构、共构和自构三个环节,并将篇章格律理论与之结合。笔者在任教的三个班级中实施了该教学模式,另外三个班级仍然使用常规的写作教学模式。

学生的作文分数对比是检测该教学模式有效性的主要手段。相同的作文题目,实验班的作文平均分比控制班的作文平均分有比较明显的提高。实验班学生的作文平均分为 7.6 分(10 分为满分),优秀同学的作文可以达到 9 分。相对地,控制班学生的作文平均分为 6.8 分。对于满分 10 分的作文来说,这个差距明显。对实验班学生进行反馈问卷调查,77.27% 的同学认为"学习宏观主位、超主位等概念,使自己写作时比以前注意语篇结构"。86.6% 的同学认为"篇章格律可以提高对语篇连贯的敏感度"。81.82% 的同学认为"运用主位述位分析协助写作可以提升文章逻辑表达和连贯性"。95.45% 的同学认同运用主位述位分析作文结构可以帮助自己避免出现语篇连贯上的问题。对部分实验班的同学进行了一对一的访谈,同学们认为在写作时运用篇章格律可以将语篇连贯具象化,突出句与句、段落之间的关系,增强自己写作时的逻辑思维与逻辑表达能力。他们表示,如果在写作中坚持使用篇章格律,可以培养自己主动分析的能力,提高写作能力。

5　结语

中国学生学术英语写作的突出问题表现为作文主题不明显、重点不聚焦、语句不衔接和逻辑不严密。究其原因就是对篇章格律把握不到位,没有顺利实现主位推进。本研究是针对学术英语写作教学的一次探索,旨在帮助学生克服语篇连贯表达的弱点,提高写作水平。本研究提倡在教学中引入系统功能语言学的篇章格律观,结合语类写作教学环,提出"篇章格律写作教与学模式"。教学实践及结果表明,通过解构-共构-自构的教学环中,融入篇章格律理论,引导学生在写作过程中关注篇章连贯,重视信息流的发展规律。采用这种教与学的模式,学生综合信息整理、分析判断等技能得以强化,发现问题、分析问题和表达观点的批判性思维能力也得以磨炼,极大提高了学生学习的参与度与主动性,有助于学生夯实自身的英语学术写作基础理论,提高英语学术写作水平。笔者提出的篇章写作教与学模式还处在探索阶段,对于该方法的有效性的验证还只是在少数班级内进行。但是笔者认为可以在写作教学中尝试这个模式。笔者将在之后的教学中继续完善该教学模式,使之更好地服务于学术英语写作教学。

参考文献

[1] Danes, F. 1974. *Functional Sentence Perspective and the Organization of the Text* [M]. In F. Danes (Ed.), Papers in Functional Sentence Perspective. Prague: Academia, 106 – 128.

[2] Halliday, M. A. K. 2000. *An Introduction to Functional Grammar* (2nd edition) [M]. Beijing: Foreign Languages Teaching and Research Press.

[3] Halliday, M. A. K. 2002. *On Grammar* [M]. Continuum: London New York.

[4] Halliday, M. A. K. & Hasan, R. 1976. *Cohesion in English* [M]. London: Longman.

[5] Kaplan, R. B. & R. B. Jr. Baldauf. 2005. Editing contributed scholarly articles from a language management perspective [J]. *Journal of Second Language Writing*, 14 (1): 47 – 62.

[6] LetPub. 2020. 2019 年中国高校发表 SCI 论文综合排名报告. http://www.letpub.com.cn/index.php?page = university_rank_. 2020 – 10.

[7] Martin, J. R. 1992. *English Text: System and Structure* [M]. Philadelphia: Benjamins.

[8] Martin, J. R. & D. Rose. 2007. Interacting with text: the role of dialogue in learning to read and write [J]. *Foreign Languages in China* (5): 66 – 80 + 199.

[9] Martin, J. R. & D. Rose. 2008. *Renre Relations: Mapping Culture* [M]. London: Equinox, 6.

［10］Martin，J. R. & D. Rose. 2003. *Working with Discourse：Meaning beyond the Clause*［M］. London：Continuum.

［11］Rothery，J. 1994. *Exploring Literacy in School English*（*Write it Right Resources for Literacy and Learning*）［M］. Sydney：Metropolitan East Disadvantaged Schools Program.

［12］陈佳.2019.面向非英语专业研究生的学术英语学习需求分析［J］.北京第二外国语学院学报(6)：106－119.

［13］陈文聪.2008.如何在国际学术期刊发表论文.DOI：10.19345/j.cnki.1671－0037.2008.04.021.

［14］程晓堂,王琦.2004.从小句关系看学生英语作文的连贯性［J］.外语教学与研究(4)：292－298.

［15］范晓晖.2015.我国英文医学论文写作及发表的现状——基于对国际医学期刊主编的问卷调查［J］.中国 ESP 研究(1)：47－55＋122.

［16］关贝贝.2019.关于哈尔滨工业大学(深圳)理工科研究生学术英语写作问题的调查报告［J］.教育现代化(21)：239－241.

［17］韩萍,侯丽娟.2012.从体裁分析角度探索研究生学术英语写作能力培养［J］.外语界(6)：74－80.

［18］侯晶琼.2017.浅谈小型语料库在非英语专业研究生英语教学中的作用［J］.教育现代化(9)：211－212.

［19］胡艳玲,马茂祥.2012.语篇体裁结构分析在研究生学术英语写作教学中的应用［J］.中国成人教育(10)：124－126.

［20］黄国文.1988.语篇分析概要［M］.长沙：湖南教育出版社.

［21］黄紫筠.2016.二语学术写作中的逻辑语义关系实现研究［D］. 南昌：南昌大学.

［22］刘珺，Nick Campbell，Ed Gerstner. 2015.转型中的中国科研［EB/OL］. https://www.docin.com/p－1957244848.html/2020－12－11.

［23］娄宝翠.2020.语料库在研究生学术英语教学中的应用探索［J］. 学位与研究生教育(7)：51－56.

［24］刘露.2013.基于体裁法和网络的研究生学术英语写作教学［J］. 安徽工业大学学报(社会科学版)(6)：88－91.

［25］刘艳华,吴微.2019.大数据背景下的研究生学术英语写作教学策略［J］. 西部素质教育(7)：121－122.

［26］罗娜,陈春梅.2012.理工科硕士研究生学术英语需求分析［J］.当代外语研究(5)：38－42.

［27］马晓雷,陈颖芳,陈旭传.2015.理工科研究生英语学术写作困难研究［J］. 高等教育研究学报(04)：32－36＋120.

［28］潘崇堃,杨洪.2019."双一流"背景下非英语专业研究生学术英语写作需求分析［J］. 北京化工大学学报(社会科学版),109(4)：92－96.

［29］中国科技论文统计与分析课题.2020.2018 年中国科技论文统计与分析简报［J］.中国科技期刊研究(1)：88－98.

［30］邵辉.2017.理工科院校研究生英语学术写作能力构建研究［J］.北京工业大学学报(社会科学版)(2)：84－88.

［31］王振华.2007.语篇研究新视野:《语篇研究——跨越小句的意义》述介［J］.外语教学与研究,39(5)：396－399.

［32］王振华,吴启竞.2017.自顶向下的语篇连结机制:以法律教科书语篇为例［J］.外语教学 38(6)：12－17.

［33］熊淑慧.2019.基于体裁教学法的理工科研究生学术英语写作教学探索［J］.上海理工大学学报(社会科学版),41(1)：46－51＋56.

[34] 徐风华.2019.篇章格律论在英语专业精读教学中的应用[J].东华大学学报(社会科学版)(3)：322－326.

[35] 许瑾.2011.体裁分析与非英语专业博士生学术英语写作教学[J].研究生教育研究(5)：49－53.

[36] 杨安良,周大军.2018.研究生学术交流英语能力体系构建研究[J].当代教育理论与实践,10(2)：131－136.

[37] 杨新亮,谢璐,王亚克.2015.基于学术能力培养的研究生英语教学[J].宁波大学学报(教育科学版),37(5)：87－90.

[38] 叶春莉,董华.2018.基于篇章格律理论的大学英语"以读促写"教学模式研究[J].陇东学院学报(3)：110－114.

[39] 袁昌万,金双军.2015.基于语料库大数据的英语写作实证研究[J].重庆交通大学学报(社会科学版)(4)：126－129.

[40] 于建平,徐贵福,白凤霞.2011.中国学生英语学术写作存在的问题与对策探究[J].教学研究(06)：41.

[41] 张大群.2009.主位理论的新发展：篇章格律研究[J].山东外语教学(4)：93－98.

[42] 章木林,邓鹂鸣.2019.研究生学术英语写作抄袭认知与识别的调查研究[J].外语学刊(5)：76－82.

[43] 赵滨宁.2018.基于 IMRD 的研究生学术英语教学模式探究[J].黑龙江教育(理论与实践),(12)：74－75.

[44] 邹建玲.2017.非英语专业研究生学术英语写作能力的培养[J].上海理工大学学报(社会科学版)(1)：5－9.

Problems and Countermeasures in Academic English Writing from the Perspective of Discursive Periodicity

Dongyan Wang, Zhenhua Wang

Shanghai Jiao Tong University

Abstract: Lacking of logic and coherence in writing impairs the rationality of the academic articles written by non-English major postgraduates, and becomes a serious obstacle to get such articles published in international academic journals. This article analyzes Chinese students' mistakes in discourse planning and offers a solution by proposing a new teaching model that integrates the periodicity theory of Systemic Functional Linguistics and the Genre-based Teaching Writing Cycle. The application of this model in teaching has demonstrated that this model contributes to the effective improvement of students' discourse awareness. Adoption of this model in writing courses enables students to pay special attention to the flow and development of information in the discourse and attach importance to the realization of discourse coherence.

Keywords: discursive periodicity; academic English writing; genre-based teaching writing cycle

英语派生词视觉识别加工综述[①]

李俊敏[②]

浙大城市学院

摘　要：单词识别是阅读的基本加工过程，对单词识别的研究是理解阅读过程不可或缺的一环，具有重要意义。派生词由词根与词缀构成，是英语词汇的一种重要构词方法，派生词的识别是最近几十年心理语言学的一个热门话题。本文首先回顾派生词视觉识别的几种理论，并比较二语者与母语者对单词识别加工的差异；同时分析了影响二语者单词识别的因素。对派生词加工进行梳理后，本文基于理论和研究现状，对二语派生词加工提出几点建议，如可更多关注前缀和粘着词素在派生词识别中的作用等。

关键词：单词识别；派生词；加工理论

1　引言

作为一项非常复杂的认知过程，阅读是低层次和高层次加工过程（lower- and higher-level processes）的整合（Rastle，2019）。近年来，人们对不同层次的加工在阅读中所起的作用认识得更为全面，认为快速高效的低层次加工对阅读非常重要。低层次加工主要是指单词识别加工，英语单词的视觉识别（下文简称单词识别）是阅读过程中一个非常重要且最基本的加工过程。单词识别的意义在于通达语义表征。这是一个非常复杂的加工过程，包括对印刷符号的视觉分析、字母的识别、字形-音位的对应、音素编码的生成和使用，最终到单词和语义表征的关联（Segalowitz & Segalowitz，1993）等过程。阅读者通过练习，可以使这一系列过程变得熟练甚至达到自动加工的程度。有研究表明，即便是母语阅读者，在有很高的可预期性的语境中，单词也是经过视觉加工的（Schotter & Rayner，2012）。

在英语词汇中，词根前后加上词缀形成派生词，这是很重要的一种构词方法，因此，研究派生词的识别就显得非常重要。派生词的识别受词汇形态结构复杂性的影响，近几十年来得到学界的广泛关注。与单词素词相比，派生词的加工方式更为复杂，研究者对母语者的派生词识别加工的具体过程进行了探索，也取得了一定的进展（如 Giraudo & Grainger，2001；Lavric，Rastle & Clapp，2011 等）。

二语阅读过程的加工与母语很不相同。母语的理论和研究基于一个前提，即阅读者具备足够的口语熟练程度后才开始阅读。因此，对于母语者，阅读是把词形输入转换成语义的一个过程。但对于二语阅读者而言，因为二语熟练程度受限制，二语词汇和语法知识有限，在阅读的最初阶段并不是获取文本的信息，而是发展最基础的语言技巧（Nassaji，2011）。母语阅读者通常从小就开始阅读，而二语阅读者大多已是成人，在母语阅读方面已经非常熟练，二语阅读时可能会受母语迁移影响。且二语学习者在学习过程中的教学环境各不相同，社会文化知识也不同。这些与母语和语境相关的知识和经验对

---

① 本文为浙江省哲学社会规划重点课题（22NDJC037Z）阶段性成果。

② 李俊敏（1974—），女，博士，浙大城市学院教授；主要研究方向：心理语言学；通信地址：杭州市湖州街 51 号浙大城市学院外语学院；邮编：310015；电子邮箱：lijunm@zucc.edu.cn。

二语阅读技巧的发展,包括低层次的加工技巧,都有很重要的影响。因此,理解二语阅读者如何加工二语文本,他们会采用什么策略,以及母语和二语之间的相同和不同如何影响二语阅读加工就非常重要。

人们比较容易理解单词识别对于初学者的贡献,因为初学者还处于发展阅读技能的阶段。高水平阅读者在达到熟练阅读的过程中,可以很快很高效地阅读和识别单词,因此在识别加工过程中投入较少的注意资源。人们想当然地认为二语单词识别技能是二语水平的副产品。因此,高水平二语阅读者的阅读速度慢于母语者,通常被解读为二语阅读者在高层级的语言相关策略不如母语者,而不是由于单词识别技能上的不足。然而,研究表明高水平阅读者对单词识别的技能会影响阅读加工的效率(Segalowitz & Segalowitz,1993)。因此研究单词识别很重要,研究结果凸显了二语阅读准确性和自动化程度的重要性。而且研究结果还表明二语的视觉词识别能力并不一定随着整体语言能力的增长而增长。关于高水平二语学习者的单词识别的研究不多,但这些研究恰恰证明了单词识别的高效性对于二语阅读非常重要(如 Shiotsu,2010)。

2 单词识别模型

词素(morpheme)是语言中最小的意义单位。在英语单词的识别加工过程中,词素起着非常重要的作用。英语派生词是由词根(stem)和词缀(affix)这两种词素构成的。派生词的识别是整词加工还是分解为词根与词缀后再加工一直是近几十年的热点问题。对于英语母语者加工过程的研究相对较多,二语加工的文献相对而言较少(Duñabeitia, et al.,2013;Crepaldi, et al.,2010;Clahsen & Neubauer,2010)。下文先梳理母语者加工派生词的理论研究,再探讨二语者,尤其是中文为母语的英语学习者对派生词的加工过程的已有研究。

英语单词中大部分是词素的组合,因此称为多词素词或者词素复杂词(morphologically complex words),其特点是由几个词素构成。多词素词的意义分为两类,一类词的意义可以完全由其组成成分相加而成,即语义透明(semantic transparent),比如 SUCCESS-FUL;另一类词的意义却语义模糊(semantic opaque),比如 SUCCESS-OR 的词义就不是由两个组成成分的意义推断出来的。考虑到这些语义模糊的单词不能从其组成成分的意义中派生出来,语言学、心理语言学和神经语言学家们开始从组合的传统方法转向研究诸如以下问题:① 在心理词典的层级结构中,每一层的单位是如何表征及组织的,换言之,单词是整词存储还是分解为组成单位存储的? ② 这些构成单位是否包含了语言学模式(句法特征)或者是更笼统的一种管理模式?

多词素词的识别加工过程一直以来存在分歧,大致可分为三种观点:整词通达(Butterworth,1983)、分解通达(Taft & Forster,1975;Giraudo & Grainger,2001)、混合通达(Schreuder & Baayen,1995)。整词通达模型认为词是以整词表征储存在心理词汇中,词素的分解发生在后词汇(post lexical)过程;分解通达则认为整词先被分解为词素,词素被激活后,经过组合通达语义;混合通达认为整词或者分解了的词素表征同时被激活,在通达语义时存在互相竞争的过程,因此整词词频高的往往先被激活,而词频低的,词素先被激活,再组合成整词。下文将分别阐述这几种模型。

2.1 整词加工模型

整词加工模型认为派生词以整词为单位存储于心理词汇中。单词识别时,大脑自动激活已存储的整词表征来通达整词语义(Butterworth,1983)。支持派生词整词加工的理论提出,派生词的词频以及语义透明度(semantic transparency)能够影响识别的快慢。比如,莱赫托宁和莱涅(Lehtonen & Laine,2003)提出派生词的词频越高,越容易以整词表征显现出来,也更易形成较强的整词记忆回路。莱米宁等人(Leminen et al.,2013)采用脑电图(EEG)研究派生词与屈折词的加工,结果发现高频的派生词比低频派生词能够诱发更大的效应,表明高频词为整词表征,更易形成较强的整词记忆回路。莱米宁等人(Leminen et al.，2013)还提出,屈折词更倾向于组合加工模式,而派生词则更倾向于以整词表征加工。因为与屈折词相比,派生词的语义透明度和可创造性(productivity)较低。因此,词缀与词根的固定搭配形成独立的整词表征。

2.2 分解加工理论

分解加工理论可分为两种。一种认为派生词在识别的后期才产生分解,这种理论被称为超词汇(supralexical)模型(Giraudo & Grainger，2001),即派生词的识别加工首先激活的是整词语义,然后根据整词与词根之间的意义相关程度再分解成词根和词缀等词素单位。该模型强调语义信息对派生词识别加工的影响,认为词素表征介于整词的字形表征和语义表征之间。基于该模型,吉拉多和格兰杰(Giraudo & Grainger，2001)提出语义透明派生词可进行分解加工,因为整词与词根的语义高度相关(如 darkness‐dark),而语义不透明的派生词在通达整词意义之后不会再进行词素分解,因为整词与词根的语义几乎没有关联(如 department‐depart)。

另一种分解理论是由塔夫脱和福斯特(Taft & Forster，1975)提出的亚词汇(sublexical)模型,支持早期分解加工。该理论认为派生词在识别初期,整词意义在还未通达之前就已完成分解加工,即在早期识别加工中发生"词缀剥离"(affix-stripping),使得整词分解为相应的词素成分,在激活成分意义之后才会进行整词意义的整合加工。后来塔夫脱对该假说提出进一步的理论框架,引入了词条(lemma)的概念,认为在单词识别的早期阶段,无论是语义透明派生词,还是假派生词(pseudo derived words,如 listen,词形比较像一个派生词,但意义与假词根 list 没有关系)都会发生强制性分解(an obligatory decomposition),这些基于词形的表征与类音节单位(syllable-like units)相对应,称为词条。这种分解被称为词素-形(morpho-orthographic)的分解。词条起着调和词形(form)和功能(function)层的作用,同时词条层也有单个词素和多词素词的层级表征。如图 1 所示,soften 的词条激活是通过 soft 和 -en 两个词条的激活完成的,这两个词条又与其相对应的功能信息(如语义或句法)相关联。而假派生词 listen 在词条层的激活则直接通过词形层,词条层还存在由词形激活的假词根(list)和假词缀(-en)的表征。因此,这三者在词条层存在竞争关系。拉斯特和戴维斯(Rastle & Davis，2008)在回顾文献时,也提出词汇识别的早期阶段不受语义信息的影响,任何由词根和词缀/假词缀组合而成的具有复杂形态结构的单词都会进行早期分解,包括语义透明派生词(如 designer 分解为 design + -er)、语义模糊派生词(如 apartment 分解为 apart + -ment)和假派生词(如 corner 分解为 corn + -er),且三者的分解过程应相差不大。

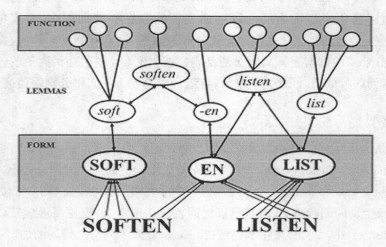

图 1 塔夫脱的强制分解模型(Taft，2004)

拉夫里克等人(Lavric et al., 2011)提出的词形-语意激活假说(form-then meaning account)也属于分解加工模型,认为意义的通达是在词汇加工晚期才完成的,对复杂词的早期加工没有影响。该模型分为两个阶段(two-stage model),分别涉及词形和语义,即第一阶段基于正字法(词形)进行词素分解,第二阶段进行语义的整合加工。这一模型与塔夫脱的强制分解模型比较相似,也属于亚词汇模型。

2.3 双通道加工模型

双通道加工模型最基本的观点认为派生词识别有两条加工通道并存,即整词提取与分解加工同时存在,且互相竞争(Schreuder & Baayen,1995)。

格兰杰提出的后词汇分解(post-lexical decomposition)是指单词在整词激活后再分解为相应的词素,被称为词素-义的分解(Giraudo & Grainger, 2001)。后来又和前词汇分解一起,组成一个更大的模型(见图2)。这个模型中,单词识别可以通过两个独立的通道。一条道路是较快的粗犷加工(coarse-grain),另一条则是精细加工(fine-grain),词素基于形(morpho-orthographic)的分解只发生在精细加工的通道。粗犷加工通道采用编码系统,可以很快地激活候选单词。这个编码系统采用四个字母窗口(a 4-letter window)中按顺序的两个自由组合字母(open bigrams)的形式。如图2所示,soften可以被这些两个字母的单位所激活,如so、sf、st、of、ot、oe、ft、fe、fn、te和tn。这就能够解释,如果字母共享的非词也能够通过这个通道被激活,比如字母颠倒(Transposed Letter,TL)的非词sofetn因为共享soften的字母而能够被激活,在词汇判断时会出现反应时间延长、错误率升高等效应,即TL效应。

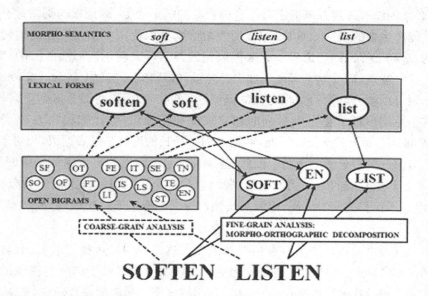

图2   格兰杰的双通道模型(dual-pathway model)(Giraudo & Grainger, 2001)

派生词加工选择整词提取还是分解加工受整词或词素表征、语义透明度、词频等影响。一般认为,高频词往往更易直接提取整词表征,而低频词的整词表征不易获取,需要通过分解加工来通达词根与词缀,继而通过重组后整合语义加工以获取整词表征。海(Hay,2001)提出,虽然词素加工模型并没有直接预测词频与分解有直接联系,但这些模型能够预测派生词的分解与派生词整词和词根的相对词频有关系。如果整词词频比词根词频更高,被试对这类词的加工通常比对整词词频比词根词频更低的词更容易。词典学的研究也发现,整词词频比词根词频更高的派生词通常比词根词频高于整词词频的派生词更容易产生语义漂移(semantic drift)。他认为,词频高的派生词如果其词根词频也高,那就会产生分解加工。而词频低的派生词若其词根词频更低,则倾向于整词加工。张北镇(2014,2016)认为,就语义透明度而言,语义透明派生词因形态结构清晰而选择分解加工,语义模糊派生词或假派生词虽具有形态结构,但缺乏词素-义的支持,故而以整词形式存储于大脑之中。

2.4　最新理论:边缘镶嵌词模型

近年来,格兰杰和拜尔斯曼(Grainger & Beyersmann,2017)提出了一个全新的理论模型,即边缘镶嵌词(edge-aligned embedded words)模型。很多研究表明在视觉词的识别系统中,是否有真实的词素关系,或者仅仅是假的词素关系,与识别镶嵌的词根并没有必然的联系(Beyersmann et al.,2015;Beyersmann et al.,2016)。

格兰杰和拜尔斯曼(Grainger & Beyersmann,2017)提出的这个边缘镶嵌词模型与词缀剥离说相反,该模型认为词根的识别是一个独立的过程,不需要先剥离词素,认为词根的重要性大于词缀所起的作用。这个模型适用于词根加上前缀或后缀的双词素词,对于三个词素以上的单词则不适合。通过这个模型,还可以推测出词根+后缀的派生词对词根的启动效应会比前缀+词根的派生词产生更大的激活效应。

假设词的边缘镶嵌词激活的原因是词素基于词形的分解,派生词的词根所携带的信息远远超过词缀(尤其是后缀)。因此,阅读者往往只需要激活词根,就可以从字面高效地获得语义信息。英语或法语中主要使用前缀和后缀,且大部分复杂词都是两词素词,最简单的办法就是激活所有边缘包含刺激词的单词。

格兰杰和拜尔斯曼(Grainger & Beyersmann,2017)认为,词缀剥离说和边缘镶嵌词模型的区别在于,词缀剥离说必须为没有隔离开来的字母组合提供新的词汇表征(即词根与词缀是粘连的,需要隔离开词根和词缀才能产生新的表征)。边缘镶嵌词的激活则可以使用本来就存在的整词表征,整词之间是有空格隔开的,有利于标记词的边界。边缘镶嵌词的激活可以利用词形加工机制,即对字符串的首尾字母优先加工这一特点,而首尾字母优先加工已经被许多研究证实(如 Tydgat & Grainger,2009)。

如果一个单词可以被分解为两个相对应的镶嵌词,通常来说,长的词会得到更多构成成分的自下而上的支持。这个原则保证了整个刺激词的相应表征被正确识别,比如相比 far 而言,farm 可以对 farmer 提供更大的自下而上的支持。因此,两词素词中最长的词就是镶嵌词根,相对于其他镶嵌词,这个机制就提供了对镶嵌词根更多的激活。因此,基于词长自下而上的支持保证了整词表征最大激活的是镶嵌词根,而不是其他对应的带词缀的整词刺激词(Oganian,2015)。镶嵌词的激活通常与整词输入信息一样,也得益于粗犷的词形编码,但因为长词比短词更得益于粗犷编码,因此对整词表征的依赖程度会降低。

整词的词形表征可以由粗犷加工或由精细加工而通达。当词根是独立词素、有自己的表征时,词根无论是处于词首或者词尾,它的加工与位置无关。而词缀主要依赖于词形的精细加工,前缀或者后缀与位置有关(Crepaldi,Rastle & Davis,2010),利用首尾字母精确的位置信息,前缀只有在词首才能被激活。同理,后缀只有在词尾才能被激活。词缀的精细加工是单向的,只由相邻位置的空白决定。所以,后缀-er 被编码为 Re1 和 Ee2,其中 e1 和 e2 表示词尾第一和第二个位置的意思。这种编码可以让我们区别有些既可以是前缀也可以是后缀的词形,如 enliven 中的en-和-en。

3　二语的派生词识别研究概要

母语者的单词识别,尤其是多词素词的识别的研究在最近20多年方兴未艾,而二语者的相关研究近10年来有了长足的发展,但仍然有些问题需要进一步研究。

二语的多词素词识别加工通常是以母语者的加工为参照的,两者相比较的结果一直没有形成定论。二语词素加工的理论大致分为两类,一类认为二语学习者对于词素分解的依赖较少,更多依赖整词存储(Clahsen et al.，2010)；另一类认为母语和二语的词素启动效应是相似的。这些研究中，一部分认为母语和二语的加工机制是相似的，因此否认了母语和二语之间的差异(Diependaele et al.，2011)。还有部分认为词素启动效应并不能反映词素的分解过程，而是由启动词和目标词的词形和语义相同所导致(Feldman et al.，2010；Heyer & Clahsen，2015)。海尔和克拉森(Heyer & Clahsen，2015)比较了词素(scanner-scan)和词形启动(scandal-scan)，发现母语者只有词素启动却没有词形启动，而二语者在两种情况下都有启动，因此他们认为二语者的词素启动效应可能只是源于启动词和派生词的词形相似性，而不是来自相关词素。张北镇(2014)发现整词熟悉度高而词干熟悉度低的派生词的加工是通过整词加工通道完成的，而整词熟悉度低而词干熟悉度高的派生词的加工则是通过分解加工通道完成的，认为二语学习者在派生词的加工过程中采用了与母语者相同的分解加工机制及双通道并存的加工方式。因此，他认为派生词的加工方式并不受语言使用者是母语者还是二语者的影响，而是由该词自身特点，如使用频率、语义透明度、词形规则度等决定。

3.1　后缀词与前缀词的加工

国内同类研究中，派生词加工的研究大都涉及后缀词，如药盼盼等(2012)发现，高频派生词存在分解加工，而低频派生词则是整词加工；张北镇(2014)提出，熟悉度高的派生词整词加工，而熟悉度低的派生词会分解加工；李俊敏等(2014)发现，中等水平的英语学习者对后缀词存在比较弱的分解现象；李俊敏(2018)进一步发现，高水平英语学习者对于由词根和后缀构成的假派生词的识别具有分解过程。李等人(Li et al.，2017)比较了海外留学生与国内大学生对派生词的识别加工，发现英语水平对于后缀词的识别影响甚微。总体而言，这些研究分别从词频、熟悉度、被试的英语水平等方面考察后缀派生词的加工，并取得了一些进展。

国内对前缀词的加工研究较少，如倪传斌(2015)对前缀习得与磨蚀顺序的语言学特征进行过分析。李和塔夫脱(Li & Taft，2020)对前缀词的识别加工研究发现，英语学习者对于前缀词的识别更受词形的影响，而不是基于词素的认知。该文的研究主体是高水平英语学习者，说明即使是高水平的英语学习者，对于前缀词的识别仍然无法达到母语者的加工模式。

3.2　二语水平对派生词加工的影响

二语水平一直是派生词加工的一个很重要的影响因素。研究者们对此持有不同的观点，有些研究者认为二语水平不影响派生词的识别加工，高、低水平英语学习者均可分解加工派生词(Diependaele et al.，2011)。比如，迪本德尔(Diependaele et al.，2011)比较了高水平的母语为西班牙语的学习者和低水平的母语为荷兰语的学习者在加工英语派生词时的加工过程，发现两个群体都产生了启动效应，因此认为二语水平不影响派生词的加工机制，高、低水平英语学习者均可分解加工派生词。

还有一些研究者认为高水平二语学习者的加工机制与母语者更为相似，倾向于分解加工，而低水平二语者更依赖整词加工(Deng et al.，2016；Liang & Chen，2014)。达尔·马索和乔罗窦(Dal Maso & Giraudo，2014)发现母语和不同水平的二语学习者对词素频率较高的派生词产生了相似的启动效应，但对不常见词缀构成的派生词有差异，因此认为二语学习者对词素结构具有敏感性，且随语言水平的增长而增强。李等人(Li et al.，2017)对比了英语母语者与二语水平高和中等水平的中国英语学习者派生词的加工差异，发现不同二语水平的中国学习者均对英语派生结构敏感，但高水平学习者的加工机制与母语者更为相似。李俊敏、李德高(2016)发现，与中等水平学习者相比，高水平中国学习者在回忆测试中的英语词缀错误率(如受试所写字符串 assistance 与呈现刺激 assistant 正字法信息虽不匹配但有重叠，该情况视为词缀错误回忆)较高，认为高水平学习者具有更强的派生词和屈折词构词意识。

3.3 词频或熟悉性对派生词加工的影响

就二语者派生词加工而言,克拉森和纽鲍尔(Clahsen & Neubauer,2010)对比了德语母语者与双语者在加工名词性派生词时的频率效应,发现德语-波兰双语者在掩蔽与非掩蔽实验范式中均呈现出较强的表面频率效应,并认为双语者加工派生词时主要依赖于整词记忆存储而非形态分解加工。陈士法等(2017)发现中国中等水平英语学习者屈折词和派生词的加工机制存在差异,但是词基频率对其屈折形式和派生形式的复杂词加工均无影响。

药盼盼等(2012)探究了词基频率对汉-英双语者屈折词和派生词加工机制的影响,发现无论是屈折词还是派生词,词基频率越高,受试的反应速度更快、正确率更高,这表明了含有高频词基的复杂词更倾向于分解加工,而含有低频词基的复杂词则更易将存储于大脑中整词表征直接提取。张北镇(2014)探究了熟悉度对派生词识别的影响,发现高频词偏向于整词加工,而低频词则更易分解加工。陈士法等(2015)通过对比受试加工英语名词、动词和形容词词基及其派生名词、派生动词和派生形容词的脑电数据,研究了英语二语派生词在英汉心理词典中的表征方式,认为对于中级水平的中国英语学习者而言,三类派生词的表征方式与其相应的词基表征方式一致,均为整词表征,且词基频率不影响派生词的表征方式。

总体而言,二语派生词的识别加工与母语有一定的相似之处,也存在词素分解过程,但也有不同,比如二语加工更依赖字母的加工,派生词的后缀与前缀的加工存在不同,前缀的加工与英语水平相关,而英语水平对后缀加工影响不大。

4　总结与展望

单词识别是阅读中非常基础的加工过程,然而近几十年来这方面的研究一直是心理语言学界的热门话题。母语的加工模式可以为二语加工提供借鉴,但目前已有的研究证明母语和二语对单词的识别和存储模式都具有较大的差异。二语研究,因其复杂性、可控因素等困扰,其深度和广度至今仍远远落后于母语的相关研究。期待未来能有更多数量的二语单词识别研究的涌现。未来的研究可以从以下角度展开。

首先,词缀对派生词的识别所起的作用。大部分的研究都是关于后缀的加工,前缀研究相对较少,前缀与后缀的对比研究目前还比较少,未来还可以从这个角度再做进一步的研究。

第二,词根对派生词的识别所起的作用。自由词根与粘着词根在识别加工中是否存在不同? 粘着词素因为缺乏语义透明性且构词结构不如自由词素那么明显,因此其识别较之自由词素更为困难;而又因为粘着词素广泛存在,因此对其研究是视觉词识别的一个不可或缺的部分。母语研究表明这两者都具有词素表征,且加工过程比较相似。二语的粘着词根研究还未见报道,是未来研究的方向。

第三,二语研究可以从以英语为二语的学习者转为以汉语为二语的学习者。汉语属于汉藏语系,与英语的印欧语系有很大差别。汉语最常见的构词法是合成词,但也有部分派生词,研究汉语词的加工可以从英语中得到部分借鉴。未来随着我国国力的不断增强,世界各地汉语学习者的数量会不断增加,研究汉语为二语的词汇识别加工一定是未来的一个方向。

总而言之,单词识别是研究阅读加工的一个关键过程,目前的研究成果涉及各种影响因素,研究结果并不一致,理论框架仍有待于进一步探索,未来的研究仍然任重而道远。

参考文献

[1] Beyersmann, E., E. Cavalli, S. Casalis & P. Colé. 2016. Embedded stem priming effects in prefixed and suffixed pseudowords [J]. *Scientific Studies of Reading* (20): 1 - 11.

[2] Beyersmann, E., S. Casalis, J. Ziegler & J. Grainger. 2015. Language proficiency and morphoorthographic segmentation [J]. *Psychonomic Bulletin & Review* (22): 1054 - 1061.

[3] Butterworth, B. 1983. Lexical representation [A]. In B. Butterworth (ed.). *Language Production II* [C]. London: Academic Press, 257 - 294.

[4] Clahsen, H. & K. Neubauer. 2010. Morphology, frequency, and the processing of derived words in native and nonnative speakers [J]. *Lingua* (120): 2627 - 2637.

[5] Crepaldi, D., K. Rastle, & C. J. Davis. 2010. Morphemes in their place: evidence for position-specific identification of suffixes[J]. *Memory & Cognition*, 38(3): 312 - 321.

[6] Dal Maso, S., & H. Giraudo. 2014. Morphological processing in L2 Italian: Evidence from a masked priming study[J]. *Lingvisticae Investigationes* (37): 322 - 337.

[7] Deng, T. P., J. W. Shi, S. Dunlap, H. Y. Bi, & B. G. Chen. 2016. Morphological knowledge affects processing of L2 derivational morphology: An event-related potential study [J]. *Journal of Neurolinguistics* (37): 47 - 57.

[8] Diependaele, K., J. Duñabeitia, J. Morris & E. Keuleers. 2011. Fast morphological effects in first and second language word recognition [J]. *Journal of Memory and Language* (64): 344 - 358.

[9] Duñabeitia, J., M. Dimitropoulou, J. Morris & K. Diependaele. 2013. The role of form in morphological priming: Evidence from bilinguals [J]. *Language and Cognitive Processes* (28): 967 - 987.

[10] Feldman, L., A. D. Kostic, D. Basnight-Brown, Filipovic-Durdevic & M. Pastizzo. 2010. Morphological facilitation for regular and irregular verb formations in native and non-native speakers: Little evidence for two distinct mechanisms [J]. *Bilingualism: Language and Cognition* (13): 119 - 135.

[11] Giraudo, H. & J. Grainger. 2001. Priming complex words: Evidence for supralexical representation of morphology [J]. *Psychonomic Bulletin and Review* (8): 127 - 131.

[12] Grainger, J. & Beyersmann, E. 2017. Edge-aligned embedded word activation initiates morpho-orthographic segmentation[C]. In *Psychology of Learning and Motivation* (Vol. 67, pp. 285 - 317). London: Academic Press.

[13] Hay, J. 2001. Lexical frequency in morphology: Is everything relative? [J]. *Linguistics* (39): 1041 - 1070.

[14] Heyer, V. & H. Clahsen. 2015. Late bilinguals see a scan in scanner and in scandal: Dissecting formal overlap from morphological priming in the processing of derived words[J]. *Bilingualism Language & Cognition*, 18(3): 543 - 550.

[15] Lavric, A., K. Rastle & A. Clapp. 2011. What do fully visible primes and brain potentials reveal about morphological decomposition? [J]. *Psychophysiology* (48): 676 - 686.

[16] Lehtonen, M. & M. Laine. 2003. How word frequency affects morphological processing in monolinguals and bilinguals [J]. *Bilingualism: Language and Cognition* (6): 213 - 225.

[17] Leminen, A., M. Leminen, T. Kujala & Y. Shtyrov. 2013. Neural dynamics of inflectional and derivational morphology processing in the human brain [J]. *Cortex* (49): 2758 - 2771.

[18] Li, J., M. Taft & J. Xu. 2017. The processing of English derived words by Chinese-English bilinguals [J]. *Language Learning* (67): 858 - 884.

[19] Li, J. & M. Taft. (2020). The processing of English prefixed words by Chinese-English bilinguals [J]. *Studies in Second Language Acquisition* (42): 239-249.

[20] Liang, L. J. & B. G. Chen. 2014. Processing morphologically complex words in second-language learners: The effect of proficiency [J]. *Acta Psychologica* (150): 69-79.

[21] Nassaji, H. 2012. The relationship between SLA research and language pedagogy: teachers' perspectives [J]. *Language Teaching Research*, 16(3): 337-365.

[22] Oganian, Y. 2015. *Cognitive and neural mechanisms of bilingual decision making: From visual word processing to decisions under risk* [D]. Berlin: Freie Universität.

[23] Rastle, K. & M. Davis. 2008. Morphological decomposition based on the analysis of orthography [J]. *Language and Cognitive Processes* (23): 942-971.

[24] Rastle, K. 2019 Visual word recognition[A]. In *Neurobiology of Language*. 255-264. DOI: http://dx.doi.org/10.1016/B978-0-12-407794-2.00021-3.

[25] Schreuder, R. & H. Baayen. 1995. Modeling morphological processing [A]. In L. Feldman (ed.). *Morphological Aspects of Language Processing* [C]. Erlbaum: Hillsdale, 131-154.

[26] Segalowitz, N. S. & S. J. Segalowitz. 1993. Skilled performance, practice, and the differentiation of speed-up from automatization effects: Evidence from second language word recognition[J]. *Applied Psycholinguistics* (14): 369-385.

[27] Schotter, E. R., & K. Rayner. 2012. Heuristics and criterion setting during selective encoding in visual decision-making: evidence from eye movements[J]. *Visual Cognition*, 20(9): 1110-1129.

[28] Shiotsu, T. 2010. Components of L2 Reading: Linguistic and Processing Factors in the Reading Test Performances of Japanese EFL Learners[M]. Cambridge: Cambridge University Press.

[29] Taft, M. & K. Forster. 1975. Lexical storage and retrieval of prefixed words [J]. *Journal of Verbal Learning and Verbal Behavior* (14): 638-647.

[30] Taft, M. 2004. Morphological decomposition and the reverse base frequency effect [J]. *The Quarterly Journal of Experimental Psychology Section A: Human Experimental Psychology* (57): 745-765.

[31] Tydgat, I. & J. Grainger. 2009. Serial position effects in the identification of letters, digits, and symbols [J]. *Journal of Experimental Psychology Human Perception & Performance*, 35(2): 480.

[32] 陈士法,刘佳,杜玲,杨连瑞,于艳玲.2015.中级水平中国英语学习者派生词表征方式的 ERP 研究[J].解放军外国语学院学报(6)：61-69.

[33] 陈士法,彭玉乐,赵兰,祝丽辉,杨连瑞.2017.英语二语派生词与屈折词加工差异的 ERP 证据[J].外语教学(2)：20-26.

[34] 李俊敏,李德高,马博森.2014.英语学习者英语屈折词和派生词识别加工中的差异.外语教学与研究，046(6)：901-914.

[35] 李俊敏,李德高.2016.不同英语水平学习者英语派生词和屈折词记忆加工差异[J].心理学探新(4)：324-329.

[36] 李俊敏.2018.英语学习者派生词的词素与重音意识[J].应用心理学,24 (1)：52-61.

[37] 倪传斌.2015.英语作为二语的前缀习得与磨蚀顺序[J].现代外语(5)：636－645.

[38] 药盼盼,李妮,陈宝国.2012.词根频率对汉语母语者英语屈折词和派生词表征方式的影响[J].外语教学与研究(5)：694－705.

[39] 张北镇.2014.中国英语学习者派生词加工研究[J].现代外语(2)：221－230.

[40] 张北镇.2016.语义透明度对二语派生加工的影响[J].外语与外语教学(4)：37－44.

A Review on the Word Recognition Processing of English Derived Words

Junmin Li

Zhejiang University City College

Abstract: Word recognition is a basic processing of English reading. It is of significance since word recognition is closely related with reading comprehension. Derived words are composed of stems and affixes. Studies on recognition of derived words have been a heated topic in recent decades. This paper first reviewed the current models of how derived words are processed and compared the differences that exist in native and second language processing. Factors are discussed and analyzed so as to bring forward some suggestions for future studies.

Keywords: word recognition; derived words; processing accounts

大学生语言学习信念与外语焦虑关系的实证研究[①]

王任华[②]

南京工程学院

摘　要：本文采用语言学习信念量表、外语课堂焦虑量表及背景信息问卷，对100名非英语专业的大学生进行测量，探究大学生语言学习信念与外语焦虑之间的关系。结果表明：第一，两次测量的语言学习信念没有明显变化，大学生的语言学习信念很难改变；第二，两次焦虑总值有显著变化，第二次调查的焦虑均值略微上升，被试在语言学习过程中经历了适度的外语焦虑，包括交流恐惧、害怕负面评价、考试焦虑；第三，语言学习信念和外语焦虑之间存在弱相关性，语言学习性质、外语天赋和语言学习焦虑策略三个因子和外语焦虑存在适度正相关性。

关键词：语言学习信念；英语；外语焦虑；相关性

1　引言

霍维茨（Horwitz，1986：128）把外语焦虑定义为在语言学习这种独特过程中产生的一种对课堂语言学习的感觉、观念、情感和行为的复杂综合体。外语焦虑被认为有三个构成要素：① 诸如心率增加、呼吸紧促、血压升高以及肌肉紧张等身体特征的出现；② 对即将产生或潜在负面结果的恐惧；③ 令人厌恶的情感体验（Kowalsky & Leary，1995：89）。杨（Young，1991）列出了 6 个焦虑的潜在来源：(a) 个人及人际间焦虑，(b) 学习者的语言学习观念，(c) 教师的语言教学观念，(d) 教师学习者之间的互动，(e) 课堂教学过程，以及 (f) 语言测试。在这 6 个因素中，杨认为学习者的语言学习观念是外语焦虑的主要来源之一。语言学习信念指学习者对有关以下五个方面的观点：① 外语天赋，② 语言学习难度，③ 语言学习的性质，④ 语言学习和交流的策略，⑤ 语言学习的动机和期望（Horwitz，1987：58－73）。吴（Oh，1996）发现动机、自信心等语言学习信念的因子和外语焦虑显著相关。因而，语言学习信念和外语焦虑之间关系的研究能够对语言教学有所启发。

近年来，教育和科研人员对语言学习信念日益关注（Chawhan & Oliver，2000；Peacock，2001；Altan，2006；Ariogul et al.，2009；Al-Osaimi，2010；Ataş，2012；Al-Osaimi & Wedell，2014；Thompson & Aslan，2015）。与此同时，学者们对外语焦虑的研究也十分重视（Gülmez，2012；Thompson & Lee，2013，2014；Tüm，2015；Al-Saraj，2014；Rassaei，2015；Thompson & Khawaja，2016），但关注二者之间相关性的实证研究不多（Oh，1996；Wang，2005；Lan，2010；Jee，2014；Cheng et al.，2014），并且这些有关二者相关性的实证研究的结果比较含糊，没有清晰的结论。本文力图通过实证研究找出语言学习信念和外语焦虑之间比较清晰的相关性。

语言学习信念被认为是外语焦虑的主要原因之一，很多外语教育研究人员通过理论或实证来揭示

---

① 基金项目：南京工程学院产学研前瞻性项目（CXY202012）。

② 王任华（1977—），女，博士，南京工程学院副教授；研究方向：功能语言学、认知语言学、教育语言学；通信地址：江苏省南京市江宁区弘景大道 1 号南京工程学院外国语学院；邮编：211167；电子邮箱：renhua7763@163.com。

语言学习信念和外语焦虑之间的关系（Bandura，1986；Young，1991；Kitano，2001；Frantzen & Magnan，2005）。一些理论研究认为学习信念影响外语焦虑，而后者又对学习者语言水平的评估有影响（Lalonde & Gardner，1984；Clement & Kruidenier，1985；Bandura，1986；Foss & Reitzel，1988；Young，1991），而另一些理论研究却得出了截然不同的结果（Spielmann & Radnofsky，2001；Kitano，2001；Frantzen & Magnan，2005）。

只有为数不多的探讨语言学习信念和外语焦虑之间关系的实证研究提供了详细的实验数据和结果。这些研究可以分为两类，一些研究表明二者之间存在某种显著相关性（Truitt，1995；Wang，2005；Lan，2010；Cheng et al.，2014），而另外一些研究得出了相反的结论（Oh，1996；Jee，2014）。

特鲁伊特（Truitt，1995）发现语言学习信念的两个因子——语言学习的自信心（r = − .60）和语言学习性质（r = − .23）与外语焦虑相关。吴（Oh，1996）发现学生说日语的自信心（r = .39）和认识汉字的意义（r = − .21）与外语焦虑显著相关，语言学习信念与外语焦虑具有弱相关性。王（Wang，2005）发现语言学习难度（r = .54；p < .01）和外语天赋（r = − .26；p < .01）两个因子与外语焦虑显著相关。杰（Jee，2014）发现第一学期和第二学期相比，学习者的外语焦虑水平有显著变化，语言学习信念无显著变化。程等人（Cheng et al.，2014）调查了学习动机、考试焦虑和考试成绩之间的关系。

以上研究表明，语言学习信念和外语焦虑之间关系的实证研究存在一定局限性，被试太少、参照组之间不平衡或聚焦部分因子，研究结论也比较含糊或相互矛盾。考虑到中国英语学习者数量庞大，探索英语作为外语的学习背景之下，中国语言学习者的学习信念和外语焦虑之间的关系有重要的意义。本研究的具体问题如下：① 学生的语言学习信念在两次调查中是否有显著的变化？② 学生的外语焦虑水平在两次调查中是否有显著的变化？③ 语言学习信念和外语焦虑之间是否存在某些相关性？考虑到这些研究问题都是在被试的特定学习背景中提出，因此学习背景信息也是充分理解研究结果的必要补充信息。

2　研究方法

下面将从研究对象、研究工具、测量过程以及数据分析工具详细介绍本研究采用的具体方法。

2.1　研究对象

本研究的研究对象是南京工程学院电力工程专业本科二三年级的学生，所有程序均经过南京工程学院研究伦理委员会的同意，并且所有被试都提供了参与实验的书面同意书。106 名学生参与了第一次调查，但这些被试中只有 100 名参加了第二次调查（其中女生 36 名，平均年龄为 20.6，SD = 1.37），因而两次调查都以这 100 名同学作为有效被试。所有被试都是母语为非英语的学生。被试性别的均衡分布与否不是本研究考虑的范围，因为类似的研究表明性别对语言学习信念、外语焦虑以及二者之间的关系没有影响（Oh，1996；Wang，2005）。在该所大学中，英语对于一二年级的学生是必修课程，通常在第二学年要求所有学生参加大学英语四级考试。

2.2　研究工具

本研究采用了三个工具：改编的背景问卷、语言学习信念量表和外语课堂焦虑量表。为了便于学生理解，这三个问卷都翻译成了汉语，并请南京工程学院三位人文社会科学院的老师进行了校验。

背景问卷包括 6 个问题，分别是关于课外英语学习的时间、中学期间英语学习的年限、家庭中有无经常说英语的成员、对自身语言学习能力的信心、学习英语的目的、英语学习取得的成绩。每个问题提供 2～5 个选项，每个被试要求选出最符合自身情况的一个选项。需要说明的是背景问卷是收集观测性数据，并不要求进行心理测试。

　　语言学习信念量表是霍维茨(Horwitz，1983)用来评价学生的语言学习信念制定的量表。量表由 4 个大范畴中的 34 项组成。第一个因子英语学习的动机/信心包括 11 项(第 3、4、5、15、20、24、25、29、31、32、34 项)，第二个因子语言学习的性质包括 5 项(第 8、12、17、23、27 项)，第三个因子外语天赋包括 9 项(第 1、2、6、10、11、16、19、30、33 项)，第四个因子语言学习交流策略包括 9 项(第 7、9、13、14、18、21、22、26、28 项)。其中 32 项采用 5 分量表法：1(完全同意)、2(同意)、3(不同意也不反对)、4(不同意)、5(完全不同意)。其余 2 项(第 4 和第 15 项)和英语学习难度相关，分别为：十分难、难、中等难度、容易、十分容易，另一项与学好英语所需的时间相关。

　　外语焦虑量表由霍维茨(Horwitz，1983)创建用于评估学生在外语课堂的特定焦虑体验。该量表自创建以来被广泛用于测量学生的外语焦虑水平。外语焦虑量表包括反映外语焦虑的 3 个因子的 33 项内容。第一个因子是交流恐惧，包括 11 项(第 1、4、9、14、15、18、24、27、29、30、32 项)，第二因子是害怕否定评价，包括 7 项(第 2、7、13、19、23、31、33 项)，第三个因子是考试焦虑，包括 15 项(第 3、5、6、8、10、11、12、17、20、21、22、25、26、28 项)。每项采用 5 分量表法：1(完全同意)、2(同意)、3(不同意也不反对)、4(不同意)、5(完全不同意)。第 2、5、8、11、14、18、22、28、32 项的评分是反过来的，因为这些项对应的选项是采用否定的表述。焦虑量表的分数从 33 到 165，分数越高意味着越焦虑。

2.3　测量过程

　　2019 年 3 月底进行了一次预备实验以检测语言学习信念量表和外语焦虑量表这两个研究工具的可信度。随机选取了 20 个学生参与预备实验，所有被试要求在 30 分钟内容完成语言学习信念量表和外语焦虑量表的测试。由于样本数量过小，故不做因子分析。预备实验得出的可信度为 $.79 \leqslant \alpha \leqslant .93$，表 1 是问卷的可信度分析。

表 1　问卷的可信度分析

第一次调查			
语言学习信念量表		**外语焦虑量表**	
所有项	α = 0.79	所有项	α = 0.93
英语学习动机/信心	α = 0.82	交流恐惧	α = 0.96
语言学习性质	α = 0.85	害怕否定评价	α = 0.87
外语天赋	α = 0.86	考试焦虑	α = 0.88
语言学习交流策略	α = 0.78		
第二次调查			
语言学习信念量表		**外语焦虑量表**	
所有项	α = 0.81	所有项	α = 0.92
英语学习的动机/信心	α = 0.87	交流恐惧	α = 0.93
语言学习的性质	α = 0.86	害怕否定评价	α = 0.83
外语天赋	α = 0.82	考试焦虑	α = 0.92
语言学习交流策略	α = 0.80		

两次实验分别在 2019 年的 5 月和 10 月（即被试大学的第四和第五学期）进行。两次实验间隔的时间段是为了发现语言学习信念和外语焦虑是否有变化，这些变化是否对两者之间的关系产生影响。两次实验均采用了背景问卷、语言学习信念量表和外语课堂焦虑量表。在第一次实验前，研究人员向所有自愿参加实验的学生简要介绍了实验目的和三份问卷。每个学生要求在规定的时间内完成问卷调查。在完成问卷期间，被试对问卷的任何疑问均可向研究者提出，确保所有被试完全理解问卷；问卷匿名收集。

2.4 数据分析

数据分析采用 IMB SPSS Statistics 16.0。计算三个问卷的得分时首先转换否定表述项的分数，然后统计所有项对应得分。本研究通过配对 T 检验来回答第一个和第二个研究问题，即学生的语言学习信念和外语焦虑在两次测量中是否有显著变化。通过皮尔逊积矩相关系数来探索语言学习信念和外语焦虑之间可能存在的相关性来回答第三个研究问题。

3 研究结果

本研究的调查结果包括背景信息、语言学习信念、外语焦虑以及语言学习信念和外语焦虑的关系四个方面。

3.1 背景信息

第一次调查结果显示，每周课外学习英语的时间，58% 的被试少于 5 小时，27% 的被试花 5 至 10 小时，11% 的被试花 11 至 20 小时，仅有 2% 的被试花 16 至 20 小时，另有 2% 的被试花 20 小时以上。第二次调查结果显示，57% 的被试每周课外学习英语的时间少于 5 小时，30% 的被试花 5 至 10 小时，8% 的被试花 11 至 15 小时，仅有 3% 的被试花 16 至 20 小时，2% 的被试花了 20 小时以上。

表 2　背景问卷结果（N＝100）

1. 每周学习英语的时间（小时）	少于 5	5～10	11～15	16～20	多于 20
调查 1	58	27	11	2	2
调查 2	57	30	8	3	2

2. 高中学习英语多少年	1 年	2 年	3 年以上	高中没有学习英语	
调查 1		2	98		
调查 2		2	98		

3. 说英语的家庭成员	父母亲	祖父祖母	兄弟姐妹	No
调查 1	2		30	68
调查 2	2		30	68

4. 你认为自己擅长学习语言吗？	根本不擅长	不是很擅长	略微擅长	比较擅长	十分擅长
调查 1	15	45	30	8	2
调查 2	14	45	31	7	3

续　表

5. 你想在英语学习的哪些方面学好?	阅读和写作	口语和写作	全部
调查 1	8	20	72
调查 2	12	24	64

6. 你通过了哪些英语水平测试?	没有	四级	六级	雅思	托福
调查 1	52	41	5	1	1
调查 2	35	52	8	2	3

两次调查结果表明,他们的英语学习经历主要是在高中阶段的课堂学习。98%的被试高中学了 3 年英语,2%的被试高中学了 2 年。2%的被试父母亲能说英语,30%的被试兄弟姐妹能说英语,68%的被试没有家庭成员能说英语。

对于语言学习能力的感知,在第一次调查中,15%的被试认为自己根本不擅长学习语言,45%的被试认为自己不是很擅长,30%的被试认为自己略微擅长语言,8%的被试认为很擅长语言,2%的被试认为十分擅长语言。第二次调查中,14%的被试认为自己根本不是一个好的语言学习者,45%的被试认为自己不是很擅长语言,31%的被试认为自己略微擅长语言,7%的被试认为很擅长语言,3%的被试认为十分擅长语言。

对于学习英语的目的,许多学生表示他们希望听说读写都精通。第一次调查中 72%的被试希望听说读写四种技能都精通,20%表示希望精通听说,8%表示希望精通读写。在第二次调查中,64%的被试希望听说读写四种技能都精通,24%表示希望精通听说,12%表示希望精通读写。

在英语学习成绩方面,41%的被试通过了大学英语四级考试,5%通过了六级考试,1%通过了雅思考试,1%通过了托福考试。在第二次调查中,52%的被试通过了大学英语四级考试,8%通过了六级考试,2%通过了雅思考试,3%通过了托福考试。

3.2　语言学习信念

如表 3 所示,两次调查的语言学习信念因子得分比较接近。配对 T 检验表明语言学习信念各个因子得分和总分都没有大的变化,英语学习动机/信心在两次调查中没有变化($t(99) = 0.45$, p > 0.05, and Cohen's $d_z = 0.045$)。实验结果表明语言学习的观念很难改变,这和杰(Jee, 2014)的结论一致。

表 3　语言学习信念因子平均得分,语言学习信念得分, 两次调查的学习信念因子的平均差

	第 一 次 调 查		第 二 次 调 查		$t(99)$	d_z
	平均数	标准差	平均数	标准差		
英语学习动机/信心	2.29	0.8	2.24	0.77	0.45	0.045
语言学习性质	2.99	0.85	2.91	0.82	0.09	0.009
外语天赋	2.79	0.83	2.86	0.87	− 0.58	− 0.058
语言学习交流策略	2.39	0.78	2.37	0.63	0.2	0.02
语言学习信念得分	2.62	0.82	2.6	0.77	0.18	0.018

3.3　外语焦虑

　　两次调查中外语焦虑三个因子的平均分数见表4。第一次调查外语焦虑的平均分数是98.96,分布在77.53到119.62之间;第二次的平均分数是99.93,分布在78.49到120.56之间(参见表4)。外语焦虑的理论分布范围是33到165之间,因此两次调查表明很多被试在英语课堂教学中经历了中等程度的外语焦虑。

表4　外语焦虑因子平均数,外语焦虑平均数,两次调查中外语焦虑因子的平均差

	第 一 次 调 查		第 二 次 调 查		$t(99)$	d_z
	平均数	标准差	平均数	标准差		
外语焦虑	98.96	3.91	99.93	3.90	-1.76^*	-0.176
焦虑恐惧	2.75	0.9	2.68	0.86	0.56	0.056
害怕否定评价	3.09	0.92	3.11	0.93	-0.15	-0.015
考试焦虑	2.96	0.91	3	0.95	-0.3	-0.03

$^*p < .05$

　　从表4可以看出,第一次调查中交流恐惧因子的平均数是2.75,第二次调查中降到2.68;第一次调查中害怕否定评价因子的平均数是3.09,第二次调查中上升为3.11;第一次调查中考试焦虑因子的平均数是2.96,第二次调查中升到3.00。经配对T检验发现,两次调查焦虑总分有显著变化,$t(99) = -1.76$,$p < 0.05$,Cohen's $d_z = -0.176$,这说明学生的外语焦虑水平从第四学期到第五学期略微下降,外语焦虑三个因子没有显著变化。

3.4　语言学习信念和外语焦虑的关系

　　表5呈现了语言学习信念因子和外语焦虑总分之间的皮尔逊积矩相关系数。数据表明第二次调查的焦虑总分和语言学习性质存在显著正相关性,说明学生在第五学期更好地理解了语言学习性质(在本研究中为英语学习性质)时经历了较高的外语焦虑。第二次调查的焦虑总分和外语天赋也存在显著正相关性。第二次调查的焦虑总分和学习交流策略显著正相关性发展,但相关系数呈现出弱相关性。因此,越关注语言天赋和学习交流策略的学生越倾向于对外语焦虑体验更深。此外,第一次调查的外语焦虑总分和语言学习信念因子之间不存在显著相关性,第二次调查外语焦虑总分和英语学习动机/信心也不存在显著相关性。

表5　语言学习信念因子和外语焦虑总分之间的关系

	英语学习动机/信心	语言学习性质	外语天赋	语言学习交流策略
相关性1	.002	.049	.048	$-.044$
相关性2	.0137	438**	.315**	.256*

4　讨论和结论

本研究以我国 100 名非英语专业学生为被试,调查语言学习信念和外语焦虑之间的关系。针对本研究的第一个研究问题,两次调查中语言学习信念没有显著变化,表明被试的语言学习信念在第四和第五学期没有显著变化。学习信念的不变可能和学习环境的不变有关(Tanaka & Ellis,2003;Jee,2014)。

针对第二个研究问题,结果表明两次焦虑总值有显著变化,第二次调查的焦虑均值略微上升,但观测到的效应值没有达到实际阈值。外语焦虑总分的平均数和三个因子(交流恐惧、害怕负面评价、考试焦虑)与吴(Oh,1996)、杰(Jee,2014)的结果相比略高,但与王(Wang,2005)的结果相比略低。两次调查的外语焦虑总值表明被试在语言学习过程中经历了适度的外语焦虑,包括焦虑恐惧、害怕负面评价、考试焦虑。这种焦虑或许来自毕业和工作对英语水平的要求(Wang,2005)。

对于第三个研究问题,语言学习性质和外语天赋两个因子和外语焦虑总值适度相关。本研究的结果和之前相关研究的结果不同:特鲁伊特(Truitt,1995)发现英语学习的自信心、英语学习性质和外语焦虑显著相关,吴(Oh,1996)发现日语学习的自信心、日语学习焦虑策略和外语焦虑显著相关,王(Wang,2005)发现语言学习难度、外语天赋和外语焦虑显著相关。第二、第三个因子和外语焦虑的正相关表明被试的外语焦虑程度受他们对语言学习性质的认知和理解以及对外语天赋和学习焦虑策略的重视程度影响。第二次调查中语言学习信念因子和外语焦虑的相关系数比第一次调查的更高,这也可能是被试在教室的课堂教学影响下对语言学习信念的意识提高了。

从整体来看,本研究发现语言学习信念和外语焦虑之间仅存在弱相关性,语言学习性质、外语天赋和语言学习焦虑策略三个因子和外语焦虑存在适度相关性,语言学习信念和外语焦虑之间的相关性似乎不稳定。因而学习者的外语焦虑如何受他们对语言学习性质理解的影响需要进一步研究,以便为如何通过帮助学生获得对语言学习的正确理解、克服外语焦虑带来启示。

研究表明我国非英语专业的大学英语学习者在整个英语学习过程中都伴随着外语焦虑的体验。因此,如何降低学生的外语焦虑水平应该成为大学英语教学的要求。语言学习者对外语天赋重要性、出色的发音以及目标语言文化知识的过度强调都可能让他们有挫折感。合理要求和适当鼓励有可能减轻学习者对语言学习的挫折感以及目标语言难度的感知。在语言课堂教学中,教师应该多对学生进行正面评价,并提供更多的交流计划。此外,为了更好地激发学习者,语言课程应着眼于学习者未来工作的语言要求。

本研究也具有一定的局限性。本研究的 100 名被试为江苏省南京工程学院电力工程专业的学生。该大学的技术、工程等专业较强,人文社科类专业相对较弱,被试在某种程度上不能完全代表中国非英语专业大学生。相关话题的进一步研究应该考虑更大数量的来自不同大学、具有不同语言背景的被试作为研究对象。

参考文献

[1] Al-Osaimi, S. & Wedell, M. 2014. Beliefs about second language learning: the influence of learning context and learning purpose [J]. *The Language Learning Journal*, 42(1): 5 - 24.

[2] Al-Osaimi, S. 2010. *Beliefs about second language learning: a study of adult learners and their teachers in Saudi Arabia* (2nd ed) [M]. Germany: Lambert Academic Publishing.

[3] Al-Saraj, T. M. 2014. Foreign language anxiety in female Arabs learning English: case studies [J]. *Innovation in Language Learning and Teaching*, 8(3): 257 - 278.

[4] Altan, M. X. 2006. Beliefs about language learning of foreign language-major university

students [J]. *Australian Journal of Teacher Education*, 31(2): 45 - 52.

[5] Ariogul, S., D. C. Unal, & I. Onursal. 2009. Foreign language learners' beliefs about language learning: a study on Turkish university students [J]. *Procedia Social and Behavioral Sciences* (1): 1500 - 1506.

[6] Ataş, U. 2012. Investigating Turkish EFL learners' beliefs about German, Italian and French as a second foreign language [J]. *International Journal on New Trends in Education and Their Implications*, 3(1): 108 - 117.

[7] Bandura, A. 1986. *Social Foundations of Thought and Action: A Social Cognitive Theory* [M]. Englewood, Cliffs, NJ: Prentice Hall.

[8] Chawhan, L. & Oliver, R. 2000. What beliefs do ESL students hold about language learning? [J]. *TESOL in Context*, 10(1): 20 - 26.

[9] Cheng, L., D. Klinger, J. Fox, C. Doe, Y. Jin & J. Wu. 2014. Motivation and test anxiety in test performance across three testing contexts: The CAEL, CET, and GEPT [J]. *TESOL Quarterly*, 48(2): 300 - 330.

[10] Clement, R & Kruidenier, B. G. 1985. Aptitude, attitude and motivation in second language proficiency: A test of Clement's model [J]. *Journal of language and Social Psychology* (4): 21 - 37.

[11] Cohen, J. 1988. *Statistical Power Analysis for the Behavioral Sciences* (2nd ed.) [M]. Hillsdale, NJ: Lawrence Erlbaum Associates, Publishers.

[12] Ellis, R. 1999. *Learning a Second Language Through Interaction* [M]. Amsterdam: John Benjamins.

[13] Foss, K. & Reitzel, A. C. 1998. A relational model for managing second language anxiety [J]. *TESOL Quarterly*, 22(3): 437 - 454.

[14] Frantzen, D. & Magnan, S. S. 2005. Anxiety and the true beginner-false beginner dynamic in beginning French and Spanish classes [J]. *Foreign Language Annals*, 38(2): 171 - 186.

[15] Gardener, R. C. 1985. *Social psychology and second language learning: the role of attitudes and motivation* [M]. London: Edward Arnorld.

[16] Gülmez, R. 2012. Foreign language anxiety on the learner of French as a Third Language in Turkey[J]. *Theory and Practice in Language Studies*, 2(5): 887 - 894.

[17] Horwitz, E. K. 1988. The beliefs about foreign language learning of the beginning of university foreign language students [J]. *Modern Language Journal*, 72(3): 283 - 294.

[18] Horwitz, E. K. 1983. *Language Learning Beliefs Inventory* [M]. Austin: University of Texas.

[19] Horwitz, E. K. 1986. Preliminary evidence for the reliability and validity of foreign language anxiety scale[J]. *TESOL Quarterly*, 20(3): 559 - 562.

[20] Horwitz, E. K. 1987. Surveying student language learning beliefs [C]. In A. L. Wenden, & J. Robin (Eds.), *Learner Strategies in Language Learning*. London: Prentice Hall, 58 - 73.

[21] Jee, M. J. 2014. Affective factors in Korean as a Foreign Language: Anxiety and beliefs [J]. *Culture and Curriculum*, 27(2): 182 - 195.

[22] Kitano, K. 2001. Anxiety in the college Japanese language class [J]. *Modern Language Journal*, 85(4): 549 - 566.

[23] Kowalski, R. M. & Leary, M. R. 1995. *Social Anxiety* [M]. New York: The Guilford Press.

[24] Lalonde, E. & Gardner, R. 1984. *The Nature and Replicability of Factors in Second Language*

Acquisition [M]. London, Ontario: University of Ontario.

[25] Lan, Y. J. 2010. *A study of Chinese 7th Graders' Foreign Language Anxiety, Beliefs About Language Learning and Its Relationship with Their English Achievement* [D]. MA thesis, Ming Chuan University, Taiwan, China.

[26] Oh, M. 1996. *Language Learning Beliefs and Foreign Language Anxiety: A Study of American University Students Learning Japanese* [D]. PhD thesis, the University of Texas at Austin.

[27] Onwuegbugie, A. J., Bailey, P. & Daley, C. E. 2000. The validation of three scales measuring anxiety at different stages of the foreign language learning process: The input anxiety scale, the processing anxiety scale, and the output anxiety scale [J]. *Language Learning*, 50(1): 87 – 117.

[28] Peacock, M. 2001. Pre-service ESL teachers' beliefs about second language learning: A longitudinal study [J]. *System*, 29(1): 177 – 195.

[29] Plonsky, L. & Onswald, F. L. 2014. How big is "big"? Interpreting effect sizes in L2 research [J]. *Language Learning*, 64(4): 878 – 912.

[30] Rassaei, E. 2015. The effects of foreign language anxiety on EFL learners' perceptions of oral corrective feedback [J]. *Innovation in Language Learning and Teaching*, 9(2): 87 – 101.

[31] Sparks, R. & Ganschow, L. 1993. Searching for the cognitive locus of foreign language learning difficulties: linking first and second language learning [J]. *Modern Language Journal*, 77(3): 289 – 302.

[32] Spielmann, G. & Radnofsky, M L. 2001. Learning language under tension: new direction from a qualitative study [J]. *Modern Language Journal*, 85(2): 259 – 278.

[33] Tanaka, K. & Ellis, R. 2003. Study-abroad, language proficiency and learner beliefs about language learning [J]. *JALT Journal*, 25(1): 63 – 85.

[34] Thompson, A. S. & Aslan, E. 2014. Multilingualism, perceived positive language interaction (PPLI), and learner beliefs: what do Turkish students believe? [J]. *International Journal of Multilingualism*, 12(3): 259 – 275.

[35] Thompson, A. S. & Khawaja, A. J. 2016. Foreign language anxiety in Turkey: The role of multilingualism. *Journal of Multilingual and Multicultural Development*, 37(2): 115 – 130.

[36] Thompson, A. S. & Lee, J. 2013. Anxiety and EFL: Does multilingualism matter? [J]. *International Journal of Bilingual Education and Bilingualism*, 16(6): 730 – 749.

[37] Thompson, A. S. & Lee, J. 2014. The impact of experience abroad and language proficiency on language learning anxiety [J]. *TESOL Quarterly*, 48 (2): 252 – 274.

[38] Truitt, S. N. 1995. Anxiety and language learning beliefs: A study of Korean university students learning English [D]. PhD thesis, University of Texas.

[39] Tüm, D. O. 2015. Foreign language anxiety's forgotten study: the case of the anxious preservice teacher [J]. *TESOL Quarterly*, 49(4): 627 – 658.

[40] Wang, N. 2005. Beliefs about language learning and foreign language anxiety: A study of university student learning English as a foreign language in China [D]. MA thesis, University of Victoria.

[41] Young, D. J. 1991. Creating a low-anxiety classroom environment: What does language anxiety research suggest? [J]. *Modern Language Journal*, 75 (4): 426 – 437.

Language Learning Beliefs and Foreign Language Anxiety: An Empirical Study

Renhua Wang

Nanjing Institute of Technology

Abstract: This study investigates the relationship between language beliefs and foreign language anxiety of 100 non-English-major undergraduate students in China with instruments of the Beliefs About Language Learning Inventory (BALLI), Foreign Language Classroom Anxiety Scale (FLCAS), and Background Information Questionnaire (BIQ). The results show: first, no significant changes between the BALLI scores of the two surveys, suggesting that students' language learning beliefs were hard to change; second, significant changes were found between the overall FLCAS scores of the two surveys, the slight increase in students' foreign language anxiety level in the second survey showing that the participants experienced moderate foreign language anxiety including Communication Apprehension, Fear of Negative Evaluation and Test Anxiety; third, there is weak correlation between language beliefs and foreign language anxiety, Nature of Language Learning (NLL) and Foreign Language Aptitude (FLA) are found to be positive and moderately correlated with foreign language anxiety.

Keywords: language learning beliefs; English; foreign language anxiety; correlation

大学英语通识教育课程的新型教学模式：
基于公共发言和演讲的课堂翻转

何　琼[①]

上海交通大学

摘　要：近年来,新兴教学模式"翻转课堂"在国内外都引起了研究热潮,探索其在不同学科中的应用价值。本研究聚焦翻转课堂教学模式在大学英语通识教育课程的应用前景。本文基于大学英语通识教育和公共演讲课程的特点,提出了以公共发言和演讲为基本框架构建一个融合多种先进教学方法的可操作强的翻转教学模式。这一新模式契合《大学英语教学指南》(2020 版)倡导的新时代高等学校教学理念,主要特征有教师和学生的角色转变、教学内容的多样化、教学环境的多元化、教学方式的最优化等,为实现大学英语课程的多元价值提供了有效的途径。该理论模式还需从更直接广泛的教学运用中获取反馈以进一步完善。

关键词：翻转课堂;大学英语通识教育课程;教学模式;公共发言和演讲

1　引言

关于翻转课堂的起源,国内不少研究者都认为是 2007 年林地公园高中两位化学教师的创新之举(张金磊等,2012;卢海燕,2014)。笔者在国外期刊电子数据库(Taylor & Francis,人文社科期刊)检索 *flipped classroom*,发现其可溯源至一篇名为"Inverting the Classroom：A Gateway to Creating an Inclusive Learning Environment"(Lage et al.，2000)的文章。为了包容不同学习风格的学生,提高教学效果,三位教经济学的大学老师实践了一种新的教学模式,要求学生"课下自主学习,上课答疑讨论",颠倒传统的"课堂老师讲课,课后学生巩固"的主流模式,获得了成功。有趣的是,其中的两位作者拉吉和波兰特(Lage & Platt，2000)同期另附短文"The Internet and the Inverted Classroom"指出,在颠倒课堂时使用因特网教学模式具有更强的包容性,而且能保证内容覆盖面。这其实可以看作翻转课堂的"雏形"(王长江、李卫东,2012：54)。

随着信息科技的发展和网络的兴盛,翻转课堂从萨尔曼·可汗(Salman Khan)2004 年为侄女录制教学视频开始突破了视频资源缺乏的技术障碍,随后在美国 K-12 教育阶段成功地被广泛运用(Morgan，2014)。而翻转课堂在国内属于新兴课题,国内教育研究者真正开始关注翻转课堂源于 2011 年萨尔曼·可汗在 TED (Technology Entertainment Design)大会上的演讲报告《用视频重新创造教育》(卢海燕,2014)。

从 2012 年开始,翻转课堂的研究在全球成为热点。国外翻转课堂的实证研究集中在大学工科基础科目,即 STEM(science, technology, engineering, and mathematics)课程和大班数学与经管课程中翻转模式的使用(Abeysekera & Dawson，2014;Love et al.，2014;Talbert，2014;Albert &

① 何琼(1976—),女,上海交通大学外国语学院讲师,博士;研究方向：语言教学、语言测试;通信地址：上海市闵行区东川路 800 号上海交通大学外国语学院;邮编：200240;电子邮箱：lisahe@sjtu.edu.cn。

Beatty，2014；Jungić et al.，2014）。而国内相关研究多见于其在中国教育体系适用性的理论探究以及各课程的翻转模式实践，其中有关英语教学的占12%（周琳、王红，2015：162），包括中小学、高职高专和大学英语口语听力等课程。我国台湾地区有学者针对翻转模式对英语学习者的态度、观念和学业成绩的影响开展了具有独创性的实证研究（Hung，2015），而笔者注意到在大学英语通识教育课程的教学运用中还少有人尝试。因此，本文主要探讨如何将以学生为主体依托现代信息技术的翻转课堂运用于大学英语通识教育课程，尝试提出新型教学模式以实现翻转课堂和大学英语通识教育的有机结合。

2　翻转课堂在大学英语通识教育的可行性

在《国家中长期教育改革和发展规划纲要（2010—2020）》的主要思想指导下，我国大学英语改革者们提出在已有的通识教育传统中加强大学英语通识化教育（陈坚林、顾世民，2011；杨枫、吴诗玉，2013），旨在在加强学生的语言技能基础上学习西方经典文本，并培养学生表达观点的思辨能力、跨文化交际能力和一系列自主学习能力和策略等。中山大学的英语教学中心作为先锋部队早在2004年就开始实施了网络与课堂相结合的信息化大学英语教学模式，贯彻"课下学习、课上展示"的理念，努力培养学生的自主学习能力，为大学英语通识教育改革打下了良好的基础（王哲、李军军，2010：7）。目前，各高校均在培养方案中开设了比较成熟的大学英语通识教育课程，包括英美文学导读、英文诗歌赏析、英语写作、商务英语入门、经典散文鉴赏、英美文化面面观、希腊罗马神话、西方文明史等。通过学习这些英语通识课程，学习者同时提升了英语语言水平与对通识课所载荷的信息的理解（杨枫、吴诗玉，2013）。

早在20世纪五六十年代，美国中学就开设以普及公共演讲技能和提高交流素质为目的的公共演讲课程，关于其有效性的研究也持续不断（Kahl，2014）。近十几年来，国内多名学者如任文（2007）、陈朗（2010）等已撰文论述其作为英语专业学生必选课和非英语专业通识类选修课的必要性和重要性；也有学者认为公共演讲课能真实有效地体现人的思辨能力，应被列为大学英语通识必修课（陆元雯，2016）。不少实证研究也表明公共演讲有助于培养学生的写作能力（Yun et al.，2012）、思辨能力（卢杨、何璇，2014），甚至能够提升教师的授课质量（Mowbray & Perry，2015）。我们需充分挖掘公共发言和演讲的教学潜能。

笔者十年前开始尝试在大学英语读写教学中有机融入公共演讲教学，将整个学期的大学综合英语学习内容巧妙地联系在一起。通过每学期的学生反馈，笔者欣慰地获知学生一致认同公共发言这一基本模式，感觉收获很大。虽然授课内容属于非通识课内容，但是实践的教学模式和上文通识教育提到的"课下学习、课上展示"的理念类似，与翻转课堂的精髓一致。另外，有研究发现英语公共演讲课程本身采取翻转课堂教学模式，可以增强英语演讲教学效果（巩向飞，2018），这说明公共演讲和翻转课堂的有机结合除了提升演讲课本身的课程质量外还有很大的应用空间。

如上所述，大学英语通识教育系列课程多以西方文化、文明、文学、历史等知识为主要教学内容，适合使用以内容为依托的教学法（CBI），可以通过公共发言和演讲的模式来进行内容教学。同时，通识教育培养自主学习能力这一目标与翻转课堂的"课下学习、课上展示"理念不谋而合，因此也适合采用课堂翻转的模式。以此为契机，本文尝试构建一个基于公共发言和演讲的大学英语通识课程翻转教学模式，将大学英语通识系列课程的内容教学与公共发言和演讲课有机结合，从而实现"大学英语课程在使用价值、交换价值、工具价值、内在价值、社会价值和战略价值等各方面的多元价值取向"（沈骑，2014：63）。

3　新模式的理论依据与结构要素

3.1　理论依据

《大学英语教学指南》（2020版）（教育部大外教指委，2020：34）指出"大学英语应充分发挥现代教育技术在英语教学中的重要作用,大力推进现代信息技术与课程教学的深度融合",同时要求大学英语教师"为学生提供课堂教学与现代信息技术相结合的线上线下自主学习路径和优质丰富的自主学习资源",以实现教学活动和教学过程由"教"向"学"的转变,最终形成"以教师引导和启发、学生积极主动参与"为主要特征的教学新常态。

蒋学清、丁研(2012)有机整合了顾曰国、陈坚林和司显柱三位专家对现代教育技术下教学新理念的理解,结合多模态、多媒体、多环境理论,计算机技术与外语课程生态化整合理念以及建构主义等教学理念,提出了新型大学英语教学模式理论框架(图1)。这一理论框架既顺应新时代以计算机和网络技术为代表的现代教育技术飞速发展的形势,又具备系统性和灵活性,打破了以老师为主体的旧教学模式,有助于构建教师、学生和计算机互动的学习共同体,可真正指导新时期教学模式的构建。

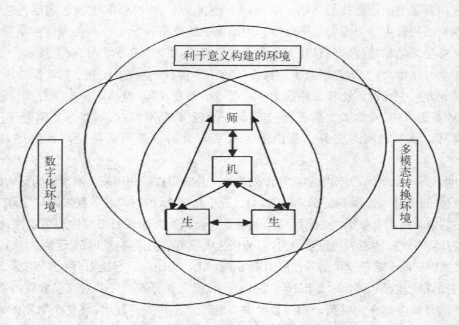

图1 新型大学英语教学模式(蒋学清等,2012:45)

3.2 实践模式

图1提出的新型大学英语教学理论框架比较系统,包容性较强,是具有指导意义的理论探索,但并没有对其具体实践于某一课程的可操作性进行论证。因此,笔者结合多年的授课经验,在对上述模式相关概念的通透理解基础上,尝试提出基于公共发言和演讲的大学英语通识课程翻转课堂教学模式,既对理论框架开展进一步的实际操作验证,也对理论进一步具体化。其主要内容包括基本构成要素表(表1)和交互流程图(图2)。

基于公共发言和演讲的大学英语通识课程翻转课堂教学模式交互流程图(图2)是其基本构成要素表(表1)的直观生动图示。结合图表可看出,这一翻转模式以公共发言和演讲的教学模式为基础,将图1理论框架的环境(数字化环境、多媒体课堂环境、社交网络平台环境)与模式中不同阶段(演讲课前-演讲课中-演讲课后)相对应,教师和学生置身其中发挥不同的作用,通过听、说、读、写等教学活动,围绕多模态多媒体多环境的大学英语通识课程内容,完成从整合内容到传递信息并内化知识这一意义构建全过程。显然,图2展示的实践模式比图1理论框架更为细致具体,更有利于指导教学实践,具有鲜明的翻转特点,我们将在下节详述。

表 1　翻转课堂教学模式基本构成要素

阶　　段	演讲课前	演讲课中	演讲课后
教学环境	数字化环境	多媒体课堂环境	社交网络平台
意义构建环节	内容整合	信息传递	知识内化
教学主体及教学方式	教师提供资源和演讲指导 学生理解吸收组织准备	学生讲听问评	学生交流反思 教师评价总结
教学内容	多模态多媒体多环境的大学英语通识课程内容		
语言技能运用	听　说　读　写		

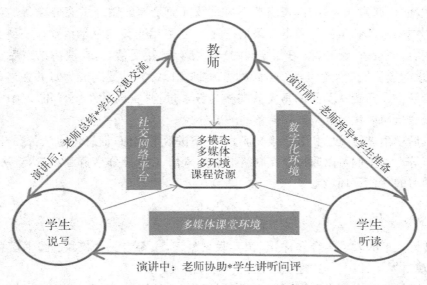

图 2　基于公共发言和演讲的大学英语通识课程翻转课堂教学模式交互流程图

4　新模式的特征

　　这一翻转课堂教学新模式完全契合《大学英语教学指南》倡导的新时代教学理念,融合了多种先进的教学方法,可操作性强。在大学英语通识教育中实践这一新模式将使教学主体、教学内容、教学环境、教学方式等方面发生明显变化,其鲜明特征也有利于提升教学效果。

4.1　教师学生角色转变

　　图 2 所示的教学模式交互流程图清楚地反映出翻转课堂里教师和学生角色都发生了转变,老师不再是课堂的主宰(卢海燕,2014),而是一直处于幕后起主导作用。作为"导演"的教师整体统筹安排,提供并调配好资源。课程开始之初就提供基本的发言演讲指导,包括演讲准备过程、信息检索研究方法、演讲陈述注意事项、演讲评价标准的学习等。这些学习资源以多媒体、多模态的形式提供,学生可在现代网络技术支持下从不同的环境获得,来源包括国内外网站、媒体公众号以及学校提供的图书资源,特别是电子数据库的海量材料,非常便捷。

　　正如导演选剧本,作为教师最为关键的也是在对本课程内容进行系统的梳理后决定传授知识的主线、重点、广度、深度等,这是保证通识课程质量的物质基础。接下来导演还要选好演员,从教师角度来看就是安排学生负责课程内容不同板块的呈现,最好根据学生的兴趣点进行灵活安排。以通识课英美文学导读为例,教师不硬性分配给学生学习材料,也不放任学生随意选择相关话题准备陈述,而是先梳理好课程内部体系,以不同历史发展时期的不同文学流派或代表性作家为脉络制定好条理清楚、内容丰富的教学大纲,以便学生选择自己关注的流派或作家进行介绍。自此以后,教师从台前走到幕后,发挥其"演员"指导者和协助者的作用。

学生在整个过程中则处于主体地位,在教师作为主导者布置的舞台上充分发挥主观能动性,演好其作为学习主体的角色。在演讲准备阶段,学生积极获取相关内容的信息,不仅通过理解消化吸收老师提供的丰富信息,而且可以借助学校的图书馆资源从更广大的世界知识海洋中获取更多的内容来补充,从而大大提升信息检索整合能力。在这一阶段,不同学习能力和英语水平的学生可以选择适合自己的学习模式有效学习,不再受传统课堂的压力或"满堂灌"的负面影响,化被动为主动。

在演讲陈述环节,课堂成为舞台,表演者不再是教师而是课前做好了充分准备的学生。讲听双方的学生们带着不同的希冀和角色任务走入课堂,进行一系列信息传递互动活动。演讲者力求清楚地陈述精心准备的内容,而听讲者带着学习和疑问的态度批判地接受信息,在演讲结束后安排的问答时间进行提问(在此之前应找机会给学生进行批判性思维训练以提升其提问能力),并在老师的示范和指导下逐渐学会评价演讲。两者从不同的角度共同参与教学过程,实现"做中学"和"评中学",有助于知识的进一步消化吸收从而内化为自身知识储备的一部分。

在演讲完成后学生进行反思和进一步交流,讨论演讲效果如何,信息传递是否顺畅,有没有不同视角剖析学习内容等。学生们可以通过社交网络平台如微信、QQ 等分享资源,表达看法,共同营造一个有助于可持续学习的"台下"环境。

4.2 教学内容多样化

在这种翻转模式下的教学内容多样化、相互联系紧密,主要有三个模块:图书信息检索和管理模块、公共发言和演讲模块,以及具体通识课程教学内容模块。

图书信息检索管理能力是大学生顺利完成学业所必备的能力之一,包括查找、理解、阐释、运用研究资料等技能。在翻转课堂中课下自主学习的要求下,已有一定语言基础的大学生有机会通过与同伴协商和合作学习大大提升利用图书信息开展研究的能力(Pannabecker et al., 2014)。

公共发言和演讲模块的知识本身既属于通识课程的一部分,又是实现本教学模式的前提条件之一。根据不同的演讲目的和难度,教师可系统提供介绍性演讲(introductory speech)、知识性演讲(informative speech)和劝说性演讲(persuasive speech)三类演讲的资料,分别安排在学期初、学期中和学期末,也可以同时交叉进行,丰富课堂。

各高校的英语通识课程通常为团队建设课程,由一名学有专长的老师申报规划该课程,团队其他老师加入授课队伍以满足学生和学校对通识课程的需求。一般说来,通识课程主要以知识传授为主,但同时也鼓励学生深入剖析,发表见解,所以对每一单元的内容教师都可以安排学生从不同的角度切入,保证通识课内容的广度、深度和丰富度。

4.3 教学环境多元化

通识课程课堂翻转意味着在课下完成知识传授这一环节。教师将准备好的资料以各种形式(包括文本、PPT 演示、音频、视频材料等)提前送达学生,而学生主动学习后再借助上述两模块的知识完成演讲准备。这一个环节在数字化环境中完成,也称为"虚拟学习环境"下的学习(顾世民,2011:60)。

紧随其后并与之相对的是课堂学习环境。多媒体课堂环境的主体为互动的学生，教师负责拍摄记录演讲并提供必要的协助，同时也是讨论活动的组织者。学生积极地聆听同伴演讲，完成信息传递过程。更为重要的是学生还需批判性思考后提问质疑，并组成评判小组进行演讲点评。这些要求能帮助学生深化对学习内容的理解，促进知识的吸收和内化。

最后一个环节仍然在课后的虚拟学习环境中进行，借助社交网络平台这种更为轻松的交流工具，师生各司其职：教师课下总结课堂内容，评价学生表现，提供答疑和启发等"服务"；学生观摩拍摄的演讲视频进行反思并讨论演讲全过程（包括准备和陈述两阶段），通过归纳总结巩固所学的三模块知识，真正实现课堂收益最大化。

4.4　教学方式最优化

在公共发言和演讲课框架下构建的大学英语通识课程的翻转课堂融合了各种有效的学习方式，使主动学习（active learning）、合作学习（collaborative learning）和基于项目的学习（project-based language learning，PBLL）在这一模式里共同发挥作用，可称为最优化结构。

主动学习的概念外延非常广，泛指"学生做事并思考所做之事"（Bonnell & Eison，1991）。只要能激发学生在学习过程中进行思考，任何学习活动、教学策略、方法或课堂手段都属于这个包罗万象的范畴，比如课堂讨论、案例研究、解决问题式学习、探索性学习等。翻转课程的理论支撑之一就是主动学习的理念。在翻转的教学模式里学生获得了积极主动学习的动力和机会。学生必须通过图书馆研究和教师指导主动汲取相关信息才能完成发言任务，大脑全程开启思考模式。而在传统的课堂里，学生只需坐等老师"分发"一个个知识点。

严格说来，合作学习也是主动学习的一个分支。研究证明合作学习有利于学生不同学科的学习（Treisman，1992；Peters，2005），而演讲课中的合作学习对于比较内向、不善于表达或英语水平较低的学生有极大帮助（Liao，2014）。有人可能会质疑，以公共发言和演讲为主线的教学模式哪里需要合作？一般说来，演讲的确像是一个人的战争，但本模式下的合作学习想法来自笔者的课堂实践。笔者试行知识性演讲按组进行，每组四人左右，从选题、查阅资料到整稿、准备 PPT，再到最后的陈述，大家分工合作。而评价演讲阶段的学生也都采取团队讨论合评形式。教师在这个活动安排上需充分发挥导演的预见力和洞察力，不仅要明确任务要求（如要求人人参与陈述并上交演讲提纲和任务分工表等），还需提供具体的指导（如何准备和评价演讲等）。有了这些保障，合作学习才不会流于形式，才能真正发挥其积极作用。

20 世纪 70 年代中期以学生为中心的教学理念的兴起催生了不少实用教学方法，基于项目的学习就起源于"做中学"的教学方法。"项目"（project）包含"任务"（task），是指个人或集体经过计划、研究和展示三个阶段完成一系列任务的一项长期活动（Beckett，2002：54）。本教学模式下的演讲就是项目，它能极大增强学习者的兴趣和参与感，要求语言学习者进行独立调查并融会贯通地使用其他学科知识（Hutchinson，1991）。这种学习模式也适合大学英语通识课程每周一到两次课的安排，可以给学生足够的课下时间为项目做准备，如开展问卷调查、图书检索等。需要指出的是，由于基于项目的学习比较耗时（同上），教师和学生都需要具备一定的管理意识：教师需要进行课堂管理，而学生需要进行时间管理。

5　结语

公共发言和演讲作为集听、说、读、写各种技能为一体的教学活动形式，适合以知识传授为主的大学英语通识教育系列课程，可采用课堂翻转的教学框架。基于此框架的教学模式既能通过教师引介、小组讨论、演讲稿写作、演讲实践、视频拍摄、同伴互评、课后观摩等环节在理论和实践上提高学生的学习能力、批判性思维能力以及语言能力,还能帮助学生内化新学知识,实现"全人教育"的终极目标。当然本文探究的结果仅局限于一个可操作的模式,至于其能否切实指引内容类通识课程的实际教学并达到预期的教学效果还有待于证实,这也是笔者后续研究的方向。希望本文能抛砖引玉,吸引更多的教学同仁更深入地探讨翻转课堂在我国教育界更广泛、有效的运用。

参考文献

[1] Abeysekera, L. & P. Dawson. 2014. Motivation and cognitive load in the flipped classroom: Definition, rationale and a call for research [J]. *Higher Education Research & Development*. DOI: 10.1080/07294360.2014.934336.

[2] Albert, M. & B. J. Beatty. 2014. Flipping the classroom applications to curriculum redesign for an introduction to management course: Impact on grades [J]. *Journal of Education for Business*, 89(8): 419 - 424. DOI: 10.1080/08832323.2014.929559.

[3] Beckett, G. H. 2002. Teacher and student evaluations of project-based instruction [J]. *TESL Canada Journal*, 19 (2): 52 - 66. http://www.teslcanadajournal.ca/index.php/tesl/article/viewFile/929/748.

[4] Bonnell, C. C. & J. A. Eison. 1991. *Active Learning: Creating Excitement in the Classroom* [M]. Washington, DC: George Washington University Press.

[5] Hung, H. T. 2015. Flipping the classroom for English language learners to foster active Learning [J]. *Computer Assisted Language Learning*, 28 (1): 81 - 96. DOI: 10.1080/09588221.2014.967701.

[6] Hutchinson, T. 1991. *Introduction to Project Work* [M]. Oxford: Oxford University Press.

[7] Jungić, V., Kaur, H., Mulholland, J. & C. Xin. 2014. On flipping the classroom in large first-year calculus courses [J]. *International Journal of Mathematical Education in Science and Technology*. http://dx.doi.org/10.1080/0020739X.2014.990529.

[8] Kahl, D. H. Jr. 2014. High school public speaking curriculum: Assessment through student voice [J]. *Qualitative Research Reports in Communication*, 15 (1): 51 - 58. DOI: 10.1080/17459435.2014.955592.

[9] Lage, M. J., Platt, G. J. & M. Treglia. 2000. Inverting the classroom: A gateway to creating an inclusive learning environment [J]. *The Journal of Economic Education*, 31(1): 30 - 43.

[10] Lage, M. J. & G. J. Platt. 2000. The Internet and the Inverted Classroom [J]. *The Journal of Economic Education*, 31(1): 11 - 11.

[11] Liao, H-A. 2014. Examining the role of collaborative learning in a public speaking course [J]. *College Teaching*, 62(2): 47 - 54. DOI: 10.1080/87567555.2013.855891.

[12] Love, B., Hodge, A., Grandgenett, N. & A. W. Swift. 2014. Student learning and perceptions in a flipped linear algebra course [J]. *International Journal of Mathematical Education in Science and Technology*, 45 (3): 317 - 324. DOI: 10.1080/0020739X.2013.822582.

[13] Morgan, H. 2014. Focus on technology: Flip your classroom to increase academic achievement [J]. *Childhood Education*, 90 (3): 239 - 241. DOI: 10.1080/00094056.2014.912076.

[14] Mowbray, R. & L. B. Perry. 2015. Improving lecture quality through training in public

speaking [J]. *Innovations in Education and Teaching International*，52（2）：207 - 217. DOI: 10.1080/14703297.2013.849205.

[15] Pannabecker, V., Barroso, C. S. & J. Lehmann. 2014. The flipped classroom: Student-driven library research sessions for nutrition education [J]. *Internet Reference Services Quarterly*, (19): 139 - 162. DOI: 10.1080/10875301.2014.975307.

[16] Peters, A. W. 2005. Teaching biochemistry at a minority-serving institution: An evaluation of the role of collaborative learning as a tool for science mastery [J]. *Journal of Chemical Education*, 82(4): 571 - 574.

[17] Talbert, R. 2014. Inverting the linear algebra classroom, PRIMUS: Problems, resources, and issues in mathematics [J]. *Undergraduate Studies*, 24(5): 361 - 374. DOI: 10.1080/10511970.2014.883457.

[18] Treisman, U. 1992. Studying students studying calculus: A look at the lives of minority mathematics students in college [J]. *The College Mathematics Journal*, 23 (5): 362 - 372.

[19] Yun, K. A., Costantini, C. & S. Billingsley. 2012. The effect of taking a public speaking class on one's writing abilities [J]. *Communication Research Reports*, 29(4): 285 - 291. DOI: 10.1080/08824096.2012.723270.

[20] 陈坚林,顾世民.2011.试论大学英语课程在通识教育中的地位和作用[J].外语电化教学（1）：3 - 8。

[21] 陈朗.2010.公共英语演讲课程内容、活动及评估规划：英语专业教学改革新课型探索[J].外语研究(6).

[22] 巩向飞.2018.英语公共演讲翻转课堂教学模式研究[J].教育教学研究（34）：231 - 232.

[23] 顾世民.2011.虚拟学习环境下大学英语辅助教学模式研究：合作学习和自主学习的集成框架探索[J].外语电化教学（11）：59 - 65.

[24] 教育部高等学校大学外语教学指导委员会.2020.大学英语教学指南[M].北京：高等教育出版社.

[25] 蒋学清,丁研.2012.现代教育技术下的新型大学英语教学模式理论框架初探[J].外语电化教学(11)：42 - 46.

[26] 卢海燕.2014.基于微课的"翻转课堂"模式在大学英语教学中应用的可行性分析[J].外语电化教学(7)：33 - 36.

[27] 卢杨,何璇.2014.公共英语演讲课程与思辨能力培养[J].开封教育学院学报（8）：61 - 62.

[28] 陆元雯.2016.大学英语写作与大学英语和通识教育的关系研究[J].当代外语研究（3）：31 - 33.

[29] 任文.2007.英语演讲课与能力素质培养[J].中国外语(6)：66 - 69.

[30] 沈骑.2014.转型期大学英语课程的价值追问[J].外语电化教学(3)：61 - 67.

[31] 王长江,李卫东.2012."颠倒的教室"：美国教育新景象[J].上海教育科研（8）：54 - 56.

[32] 王哲,李军军.2010.大学外语通识教育改革探索[J].外语电化教学（9）：3 - 8.

[33] 杨枫,吴诗玉.2013.大学英语教学通识化转向的"逻各斯"[J].外语电化教学（1）：9 - 14.

[34] 张金磊,王颖,张宝辉.2012.翻转课堂教学模式研究[J].远程教育杂志(4)：46 - 51.

[35] 周琳,王红.2015.基于文献计量分析的国内翻转课堂研究综述[J].软件导刊（1）：161 - 163.

A New Teaching Model for College English Liberal Education Courses: A Flipped Approach to Public Speaking

Qiong He

Shanghai Jiao Tong University

Abstract: In recent years, a trend of research on a new pedagogical approach used in a wide range of courses called flipped classroom has emerged domestically and abroad. This paper attempts to explore the use of flipped approach in college English teaching with a focus on liberal education courses. Drawing on pedagogical experiences over the years and understanding of both public speaking and liberal education courses, the article tentatively proposes an applicable flipped-classroom teaching model integrated with public speaking for college English liberal education courses and analyzes the distinctive characteristics of it. The proposed model is in accordance with the Guidelines on College English Teaching newly issued in 2020 by the National Advisory Committee on College English Teaching under the Ministry of Education. It embodies the principle of student-centered learning empowered by the use of modern information technology in college English teaching. Thus, it is able to present a new picture of college English learning where diverse teaching contents, settings and modes are integrated to facilitate the new roles of teachers and students in a flipped classroom, contributing to achieving higher values of college English courses. Hopefully, the theoretical model would be improved in light of feedback from its extensive application in the future.

Keywords: flipped classroom; college English liberal education courses; teaching model; public speaking

自动写作评阅在学术英语写作智慧课堂中的应用：一项关于学习者的个案研究①

陈　静　胡竞丹　翁方凌②

中山大学　浙江大学

摘　要：自动写作评阅（Automated Writing Evaluation，AWE）为集评价与反馈功能于一体的智能写作评阅技术，学习者对于自动写作评阅的运用方式深刻影响着写作效果，然而目前学界少有围绕学习者应用展开的相关研究。本文以四名大学生作为个案研究对象，运用文本分析及半结构访谈的方法，从使用程度、功能运用、相对作用、影响因素等方面，多角度探究了他们在学术英语写作智慧课堂中使用批改网作为自动写作评阅工具的情况，并调查了他们针对批改网的错误提示、推荐表达、自动评分和教学辅助功能的态度和看法。结果表明，受自动评分、语言水平、学习动机、教师指导等多重因素影响，学生对批改网自动写作评阅反馈的使用和接受程度总体偏低，对其错误提示功能的使用频率和信赖度均大于推荐表达功能；自动评分能提高学生的修改积极性，但可能存在盲从反馈等负向效应；自动写作评阅无法作为唯一反馈来源达到提升学生写作质量的效果，仍需教师反馈及同伴反馈等多方反馈的支持。同时，批改网作为自动写作评阅工具在学术写作教学中具有一定的促学作用，但要有效发挥其全部功能，教师需在教学中加深学生对其在智慧外语课堂情境下教学辅助作用的认知。文章最后讨论了本研究对教学的启示和不足之处。

关键词：自动写作评阅；学术英语写作；智慧课堂；外语教学

1　引言

随着国际学术交流的深入发展，国家及高校更加重视大学生的英语写作能力（参见《大学英语教学指南》2020 版），良好的英语写作能力是发表国际期刊学术文章、进行学术交流的必要条件（Dong & Lu，2020）。传统的单一线下课堂教学以教师教授理论知识及学生自主练习为主，在习作反馈方面采用"单维反馈"模式（Hyland，2007），学生获得一对一反馈的机会较少，因此学生英语写作水平提升的速度受到一定制约（黄静、张文霞，2014）。对此，"智慧课堂"通过统合线上线下学习资源，可为学习者自主学习、接受反馈提供支持技术与公平资源（刘邦奇，2019）。

在外语写作教学实践中，自动写作评阅工具是"智慧课堂"的重要教学辅助工具之一，通过自动评分及反馈功能能实现作文的自动写作评阅（Automated Writing Evaluation，AWE），且能引起学习者对于自身习作的反思，有深入融入课堂的潜力（杨玲，2013）。然而，目前自动写作评阅技术的使用局限

---

① 本文获外教社全国高校外语教学科研项目和中山大学本科教学质量工程项目资助。感谢《教育语言学研究》编辑部与匿名审稿专家的反馈意见。

② 陈静（1976—），女，博士，中山大学外国语学院副教授；主要研究方向：系统功能语言学、外语教学与测试；通信地址：广州海珠区新港西路 135 号中山大学外国语学院；邮编：510275；电子邮箱：chenjing@mail.sysu.edu.cn。

　胡竞丹（2000—），女，浙江大学外国语学院研究生；主要研究兴趣：应用语言学、混合学习；通信地址：浙江省杭州市西湖区余杭塘路 866 号浙江大学紫金港校区外国语学院；邮编：310058；电子邮箱：hujingdan@zju.edu.cn。

　翁方凌（1997—），女，中山大学外国语学院研究生；主要研究兴趣：外语教学、英美文学；通信地址：广东省广州市海珠区新港西路 135 号中山大学南校区外国语学院；邮编：510275；电子邮箱：wengfling@mail2.sysu.edu.cn。

于作业布置以及测试工具用途(张荔、盛越,2015),难以有机融入外语写作教学过程,"智慧课堂"所擅长的人机交互动态功能难以有效发挥(于莉等,2012)。

随着自动写作评阅技术在我国大规模语言测试和外语学习中的广泛运用,外语教师及外语教学研究者日益重视智能评估下学习者的写作素养(张荔、盛越,2015)。能自觉、准确应用自动写作评阅工具的功能是适应自动写作评阅规则的基础,也是在智能评阅情境下提升文本质量的关键。因此,本文将基于学术英语写作"智慧课堂",探究学习者使用自动写作评阅反馈进行学术写作学习的实际情况,以期为"人工智能"时代的外语写作智慧教学实践提供实证支持。

2 文献综述

本节将聚焦外语教学中的智慧课堂和自动写作评阅进行文献回顾,梳理其中的重要构念、发展历程以及研究现状,据此阐明本研究的设计依据、目的和意义。

2.1 外语教学中的智慧课堂

随着互联网和教育技术的高速发展,传统课堂中的教学资源和教学环节逐渐朝线上迁移,有效提高了课堂教学效率及学生自主学习的积极性(祝智庭、贺斌,2012)。"智慧课堂"是基于信息技术应用,利用大数据、云计算、物联网、移动互联网等新一代信息技术打造智能、高效课堂的新型教学模式;通过信息技术的互联互通功能构建整合线上线下多方资源的学习环境,能有效提高学习者的学习效率并有助于培养学习者的信息素养,引导学习者合理利用现代化工具辅助学习活动(马勋雕等,2019)。智能课堂现已经发展至"3.0"阶段(刘邦奇,2019),从"以课堂为中心"转向"以学生为中心"。

目前智慧课堂发展出鲜明的学科特色,已在外语领域建成智慧外语教学模式(张艳丽等,2017)。结合智慧课堂的定义,智慧外语教学即为"利用人机协同、自然语言、语料库等技术学习和模拟人类语言,利用互联网技术开发智慧教学平台,模拟语言应用场景,构建线上与线下一体的智慧课堂"(钟富强,2021:85),强调通过智能工具以及利用现代技术手段构建线上线下融合的新型语言教学方式。微课、翻转课堂等现代化外语教育课堂模式有效应对了线下外语教学"费时低效"的问题(张艳丽等,2017)。外语写作则由于其交流性和基于反馈的练习形式,对于智慧课堂的互动要求较高(Qian et al., 2020),更适应自动写作评阅的即时反馈形式。

随着智慧课堂对于提高学生外语水平及学习能力的作用得到证实(唐锦兰,2014;刘邦奇,2020),智能工具融入课程的具体运用方式及课程模式的智能化成为目前学界的关注重心(杨鑫等,2020)。在运用环节上,唐锦兰(2014)在国内较早提出"基于自动评价系统的写作教学模式",设计"基于自动评价的自主写作和修改""基于自动评价系统的多维反馈""基于多维反馈的自主修改"及"在自动评价系统里提交终稿"四个环节,将写作、反馈及修改的流程完整串联起来。在影响因素方面,杨鑫等(2020)通过对具体课堂模型的归纳,利用结构方程模型对智慧课堂下影响学生工具思维、价值思维以及意义思维的各种因素进行了调查,提出课堂活动是智慧发展的本源,而智能工具是学生能力发展的催化剂。然而,这两项研究均以课堂教学设计为中心,未提及教学活动中占据主体地位的学生的主观能动性。学生在智慧课堂中的深度参与,不仅体现于学生与智能工具的良性互动,还在于其在课堂活动中的具体行为及其情感态度反应(赵琳等,2017)。基于此,本研究将针对现有研究对作为学习主体的学生较少深入关注的现状,从学习者视角对智慧课堂进行审视,聚焦探究其对自动写作评阅这一技术的使用情况。

2.2 自动写作评阅

自动写作评阅作为基于互联网平台、集评价与反馈功能于一体的智能写作评阅技术,是智慧课堂在二语习得领域的创新应用，代表工具包括 Project Essay Grader Writing、E-rater、句酷批改网等（黄爱琼、张文霞，2018）。现有研究主要侧重自动写作评阅的三个方面：写作文本、课堂模式及学习者，其中对写作文本的研究开始最早，成果最丰。

早期研究主要关注自动写作评阅技术能否对大规模语言测试（如 GRE、TOFEL 等）中的写作文本准确完成评分任务（Ramineni，2013）。近年来，由于国内外特色自动写作评阅工具的兴起，探究其准确性、适用性等的实证性研究日益增多（如何旭良，2013；Bai & Hu，2017；Qian et al.，2020）。例如，白丽芳、王建（2018）对比分析了国外如 E-rater、PEG 等自动写作评阅系统评分与人工评分的相关性，并从评分、语言和内容的角度分析了两者的差异。白丽芳、胡光伟（Bai & Hu，2017）分析了批改网反馈意见的准确性，并在此基础上调查了学生对于反馈意见的采纳情况。

课堂模式方面的研究主要在于发现自动写作评阅技术在课堂中的应用价值，如提高教师批阅效率、提高文章准确性等直接效果（Wang et al.，2013）。近年来，建立有效融合自动写作评阅的教学模式成为英语写作中的新兴发展方向，研究者对不同教学情境下的英语写作课堂进行研究，调查自动写作评阅系统与各个教学环节的互动及其对学生写作的促进作用（唐锦兰，2014；李广凤，2019）。

对自动写作评阅进行学习者层面的研究主要考察其对系统的接受程度。受学习者语言水平（Gao & Ma，2020）、反馈准确度（Wang et al.，2013）和反馈方式（朱晔、王敏，2005）等的影响，不同学习者群体对于自动写作评阅系统的接受程度各不相同。高水平学习者从自动写作评阅系统获得的语言帮助较少，对评阅系统的依赖程度较低（Wang et al.，2013），同时反馈准确度低也会导致学生对自动评阅反馈的接受程度降低（张荔、盛越，2015）。然而，目前研究主要通过计算接纳反馈数量与实际反馈数量的比例来确定学生的接纳程度（李广凤，2019），未能具体探究反馈接纳在学习者进行写作及文本修订中的具体作用，也较少涉及学习者对于自动写作评阅工具反馈功能的态度和看法。

要构建一套有效利用自动写作评阅系统辅助写作学习的课程模式，需同时考虑评阅系统的功能以及学习者的使用方式。然而，目前自动写作评阅技术的课堂模式效果研究，主要集中于学习者的使用体验及其语言学习发展情况，未对其具体使用情况有系统的探究（张荔、盛越，2015）。为此，本研究采用个案研究的方法，立足于学术英语写作"智慧课堂"教学情境，具体回答以下两个研究问题：

（1）中国大学生在学术英语写作学习过程中如何使用自动写作评阅？受何因素影响？

（2）中国大学生对学术英语写作学习过程中使用自动写作评阅有何看法？

3　研究方法

本研究使用个案研究的方法，基于学习者的视角，深入细致地探究自动写作评阅工具批改网在学术英语写作智慧课堂中的应用细节。本节"研究方法"将对研究对象、智慧课程设计与自动写作评阅工具、数据收集及分析进行详细说明。

3.1　研究对象

本研究的研究对象为中国南方某高校修读学术英语写作课程的 24 位非英语专业学生，平均年龄为 20.2 岁，均有 8 年以上的英语学习经验。学生自愿组成 6 个小组，每组 4 人，以合作形式参与讨论、互评等课堂活动。研究者根据课堂参与及使用自动写作评阅修改写作的积极性不同，选定 4 名差异较大的班级成员 A、B、C、D（A 和 B 为女生，C 和 D 为男生）作为焦点学生。研究人员于学期结束后联系焦点学生，以避免因课程成绩等敏感因素影响调查结果，并向其说明研究目的及表明严格保密其个人信息，焦点学生均知悉并同意实验数据使用方式。

3.2　智慧课程设计与自动写作评阅工具

学术英语写作课程开设为期一个学期(18 周,每周 2 学时共 90 分钟),旨在帮助学生掌握不同学术写作体裁的修辞目的、内容特点以及语言特征,包括教师讲授和学生练习两部分。教师主要教授学术英语阅读与写作通用技能(1～6 周)以及四类常用学术英语写作体裁(7～18 周):探索性文章(exploratory essay)、说明性文章(expository essay)、分析性文章(analytical essay)和议论性文章(argumentative essay)。

学生练习则包括讨论选题、撰写初稿、同伴反馈、教师反馈、修改文本、终稿提交等环节,每类体裁练习三稿、历时三周。学生在第一周课上学习一类体裁的写作要点后,通过小组讨论确定合适选题,课后在自动写作评阅平台上进行初稿撰写。在第二周课上,组员交换纸质文章进行同伴互评反馈,反馈意见标识于文稿上。同时,教师轮流对三组学生一一进行口头写作修改指导。课后学生基于同伴反馈和教师反馈,在自动写作评阅平台上进行二稿写作。第三周课上,组员再次进行同伴反馈,教师则对另外三组学生进行个人写作指导,课后学生基于同伴反馈和教师反馈进行修改后提交终稿。在每一类体裁三稿的写作练习过程中,学生可利用写作平台的自动反馈进行多次修改。教师在第一类体裁探索性文章完成后,明确要求学生利用自动写作评阅反馈与同伴和教师反馈结合起来修改写作。学生在写作平台提交定稿后,需将记有同伴反馈的初稿和二稿以及终稿纸质版一起交给教师进行整体评阅赋分。

为契合学术英语写作课程练习量大、个性化反馈程度高的特征,课程利用批改网[①]的自动写作评阅功能,将其融入写作教学。批改网是国内较为常用的自动写作评阅工具,主要基于云计算和语料库技术对写作文本进行评分和个性化反馈。本研究仅关注批改网提供的直接针对写作文本修订的自动反馈内容,包括错误提示和推荐表达,具体反馈类型有拼写错误、语法错误、连贯问题、中式英语、推荐搭配等。

3.3　数据收集及分析

为探究智慧外语课堂情境下中国大学生在学术英语写作学习过程中如何使用自动写作评阅,焦点学生提交的作文纸质文本及其批改网反馈修改痕迹被收集作为文本分析数据,并采用一对一半结构式访谈调查影响其使用批改网反馈的因素。

作文纸质文本主要包含每篇文章的改动及学生之间的修改痕迹。经第二、第三作者人工整理提取并相互核验后,共收集到 4 位焦点学生的 4 类体裁写作纸质练习稿 48 篇,初稿、二稿和终稿各 16 篇。其中,初稿和二稿总计标有 266 处同伴反馈;二稿和终稿合计共接收 51 处同伴反馈。随后,二者对同伴反馈进行分类,首先选取 60 处反馈进行预分类,标准统一后再对余下的反馈进行分类标注。包含多种类型的复合型同伴反馈被拆分进行单独统计,最终发现 9 种同伴反馈类型(表 1),其中"表达肯定""语言更正"及"格式更正"与批改网的设定功能有所重合(李广凤,2019),"结构调整""厘清题目"及"质疑观点/选材"与教师反馈宏观把控的作用相近(Carless & Winstone,2020),"内容扩充""要求阐释"及"概括大意"为同伴反馈所特有。最后,除去不需要写作者进行修改的"表达肯定"和"概括大意"反馈共 19 处,同伴反馈总平均接受率为 20.65%。

批改网写作修改痕迹从教师账号导出,主要包括学生将作文提交至平台后获得的自动反馈及其后续的修改内容。研究者首先将批改网上学生每稿初版作文的评阅记录进行存档(图 1),再从网站内获取学生后续数版修订作文中的修改痕迹(图 2),重复出现的反馈仅记为一次。研究者将学生的批改网

---

① 批改网网址:https://www.pigai.org/。

表1　同伴反馈类型

与其他反馈来源对比	类　型	类　型　说　明	举　　例
与"批改网反馈"重叠	表达肯定	对作者观点的肯定赞赏	在作者文段旁进行点评"considering both sides，objective"
	语言更正	对语言错误的更正或提醒	在文段中用符号插入"is"：then + "is" decomposed into
	格式更正	对格式错误的更正或提醒	标注"数字序号标注错误，有重复"
与"教师反馈"重叠	结构调整	对文章结构提出批判性意见	点评"切题太晚了，感觉前两段没有必要铺垫那么多"
	厘清题目	对所拟题目提出质疑或建议	点评"标题中有正文未覆盖到的内容，如产业发展"
	质疑观点/选材	对作者观点及材料选择方式提出质疑	点评"部分关于茶的功效的论述还应该是基于科学实验和观察自然现象的结果，而不应该从文学作品中获得论据"（选材）点评"奶茶店和茶文化之间应有逻辑联系？"（观点）
"同伴反馈"特有	内容扩充	认为作者文中某些信息或要素有所缺失（通常围绕主题），建议作者进行补充	点评"建议可以再增添一些应该如何正确饮茶的内容以更完善"
	要求阐释	认为作者提出的概念不够清晰，造成理解困难，要求作者进行解释	针对"five categories"进行点评，"哪五个类别？"
	概括大意	对文章内容进行概括性批注	在相关段落标注"品牌效应"概括段落大意

修改记录与自动反馈内容进行比对，以观察学生对于批改网自动反馈的使用和接受情况。本研究共收集到自动反馈3 604条：学生 A、B、C、D 分别有 780、1 012、989 条和 823 条，被学生接受进行修改的共 511 条（A 有 149 条、B 有 261 条、C 有 60 条、D 有 41 条），总平均接受率为 14.19%。

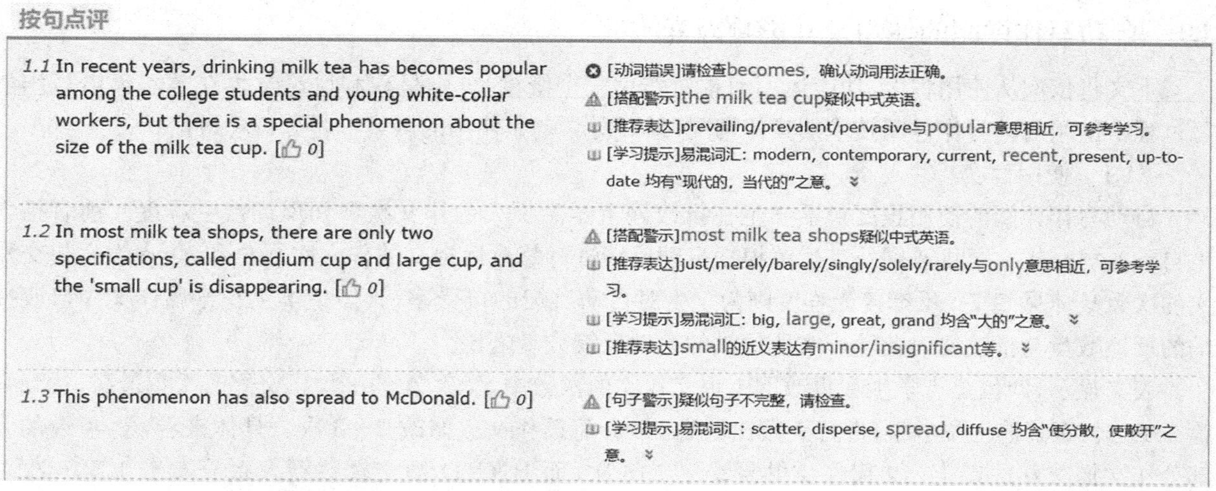

图1　批改网反馈示例

In recent years, drinking milk tea ~~has~~ becomes popular among the college students and young white-collar workers, but there is a special phenomenon about the size of the milk tea cup. In most ~~of~~ milk tea ~~shop,~~ shops, there are only two specifications, called medium cup and large cup, and the 'small cup' is disappearing. This phenomenon has also spread to ~~McDonald and KFC.~~ McDonald. In the past years, McDonald's Coke and fries had three different sizes to choose from, but now it only comes in medium and large sizes. The elimination of small cups is the result of both businesses and ~~consumers.~~

~~15~~ consumers.
15 milk tea shops which are popular among the Chinese market are selected to for ~~investigation: HEYTEA, NAYUKI, LELECHA, ALittle, Coco Tea, MXBC, YIHETANG, GOOD ME, Happy Lemon, CHABAIDAO, TAOYUANSANZHANG, THE ALLEY, AUNTEA JENNY, SHUYI, TIANLALA.~~ investigation. According to the investigation, nine of them have two specifications, while six of them have no specifications to choose from. In shops with more cup sizes, like ALittle or Coco-Tea, the customers have only two cup sizes to choose from, called medium or standard cup, and large cup. Others, such as HEYTEA or NAYUKI, sell a full-size set of milk teas, usually at a higher ~~price and marked with the exact number of milliliters.~~ price. What it has mentioned above have a common point that 'small cup', as a specification, has disappeared.

图 2　批改网学生作文修改痕迹示例

在此基础上,研究者从"使用程度""功能运用"及"相对作用"三个方面,对学生使用批改网的具体情况进行分析讨论。"使用程度"指学生利用自动写作评阅进行修改所提交的作文次数及其对自动反馈的修改数量与接受率;"功能运用"指学生对批改网错误提示和推荐表达两种功能的接受程度及使用方式;"相对作用"则指自动反馈与教师反馈和同伴反馈相配合及相区别的作用。

为获得中国大学生对学术英语写作学习过程中使用自动写作评阅的看法,研究者邀请四位焦点学生参与半结构化个人访谈,每人访谈约 45 分钟。访谈文本转写稿共计 42 246 个汉字,第二、第三作者按照学生所提及的批改网自动反馈的不同功能,对其进行分类标注和归纳总结。

4　结果与讨论

本节根据所设定的两个研究问题,对收集到的学生写作/修改痕迹和访谈结果进行呈现和讨论,以此发现学生在学术英语写作智慧课堂中使用自动写作评阅技术的具体情况、影响因素及态度看法。

4.1　自动写作评阅的使用及其影响因素

下文将依次从使用程度、功能运用和相对作用三个维度,分别呈现和讨论学生在学术英语写作学习过程中使用自动写作评阅技术的具体情况,最后对影响其使用的因素进行分析和讨论。

4.1.1　使用程度

自动写作评阅的使用程度包括学生在批改网上学生提交的作文次数和反馈接受程度。前者指学生自首次提交作文至批改网及其后续根据自动反馈进行修改后提交的作文次数总和,焦点学生提交作文的次数具体见表 2。反馈接受程度则为学生对自动反馈的接受率,具体指学生在某篇作文中修改接纳的反馈数量与批改网对此篇作文所提供的自动反馈数量之比。

表 2 显示,四位焦点学生在批改网上提交作文的次数中,学生 A 的平均作文修改次数最高,达到每篇 9.83 次,而其他三位学生(占总人数比例为 75%)每篇作文仅修改 2～3 次。具体来看,学生 A 的大部分作文提交 6 次以上,12 稿作文共提交了 118 次,而 B、C、D 提交次数则大致分布于 1 至 6 次之间(除了学生 D 在写作议论性文章初稿时提交了 8 次),总提交版本分别为 30、38 和 25 次。访谈结果

表明，这是由于个人修改习惯不同而导致。学生 A 倾向于单次提交仅修改部分错误，通过不断提交、部分参阅反馈完成对全文的修改，而其他三位学生则会根据反馈进行全篇修改后再提交。因此，由于学生个人修改习惯和方式的不同，批改网上作文提交的频次高低并不能直接反映学生使用自动反馈的情况，教师也不能依据提交次数来简单判定学生的线上写作投入。

表 2　作文提交次数

学生	探索性文章			解释性文章			分析性文章			议论性文章			总数	平均值	SD
	初稿	二稿	终稿	初稿	二稿	终稿	初稿	二稿	终稿	初稿	二稿	终稿			
A	12	7	4	4	10	6	4	15	14	13	14	15	**118**	**9.83**	**4.55**
B	2	1	2	2	2	3	3	3	3	2	4	3	**30**	**2.50**	**0.80**
C	6	6	1	2	1	5	1	5	1	5	1	1	**38**	**3.17**	**2.17**
D	2	2	1	2	1	1	3	1	2	8	1	1	**25**	**2.08**	**1.98**

　　四位焦点学生对批改网自动反馈内容的修改接受情况统计见表 3。我们发现，批改网的平均自动反馈数为每篇写作 65～85 条之间，而且对同一类体裁的三次练习稿，并未因学生的持续修改而呈现出减少反馈的趋势。学生对于自动写作评阅反馈的总体接受率普遍较低，学生 B 的平均反馈接受率最高为 25.79%，A 次之，为 19.10%，C 和 D 的自动反馈接受率分别仅为 6.07% 和 4.98%。

　　此外，除了学生 A，其他三位焦点学生在 12 稿作文的练习过程中都有未接受自动反馈的情况（接受数和接受率为 0），即未对作文进行任何修改而直接提交。学生 B 有 2 稿（16.7%）作文未按照自动反馈进行修改就提交，C 和 D 则各有 6 稿（50%）未作任何修改。该结果可能是由于学生 A 不断提交、每次仅修改部分错误的修改方式与其他三位学生不同所致。能全面进行自我修订是提高写作质量的重要能力之一，需要教师指导和不断练习（于莉等，2012）。焦点学生在访谈中表示，面对批改网所提供的大量自动反馈，他们不仅会有心理挫败感，同时由于专业课业压力大、投入写作时间有限，也无法一一按照反馈意见进行修改，因而有时会选择完全忽略批改网的自动反馈。因此，在智慧外语写作课堂教学中，教师需了解所使用自动写作评阅工具的反馈内容和特征，在此基础上指导学生以合适的学习方法来提高对其的利用效果。就批改网而言，教师可以指引学生通过每次修改部分自动反馈内容、多次修改的方式，帮助后者有效地利用自动写作评阅技术来自我改进作文质量。

4.1.2　功能运用

　　本研究聚焦批改网自动写作评阅反馈中的错误提示和推荐表达两大功能，前者包括文本语言错误的检测及修改提醒，如搭配错误、大小写错误等，后者则针对原有表达进行近义词（组）等的推荐替换。

　　自动写作评阅功能接受率统计（表 4）发现，批改网的推荐表达反馈数量显著高于错误提示，但四位焦点学生都更倾向于接受错误提示，其中错误提示接受率最低的为学生 C（14.33%），最高为学生 B（51.75%）。学生 A 和 B 都表示，进行作文修改时会持续到批改网不再提示错误修正反馈，或所有提示错误在主观判断后均不合理；而学生 C 和 D 则有 50% 的文章未利用批改网进行修改，因此错误提示总接受率较低。

　　相比较而言，学生对推荐表达的接受率较低，学生 B 的接受率最高，也仅为 16.95%，其余三位均低于 3%。访谈表明，四位学生均将批改网作为写作的语言查验工具，如学生 B 表示会先根据同伴反馈进行修改，随后再根据批改网的意见修改语言。

表 3　自动写作评阅反馈接受率

学生		探索性文章 初稿	探索性文章 二稿	探索性文章 终稿	解释性文章 初稿	解释性文章 二稿	解释性文章 终稿	分析性文章 初稿	分析性文章 二稿	分析性文章 终稿	议论性文章 初稿	议论性文章 二稿	议论性文章 终稿	总计	平均值	SD
A	反馈数	38	55	53	46	87	74	35	83	77	72	99	61	780	65.00	20.20
	接受数	8	14	11	6	25	15	2	18	11	13	19	7	149	12.42	6.36
	接受率	21.05%	25.45%	20.75%	13.04%	28.74%	20.27%	5.71%	21.69%	14.29%	18.06%	19.19%	11.48%	19.10%	19.10%	0.06
B	反馈数	75	97	101	78	85	87	101	96	78	56	89	69	1012	84.33	13.77
	接受数	24	0	0	30	36	41	39	21	21	15	20	14	261	21.75	13.48
	接受率	32.00%	0.00%	0.00%	38.46%	42.35%	47.13%	38.61%	21.88%	26.92%	26.79%	22.47%	20.29%	25.79%	25.79%	0.15
C	反馈数	67	59	59	49	64	52	95	111	112	98	101	122	989	82.41	26.49
	接受数	17	2	0	4	0	0	16	0	7	14	0	0	60	5.00	6.81
	接受率	25.37%	3.39%	0.00%	8.16%	0.00%	0.00%	16.84%	0.00%	6.25%	14.29%	0.00%	0.00%	6.07%	6.07%	0.08
D	反馈数	33	52	43	54	67	60	79	81	89	86	83	96	823	68.58	20.06
	接受数	8	12	0	0	0	9	4	5	0	3	0	0	41	3.42	4.25
	接受率	24.24%	23.08%	0.00%	0.00%	0.00%	15.00%	5.06%	6.17%	0.00%	3.49%	0.00%	0.00%	4.98%	4.98%	0.09

表 4　自动写作评阅功能接受率

类　　别	学生 A	学生 B	学生 C	学生 D
错误提示反馈数量	298	257	363	207
错误提示接受数量	135	133	52	35
错误提示接受率	45.30%	51.75%	14.33%	16.91%
推荐表达反馈数量	482	755	626	616
推荐表达接受数量	14	128	8	6
推荐表达接受率	2.90%	16.95%	1.28%	0.97%

批改网的错误提示功能由于直接指出习作中的错误并给予修改提示，相较于推荐表达功能可以引起学生较高的关注和接受程度。推荐表达功能所提供的同义词（组），虽也旨在反馈提升文章的词汇/短语复杂度和多样性，但由于学生并不明确其对提高写作语言质量的意义，并且需要学生根据上下文进行选择判断后再决定是否取用，因而并未引起大部分学生的重视。因此，在学生使用自动写作评阅工具前，教师应就其功能联系课程目标进行介绍说明，以全面有效地发挥智能评阅技术在外语写作教学中的助学作用。

4.1.3　相对作用

本研究中的教师反馈由学生在回溯性访谈中进行描述。学生 A、B、D 表示教师能从宏观主题及行文逻辑层面给予重要意见，C 则明确表示教师反馈是其修改作文的最主要依据，这与金和鲍尔斯（Kim & Bowles，2019）提出的教师反馈特征相符。针对教师反馈的不足之处，四位学生均表示受时间限制，教师难以对文章细节给予细致反馈。为此，批改网"按句反馈"能提供语言细节反馈，与教师反馈形成"宏观-微观"的互补作用，有利于学生获得提升作文质量的全面认识。

对同伴反馈接受率统计（表 5）发现，四位焦点学生的 32 篇写作初稿和二稿获得的同伴反馈数量不等，接受率最高为 50%，最低为 0%，其中有 18 稿（56.25%）的接受率低于 20%，并且仅有学生 B 的平均接受率超过 20%（25.61%）。学生对写作文本质量的准确判断是影响同伴反馈有效性的一项重要因素（耿峰等，2021），这不仅要求作为反馈者的学生能辨别他人写作质量的高低，还要明确写作评价标准。焦点学生均表示同伴反馈的权威性不如教师反馈，对其可靠性和有效性存疑（Panadero et al.，2016）。因此，同伴反馈虽涵盖教师反馈和自动反馈内容（表 1），但其总平均接受率较低，仅为 20.65%，稍高于学生对自动反馈的总平均接受率（14.19%）。

表 5　同伴反馈接受率

学生		探索性文章		解释性文章		分析性文章		议论性文章		总计	平均值	SD
		初稿	二稿	初稿	二稿	初稿	二稿	初稿	二稿			
A	反馈数	8	1	7	7	10	18	6	3	**60**	**7.50**	**5.10**
	接受数	1	0	0	2	2	5	2	0	**12**	**1.50**	**1.69**
	接受率	12.50%	0.00%	0.00%	28.57%	20.00%	27.78%	33.33%	0.00%	**20.00%**	**20.00%**	**0.14**

续　表

学生		探索性文章		解释性文章		分析性文章		议论性文章		总计	平均值	SD
		初稿	二稿	初稿	二稿	初稿	二稿	初稿	二稿			
B	反馈数	10	19	3	11	7	12	8	12	**82**	**10.25**	**4.65**
	接受数	3	7	1	5	1	2	0	2	**21**	**2.63**	**2.33**
	接受率	30.00%	36.84%	33.33%	45.45%	14.29%	16.67%	0.00%	16.67%	**25.61%**	**25.61%**	**0.15**
		初稿	二稿	初稿	二稿	初稿	二稿	初稿	二稿			
C	反馈数	1	9	6	7	9	6	7	4	**49**	**6.13**	**2.64**
	接受数	0	1	2	0	3	1	0	0	**7**	**0.88**	**1.13**
	接受率	0.00%	11.11%	33.33%	0.00%	33.33%	16.67%	0.00%	0.00%	**14.29%**	**14.29%**	**0.15**
		初稿	二稿	初稿	二稿	初稿	二稿	初稿	二稿			
D	反馈数	4	6	9	6	13	6	6	6	**56**	**7.00**	**2.78**
	接受数	1	0	3	0	2	2	3	0	**11**	**1.38**	**1.30**
	接受率	25.00%	0.00%	33.33%	0.00%	15.38%	33.33%	50.00%	0.00%	**19.64%**	**19.64%**	**0.19**

学生在访谈中提及,同伴反馈和自动反馈的低接受率除其主观判断不接受外,还由于部分同伴反馈语言措辞模糊,写作者难以领会要点。研究表明,"错误诊断＋修改建议"的反馈格式有利于学生理解并接受同伴的反馈意见(李小撒、柯平,2021),虽然教师对同伴反馈有明确的类似要求,但学生在实际反馈中并未都包括具体建议。同时,我们发现同伴反馈更倾向于关注容易修改的具体问题,较难对文章的篇章结构和论述有效性进行准确反馈(耿峰等,2021)。

本研究的智慧写作课堂采用了多方反馈模式,显而易见,学生对教师反馈的信赖程度以及对自动写作评阅工具持保守态度。由此可见,批改网作为自动写作评阅工具,目前还无法作为唯一有效的反馈来源被学生接受,需与教师反馈及同伴反馈合力作用,共建起一套覆盖多方面、多角度的写作反馈机制(Arnold et al.,2012;Zhang,2020;黄静、张文霞,2014)。

4.1.4　影响因素

访谈显示,影响学生批改网使用的因素主要包括批改网评分、写作者语言水平、学习动机及教师指导。

学生 D 以批改网评分作为习作是否需要修改的依据,"一看分数这么高,那(作文质量)应该可以",而不参照反馈进行修改。学生 A 则为获得批改网高分,会尽可能多地根据自动反馈进行修改然后网上提交,但在提交给教师的纸质版中却只采纳自己认为正确的自动反馈意见进行修改,以此区别对待同稿作文的批改网版本与纸质版本。学生 B 和 C 也表示会参照批改网分数进行修改。四位焦点学生均同意,如果批改网分数纳入课程分数中,会增加对其反馈的关注及修改频率,但同时也会担心因为追求高分而减少对于反馈的自我判断,会不加分辨、全盘采纳。

四位焦点学生的实际英语水平(大学英语四、六级分数)与批改网使用频率无显著关联,英语水平相对高的 C、英语水平相对低的 D 的批改网使用频率及反馈接受率明显偏低;而英语水平相对低的 A、英语水平相对高的 B 则在使用频率及反馈接受率上表现较好。然而,学生的自我认知英语水平却对使用批改网产生了影响，自我认知英语水平较低的 A 和 B 在批改网的使用上保持相对高的水平。学生 B 表明，自我感觉英语水平变低令她较倾向于寻求批改网的表达帮助，由此可见，自动反馈的推荐表达功能对外语写作中的不自信心理具有一定的支撑作用。

学习动机在本研究中主要指对待此门学术英语写作课程的态度及其原因。学生 C 谈及课程压力及时间紧张问题，减少对批改网的关注能更快完成写作任务，因此有 6 稿作文未经批改网修改直接提交。学生 B 则指出课程任务虽然繁重，但写作对于她德语专业的学习有帮助，她会认真对待每一次写作任务。

教师指导在本研究中特指教师在课堂上对于批改网使用的指导。教师在探索性文章写作任务结束后，课上特别提醒学生留意和利用批改网上的反馈信息，这影响了学生 A 和 B 的自动写作评阅使用行为。其中，学生 A 增加了批改网提交的版本数量，但前后对于反馈的关注度和修改错误个数并无明显差别；而学生 B 则增加了对批改网反馈的关注程度，尤其增加了对推荐表达的参考。

此外，值得注意的是，体裁知识为本研究中学术英语写作课程的授课重点。批改网数据显示在四位焦点学生的四篇不同体裁文章写作练习中，机器反馈的内容没有显著差别，而且其中均未涉及有关体裁方面的写作提示。同时，四位焦点学生也在访谈中表明，体裁特色主要根据教师的针对性反馈进行修改。因此，对于批改网的使用方式并未受写作不同体裁文章的影响。

4.2　对自动写作评阅的看法

下文将按照焦点学生在访谈中提及的批改网功能的频率，由高至低地呈现和讨论他们对于批改网功能及其融入学术英语写作教学的看法，顺序依次为错误提示、推荐表达、自动评分和教学辅助功能。

4.2.1　错误提示功能

错误提示是批改网最受焦点学生关注的功能。学生 A 肯定了批改网作为"阅读者"的语言纠正功能，认为其能有效以读者视角发现文章中的语言错误，点明"批改网也能帮忙阅读我的作文"；然而她认为批改网究其本质具有很强的工具性、机械性，因此不会对于批改网产生主观情感的评价，仅认为批改网能为自己写作所用，由自己掌握是否接受错误提示的完全主动权。

学生 B 拒绝接受批改网意见的情况主要为"理解错误/不充分"和"错误反馈"两类，"批改网给出的一些建议意见完全改变了我的原意。还有一些是很明显的错误"。她同时认为批改网给予学生自主选择是否接纳修改的自由，相对于"评判者"，它更像是提供意见的"阅读者"。

学生 C 承认对批改网的运用主要在错误提示方面，并将修改错误作为使用批改网的主要目标，遵循批改网错误提示进行相应改动。学生 D 则认为，批改网的主要作用为提高作文的语言准确率，个人更重视错误提示，且认为其评阅效率和正确率令人满意，但在内容方面，批改网的误读较多，评阅效率下降。

因此，四位焦点学生对于错误提示功能的态度看法较为统一，都认为其能以"阅读者"的身份留意到细微的语言及格式错误，对于写作效果有较明显的积极影响。

4.2.2　推荐表达功能

四位焦点学生基于各自对批改网推荐表达功能的使用体验，持有不同的看法和态度。学生 A 秉持对于批改网"工具性"的认识，仅从自身角度探讨是否接受反馈意见，并不对批改网的反馈质量进行情感评价。学生 B 是在本课程中首次使用批改网，对批改网的推荐表达功能产生了较高评价，认为其能为练习写作提供专业意见。

尽管学生 C 在本课程中主要使用批改网的错误提示功能进行写作练习，但其对于批改网的推荐表达也会加以利用。他多次表示，批改网的推荐反馈具有很强的机械性，意在通过将特定词语及词组进行固定替换以打造"标准范文"，因此认为完全根据推荐表达修改后，作文会"很没有我自己写作的那种风格,感觉像流水线作品"。虽然 C 对于批改网推荐的表达内容通常不予采纳,但其表示会浏览并选取部分词语或词组进行记忆,以达到丰富自身词汇量、学习作文表达的效果,在之后的写作中遇到相近的意义表达时,可能会选用批改网曾经推荐的词语或词组。学生 D 对于批改网的概括性认知为"权威性但不具有强迫性",因此,在此类非强迫修改的情境下,D 选择减少对于最具"非强制性"特征的推荐表达功能的关注。

学生们依据个人经验对批改网推荐表达功能的看法具有较大差异,再次证明了在智慧写作课堂教学中,教师需对所采用的自动写作评阅工具的重要功能进行统一说明和指引,以充分有效地发挥其促学作用。

4.2.3 自动评分功能

焦点学生 A 和 C 主动在访谈中谈及对于批改网的自动评分功能的使用感受与看法,B 和 D 则在访谈者的相关提问中谈及了对此功能的看法。当研究者询问批改网的分数是否为其修改行为的影响因素,四位学生均认可将批改网评分纳入课程成绩总评会影响其修改习作的方式。

学生 A、B 及 D 均视批改网分数为衡量习作质量的重要量化指标。学生 A 表示,即使教师明确表示批改网成绩不作为习作最终分数的参考来源,批改网的分数波动仍然会吸引自身去迎合标准。然而学生 C 反映,在实际使用过程中,批改网分数的变动似乎与自己的修改预期不符,按照自动反馈意见修改后,文章分数有时反而下降,"这个文章分数会越改越低。把词语换成批改网推荐的一些高级同义词,比如把 buy 改成了 purchase,然后分数还低了"。B 和 D 则主要从批改网评分纳入课程评价体系来评论,认为过于关注批改网分数容易导致写作练习的修改过程形式化,即不加判断地全盘接受批改网提供的反馈。

由此可见,批改网的自动评分功能受到了全体焦点学生的关注,并反拨影响到他们在写作学习过程中的行为、认知和心理投入(参见陈静等,2021),能够真正实现其作为智能"评判者"的角色。

4.2.4 教学辅助功能

A、B、D 三位学生在访谈中均对批改网融入学术英语写作课程教学进行了相关论述。学生 A 表示,批改网作为自动评分及反馈的智能写作评阅工具,需遵守自身的逻辑体系,因此她会对批改网的规则加以迎合,但仍以自主判断为标准来确定写作任务最终呈现的版本。批改网的工具性限制了 A 将其作为教学的有机组成部分融入课程整体。

学生 B 认为批改网与课程任务形式结合得较为紧密,批改网对于同一篇作文不同版本的迭代改进得到了 B 的重视。学生 D 对于修改行为的认知表明批改网成功融入了该学术英语写作课程,"大量的修改和反复(修改)才能够提高作文质量",批改网的反馈数量成为 D 决定是否需要大量修改的依据,虽然他并没有按照批改网的反馈逐一进行修改。

学生 C 经访谈者提示后,仍未意识到自动写作评阅工具与写作课堂之间的有机联系,坚持认为批改网是独立于课堂之外的语言纠查工具,因此并未对批改网的教学辅助功能做任何相关评价。

可见,虽然批改网仅基于学习者文章的语言方面提出修改意见,但能成功引发部分学习者对于作文的再次关注,引导学习者重读文章并自主对文章进行修改。这一作用特别体现在学生们主动修改批改网反馈范畴之外的文本,如学生 B 在利用批改网进行探索性文章修改时,将批改网未反馈的参考文献和部分例证删除。这表明,学生在修改过程中不局限于批改网所给予的反馈,同时还会重新审视文章、进行全面调整,反映出批改网作为自动写作评阅工具,能够在学术英语写作教学中起到一定促进学生自主反思和修改的作用。同时,针对像学生 C 这样难以认可自动评阅工具辅助教学的情况,教师应当加强与学生的课程规划沟通,引导学生在智慧课堂中认识到自动写作评阅的教学意义和作用,并将各个环节进行有效整合。

5　结论

　　为有效进行智慧外语课堂建设，提高学习者对智慧教学模式的接受度和参与度，本研究调查了学习者对于自动写作评阅技术批改网的具体使用方式及态度看法。结果显示，受到自动评分、语言水平、学习动机、教师指导等因素的影响，学习者对批改网的使用方式各异，对自动写作评阅工具反馈的接受程度总体不高，主要将自动写作评阅工具置于写作及修改的核查环节，并侧重利用其错误提示的功能。对于将自动写作评阅技术融入外语写作课堂教学，学生认为批改网能更全面、细致地纠察语言表达错误，引发对于写作文本的重新审视，然而其推荐表达功能却不被大部分学生接受和有效利用，因此自动反馈需与同伴反馈及教师反馈互为补充共同发挥功效。

　　本研究希望能为构筑符合多主体利益的外语智慧课堂教学提供实证参考和启示。首先，智慧技术的有效课堂运用应关注学生的实际接受程度。本研究发现学生对批改网不同功能的接受程度各异，且较为深刻地影响了学生的修订行为，如侧重修正语言错误，相对忽略了推荐表达功能所倡导的语言学术化、正式化。教师应当在教学过程中实时关注和了解学生对自动写作评阅工具的使用情况，及时予以提示或纠正以增强其使用成效。其次，智慧课堂中的技术选用应全面契合课程教学需求。以本研究中自动写作评阅技术为例，学术英语写作课堂旨在帮助学生掌握各体裁需要实现的修辞目的、内容特点以及语言特征。批改网作为提高语言准确率的教学设置融入课程，虽能突破课时少而写作练习需要投入时间和指导多的限制，但由于学术英语写作以知识内容传递为主要目标，因而批改网中旨在提高语言复杂度的推荐表达功能并不为大多数学生所认可，利用率不高。第三，教师应当重视对学生使用智慧工具进行教学指导。本研究发现学习者倾向于通过个人经验选取使用显著、最常用及最易用的部分功能，对于自动写作评阅工具的其他重要功能有所遗漏和忽视。因此教师应在学生使用工具前根据课程目标对其功能进行全面介绍，并结合教学重点在授课过程中提示学生对于特定功能提高关注和使用，帮助其有效接受自动写作评阅的"阅读者"及"评判者"角色。

　　在研究局限方面，本研究采用个案研究的方法，通过一门学术英语写作智慧课程中的四位焦点学生，对自动写作评阅工具批改网的使用方式及看法展开调查，结果难免以偏概全。未来的研究可拓展至不同教育层次、不同外语课程中更多数量的学生表现，以此完善自动写作评阅技术在智慧课堂教学过程中的受众反馈探究。

参考文献

[1] Arnold, N., L. Ducate, and C. Kost. 2012. Collaboration or cooperation? Analyzing group dynamics and revision processes in Wikis [J]. *CALICO Journal*, 29(3): 431 - 448.

[2] Bai, L. and G. Hu. 2017. In the face of fallible AWE feedback: How do students respond? [J]. *Educational Psychology*, 37(1): 67 - 81.

[3] Carless, D. and N. Winstone. 2020. Teacher feedback literacy and its interplay with student feedback literacy [J]. *Teacher in Higher Education*, Advance online publication. https://doi. org/10.1080/13562517.2020.1782372.

[4] Dong, J. and X. Lu. 2020. Promoting discipline-specific genre competence with corpus-based genre analysis activities [J]. *English for Specific Purposes*, 58: 138 - 154.

[5] Gao, J. and S. Ma. 2020. Instructor feedback on free writing and automated corrective feedback in drills: Intensity and efficacy [J]. *Language Teaching Research*, 26(5): 986 - 1009.

[6] Hyland, K. 2007. Genre pedagogy: Language, literacy and L2 writing instructions [J]. *Journal of Second Language Writing*, 16(3): 148 - 164.

[7] Kim, H. and M. Bowles. 2019. How deeply do second language learners process written corrective feedbacks? Insight gained from think-alouds [J]. *TESOL Quarterly*, 53(4): 915 – 938.

[8] Panadero, E., G. T. L. Brown, and J. W. Strijbos. 2016. The future of student self-assessment: A review of known unknowns and potential directions [J]. *Educational Psychology Review*, 28(4): 803 – 830.

[9] Qian, L., Y. Zhao, and Y. Cheng. 2020. Evaluating China's automated essay scoring system iWrite [J]. *Journal of Educational Computing Research*, 58(4): 771 – 790.

[10] Ramineni, C. 2013. Validating automated essay scoring for online writing placement [J]. *Assessing Writing*, 18: 40 – 61.

[11] Wang, Y., H. Shang, and P. Briody. 2013. Exploring the impact of using automated writing evaluation in English as a foreign language university students' writing [J]. *Computer Assisted Language Learning*, 26(3): 234 – 257.

[12] Zhang, Z. 2020. Engaging with automated writing evaluation (AWE) feedback on L2 writing: Student perceptions and revisions [J]. *Accessing Writing*, 43: 1 – 14.

[13] 白丽芳,王建.2018.人工和机器评分差异比较及成因分析[J].外语测试与教学(3):44 – 54.

[14] 陈静,陈吉颖,郭凯.2021.混合式学术英语写作课堂中的学习投入研究[J].外语界(1):28 – 36.

[15] 耿峰,于书林,王俊菊.2021.同伴反馈对提升英语辩论文思辨质量的有效性研究[J].外语界(3):37 – 45.

[16] 黄静,张文霞.2014.多元反馈对大学生英语作文修改的影响研究[J].中国外语(1):51 – 56.

[17] 何旭良.2013.句酷批改网英语作文评分的信度和效度研究[J].现代教育技术(5):64 – 67.

[18] 黄爱琼,张文霞.2018.英语作文自动评价反馈对学生词汇修改的影响——以批改网为例[J].现代教育技术(7):71 – 78.

[19] 教育部高等学校大学外语教学指导委员会.2020.大学英语教学指南[M].北京:高等教育出版社.

[20] 李广凤.2019.基于自动评价系统的多元反馈对英语作文修改的影响研究[J].外语教学,40(4):72 – 76.

[21] 李小撒,柯平.2021.同伴互评在翻译教学中的应用实证研究:有效性、学生认识和认知特征[J].外语测试与教学(4):22 – 32.

[22] 刘邦奇.2019.智慧课堂的发展、平台架构与应用设计——从智慧课堂 1.0 到智慧课堂 3.0 [J].现代教育技术(3):18 – 24.

[23] 刘邦奇.2020.智能技术支持的"因材施教"教学模式构建与应用——以智慧课堂为例[J].中国电化教育(9):30 – 39.

[24] 马勋雕,解月光,庞敬文.2019.智慧课堂中学习任务的构成要素及设计过程模型研究[J].中国电化教育(4):29 – 35.

[25] 唐锦兰.2014.探究写作自动评价系统在英语教学中的应用模式[J].外语教学理论与实践(1):49 – 57.

[26] 杨玲.2013.作文自动评价系统在高水平学生英语写作学习中的应用[J].现代教育技术(9):73 – 77.

[27] 杨鑫,解月光,苟睿,何佳乐.2020.智慧课堂模型构建的实证研究[J].中国电化教育(9):50 – 57.

[28] 于莉,齐品,郭平建.2012.应用数字化写作平台干预大学英语写作教学的研究[J].外语电化教学(4):17 – 21.

[29] 张荔,盛越.2015.自动作文评阅系统反馈效果个案研究[J].外语电化教学(5):38 – 44.

[30] 张艳丽,孙中玲,张德盛,于春芳.2017.基于大数据的外语智慧教育应用研究[J].现代教育技术(12)：63－68.

[31] 赵琳,解月光,杨鑫,贾云,张琢.2017.智慧课堂的"动态"学习路径设计研究[J].中国电化教育(11)：1－6.

[32] 钟富强.2021.智慧外语教学改革的路径与系统构建研究[J].外语电化教学(1)：85－91.

[33] 朱晖,王敏.2005.二语写作中的反馈研究：形式、明晰度及具体效果[J].现代外语(2)：170－180.

[34] 祝智庭,贺斌.2012.智慧教育：教育信息化的新境界[J].电化教育研究(12)：5－13.

Using Automated Writing Evaluation in an Academic English Writing Smart Classroom: A Case Study of Learners

Jing Chen, Jingdan Hu, Fangling Weng

Sun Yat-sen University; Zhejiang University

Abstract: Students' application and perception of automated writing evaluation (AWE) technology has a profound impact on their learning of writing, which nevertheless has scarcely been studied. This article conducted a case study to investigate how four Chinese university students specifically used and perceived the AWE tool *Pigai* in an academic English writing smart class, by adopting the methods of textual analysis and semi-structured interviews. The results show that the students trusted and used the Error Reminder function of *Pigai* much more than its Expression Recommendation function; *Pigai* scores could enhance the students' enthusiasm for revision, but might also cause negative effects such as blind obedience to the automated feedback; AWE of *Pigai* required the joint support of teacher feedback and peer feedback. In particular, the study discovers that successful incorporation of AWE in academic English writing smart classrooms relies largely on teachers' guidance and instruction, which may help bring about students' better understanding of and positive attitudes towards AWE technology. Finally, the implications and limitations were also discussed.

Keywords: automated writing evaluation (AWE); academic English writing; smart classroom; foreign language teaching and learning

核心素养框架下的高中生
跨文化交际能力构建研究

王陈欣[①]　邓彦君[②]

上海外国语大学

摘　要：近年来，国际化、全球化和多元文化的时代特征愈发明显，跨文化交际能力成为国际型人才的必备素养。跨文化人才的培养需要理论模型的支撑。国内外学界对该领域进行了持续探索，但目前适用于中国高中生的跨文化交际能力模型研究仍然匮乏。本研究以英语学科核心素养作为理论框架，通过系统性文献分析方法梳理、分析了国内外跨文化交际素养的研究，尝试构建跨文化交际能力模型的三个维度与三个级别。在此基础上，通过对跨文化交际能力大赛的考核指标进行内容分析，补充跨文化交际能力模型的相关内容。在构建模型后，邀请跨文化交际领域的两位专家参与访谈，根据专家意见对该模型进行了最后完善。相关成果可为中国高中生的跨文化交际能力教学与测评提供借鉴。

关键词：跨文化交际；核心素养；能力模型

1　问题的提出

21 世纪，国际化、全球化和多元文化的时代特征愈发明显。国际和国内社会、经济、科技及信息技术和文化教育的快速发展对未来人才培养提出了新要求（王蔷，2018）。中国教育部于 2018 年发布了《普通高中英语课程标准（2017 年版）》（以下简称"新课标"），提出了英语学科的核心素养旨在培养具有中国情怀、国际视野和跨文化沟通能力的社会主义建设者和接班人，培养新时代人类命运共同体的建设者和推动者。

跨文化交际能力是英语学科核心素养的重要组成部分，培养学生跨文化交际能力是高中英语学科育人的重要目标之一。目前我国还没有形成统一的高中生跨文化交际能力标准，无法客观、全面地定量评价高中生的跨文化交际能力。国内外学者对跨文化交际能力进行了持续探索，但目前适用于中国学生的能力模型仍然匮乏，其中的主要原因是在模型建构的过程中没有依据中国特色的理论基础。鉴于此，本研究认为有必要基于中国特色的理论提出跨文化交际能力模型。

2　相关研究综述

英语学科核心素养是中国特色的理论体系，弥补了跨文化交际能力在中国情境中研究的理论空白。新课标的学科育人观是"培养具有中国情怀、国际视野和跨文化沟通能力的时代新人（梅德明，2018）"，由此可见跨文化交际能力是英语学科核心素养的重要组成部分，是英语学科课程的重要教学目标之一，且存在认知、态度和行为三个维度。围绕核心素养与跨文化交际能力的已有研究成果可

---

①　王陈欣（1989—），男，上海外国语大学博士研究生在读；研究方向：语言政策与语言教育；通信地址：上海市松江区；邮编：201620；电子邮箱：wangcx@shisu.edu.cn。

②　邓彦君（1998—），女，上海外国语大学硕士研究生在读；主要研究方向：职业教育国际比较；通信地址：上海市松江区文翔路 1550号；邮编：201620；电子邮箱：ximc.shirleydeng@gmail.com。

为本研究的开展提供思路。

2.1　核心素养相关文献述评

《新课标》中提出的英语学科核心素养包括文化意识、学习能力、思维品质与语言能力四个维度。语言能力指的是在社会情境中，以听、说、读、看、写等方式理解和表达意义的能力，以及在学习和使用语言的过程中形成的语言意识和语感。它能够帮助学生提高文化意识，提升思维品质，夯实学习能力，是英语学科核心素养的基础要素。学习能力包含意识和能力两方面，指的是运用和主动调适英语学习策略、拓宽英语学习渠道、努力提升英语学习效率的意识和能力。思维品质指思维在逻辑性、批判性、创新性等方面所表现的能力和水平。本研究更多地聚焦于核心素养的文化意识。文化意识指对中外文化的理解和对优秀文化的认同，是学生在全球化背景下表现出的跨文化认知、态度和行为取向。文化意识包含三个级别，对应由低到高三种不同水平。刘福才、王发明（2020）从学生学习机会的角度指出在当前核心素养落地过程中，教材内容、教师准备、课程评价等课程要素尚存在一定的困境，影响了核心素养在各级课程中落实的一致性。雷浩（2020）从社会构建主义的角度讨论了核心素养的课程评价：理论基础、内涵与研究方法。郭英剑（2019）讨论了外语专业是应用型与人文性两者并重的专业，并指出对于外语专业来说，核心素养是用外语去言说与写作。乔鹤、徐晓丽（2019）通过对比联合国教科文组织、经合组织、欧盟等三大国际组织各自的核心素养框架体系，认为有必要建构不同主体之间的互助关系以及动态向心的治理体系。

2.2　跨文化交际能力相关文献述评

交际能力最早由美国社会语言学家海姆斯（Hymes，1972）提出，包括交际语言运用能力和交际语言扩展延伸能力两方面。目前学界对跨文化交际能力的定义还没有形成共识，主要存在三种模式。皮亚杰（Paige，1986）基于心理学理论，提出跨文化交际能力应包括认知、情感、行为三个层面。多德（Dodd，1995）基于行为主义理论，关注交际行为的效力，主张跨文化交际能力是个人在跨文化情境中的适应能力以及与他人的交互能力。在此基础上，范特尼（Fantini，2009）提出跨文化交际能力是个人与其他不同文化背景的人之间进行"有效""得体"沟通交流的能力。勒斯蒂格和科斯特（Lustig & Koester，2007）则将两者进行了汇总，提出跨文化交际能力应由语境、得体性与有效性以及知识、动机、行为等维度组成。本研究赞同皮亚杰（Paige，1986）提出的定义内涵，认为跨文化交际能力应包含认知、情感与行为三个维度。

长期以来，国内外学界始终关注跨文化交际能力的应用研究，相关成果丰富。国内学者基于本国国情开展跨文化交际能力测评研究。定量测评方面，吴卫平等（2013）借鉴了拜拉姆（Byram，1997）的跨文化交际能力评价模型，制定了中国大学生跨文化评价量表。该量表包含意识、态度、知识、技能等维度，本国文化知识、外国文化知识、态度、跨文化交流技能、跨文化认知技能、意识等六个主要因子（吴卫平等，2013）。钟华等（2013）借鉴了拜拉姆（Byram，1997）与文秋芳（1999）的跨文化交际能力模型，制定了中国大学生跨文化交际能力量表，认为跨文化交际能力包括交际能力和跨文化交际能力两部分；交际能力又包括语言能力、社会语言能力、语篇能力和策略能力四个部分；跨文化交际能力又包括知识、态度、意识和技能四个层面。国内有关定性测评方面的研究成果不多。在定性与定量结合式测评方面，常晓梅、赵玉珊（2012）通过调查量表与真实场景交际活动两种方式对非英语专业本科生的跨文化意识进行了测评。王一安和库利奇（Wang & Kulich，2015）借助国外量表与访谈对中国大学生的跨文化交际能力进行了测评。张红玲等（2018）通过文化故事分享、跨文化冲突案例开发、展示、分析、解答、文化知识问答、情景评述、跨文化相关名人名言解读、讲述中国故事等质量混合式方法对中国大学生的跨文化交际能力进行了测评。

已有研究主要关注大学生的跨文化交际能力,以高中生为对象的相关研究匮乏。此外,跨文化交际能力研究主要借鉴国外的理论模型或测评量表,缺少中国特色。相关研究普遍忽视了对跨文化交际能力进行合理分级,所有内容杂糅一通,违背了循序渐进的学习规律。因此,笔者认为有必要以英语学科核心素养为理论基础,探索适用于中国高中生的跨文化交际能力模型。

3 研究方法

本研究通过对核心素养与跨文化交际能力相关研究的系统文献分析,梳理当今跨文化交际能力的前沿思想,发现该领域的研究不足,确定研究内容,并构建跨文化交际能力模型的三个维度。在此基础上,本研究对核心素养中的文化意识进行分析,分析出其中与跨文化交际能力匹配的内容,对模型进行补充。

在初步完成模型建构以后,本研究以跨文化交际能力大赛的考核内容与方式进行案例分析,基于分析结果对模型内容进行补充。跨文化交际能力大赛是目前我国高中阶段跨文化交际领域的重要赛事之一,由中国科学技术部国外人才研究中心指导举办,至今已成功举办三届,覆盖全国二十多个省份,辐射逾万名高中生,致力于为国家培养具有中国情怀和国际视野的创新型跨文化交际人才。对该项赛事的案例分析能够为跨文化交际能力模型的构建提供借鉴。在此基础上,我们邀请了两位跨文化交际领域的教授参与半结构性访谈,结合专家意见对该模型进行完善。访谈通过微信语音电话展开,持续约一个小时。在经过访谈对象的许可后,访谈内容被录音和转录,作为进一步完善模型的依据。访谈主要问题如表 1 所示。

表 1 访谈主要问题

序号	主　要　问　题
1	是否有必要构建适用于中国高中生的跨文化交际能力模型?
2	核心素养框架对跨文化交际能力模型的构建存在何种启示?
3	跨文化交际能力应包含哪些维度?
4	跨文化交际能力应包含哪些具体要素?
5	如何完善各维度下跨文化交际能力内容?

4 跨文化交际能力模型构建

跨文化交际能力大赛考核的跨文化交际能力的三个维度(张红玲等,2018)与核心素养中跨文化交际能力的前两个维度基本一致(见表 2),为本研究的模型构建提供了思路。

表 2 跨文化交际能力维度

	核心素养			跨文化交际能力大赛		
维度	认知	态度	行为取向	基本知识	情感态度	思维技能

4.1 模型维度构建

核心素养的三个维度与皮亚杰(Paige,1986)提出的认知、情感、行为三个维度基本吻合。本研究对核心素养与大赛宗旨中涉及的跨文化交际能力维度进行了对比,发现其中认知与基本知识、态度与情感态度这两个维度呈现对应关系,但是第三个维度不完全相同。核心素养中的行为取向维度关注个体的行为能力,而大赛宗旨中的思维技能维度则仍然停留在认知层面,这体现了核心素养的科学性所在,也是大赛测评标准的局限之处。《国家英语课程标准》修订组组长梅德明(2018)认为:核心素养是文化意识可以抓、可以落地的地方。文化意识已经超出了一般的感知和理解的范围,它进入到认同、进入到认知、进入到态度、进入到行为。跨文化交际能力是文化意识的重要组成部分,因此对跨文化交际能力的培养应包含对跨文化交际行为能力的培养,即提高面对跨文化环境中交际问题时的解决效力。如果测评标准缺少行为维度,脱离实践要求,就犹如纸上谈兵、闭门造车,也与跨文化交际能力的培养目标背离。除了行为维度的缺失,大赛已将认知与态度这两个维度纳入了测评体系,并开展了成功的实践活动,因此有关这两个维度的测评设计能为跨文化交际能力测评模型的建立提供案例支撑与反思依据。

跨文化交际能力大赛设置初赛、复赛和决赛三个环节,对每个环节的测评维度、测评内容与测评方式都进行了明确(见表3)。相关测评维度与内容为跨文化能力模型的要素建构提供了依据。

表3　跨文化交际能力大赛测评方式与内容

	测 评 维 度	测 评 内 容	测 评 方 式
初赛	知识、态度、思维技能	跨文化理解能力、综合写作能力、思维能力和国际视野	在线提交作文
复赛	知识、态度、思维技能	语言运用基础、跨文化知识常识、差异认知以及思维适应等综合能力和素质	现场闭卷笔试
决赛	知识、态度、思维技能	跨文化交际能力和综合素质	笔试、古诗接龙、分组辩论、自招模拟、情景演绎、交替传译、知识问答、即兴演讲

基于跨文化交际能力大赛的现有测评内容与问题,本研究对跨文化交际能力模型的维度与内容进行了补充与完善,形成了跨文化交际能力模型的一级与二级维度(图1)。

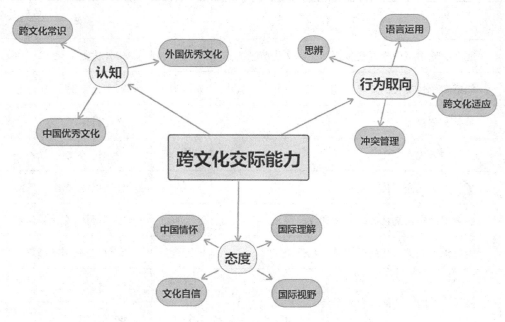

图1　中国高中生跨文化交际能力模型维度

从测评维度上看,无论是初赛、复赛还是决赛,均从知识、态度与思维技能三个维度进行跨文化交际能力测评。这种设计体现了评价目标的多维化,但是行为维度的缺失会导致测评环节的知行分离。从测评内容上看,综合写作能力、语言运用基础属于语言能力,与跨文化理解能力、跨文化知识常识、差异认知、思维适应、思维能力、国际视野一同归属跨文化交际能力的范畴之内。

在访谈中专家指出,跨文化交际能力大赛虽然已成功举办三届,积累了宝贵经验,但是在维度与内容这两方面还存在发展潜力,例如测评内容不够全面,缺乏行为维度下的冲突管理能力与跨文化适应能力的相关设计。专家建议本研究应首先考虑不同主体对跨文化交际能力培养的需求,例如政府需要对外展现国家的良好形象;外宣工作者需要有效处理涉外事宜;学生需要掌握与外国人得体交流的能力。上述三点均已体现在核心素养有关人才培养的具体目标中,即帮助学生学习、理解和鉴赏中外优秀文化,培育中国情怀,坚定文化自信,拓展国际视野,增进国际理解,逐步提升跨文化沟通能力、思辨能力、学习能力和创新能力,形成正确的世界观、人生观和价值观。因此,本研究将核心素养有关人才培养的具体目标以及跨文化交际能力的三个维度均纳入跨文化交际能力模型要素中。

4.2 模型内容与要素构建

中国高中生跨文化交际能力模型包含的三个维度及各维度下的内容与要素均应体现在能力循序渐进的培养过程中。英语学科核心素养对文化意识行了等级划分,每个级别都设置了相应的培养目标。核心素养中的文化意识强调跨文化意识和多元文化视野(梅德明,2019),文化意识培养的标准要求与跨文化交际能力培养的标准要求高度相关,这为跨文化交际能力测评模型提供了理论支撑。访谈中,专家也建议本研究将区分文化差异、消除文化偏见、多角度分析跨文化问题等要素基于理论框架进行等级划分。因此,本研究基于跨文化交际能力模型、核心素养中的文化意识分级表以及跨文化交际能力大赛的测评内容,尝试制定了中国高中生跨文化交际能力测评模型(见表4、5、6)。模型中的要素依据来源于核心素养框架、跨文化交际大赛考核内容及专家访谈意见。

表 4 中国高中生跨文化交际能力模型(初级)

级别	内　　容	维度	要　　素
初级	能在明确情境中根据直接提示找出文化信息	认知	中外优秀文化
	能感知中外文化的差异	认知	跨文化常识
	具备文化自信	态度	文化自信
	了解中国优秀文化	认知	中国优秀文化
	了解外国优秀文化	认知	外国优秀文化
	能意识到中国文化的语言美和意蕴美	态度	中国情怀、文化自信
	能意识到外国文化的语言美和意蕴美	态度	文化自信、国际理解
	能用所学的英语简单介绍中外文化现象	认知	中外优秀文化
		行为	语言运用

表 5　中国高中生跨文化交际能力模型(中级)

级别	内　　容	维度	要　　素
中级	能在现实情境中获取文化信息	认知	中外优秀文化
		行为	思辨
	能为中外文化的异同提供可能的解释	认知	跨文化常识
		行为	思辨、冲突管理
	有传播中国特色社会主义文化的意识	态度	中国情怀、文化自信
		行为	思辨
	能感悟中国优秀文化的精神内涵	认知	中国优秀文化
		态度	中国情怀、文化自信
	能感悟外国优秀文化的精神内涵	认知	外国优秀文化
		态度	国际理解、国际视野
	能理解和欣赏中国文化的语言美和意蕴美	态度	中国情怀、文化自信、国际理解
		行为	思辨
	能理解和欣赏外国文化的语言美和意蕴美	态度	中国情怀、文化自信、国际理解
		行为	思辨
	能用所学的英语描述、比较中外文化现象	认知	中外优秀文化、跨文化常识
		行为	思辨、语言运用、冲突管理

表 6　中国高中生跨文化交际能力模型(高级)

级别	内　　容	维度	要　　素
高级	能运用多种方法在真实生活情境中获取文化信息	认知	中外优秀文化、跨文化常识
		行为	思辨、跨文化适应
	能基于对中外文化差异和融通的理解与思考,探究产生异同的历史文化原因	认知	中外优秀文化、跨文化常识
		态度	国际理解、国际视野
		行为	思辨、冲突管理
	能传播中国特色社会主义文化	认知	文化常识
		态度	国际理解、国际视野
		行为	思辨、冲突管理、跨文化适应

级别	内 容	维度	要 素
高级	能领悟世界文化的多样性和丰富性	认知	跨文化常识
		态度	国际理解、国际视野
		行为	思辨、冲突管理、跨文化适应
	能分析、鉴别世界文化现象所反映的价值取向	认知	中外优秀文化、跨文化常识
		态度	文化自信、国际理解
		行为	思辨
	能用所学的英语讲述中国故事	认知	中国优秀文化
		态度	中国情怀、文化自信
		行为	语言运用
	能用所学的英语描述、阐释中国文化现象	认知	中外优秀文化、跨文化常识
		态度	中国情怀、文化自信、国际视野
		行为	思辨、语言运用、冲突管理
	能用所学的英语描述、阐释外国文化现象	认知	外国优秀文化、跨文化常识
		态度	国际理解、国际视野
		行为	思辨、语言运用、冲突管理

该模型将高中生跨文化交际能力分为初级、中级、高级三个级别,每个级别又综合了《新课标》中关于核心素养的规定与跨文化交际能力大赛的考核指标,从认知、态度、行为三个维度提出了相应的评价内容。对初级的要求多在认知层面。本研究认为,具备初级跨文化交际能力的高中生应当可以在明确情景中根据直接提示指出其中蕴含的文化信息,能够感知中外文化差异、意识到本国文化与外国文化的语言美和意蕴美,了解本国与外国的优秀文化,具备文化自信,并能够用英语简单介绍中外文化现象。具有中级跨文化交际能力的高中生应当在态度上有所转变,他们可以从现实情境中获取文化信息,有传播中国特色社会主义文化的意识。相较于初级能力要求,中级能力要求他们能感悟中外优秀文化的精神内涵,理解和欣赏中外文化的语言美与意蕴美,用所学的语言描述、比较中外文化现象,并为其异同提供可能的解释。高级跨文化交际能力不但在认知和态度两个维度对学生提出了更高的要求,更是在行为层面要求学生所知、所思应用于日常生活与跨文化交际场景中。

5 启示与结语

本研究在前人研究的基础上构建了跨文化交际能力模型的三个维度与三个级别,并将跨文化交际能力大赛的考核指标作为案例进行内容分析,对模型的相关内容进行补充。在构建模型后,我们邀请了跨文化交际领域的两位教授进行专家访谈,根据专家意见对该模型进行了最后完善。上述模型是基于核心素养中对文化意识的分级水平标准建立的,包含了中国高中生跨文化交际能力的级别以及每个级别相应的维度、内容和要素。该模型在内容上呈现了完整性、在评价目标上呈现了多维化。本框架还未能大范围应用,难以从实际应用的角度对框架进行进一步的完善。后续研究将对该模型效度进行检验,在实证研究基础上进行完善。

参考文献

[1] Byram, M. 1997. *Teaching and Assessing Intercultural Communicative Competence* [M]. New York: Multilingual Matters.

[2] Dodd, C. H. 1995. *Dynamics of Intercultural Communication (4th edition)* [M]. Madison, Wisconsin: WCB Brown & Benchmark Publishers.

[3] Fantini, A. E. 2009. Assessing intercultural competence: Issues and tools[A]. In Deardorff D K (ed.). *The SAGE Handbook of Intercultural Competence* [C]. 456 – 476. Thousand Oaks, CA: Sage.

[4] Hymes, D. 1972. On Communicative Competence. In J. Pride, & J. Holmes (Eds.), *Sociolinguistics* [M]. 269 – 285. Harmondsworth: Penguin Books.

[5] Lustig, M. W. & J. Koester. 2007. *Intercultural Competence: Interpersonal Communication across Cultures (5th Ed.)* [M]. Shanghai: Shanghai Foreign Language Education Press.

[6] Paige, R. M. 1986. Trainer competencies: The missing conceptual link in orientation[J]. *International Journal of Intercultural Relations* (10):135 – 158.

[7] Wang, Y. A. & S. J. Kulich. 2015. Does context count? Developing and assessing intercultural competence through an interview-and model-based domestic course in China[J]. *International Journal of Intercultural Relations*, 48: 38 – 57.

[8] 常晓梅,赵玉珊.2012.提高学生跨文化意识的大学英语教学行动研究[J].外语界(02): 27 – 34.

[9] 郭英剑.2019.论外语专业的核心素养与未来走向[J].中国外语,16(01): 15 – 19.

[10] 雷浩.2020.基于核心素养的课程评价:理论基础、内涵与研究方法[J].上海师范大学学报(哲学社会科学版),49(05): 78 – 85.

[11] 刘福才,王发明.2020.新时代核心素养高质量落地的困境与突破:基于学习机会的视角[J].国家教育行政学院学报(10): 52 – 60.

[12] 梅德明.2019.普通高中课程标准(2017 版)教师指导(英语)[M].上海:上海教育出版社.

[13] 梅德明.2018.培养具有中国情怀、国际视野和跨文化沟通能力的时代新人:《普通高中英语课程标准(2017 年版)》的学科育人观及实现路径[J].人民教育(11): 46 – 49.

[14] 乔鹤、徐晓丽.2019.国际组织全球教育治理的路径比较研究:基于核心素养框架的分析[J].比较教育研究,41(08): 52 – 58.

[15] 王蔷.2018.《普通高中英语课程标准(2017 年版)》六大变化之解析[J].中国外语教育(11): 11 – 19.

[16] 文秋芳.1999.英语口语测评与教学[M].上海:上海外语教育出版社.

[17] 吴卫平,樊葳葳,彭仁忠.2013.中国大学生跨文化交际能力维度及评价量表分析[J].外语教学与研究,45(04): 581 – 592+641.

[18] 张红玲,虞怡达,沈兴涛.2018.基于竞赛的跨文化交际能力评价研究:以"外教社杯"上海市高校学生跨文化交际能力大赛为例[J].外语界(01): 52 – 61.

[19] 钟华,白谦慧,樊葳葳.中国大学生跨文化交际能力自测量表构建的先导研究[J].外语界(03): 47 – 56.

A Study on the Construction of Intercultural Communication Skills under the Framework of Core Competency

Chenxin Wang, Yanjun Deng
Shanghai International Studies University

Abstract: With the prevalent recognition of internationalization, globalization and multi-culturalization, the intercultural communicative competence has become a compulsory competence of international calibers in recent years. Their education and training need the support from a theoretical competence-building model. Many researchers in related areas have constantly explored this issue, but it still needs a model typically for building the intercultural communicative competence for Chinese students. This research, based on the core competency of English subject, has systematically collected, and analyzed the related research from the international and domestic researchers, and tried to build a model for intercultural communicative competence. On this basis, the model has been revised by making a content analysis for the Intercultural Communicative Competence Contest. Two specialists in this area have been invited to judge this model and a final refinement has been made. The result could be a reference for future studies.

Keywords: intercultural communication; core competency; capacity model